Pourquoi commence-t-on à écouter ou à lire ? Sinon pour se procurer une sorte d'enlèvement de l'âme hors du monde familier, usuel, automatique, changer de vitesse, vivre selon une autre cadence, et rejoindre un autre temps, un autre environnement, entourage, une autre société, un autre niveau, une autre lumière. »

Francis Ponge

l'éléphant
la revue de culture générale
est une marque des éditions Scrineo

Littérature

À la rencontre des romans français

LES BAGAGES
CULTURE

Littérature

À la rencontre des romans français

Christophe Hardy

l'éléphant
la revue de culture générale

Pour commencer

Dans le village de Picardie où mes grands-parents passaient les mois d'hiver, vivait un homme que tout le monde connaissait : Monsieur Stéphane. Son patronyme ? Un peu – à peine – trop compliqué pour des oreilles et des bouches françaises, qui préféraient user d'un prénom francisé plutôt que de s'empêtrer dans un agencement inhabituel de consonnes. L'homme venait de loin, de l'autre extrémité de l'Europe, de Bulgarie. Il était arrivé en France sans doute à l'adolescence, juste après la guerre de 1914-1918. Il avait franchi à pied plusieurs milliers de kilomètres pour aller là où on avait besoin d'hommes jeunes, dans un pays saigné par quatre ans de combats. Monsieur Stéphane travailla comme mécanicien. Sa femme supportait mal la vie urbaine, et le couple s'installa à la campagne, au nord-ouest de Paris. La retraite venue, le garagiste se métamorphosa en jardinier à plein temps. Son potager était superbe dans son enclos de briques : allées impeccablement tracées, parterres bien dessinés, aucune mauvaise herbe.

Mais monsieur Stéphane n'était pas un jardinier comme les autres. C'était un jardinier adepte de la marche à pied – il était resté l'adolescent d'autrefois, parti de l'autre bout du continent. Chaque jour, il arpentait les rues du village de Fresneaux-Montchevreuil, accompagné de sa chienne noire, Tchounga. Il causait volontiers (avec son accent) à tous ceux qu'il croisait, qu'il apercevait derrière les haies et les murs. Il faisait profiter qui voulait de son expérience potagère, offrait des salades ou des poireaux à repiquer, des cerises à venir cueillir soi-même – à condition de ne pas casser les branches !

Avec mon grand-père le dialogue se noua sans doute sur des questions terre-à-terre – semis, engrais, boutures, taille des arbres fruitiers. Mais pas seulement. Un jour, je découvris que monsieur Stéphane empruntait les livres de la bibliothèque, méthodiquement, régulièrement : Dumas, la trilogie des Mousquetaires, l'implacable vengeance de Monte-Cristo, les maléfices de Milady, les amours de la reine Margot, et puis tout Zola, la fresque des *Rougon-Macquart*, le Paris de *L'Assommoir* et de *La Curée*, les révoltes d'Étienne Lantier, les combines des Rougon… Cette persévérance m'impressionna. Monsieur Stéphane n'avait sans doute pas de souvenirs scolaires, du moins pas les nôtres. Il n'avait donc pas de préjugés contre la littérature romanesque — « les romans, c'est pour les filles », « Zola, c'est vulgaire », « Balzac, y a trop de descriptions », etc. Il avait une curiosité d'enfant, un appétit de pionnier, qui lui donnaient la liberté de s'attaquer, sans peur, à des pans monumentaux de la tradition littéraire du pays qu'il avait adopté. Aujourd'hui, alors que ce lecteur à la fois ordinaire et extraordinaire est mort depuis des années, son souvenir m'inspire toujours un sentiment de fierté. À la fin de sa vie, monsieur Stéphane m'a donné un de ses outils, une bêche. Son manche de bois est magnifique. J'ai la sensation quand je le tiens d'un matériau indestructible. En échange, j'aurais aimé pouvoir lui offrir ce livre sur les romans français. Il en aurait fait sûrement son miel et aurait eu l'idée d'autres emprunts à la bibliothèque, d'autres aventures imaginaires, des lectures sans cesse renouvelées.

J'ai pensé à lui pour concevoir et écrire l'ouvrage que vous avez entre les mains. Plus largement, je me suis appuyé sur une conviction : que le goût, la curiosité pour les textes littéraires peuvent s'entretenir et se développer hors temps scolaire (« hors les murs »), dans le parcours personnel de chacun, et particulièrement quand on a atteint une certaine maturité. D'où l'envie d'ouvrir en grand quelques belles portes de la maison Littérature. Elle n'est pas un musée ou un vieux château que l'on visite en suivant un parcours obligé, l'oreille calée sur l'audio-guide débitant un discours préfabriqué. Elle est une demeure immense, remplie de trésors que l'on n'a jamais fini de chasser.

Le parcours que je vous propose comprend 24 chapitres – chaque chapitre est consacré à un roman. Il suit la chronologie — depuis le XIIe siècle jusqu'à la seconde moitié du XXe siècle — sans chercher l'exhaustivité. Il repose sur des choix où le goût personnel a sa part. Chaque chapitre livre d'abord des clés de lecture pour faciliter l'entrée et la circulation dans le roman ou simplement pour aiguiser votre envie de lecteur. De l'œuvre littéraire, approchée comme un objet d'art, elles font apparaître les lignes de force, les reliefs et les angles principaux. Puis vient un extrait du roman (parfois deux), manière de faire entendre la singularité d'une « voix », d'un style, d'une écriture. En marge de ces clés et de cet extrait, des éclairages apportent des éléments d'information et ouvrent des pistes de réflexion sur ce qui, au plan historique et culturel, entoure l'œuvre : biographie de l'artiste, histoire littéraire, circonstances de la parution et de la réception, contexte artistique… C'est aussi l'occasion d'esquisser les liens que les romans entretiennent entre eux, les motifs qui semblent courir à travers les siècles et les imaginaires – un exemple parmi d'autres : le motif amoureux, courtois et chevaleresque, exalté dans les romans médiévaux, parodié par Rabelais, magnifié par le mouvement précieux et l'esthétique galante (Urfé, La Fontaine), contesté au XVIIIe siècle, aussi bien dans le *Candide* de Voltaire que par *Les Liaisons dangereuses* de Laclos), réinterprété par les romanciers contemporains (Giono, Gracq). Enfin, pour compléter l'ensemble, des indications pratiques répertorient les éditions de référence et les éditions courantes (format poche), donnent de brèves indications bibliographiques ; des adresses utiles sur le net ; elles renvoient à des adaptations cinématographiques, à des illustrations, à des enregistrements audio, à des compositions musicales que le roman a inspirés.

Ce livre, que monsieur Stéphane ne lira pas, sera donc pour vous. Il vous aidera, je l'espère, à devenir (ou redevenir) des aventuriers aussi persévérants que le lecteur-jardinier de mon enfance, homme de culture dans tous les sens du mot. ●

Chapitre 1

Lancelot ou Le Chevalier de la charrette

Chrétien de Troyes
(vers 1170-1180)

« Dame, je vos ai molt amee
Et molt servie et enoree
Puis qu'an ma baillie vos oi,
Onques chose feire ne soi
Que volantiers ne la feïsse,
Mes que vostre enor i veïsse.

Madame, je vous ai beaucoup aimée
Beaucoup servie et beaucoup honorée
Depuis que vous êtes en mon pouvoir
Je n'ai su faire aucune chose
Sans l'avoir faite volontiers
Pourvu qu'elle fût à votre honneur. »

(vers 3765 à 3770)

C'est jour de fête et de joie au palais d'Arthur, dans le royaume de Logres. On célèbre l'Ascension. La fine fleur de la chevalerie bretonne est rassemblée : tous ceux qui, par leur mérite, ont droit de prendre place autour de la Table ronde. Un homme surgit, armé. Il proclame qu'il tient en otages plusieurs sujets du roi. À force de défis et de ruses il contraint Guenièvre, l'épouse d'Arthur, à le suivre dans le pays de Gorre, aux frontières imprécises, terre de maléfices et de dangers. C'est alors qu'apparaît un chevalier, dont nous ignorons d'abord le nom. Très vite il manifeste son attachement à Guenièvre, sa Dame – un attachement absolu. Aucun obstacle, dressé sur la route menant à celle qu'il aime et veut délivrer, ne pourra l'arrêter. Ce chevalier, c'est Lancelot. Il n'y a pas de plus belle façon de pénétrer dans la littérature romanesque que de le faire aux côtés du héros principal du *Chevalier de la charrette*, roman-poème que Chrétien de Troyes compose dans les années 1170.

Un guerrier magnifique

Avec Lancelot, comme avec ses collègues les chevaliers errants, nous partons sur les chemins à la rencontre de toutes les surprises, les merveilles, parfois les épouvantes, que l'aventure réserve. Nous sommes mis dans les mêmes dispositions que les vrais guerriers du Moyen Âge, que le printemps surexcitait : ils savaient qu'avec le retour d'une saison clémente, ils allaient reprendre armes et chevaux, et partir vers de nouvelles bagarres, de nouveaux butins. Mais Lancelot vaut mieux qu'eux – sans doute un des privilèges de tout héros de roman sur les êtres réels. Ses motivations sont plus hautes. Son appartenance à la Table ronde fait de lui un chevalier modèle, une figure idéale. Son errance n'a rien d'un vulgaire vagabondage. Elle est une quête qui donne sens à sa destinée et valeur à son être. Elle appelle l'épreuve sous toutes ses formes : combats, emprisonnements, blessures, duels, tournois, défis relevés, lutte contre des adversaires félons et déloyaux, résistance à des femmes tentatrices, traversées de lieux terribles comme ce Pont de l'Épée, fait d'une lame aussi coupante que le rasoir, qu'il franchit à mains nues, au prix de beaucoup de souffrances et de sang versé. Ainsi les vertus du guerrier, bravoure, courage et vaillance, sont-elles constamment mobilisées, dévoilées, renforcées. La conquête de la gloire se double d'un constant perfectionnement moral. La progression ne se fait donc pas seulement dans l'espace géographique, elle s'accomplit aussi pour le héros à l'intérieur de soi-même

Un homme de cœur

Ils savaient qu'avec le retour d'une saison clémente, ils allaient reprendre armes et chevaux, et partir vers de nouvelles bagarres, de nouveaux butins.

Celui capable de faire plier l'acier des armes et de terrasser n'importe quel adversaire est surtout un grand amoureux. Son errance, il la place sous la bannière invisible d'un nom, d'un visage et d'un corps de femme : Guenièvre. Elle est la Dame à la beauté parfaite, dont le regard décuple l'ardeur à combattre ou, inversement, plonge dans la plus extatique des rêveries. Dans la logique de l'idéal courtois, le perfectionnement moral passe par l'expérience de l'amour, l'engagement sans réserve pour la femme adorée. Lancelot s'efforce d'harmoniser en lui la prouesse et la passion. Il se doit de répondre avec autant de largesse (générosité) que de mesure à la double exigence de servir un ordre social idéal (la Table ronde) et de servir Guenièvre. L'équilibre est difficile. La tension entre les deux exigences est parfois si rude qu'elle en devient une menace pour l'intégrité du héros – mais peut-être était-elle comprise comme un clin d'œil adressé par le romancier à son auditoire aristocratique, un jeu provocateur fondé sur un code partagé dont on prenait plaisir à pousser les règles aussi loin que possible ? et une manière de faire naître soit le sentiment du sublime, soit l'envie de rire ? En proposant une Guenièvre qui soumet Lancelot à son caprice, comme une gentille marionnette – lui ordonnant d'apparaître en public pleutre un jour, invincible et glorieux le lendemain – il est fort probable que Chrétien de Troyes suscitait le sourire. En revanche c'est plutôt l'étonnement admiratif qu'il cherchait à éveiller dans l'épisode décisif de la charrette, donnant au roman son titre.

Une preuve d'amour stupéfiante

Par amour, contre la promesse d'obtenir des nouvelles de Guenièvre, Lancelot, après un moment décisif d'hésitation, accepte de grimper dans une charrette où l'on a coutume d'exposer les criminels : une charrette d'infamie. Un nain malfaisant la conduit à travers la ville, sous les yeux de tous. Lancelot est humilié, frappé d'une réputation déshonorante. Ce geste de renoncement total d'un homme à sa propre gloire, seule Guenièvre saura le lire et le comprendre (non sans quelques critiques assez inattendues que je vous laisse découvrir). Et elle lui accordera, en guise de récompense, une nuit d'amour. Par dévouement pour sa Dame, le chevalier consent donc à affronter le pire, et lui le plus preux de tous se montre capable de subir l'humiliation la plus infamante. Cette abnégation fait de lui un être hors normes : il réunit en un même destin l'extrême de l'avilissement et l'extrême de la prouesse, et sort de l'aventure non pas détruit mais incroyablement grandi.

D'avoir créé un personnage si extraordinaire suffirait à identifier le génie du romancier. Mais Chrétien de Troyes va encore plus loin dans l'invention. Son Lancelot, il parvient à l'enrichir d'une qualité qui le rend proche de nous, bouleversant, même un peu risible comme l'est tout amant éperdu. Cette qualité : l'humanité. Car le roman ne nous invite pas à admirer un super-héros doté de super-pouvoirs. Pas seulement. Et l'extrait que je vous propose de lire montre que Chrétien de Troyes a imaginé un personnage aussi sensible que viril. •

Extrait

Au cours de sa chevauchée, Lancelot côtoie une demoiselle qui lui montre un peigne et lui apprend qu'il appartient à la reine Guenièvre. Cette révélation produit l'effet de la foudre : le chevalier est sur le point de s'évanouir. Après s'être repris, il récolte les cheveux d'or restés accrochés aux dents du peigne. Un regard trop contemporain, trop rapide, risque de réduire ce comportement à du fétichisme. Mieux vaut l'inscrire dans une érotique plus riche, où l'objet d'adoration tient à la fois du bijou précieux, du baume et du talisman protecteur.

Cist peignes, se j'onques soi rien,
Fu la reïne, jel sai bien,
Et d'une chose me creez
Que les chevox que vos veez
Si biax, si clers et si luisanz,
Qui sont remés antre les danz,
Que del chief la reïne furent,
Onques en autre pré ne crurent. »
Et li chevaliers dit : « Par foi,
Assez sont reïnes et roi,
Mes de la quel volez vos dire ? »
Et cele dit : « Par ma foi, sire,
De la fame le roi Artu. »
Quant cil l'ot, n'a tant de vertu
Que tot nel coveigne ploier,
Par force l'estut apoier
Devant a l'arçon de la sele.
Et quant ce vit la dameisele,
Si s'an mervoille et esbaïst,
Qu'ele cuida que il cheïst.
S'ele ot peor, ne l'en blasmez,
Qu'ele cuida qu'il fust pasmez.
Si ert il, autant se valoit,
Molt po de chose s'an falloit,
Qu'il avoit au cuer tel dolor
Que la parole et la color
Ot une grant piece perdue.
Et la pucele est descendue
Et si cort quanqu'ele pot corre
Por lui retenir et secorre,

Ce peigne, pour ce qu'on m'en a dit,
Est à la reine, je le sais bien.
Et d'une chose vous serez sûr :
Que les cheveux que vous voyez là
Si beaux, si clairs et si rayonnants,
Demeurés entre les dents du peigne
Sont tombés de la tête royale.
Aucun autre pré ne les vit croître. »
Et le chevalier dit : « Par ma foi,
Il y a nombre de reines et de rois !
De laquelle voulez-vous parler ? »
Elle répond : « Par ma foi, monseigneur,
De Guenièvre, la femme d'Arthur. »
À ces mots, la force lui manqua
Et son corps fut près de s'affaisser.
Il fut obligé de prendre appui
Sur l'arçon, au devant de la selle.
Quand elle le vit, la demoiselle
Fut stupéfaite et pleine d'effroi.
Elle a pensé qu'il allait tomber.
Ne la blâmez pas d'avoir eu peur
Elle a cru qu'il était évanoui.
C'était le cas, ou c'était tout comme
De très peu il s'en était fallu.
Son cœur éprouvait tant de douleur
Qu'il en a perdu un bon moment
La parole et toutes ses couleurs.
La pucelle mettant pied à terre
Accourt aussi vite qu'elle peut
Pour le soutenir, le secourir.

Q'ele ne le volsist veoir
Por rien nule a terre cheoir.
Quant il la vit, s'en ot vergoigne,
Si li a dit : « Por quel besoigne,
Venistes vos ci devant moi ? »
Ne cuidiez pas que le porcoi
La dameisele l'an conoisse,
Qu'il an eüst honte et angoisse,
Et si li grevast et neüst
S'ele le voir li coneüst.
Si s'est de voir dire gueitiee,
Einz dit come bien afeitiee :
« Sire, je ving cest peigne querre,
Por ce sui descendue a terre,
Que de l'avoir oi tel espans
Ja ne cuidai tenir a tans. »
Et cil qui vialt que le peigne ait
Li done et les chevox an trait
Si soef que nul n'an deront.
Ja mes oel d'ome ne verront
Nule chose tant enorer,
Qu'il les comance a aorer,
Et bien .C.M. foiz les toche
Et a se ialz et a sa boche
Et a son front et a sa face,
N'est joie nule qu'il n'an face,
Molt s'an fet liez, molt s'an fet riche,
An son saing pres del cuer les fiche
Entre sa chemise et sa char.
N'en preïst pas chargié un char
D'esmeraudes ne d'escharboncles,
Ne cuidoit mie que reoncles,
Ne autres max ja mes le praigne.

Car elle ne voulait surtout pas
Le voir qui tombe de son cheval.
En la voyant, il eut de la honte
« Par quelle nécessité, dit-il,
êtes-vous venue là, devant moi ? »
N'allez pas penser que la raison,
La demoiselle la lui donna,
Il en aurait eu honte et angoisse,
Ç'aurait été pesant et pénible
Qu'elle lui dise la vérité.
Elle s'est donc gardée de la dire.
Elle a répondu courtoisement
« Je viens, monseigneur, chercher le peigne.
C'est pourquoi j'ai sauté de cheval.
De l'avoir j'ai une telle envie
Je devais le tenir sur le champ ! »
Il accepte de donner le peigne
Mais il en a extrait les cheveux
Si doucement qu'aucun n'est cassé.
Jamais œil humain ne verra
Des objets à ce point honorés.
Il se met à les adorer
Au moins cent mille fois les touche
Avec ses yeux, avec sa bouche
Avec son front et son visage
Il en retire plus d'une joie
Fait d'eux sa liesse et sa richesse !
Sur le sein, près du cœur les place
Entre sa chemise et sa peau
Il ne les changerait pas contre un char
Plein d'émeraudes et d'escarboucles.
Plus jamais, pense-t-il, un furoncle
Ou quelque autre mal ne l'atteindra.

(Éd. établie par **Charles Méla** ;
vers 1411 à 1473, traduits par **C. Hardy**)

Chrétien de Troyes, le premier grand romancier français

Comme beaucoup d'artistes médiévaux, Chrétien de Troyes a laissé peu de traces. De l'homme et de sa vie, ce que l'on sait vient des données biographiques qu'il livre dans ses propres œuvres. Il est ce qu'on appelle un clerc, c'est-à-dire un homme d'Église devenu, dans le cadre de sa formation, un lettré et un savant. Il a étudié la culture antique et les auteurs latins : plusieurs ouvrages de jeunesse, perdus, s'inspiraient du poète latin Ovide, notamment de son *Art d'aimer* dont il fit une traduction. N'ayant sans doute reçu que les ordres mineurs et la simple tonsure, Chrétien ne poursuit pas de carrière ecclésiastique. Sa carrière est littéraire. Entre 1170 et 1190 il compose cinq romans : *Érec et Énide, Cligès, Yvain ou Le Chevalier au lion, Lancelot ou le Chevalier de la charrette, Le Conte du Graal.* Il est d'abord protégé par la fille d'Aliénor d'Aquitaine, la comtesse Marie de Champagne. Puis, quand celle-ci devenue veuve se retire du monde, il change de mécène, il gagne la cour de Flandre et se met sous la protection de Philippe d'Alsace, homme très dévot. On suppose qu'il est mort avant d'avoir achevé son ouvrage ultime, *Le Conte du Graal.*●

OVIDE

Poète latin (43 av. J-C – 17 ou 18 après J-C) – contemporain de l'empereur Auguste. Il publie vers l'an 1, un ouvrage en trois livres et en vers L'Art d'aimer. Il s'agit d'un ouvrage didactique mais teinté d'ironie, destiné aux hommes et aux femmes qui veulent connaître les règles pour séduire et pour rendre durable une liaison. Ovide fut beaucoup lu et imité par les auteurs médiévaux.

Un roman arthurien

Les cinq romans conservés de Chrétien de Troyes sont des romans arthuriens ou romans de la Table ronde. Ils se déroulent dans un cadre imaginaire et merveilleux, construit sur de vagues données historiques largement enrichies et modifiées par la légende : le roi Arthur a réellement vécu en Bretagne insulaire (Grande-Bretagne) autour de 500 après Jésus-Christ, au moment des invasions barbares, et il s'est distingué par sa résistance aux envahisseurs saxons. Au fil des siècles, la mémoire populaire, les chansons, les textes des lettrés contribuent à forger la figure glorieuse d'un Arthur régnant sur les deux Bretagnes (insulaire et armoricaine). Ce roi idéal est secondé par une compagnie de 365 chevaliers émérites, rassemblés à égalité autour de la Table ronde. Progressivement, comme un puzzle que l'on complète sans modèle préétabli, ou comme une tapisserie sur laquelle on brode librement, d'autres écrivains que Chrétien de Troyes enrichissent l'histoire de la Table ronde et de ses héros. Ils vont faire du cycle arthurien, structuré autour de la quête du Graal (voir chapitre 2), une fresque immense éclairant à la fois l'histoire de la chevalerie et celle de la chrétienté en Europe occidentale. •

Idéal courtois et *fin'amor*

Lancelot est un roman courtois ; roman singulier, à la confluence de deux sources voisines : il s'inspire de la tradition de la *fin'amor* (« l'amour parfait »), forgée au cours du XIIe siècle par les poètes occitans du sud de la France, les troubadours ; il se nourrit également de l'idéal courtois conçu par leurs collègues du nord, les trouvères. Ces artistes, qui s'adressent à un auditoire d'abord aristocratique, inventent une nouvelle façon de vivre l'engagement amoureux et de le chanter : la *fin'amor* insiste sur l'absolu du dévouement dont l'amant doit faire preuve vis-à-vis de la femme, tandis que l'idéal courtois implique un dévouement amoureux moins extrême (voir page suivante la citation d'Alain Corbellari), aussi stable que l'engagement du chevalier vis-à-vis de son seigneur féodal.

L'adjectif *courtois* a perdu aujourd'hui une grande partie de sa force, il signifie « poli, bien élevé ». Mais au Moyen Âge le mot est lié à l'affinement de la sensibilité et des comportements, qui affecte toute la société des princes et des guerriers, et notamment grâce à la poésie et à la littérature ; *courtois* désigne à la fois la personne « noble, bien née » (par opposition à *vilain* « de basse condition, rustre ») et celle qui a de bonnes manières, qui agit conformément aux nouvelles façons de vivre et d'aimer telles qu'on les conçoit désormais dans les cours du Midi ou du Nord de la France. •

Du sud au nord : variations du lyrisme amoureux

L'éloignement temporel ne doit pas nous faire minimiser les différences littéraires et culturelles, et pas seulement linguistiques, qui existent entre le monde d'oc (sud de la France) et monde d'oïl (nord de la France) : troubadours et trouvères inventent deux littératures, deux esthétiques qui ne sont pas équivalentes, parce qu'ils s'adressent à des auditoires un peu distincts, comme le souligne Alain Corbellari : « [la] pente de l'amour courtois vers une relation normalisée [...] se dessine à l'horizon de plus d'une chanson de trouvère. Contrairement, en effet, à celle des troubadours, la lyrique d'oïl ne cultive préférentiellement ni l'ésotérisme, ni l'*amor de lonh* [= l'amour de loin], ni même la sublimation à outrance, à l'instar de ses mélodies généralement aussi simples et droites que celles des troubadours étaient subtiles et contournées. C'est qu'en passant du Sud au Nord la poésie amoureuse a également changé de milieu d'épanouissement privilégié : la cour, qui y joue certes encore un rôle, le dispute maintenant aux milieux urbains, voire cléricaux ». (« Retour sur l'amour courtois » in *Cahiers de recherches médiévales et humanistes*, éd. Classiques Garnier, 2009 ; mis en ligne 2012 : http://crm.revues.org/11542). •

Un roman-poème

La langue utilisée par Chrétien de Troyes est l'ancien français : une langue *romane,* parce qu'elle dérive du latin. C'est pour cela que les récits que l'écrivain compose sont appelés *romans.* Cette langue dite « vulgaire » est celle que tout le monde parle, aussi bien le peuple que les auditoires aristocratiques à qui sont destinés les récits de Chrétien de Troyes. Le latin reste la langue savante, pratiquée par les clercs. La forme qu'emprunte la narration est celle d'un immense poème ; les vers comportent tous huit syllabes (octosyllabes), ce qui distingue le roman d'une autre forme littéraire médiévale, légèrement antérieure, la chanson de geste (par exemple *La Chanson de Roland*), découpée en strophes alignant les vers de dix syllabes (décasyllabes). •

Lire

Pour lire l'intégralité du roman *Le Chevalier de la charrette*, plusieurs versions bilingues existent en format de poche, qui nous confrontent au texte authentique, à cette langue du XIIe siècle qui est l'ancêtre de la nôtre :

- dans la collection « Lettres Gothiques », édition, traduction, présentation par Charles Méla (Livre de poche, Librairie générale française, 1992) ;
- pour les jeunes lecteurs, collection « Folio Junior », traduction de Jean-Pierre Foucher (Gallimard Jeunesse, 1997). Cette version donne une traduction du texte, mais non dans son intégralité. Elle est illustrée, complétée par des encadrés historiques et par un supplément comportant des jeux, questionnaires, quiz etc.

Un commentaire synthétique (format poche) proposé par Emmanuelle Baumgartner, analyse les quatre premiers romans de la Table ronde de Chrétien de Troyes : *Érec et Énide* ; *Cligès ; Le Chevalier au lion* ; *Le Chevalier de la charrette* (collection « Foliothèque », Gallimard, 1992).

Une étude stimulante (« Les aventures du chevalier courtois ») dans un essai classique paru en 1946 : Erich Auerbach, *Mimésis, la représentation de la réalité dans la littérature occidentale*, collection « Tel » (Gallimard, 1ère éd. 1968). L'analyse s'appuie sur un extrait d'*Yvain*, autre roman de Chrétien de Troyes, mais elle élargit le propos et aborde d'autres romans courtois. •

Poursuivre les aventures de Lancelot

Lancelot, roman en prose (auteur anonyme, début XIIIe siècle), reprend l'histoire du chevalier depuis son enfance. Il est inséré dans le vaste ensemble qu'on appelle *Lancelot-Graal* (voir aussi chapitre 2 sur *Le Conte du Graal*) :

- Il en existe une édition de poche, collection « Bibliothèque médiévale », texte (extraits) traduit et présenté par Alexandre Micha, deux volumes, (« 10/18 », Union générale d'édition, 1983-1984.)
- Les cinq romans composant le *Lancelot-Graal* (*L'Histoire du saint Graal* ou *Joseph d'Arimathie* ; *L'Histoire de Merlin* ; *Le Lancelot en prose* ; *La Quête du saint Graal* ; *La Mort du roi Arthur*) sont disponibles dans la collection « Bibliothèque de la Pléiade », trois volumes parus sous le titre *Le Livre du Graal*, sous la direction de Daniel Poirion et Philippe Walter (Gallimard, 2001-2009) ; ou bien dans l'édition en neuf volumes (huit + un volume d'index) proposée par Alexandre Micha (Droz, 1980-1983).

Un très beau site de la BNF est consacré à « la légende du roi Arthur » (<expositions.bnf.fr/arthur/>) : on peut y voir notamment les manuscrits du cycle du *Lancelot-Graal*.

Les adaptations au cinéma, nombreuses, s'inspirent davantage du *Lancelot* en prose que du roman-source de Chrétien de Troyes :

- *Lancelot du Lac* de Robert Bresson (1974) ;
- *Lancelot, le premier chevalier* de Jerry Zucker (1994) avec Richard Gere, Sean Connery, Julia Ormond ;
- *Excalibur* de John Boorman (1981) fait intervenir Lancelot, mais en s'inspirant du roman beaucoup plus tardif de l'anglais Thomas Malory (XVe siècle), *La Mort d'Arthur*.

La série télévisée *Kaamelott* (six saisons – ou « Livres » – entre 2005 et 2009) d'Alexandre Astier et Jean-Yves Robin est une fantaisie burlesque, qui transforme la Table ronde et la cour d'Arthur en rassemblement de brutes, poltrons, dépressifs, idiots, rusés, coléreux, tous hauts en couleurs mais très éloignés de l'esprit chevaleresque et courtois du XIIe siècle. Dans ce cortège risible et calamiteux, Lancelot est l'un des rares à faire preuve d'une certaine tenue. Parmi d'autres produits dérivés, la série est aussi déclinée en bandes dessinées (8 albums depuis 2006 ; textes A. Astier, dessins Steven Dupré.) ●

Éléments de contexte

- **Louis VII** (dynastie capétienne), roi de France de 1137 à 1180. Son fils, Philippe-Auguste lui succède en 1180.

- **La France** d'alors est beaucoup moins vaste qu'aujourd'hui : tout l'est (de la Lorraine à la Provence) est hors du royaume. Par ailleurs, le roi d'Angleterre, Henri II (dynastie Plantagenêt), grâce notamment à son mariage avec Aliénor d'Aquitaine, contrôle l'ouest du pays, de la Normandie jusqu'aux Pyrénées.

- **1173-1174**, échec de la révolte des trois fils d'Henri II d'Angleterre, soutenus par leur mère, Aliénor.

- **Le philosophe andalou** d'expression arabe, **Averroès**, grand cadi (juge suprême) à Séville et Cordoue, lit et commente Aristote (années 1170-1180).

- **Disparition probable**, vers 1170, de **Jaufré Rudel**, poète troubadour, auteur de chansons d'amour adressées à une princesse lointaine jamais entrevue.

Jouer pour retenir

LES PERSONNAGES

Associez chaque description de personnage au nom correspondant

Arthur
Méléagant
Guenièvre
Lancelot

A. Il est l'amant de la reine
B. Il est souverain du royaume de Logres
C. Elle est l'épouse d'Arthur
D. Il est un chevalier traître et cruel ravisseur de la reine

BONNES FÊTES !

Durant quelles fêtes Méléagant vient-il défier Arthur ?

A. Les fêtes de Noël
B. Les fêtes de l'Ascension
C. Les fêtes du 14 juillet
D. Les fêtes de la Saint Sylvestre

À LA DEMANDE DE...

Ce roman a été écrit à la demande de ...

A. *Aliénor d'Aquitaine*
B. *Marie de Champagne*
C. *Marie-Antoinette d'Autriche*
D. *La reine Guenièvre*

RÉPONSES

Les personnages

A. Lancelot
B. Arthur
C. Guenièvre
D. Méléagant

Bonnes fêtes

B. Les fêtes de l'Ascension

À la demande de...

A. Marie de Champagne, fille d'Aliénor d'Aquitaine.

Chapitre 2

Le Conte du Graal

Chrétien de Troyes
(vers 1170-1180)

« Ce fu au tens qu'aubre florissent,
Foillent bochaische, pré verdisent
Et cil oisel an lor latin
Docemant chantent au matin
Et tote riens de joie enflame... »

« C'était au temps où l'arbre fleurit,
Où le bois se pare de feuilles, le pré de verdure,
Quand les oiseaux dans leur latin
Doucement chantent au matin
Et que la joie enflamme toute chose... »

(vers 67 à 71)

Voici l'ultime ouvrage de Chrétien de Troyes, son chant du cygne : « la meilleure histoire écrite en cour royale » annonce-t-il fièrement dans le prologue. La poésie, le mystère qui se dégagent de ce roman vont nourrir toutes sortes d'imitations, de continuations et de commentaires, ouvrant dans notre histoire culturelle et spirituelle un chapitre loin d'être clos. Comme les quatre ouvrages précédents de l'artiste (voir chapitre 1), *Le Conte du Graal* est un roman arthurien. Mais il est plus que cela. Il est autre chose que cela. D'abord parce qu'il est construit non pas autour d'un seul mais de deux héros : Perceval et Gauvain. Ensuite parce que la coloration chrétienne de l'itinéraire du premier des deux personnages est assez marquée. Enfin parce que l'inachèvement – dû probablement à la mort de l'écrivain alors qu'il travaillait sur le texte pour la cour de Flandre – empêche qu'il y ait un mot de la fin, une lecture définitive.

Chevalier en devenir, chevalier accompli

Les deux héros dont nous suivons les aventures sont deux figures de chevalier. Elles ne sont pas identiques. Le premier, Perceval, est un jeune garçon vivant avec sa mère, au fond d'une forêt. Son désir de chevalerie naît de la rencontre d'un groupe de cavaliers, qu'il prend pour des anges célestes. Perceval est un naïf, un pur, un innocent, un gamin sans expérience : un *nice* pour parler la langue du Moyen Âge. Souvent il interprète mal ce qu'il voit et entend, et il interprète de travers les conseils qui lui sont donnés. Cela provoque des scènes absurdes : la première pucelle qu'il croise, il se jette sur elle pour l'embrasser de force parce que sa mère, avant son départ, lui avait recommandé de « servir dames et demoiselles ». Cela provoque aussi des scénarios plus lourds de conséquences, comme lors de l'apparition du Graal. Bref, Perceval a certains traits du « simplet » des contes populaires, celui qui semble désarmé face aux événements de la vie, mais va finalement prouver qu'il est exceptionnel.

Perceval est un naïf, un pur, un innocent, un gamin sans expérience, un *nice* pour parler la langue du Moyen Âge.

Sa simplicité apparente est fondée sur une grande détermination. Personnage en devenir, Perceval est très volontaire dès le début de ses aventures ; il semble résolu à appliquer le programme chevaleresque élémentaire indiqué par sa mère : honorer les femmes, rechercher la compagnie des hommes vertueux (les « prudhommes »), aimer et prier Dieu.

Gauvain, à l'inverse de son jeune collègue, est un chevalier accompli. Jouissant d'une réputation éminente à la cour du roi Arthur, son oncle, il est parvenu au summum de la gloire et de la maturité. Il représente le modèle parfait du chevalier courtois. Mais en même temps il donne l'impression de se disperser, d'être indécis, entamant une aventure et l'abandonnant en cours de route. C'est exactement comme avec les femmes dont il est adoré : aucune ne parvient à le fixer auprès d'elle, comme Blanchefleur le fera pour Perceval, ou Guenièvre le fit pour Lancelot.

Entrelacements et contrastes

Le romancier conduit les deux trajets en parallèle. Il laisse en suspens l'un pour se consacrer à l'autre, et vice versa. Sur le plan formel, il en résulte un récit hybride, fait d'entrelacements – une technique de narration que reprendront les romanciers par la suite. Les points de rencontre entre les deux trajectoires sont rares car un des sens profonds du roman est d'opposer la réussite (laborieuse) de l'apprenti chevalier aux échecs répétés du chevalier confirmé. Inachevé, le roman s'arrête avec Gauvain, prisonnier au Château des Reines où il a rendez vous avec son destin : il y retrouve « vivante » sa propre aïeule et d'autres parentes. C'est là un temps de suspension entre présent et passé, entre le monde des vivants et celui des morts, « l'Autre monde » de la tradition celte. La trajectoire de Gauvain, allant d'abandons en échecs pour finir comme ensablée, dans un lieu inquiétant, menée conjointement avec celle d'un Perceval promis au succès, donne une lecture possible du roman, indiquée dès le prologue : Gauvain représente un modèle traditionnel, le chevalier courtois, que Chrétien de Troyes a fait vivre dans ses romans précédents. En revanche Perceval incarne une nouvelle chevalerie, moins mondaine, plus chrétienne, engagée au service de Dieu.

« Gauvain représente un modèle traditionnel, le chevalier courtois, que Chrétien de Troyes a fait vivre dans ses romans précédents. »

Éblouissements

En donnant à son récit le titre de *Conte du Graal*, Chrétien de Troyes a voulu mettre l'accent sur un objet, son éclat et son mystère. Le Graal est un plat d'or, un précieux ustensile de table. Son apparition dans le château du Roi Pêcheur se fait conjointement avec deux autres objets, qui sont explicitement des armes de chevalier : une lance, dont la pointe semble pleurer des larmes de sang, et une épée confiée à Perceval par son hôte. La lumière émanant du plat que le héros voit passer est d'une intensité formidable. Elle le laisse stupéfait, silencieux. Le jeune homme qui parlait beaucoup sans toujours bien écouter ce qu'on lui disait, croit bien faire en ne posant aucune question.

Cette scène fait écho à d'autres épisodes d'éblouissement, pages de toute beauté et, généralement, riches de sens dans le cheminement initiatique de Perceval. Il y a d'abord l'apparition des cinq chevaliers armés au tout début du récit, et le dialogue que le garçon entame avec ceux qu'il prend pour des anges, ou Dieu même, tant il est frappé par l'éclat de leurs armures. Ce premier éblouissement l'engage à conquérir, par l'épreuve des armes, son identité de chevalier.

Un autre éblouissement se produit plus tard face à trois gouttes de sang tombées du cou d'une oie blessée sur une étendue de neige. Le spectacle met Perceval dans un état de contemplation, proche de l'hypnose car la superposition du rouge sur le blanc – ce sont les couleurs l'identifiant comme chevalier – évoque le visage de la femme aimée, Blanchefleur : il reconnaît la blancheur de sa peau rehaussée de teintes vermeilles.

Parler, se taire, pleurer

Enfin, la lumière ultime qui vient frapper Perceval est celle, tout intérieure, du vendredi saint, jour de la célébration de la Passion du Christ. Elle naît de la rencontre avec un cortège de chevaliers, comme ceux du début mais cette fois désarmés, vêtus comme des pénitents. Elle provoque les larmes du héros et réveille sa conscience. Elle le réinscrit dans un temps qui n'est plus celui, répétitif, des aventures violentes, cruelles et rudes – Chrétien de Troyes expédie celles-ci en quelques lignes, même si elles s'étalent sur cinq années, années où le vide s'est fait dans l'être et dans la mémoire de Perceval parce qu'il a oublié le troisième commandement maternel : aimer et prier Dieu. En rouvrant son cœur à l'amour de Dieu, Perceval retrouve la parole, sa langue n'est plus « glacée » ; il peut parler à nouveau, sans être l'étourdi des premiers temps, qui écoutait mal, parlait trop ou se taisait à mauvais escient.

Cette transformation trouve son accomplissement auprès d'un ermite, qui se révèle être l'oncle du héros. Le vieil et saint homme éclaire beaucoup d'événements antérieurs, que Perceval a subis sans en comprendre le sens. Il explique la raison du Graal : le plat contient une hostie qu'attend chaque jour le père du Roi Pêcheur, elle est sa seule nourriture, son espoir quotidien. En retrouvant le chemin de Dieu, Perceval se réapproprie ainsi deux vertus hautement chrétiennes, la foi et l'espérance : elles sont la base d'une nouvelle éthique chevaleresque que défend le protecteur de Chrétien de Troyes, Philippe d'Alsace, comte de Flandres et inspirateur du roman.

Quelle issue ?

Certains jours d'allégresse, le dénouement du *Conte du Graal* m'apparaît limpide. Je vois Perceval sur le chemin qui le ramène au château du Roi Pêcheur, il assiste à une nouvelle procession du Graal et, cette fois il parle, il pose la bonne question. Aussitôt le Roi Pêcheur guérit de ses infirmités, tout le domaine alentour renaît à la joie et à la fertilité. Perceval remplit son ancienne promesse amoureuse, il rejoint Blanchefleur, toujours aussi blanche, toujours aussi vermeille, et l'épouse. Quant à Gauvain, je vous laisse lire et libre d'inventer la fin de son parcours. •

Extrait

Au cours de ses aventures, après avoir été fait chevalier par un « prudhomme » nommé Gorneman de Gorhaut, Perceval est hébergé dans un château dont il apprendra plus tard qu'il appartient au Roi Pêcheur, un homme paralysé à la suite d'une blessure causée, au combat, par un javelot ; le seul exercice qui peut divertir l'infirme est d'aller sur une barque, pêcher à l'hameçon. Perceval assiste là à une scène étrange ; et c'est un épisode majeur du roman, où l'art de Chrétien de Troyes consiste à faire surgir une énigme aux yeux de l'apprenti chevalier, et à piquer la curiosité du lecteur sans la satisfaire immédiatement.

Uns vallez d'une chanbre vint,
Qui une blanche lance tint
Anpoigniee par lo mileu,
Et passa par entre lo feu
Et cil qui ou lit se seoient.
Et tuit cil de leianz veoient
La lance blanche et lo fer blanc,
S'an ist une goute de sanc
Do fer de la lance an somet,
Et jusqu'a la main au vallet
Corroit cele goute vermoille.
Li vallez voit cele mervoille
Qui lo soir fu leianz venuz,
Si s'et do demander tenuz
Commant cele chose venoit,
Que do chasti li sovenoit
Celui qui chevalier lo fist,
Qui li commanda et aprist
Que de trop parler se guardast.
Et crient, se il lo demandast,
C'on nel tenist a vilenie,
Por ce si no demanda mie.
Atant dui autre vallet vinrent,
Qui chandeliers en lor mains tindrent
De fin or, ovrez a neel.
Li vallet estoient molt bel
Qui les chandeliers aportoient.
En chascun chandelier ardoient
Dis chandoilles a tot le meins.

Un jeune noble arriva d'une chambre,
Il tenait une lance blanche
Qu'il empoignait par le milieu.
Il passa près du feu de la cheminée
Et de ceux qui sur le lit étaient assis.
Tous les gens qui étaient présents voyaient
La lance blanche et le fer éclatant.
Une goutte de sang jaillissait
De la pointe de fer de la lance,
Et jusqu'à la main du porteur
Coulait cette goutte vermeille.
Le jeune homme voit la merveille
Lui qui, ce soir, est arrivé là.
Il se retient de demander
Ce que signifie cette scène
Car il se souvient du commandement
De celui qui le fit chevalier,
Qui lui enseigna et apprit
À se garder de parler trop.
Aussi craint-il, s'il pose une question,
D'être regardé comme un rustre ;
C'est pourquoi il n'a rien demandé.
Alors vinrent deux autres jeunes nobles
Qui avaient en leurs mains des chandeliers
D'or pur incrusté d'émail noir.
Les jeunes nobles étaient très beaux,
Qui apportaient les chandeliers.
Sur chaque chandelier brûlaient
Dix chandelles à tout le moins.

Un graal entre ses .II. meins
Une damoisele tenoit,
Qui aviau les vallez venoit,
Et bele et gente et bien senee,
Quant ele fu leianz antree
Atot lo graal qu'ele tint,
Une si grant clartez i vint
Qu'ausin perdirent les chandoilles
Lor clarté comme les estoilles
Quant li solaux luist o la lune.
Aprés celi en revint une
Qui tint un tailleor d'argent.
Li graaus qui aloit devant
De fin or esmeré estoit,
Pierres precïeuses avoit
El graal de maintes menieres,
Des plus riches et des plus chieres
Qui an mer ne an terre soient.
Totes autres pierres passoient
Celes do graal sanz dotance.
Ensin comme passa la lance
Par devant le lit s'en passerent
En une chanbre aillors entrerent.
Et li vallez les vit passer,
Si n'osa mie demander
Do graal cui l'an en servoit,
Que toz jorz an son cuer avoit
La parole au prodome saige.

Un graal entre ses deux mains
Une demoiselle tenait,
Qui accompagnait les deux nobles,
Belle, gracieuse et bien parée.
Quand elle fut entrée dans la salle
Avec le graal qu'elle tenait,
Une si grande clarté surgit
Que les chandelles en perdirent
Leur clarté comme les étoiles
Font quand se lève soleil ou lune.
Derrière elle en venait une autre
Qui tenait un tailloir d'argent.
Le graal qui allait devant
Était en or fin le plus pur.
Il y avait des pierres précieuses
Sur le graal, maintes variétés,
Parmi les plus riches et rares
Que l'on trouve en mer et sur terre.
Nulle autre pierre ne surpassait
Celles du graal assurément.
Ainsi qu'avait passé la lance,
Devant le lit passa le cortège,
Il allait d'une chambre à l'autre.
Et le garçon le vit passer
Mais n'osa jamais demander
À qui l'on destinait le graal,
Car il avait toujours au cœur
La parole du sage prudhomme.

(Éd. établie par **Charles Méla** ;
vers 3129 à 3185, traduits par **C. Hardy**)

La fortune du Graal dans l'imaginaire européen

Le plat précieux, rayonnant de lumière, qui surgit sous les yeux émerveillés de Perceval, l'imagination des romanciers et des poètes continuateurs ou imitateurs de Chrétien de Troyes s'en est rapidement emparée. Avec eux, le Graal dont l'origine est sans doute à chercher dans des traditions celtes, devient un élément de la légende chrétienne et l'enjeu d'une quête mystique. L'objet prend diverses formes : c'est un vase, une coupe, parfois une pierre tombée du ciel. La transformation la plus décisive fait du Graal le calice que Jésus-Christ utilise lors de l'ultime repas, la Cène, partagé avec ses apôtres ; c'est dans ce même réceptacle que Joseph d'Arimathie recueille le sang que répandent les blessures du Christ sur la Croix.

Autour de la Table ronde une place reste vide désormais : elle est réservée à celui des chevaliers qui trouvera le Graal et percera son mystère.

Bien plus tard, un descendant de Joseph rapporte d'Orient vers la Bretagne la relique sacrée, mais elle est perdue. Dès lors la quête est lancée. Elle mobilise, sous l'impulsion de Merlin, magicien et conseiller du roi, toute la noblesse bretonne de la cour d'Arthur. Autour de la Table ronde une place reste vide désormais : elle est réservée à celui des chevaliers qui trouvera le Graal et percera son mystère. Perceval est sur le point d'y parvenir, mais c'est Galaad le pur, fils de Lancelot, qui accomplira la sainte mission. Il ne pourra rien révéler aux autres car sitôt qu'il voit le contenu du Graal, il meurt d'extase, emporté au Paradis, et il nous laisse, nous lecteurs, dans l'expectative face à l'énigme du Graal à jamais irrésolue. •

Le roman d'apprentissage

Le *Conte du Graal* raconte comment un jeune garçon ignorant, plein d'enthousiasme, se métamorphose en chevalier aventureux, courtois et charitable. Il ouvre dans la tradition littéraire européenne la riche série de ce qu'on appelle les « romans d'apprentissage » : ce type de récits centré sur un personnage en devenir nous fait suivre le trajet d'un jeune homme, (plus rarement une jeune fille) que les épreuves, les rencontres, les bonnes ou mauvaises fortunes vont faire évoluer, grandir, triompher ou chuter. •

Église et chevalerie : les hommes de la guerre et les hommes de la prière

L'œuvre d'art ne peut être réduite à sa dimension historique – cela risquerait d'en assécher la richesse. Mais, en ce qui concerne les romans arthuriens de Chrétien de Troyes, et *Le Conte de Graal* en particulier, il peut être utile pour la lecture de les resituer dans une perspective historique large. Le chevalier comme figure majeure de la littérature, d'abord dans la chanson de geste qui magnifie l'action guerrière, puis dans les romans arthuriens qui ouvrent la voie d'une chevalerie plus ouvertement mystique, correspond à un moment particulier où se tissent des liens très forts entre Église et chevalerie, entre ceux que le grand historien du Moyen Âge Georges Duby nomme « les maîtres de la prière et les maîtres de la guerre ». Dans un premier temps, autour de l'an mil, les autorités religieuses imposent des limites à la violence des guerriers, notamment avec le mouvement de « La paix de Dieu » qui réunit des assemblées où les féodaux, princes, seigneurs comme chevaliers, s'engagent à modérer leur agressivité, à ne pas violer les sanctuaires et les enceintes sacrées, à ne pas attaquer les populations non armées (paysans, moines, pèlerins, marchands…), à ne pas les piller ni les rançonner ! Puis vient le temps où l'Église va canaliser et valoriser cette énergie des guerriers en l'utilisant à son avantage (les Croisades).

Elle contribue à façonner un idéal éthique et social, au nom duquel le chevalier, valeureux, loyal envers son seigneur, devient protecteur des faibles et garant de la foi chrétienne : le féodal turbulent, vindicatif et brutal, se métamorphose en chevalier de la paix et surtout serviteur de Dieu. ●

Lire

Plusieurs éditions de poche du *Conte du Graal* :

Une version bilingue du roman (texte original en ancien français, édité et traduit par Charles Méla) dans la collection « Lettres

Gothiques» (Le Livre de poche, Librairie générale française, 1990) ; cette édition du *Conte du Graal* est reprise dans l'édition complète des cinq romans de Chrétiens de Troyes, collection «La Pochothèque» (Le Livre de poche, 1994) ;

Une autre édition présente une version traduite par Jean-Pierre Foucher et André Ortais, complétée d'un choix de continuations, collection «Folio» (Gallimard, 1974) ; traduction reprise dans la collection «Folio junior» (Gallimard, 1992) avec, en supplément, un dossier proposant une approche ludique du texte (questionnaires, jeux).

Une édition de référence : *Chrétien de Troyes, Œuvres complètes*, publiée sous la direction de Daniel Poirion, collection «Bibliothèque de la Pléiade» (Gallimard, 1994).

Un commentaire synthétique (format poche) proposé par Michèle Szkilnik : *Perceval ou le Roman du Graal* de Chrétien de Troyes, collection «Foliothèque» (Gallimard, 1998).

Pour suivre les continuations et développements ultérieurs du motif du Graal : *La Légende arthurienne, le Graal et la Table ronde*, sous la direction de Danielle Régnier-Bolher, collection «Bouquins» (Robert Laffont, 1999.). ●

Poursuivre votre propre quête du Graal

En regardant *Perceval le Gallois* d'Eric Rohmer (1978) : dans cette adaptation pour le cinéma du roman de Chrétien de Troyes, Fabrice Lucchini incarne le personnage principal, André Dussolier est Gauvain, Arielle Dombasle prête sa blondeur à Blanchefleur.

En écoutant l'opéra en trois actes de Richard Wagner, *Parsifal* : ouvrage créé à Bayreuth en 1882, sur un livret du compositeur d'après le poème allemand de Wolfram von Eschenbach, *Parzival* (début XIIIe siècle).

Un enregistrement « historique » remontant à l'immédiat après-guerre, est dirigé par Hans Knappertsbusch avec Wolfgang Windgassen, Martha Mödl, George London (festival de Bayreuth 1951 ; Teldec, 4 CD).

En lisant deux ouvrages de Julien Gracq, inspirés du texte de Chrétien de Troyes et du mythe du Graal :

- *Au château d'Argol* (roman ; éditions José Corti, 1938) ;
- *Le Roi pêcheur* (pièce de théâtre ; éditions José Corti, 1948). ●

Éléments de contexte

• **En France**, règne du roi Philippe-Auguste (1180-1223).

• **Richard Cœur de Lion** (né en 1157) succède à son père Henri II sur le trône d'Angleterre en 1189.

• **Début en 1189 de la Troisième Croisade**, conduite par Philippe-Auguste et Richard Cœur de Lion, pour délivrer Jérusalem, reconquise par Saladin deux ans plus tôt.

• **Invention de l'arc-boutant en architecture**, systématiquement employé pour la construction de la nef de Notre-Dame de Paris (1182-1200).

• **Début, en 1181,** de la construction de l'alcazar de Séville.

Jouer pour retenir

VRAI OU FAUX

Le Conte du Graal *a été rédigé vers 1180-1185.*

LE BON ORDRE

Replacez les lettres dans le bon ordre pour trouver le nom de la femme dont Perceval est épris.

L N H A E B C U R L E F

_ _ _ _ _ _ _ _ _ _ _ _

TROUVEZ L'INTRUS

Quel comportement n'intègre pas le programme chevaleresque élémentaire que la mère de Perceval lui apprend ?

A. *Honorer les femmes*

B. *Rechercher la compagnie des hommes vertueux*

C. *Aimer et prier Dieu*

D. *Rechercher la compagnie des hommes d'Église*

QUI JOUE QUI ?

Dans l'adaptation de l'ouvrage au cinéma par Eric Rohmer, Perceval le Gallois *(1978), associez chaque acteur au personnage qu'il interprète :*

Fabrice Lucchini	Blanchefleur
André Dussolier	Gauvain
Arielle Dombasle	Perceval
Marc Eyraut	Le Roi Arthur

RÉPONSES

Vrai ou Faux

Réponse : Vrai.

Le bon ordre

Réponse : Blanchefleur.

Trouvez l'intrus

C. Réponse : Le bon chevalier doit aimer et prier Dieu sans pour autant rechercher la compagnie des hommes d'Église.

Qui joue qui

Réponse : Fabrice Lucchini interprète Perceval, André Dussolier joue le rôle de Gauvain, Arielle Dombasle joue Blanchefleur et Marc Eyraut incarne le Roi Arthur.

Chapitre 3

Tristan et Iseut

Béroul, Thomas et autres (vers 1170-1175)

« Tristrans murut pur sun desir
Ysolt, qu'a tens n'i pout venir.
Tristrans murut pur sue amur,
E la bele Ysolt par tendrur. »

« Tristan mourut par son désir
pour Iseut, qui arriva trop tard.
Tristan mourut par amour pour elle,
et la belle Iseut par tendresse pour lui. »

(Thomas, *Le Roman de Tristan*, dénouement.)

Le couple tragique formé par Iseut et Tristan,l'histoire de leur amour impossible sont un des mythes fondamentaux de la culture européenne. La légende naît certainement dans le monde celte, mais elle s'épanouit dans la littérature française du XIIe siècle, transmise jusqu'à nous grâce à plusieurs textes incomplets ou fragmentaires.

Passion fatale

La légende, si on la restitue dans sa continuité, nous rapporte que Tristan, jeune orphelin, fut élevé et formé au métier des armes par Gouvernal jusqu'à ce que le roi Marc, frère de sa mère, l'accueille à la cour de Cornouailles. Là, Tristan tue le Morholt, un géant venu réclamer son tribut annuel de jeunes gens et jeunes filles. Blessé, il quitte la cour, erre sur les mers, atteint l'Irlande, déguisé en jongleur. Iseut la Blonde, la fille du roi, le guérit et lui enseigne à jouer de la harpe. Lors d'un nouveau combat héroïque, Tristan vient à bout d'un terrible dragon qui ravageait le pays, ce qui lui permet d'obtenir la main d'Iseut. Il le fait non pour lui-même mais pour son oncle Marc, qui cherche à se marier. Au cours de la traversée qui les conduit en Cornouailles, Tristan et Iseut boivent par mégarde un philtre magique destiné au roi Marc et à sa future épouse. La boisson suscite entre eux une passion qu'ils ne peuvent réprimer.

Épiés, dénoncés, surpris, les amants échappent de justesse aux ammes du bûcher, ils fuient la cour et trouvent refuge dans la forêt du Morrois.

Épiés, dénoncés, surpris, les amants échappent de justesse aux flammes du bûcher, ils fuient la cour et trouvent refuge dans la forêt du Morrois. Avec le temps, les effets du philtre d'amour s'atténuent, et les deux amants décident de quitter leur vie sauvage et solitaire. Iseut retrouve son époux et Tristan doit s'exiler. Il s'unit avec Iseut aux blanches mains, mais sans consommer son mariage : il aime toujours Iseut la Blonde. Aussi multiplie-t-il les ruses et les déguisements pour la rejoindre furtivement.

À la suite d'un combat contre un géant, Tristan est mortellement blessé. Seule Iseut la Blonde serait capable de le guérir. Il l'envoie chercher. Mais trompé par sa propre épouse, Tristan croit qu'Iseut refuse de venir le soigner. Il meurt de chagrin et son amante, accourue trop tard, le rejoint dans la mort.

Le roman introuvable

Une étrange malédiction pèse sur la transmission écrite de cette légende en français : aucun roman, aucun poème retraçant l'histoire complète des deux amants ne nous est parvenu. Celle-ci peut être reconstituée à partir de plusieurs textes fragmentaires ou bien réduits à un épisode. L'essentiel de ce que nous possédons, ce sont les deux romans-poèmes de la seconde moitié du XIIe siècle consacrés à Tristan et Iseut. Leurs manuscrits sont incomplets et mutilés. Les 4500 vers du roman de Béroul (vers 1175) couvrent la partie centrale de l'histoire. Composé dans la même décennie (entre 1172 et 1175), le roman de Thomas provient de plusieurs sources manuscrites dispersées et conservées en France, en Angleterre et en Italie ; il rassemble en un peu plus de 3000 vers des fragments sans lien entre eux, et deux épisodes d'une certaine ampleur, le mariage de Tristan avec l'autre Iseut, dite « aux Blanches Mains », et surtout le dénouement du roman (plus de 1800 vers).

À ces deux sources principales s'ajoutent trois poèmes centrés sur des épisodes singuliers. Deux versions de la *Folie Tristan* (l'une conservée à Oxford, l'autre à Berne) mettent en scène le héros, déguisé en fou, rendant visite au roi Marc et à Iseut ; il finit par se faire reconnaître de sa bien-aimée. Enfin le *Lai du Chèvrefeuille* de Marie de France, bref poème narratif de 118 vers, raconte une autre scène de retrouvailles des amants séparés, scène clandestine en pleine forêt, où les amants peuvent s'étreindre librement et se redire leur amour.

Une force qui isole et détruit ?

Par rapport aux autres couples d'amants que célèbre la littérature médiévale, notamment ceux des romans de Chrétien de Troyes (Lancelot et Guenièvre, Érec et Énide, Perceval et Blanchefleur), Tristan et Iseut ont un statut très singulier. Ils n'illustrent pas une conception courtoise où l'amour, fruit d'un choix, conduit l'homme à une discipline de soumission librement acceptée et à un perfectionnement de soi. Tristan et Iseut incarnent la fatalité de la passion, force inquiétante, exaltante et potentiellement destructrice. À cause du breuvage échangé par erreur sur le bateau les menant à la cour du roi Marc, les deux amants sont, à égalité de destin, deux victimes de l'amour et de sa puissance magique.

Le désir réciproque, irrépressible, liant Tristan et Iseut les conduit à transgresser les règles sociales. Il les expose sans cesse à la menace des autres, aux regards qui observent, aux bouches qui dénoncent et calomnient. Il oblige à la fuite et à la ruse. Il fait de Tristan un héros nocturne, capable de multiples déguisements (jongleur, fou) pour rejoindre sa bien-aimée. Il fait d'Iseut un personnage riche, séduisant, sensuel, émouvant, plein de ressources et de perspicacité pour se tirer des situations les plus délicates. Mais surtout ce désir, contre lequel leur volonté est impuissante, les coupe du reste du monde, ce que le séjour dans la forêt symbolise magnifiquement : les deux amants se retrouvent trois années durant isolés, bannis, vivant du gibier que chasse Tristan avec l'Arc infaillible qu'il s'est fabriqué ; ils sont livrés à une vie sauvage qui leur fait oublier les joies de la cour et de la chevalerie.

> « À la puissance magique, socialement destructrice du désir, se substitue la force d'un sentiment amoureux qui apprivoise l'idée de séparation. »

Une des beautés du texte de Béroul est de fixer au philtre magique un pouvoir limité dans la durée. Le breuvage a-t-il libéré les amants de toute culpabilité ? Quand ses effets s'estompent, l'amour entre Tristan et Iseut ne cesse pas, il change de nature, il s'humanise profondément. À la puissance magique, socialement destructrice du désir, se substitue la force d'un sentiment amoureux qui apprivoise l'idée de séparation : l'amour peut exister hors du lien charnel, dans la distance. Mais cet apprivoisement est douloureux : Tristan, qui avait renoncé à la présence d'Iseut pour qu'elle retrouve le bonheur de sa condition royale, ne va cesser de vouloir revenir auprès d'elle. Les séparations, mutuellement consenties, appellent des retours et des retrouvailles perpétuels : ce mouvement incessant, seule la mort peut l'apaiser, qui est la fin des tourments et l'accomplissement d'un amour hors du commun. •

Extrait

Après trois années de vie sauvage, parce que l'effet du breuvage magique s'est estompé, les amants décident de se séparer : Tristan vit désormais son amour comme indissociable de la volonté d'assurer le bonheur de l'autre. Iseut doit donc rentrer à la cour du roi Marc. L'échange de dons, gages de fidélité, symbolise ce renoncement au désir égoïste, cette transformation d'une passion coupable et subie (la magie du philtre était irrésistible) en un amour consenti. À l'instant de la séparation, le lien amoureux se renforce et s'approfondit grâce aux objets échangés et aux paroles qui les accompagnent.

– Dex ! dist Tristan, quel departie !	– Mon Dieu, s'écrie Tristan, quelle séparation !
Molt est dolenz qui pert s'amie.	Comme il est accablant de perdre son amie.
Faire l'estuet, por la soufrete	Mais il faut faire ainsi, après les privations
Que vos avez por moi fort trete :	Que vous avez endurées de mon fait.
N'avez mestier de plus soufrir.	Vous n'avez pas besoin de souffrir davantage.
Qant ce vendra au departir,	Quand viendra le moment de la séparation,
Ge vos dorrai ma drüerie,	Je vous donnerai mon gage d'amour,
Vos moi la vostre, bele amie.	Et vous, ma belle amie, me donnerez le vôtre.
Ja ne serai en cele terre	J'aurais beau être en terre lointaine,
Que ja me tienge pais ne gerre	Ni la paix ni la guerre n'empêcheront
Que mesage ne vos envoi.	Que je vous envoie des messages.
Bele amie, remandez moi	Belle amie, faites-moi savoir en retour
De tot en tot vostre plesir. »	Précisément ce qui vous ferait plaisir. »
Iseut parla o grant sospir :	Iseut répondit dans un grand soupir :
« Tristan, entent un petitet :	« Tristan, écoute-moi un peu :
Husdent me lesse, ton brachet.	Laisse-moi Husdent, ton chien braque.
Ainz berseret a veneor	Jamais pour un chien de chasse
N'ert gardé e a tel honor	On n'aura montré tant d'égards
Con cist sera, beaus douz amis.	Que pour celui-ci, bon ami.
Qant gel verrai, ce m'est avis,	Quand je le verrai, il me semble,
Menberra moi de vos sovent.	Je me souviendrai de vous souvent.

Ja n'avrai si le cuer dolent,	Si accablé que soit mon cœur,
Se je le voi, ne soit lie.	Sa vue me redonnera de la joie.
Ainz, puis que la loi fu jugie,	Jamais depuis que la loi divine fut dite,
Ne fu beste si herbergie	Une bête n'aura reçu un si bon gîte
Ne en si riche lit couchie.	Ni n'aura couché dans un lit si beau.
Amis Tristran, j'ai un anel,	Tristan mon ami je possède un anneau
Un jaspe vert a un seel.	Avec un sceau de jaspe vert.
Beau sire, por l'amor de moi,	Beau seigneur, pour l'amour de moi
Portez l'anel en vostre doi ;	Portez l'anneau à votre doigt ;
Et s'il vos vient, sire, a corage	Et s'il vous vient, seigneur, l'envie
Que me mandez rien par mesage,	De m'adresser quelque message,
Tant vos dirai, ce sachiez bien,	Je vous le dis, sachez-le bien,
Certes, je n'en croiroie rien,	Je ne lui donnerai du crédit
Se cest anel, sire, ne voi.	Que si je vois, seigneur, cet anneau.
Mais, por defense de nul roi,	Mais nulle interdiction même d'un roi,
Se voi l'anel, ne lairai mie,	Ne m'empêchera si je vois l'anneau,
Ou soit savoir ou soit folie,	Que ce soit raisonnable ou fou,
Ne face con que il dira,	De faire ce que me dira
Qui cest anel m'aportera,	Celui qui me l'apportera
Por ce qu'il soit a nostre anor :	Pourvu que soit respecté notre honneur :
Je vos pramet par fine amor.	Je vous le promets au nom du pur amour.
Amis, dorrez me vos tel don,	Ami, me ferez-vous un pareil don,
Husdant le baut, par le landon ? »	Husdent le vif avec sa laisse ? »
Et il respont : « La moie amie,	Et Tristan répond : « Mon amie,
Husdent vos doins par drüerie.	Je vous donne Husdent en gage d'amour.
– Sire, c'est la vostre merci.	– Sire, soyez-en remercié.
Qant du brachet m'avez seisi,	Puisque vous m'avez confié le braque,
Tenez l'anel, de gerredon. »	Recevez l'anneau en échange. »
De son doi l'oste, met u son.	Elle l'ôte de son doigt et le lui passe.

(*Roman de Tristan* de **Béroul**,
éd. établie par **Daniel Poirion** ;
vers 2681 à 2730 traduits par **C. Hardy**)

Sources celtiques

Les lieux, les péripéties, les va-et-vient constants entre la Cornouaille du roi Marc, monde chevaleresque, et l'Irlande d'Iseut, un autre monde archaïque, inquiétant, peuplé de monstres, de géants, de magiciennes (la mère d'Iseut est responsable de la préparation du philtre magique qui rend amoureux), témoignent des origines celtiques de la légende. Elle circulait probablement depuis longtemps, à travers des récits et des chants transmis oralement – un conte irlandais remontant au IXe siècle présente une trame analogue à l'histoire de Tristan et Iseut. C'est dans la première moitié du XIIe siècle que la légende des amants maudits commence à circuler dans l'espace français, notamment chez les troubadours.

Le principal acteur de cette popularité est un célèbre barde gallois, nommé Bréri ou Bleheri, présent sur le continent vers 1120-1130. Thomas le cite à la fin de son roman-poème : il connaissait, dit-il, « les récits épiques et les contes de tous les rois et de tous les comtes qui avaient vécu en Bretagne ». Identifié par les historiens comme le chevalier Bledri ap Cadifor, un interprète parlant le gallois, le latin et l'anglo-normand, il fut sans doute un acteur essentiel de l'implantation des légendes celtes – « la matière de Bretagne » – dans l'espace littéraire français, alors en plein essor. •

Voile noire, voile blanche

Même si elle est d'origine celtique, la légende fait écho, sur certains points, à des récits de la mythologie grecque. Ainsi le dénouement tragique reprend-il un motif spectaculaire, présent dans l'histoire du héros grec Thésée. Blessé à mort, impatient de revoir celle qui l'a toujours guéri et qu'il a envoyé chercher, Tristan est trompé par Iseut aux Blanches Mains, son épouse mal-aimée : elle lui fait croire que le bateau rentrant de Cornouailles présente une voilure noire, signal convenu à l'avance de l'absence d'Iseut la Blonde. Or la voile est blanche, signal que la bien-aimée, tant attendue, est à bord. Le mensonge plonge Tristan dans le désespoir qui le fait s'abandonner à la mort. Dans la mythologie grecque, Thésée le héros est parti pour la Crète affronter le Minotaure. S'il réussit à le vaincre, il a promis à son père, Égée, de l'avertir à son retour en faisant hisser une voile blanche. Or, quand le bateau qui le ramène à Athènes et s'approche de la côte où le père attend, Thésée oublie sa promesse. La voile reste noire. Égée, croyant son fils mort, se jette dans les flots d'une mer qui porte désormais son nom. Entre les deux récits, différences et ressemblances se font écho et nous rappellent que, d'une culture traditionnelle à l'autre, les contes parfois s'influencent, au gré de leur circulation dans l'espace et le temps, comme des marchandises spirituelles. •

Un mythe européen

Les textes français du XIIe siècle consacrés à l'amour impossible d'Iseut et de Tristan nourrissent durablement la littérature et les arts en Europe. Dès le début du XIIIe siècle, la légende inspire les auteurs germaniques, Eilhardt d'Oberg et Gottfried de Strasbourg, et elle s'implante dans le domaine scandinave où une saga norroise donne la version complète de l'histoire (c'est probablement la traduction du roman-poème de Thomas). Toutes les traditions littéraires occidentales sont gagnées, entre le XIIIe et le XVIe siècle, et l'on trouve des *Tristan* en néerlandais, anglais, italien, espagnol, portugais…

À la fin du XIXe siècle, un éminent spécialiste français de littérature médiévale, Joseph Bédier, « ressuscite » le roman de Tristan, publié avec succès en 1900 : il propose non pas une simple traduction des textes-sources mais, à partir d'elles, une reconstitution de l'histoire dans son intégralité ; en fait, c'est une vraie recréation. D'autres médiévistes après lui ont tenté la même expérience sans toujours atteindre l'autorité de leur modèle, et plus d'une vingtaine de restitutions libres et variées ont été publiées jusqu'à ces dernières années. Toutes traduisent la fascination pour une légende qui ne cesse d'inspirer artistes et commentateurs. •

Éros et Agapè

Au milieu du XXe siècle l'écrivain suisse Denis de Rougemont (1906-1985) développe une ample et brillante réflexion de moraliste en partant de l'analyse de Tristan et Iseut. *L'Amour et l'Occident* (paru en 1939 puis en 1972 dans une édition définitive) lui fait repérer, à travers la légende et ses transcriptions écrites, l'apparition au XIIe siècle et l'essor d'une conception spécifiquement occidentale : ce qu'il appelle l'amour-passion. C'est une forme d'exaltation, fusionnelle ; l'objet de l'amour n'est pas l'autre, la personne véritable, mais l'image que l'on s'en fait ; ce qui est aimé finalement, c'est moins l'être lui-même qu'une idée de l'amour perçue à travers lui ; d'où son échec car la passion ne parvient pas à se concrétiser dans le monde réel. À cette passion destructrice (Éros), à cet absolu où les amants finissent par se perdre, Denis de Rougemont oppose un amour concret (Agapè), dont le modèle est l'amour désintéressé que Dieu porte à son fils et, plus largement, à l'Homme ; un amour qui, lorsqu'il lie deux êtres humains, est un sentiment où chacun est soucieux de l'autre ; il propose une union respectueuse des deux entités la constituant. •

Lire

Les multiples adaptations de la légende font de la lecture de l'histoire de Tristan et Iseut une aventure éditoriale, et l'on peut s'y égarer. Le plus sûr : choisir soit les textes-sources (1) – la meilleure option à mon avis –, soit une reconstitution moderne (2).

1. Les textes sources :

- L'édition en format poche, *Tristan et Iseut*, collection « Lettres Gothiques » (Le Livre de poche, Librairie générale française, 1989), proposée par Daniel Lacroix et Philippe Walter a le triple avantage d'être bilingue, peu coûteuse, et de compléter les poèmes français (Béroul, Thomas, Marie de France, les deux *Folie Tristan*) par la saga norroise (plus tardive mais présentant l'intégralité du récit).
- Une belle édition du récit de Béroul (bilingue, illustrée) : *Tristan et Yseut*, présenté, traduit, annoté par Daniel Poirion, collection « Lettres françaises », (Imprimerie Nationale éditions, 1989.)

2. Les reconstitutions (format poche) :

- Joseph Bédier (1864-1938) : *Le Roman de Tristan et Iseut*, préface de Gaston Paris, collection « Bibliothèque médiévale » (10-18, département d'Univers Poche, 1981).
- André Mary (1879-1962) : *Tristan et Iseut*, préface de Denis de Rougemont, collection « Folio Classique » (Gallimard, rééd. 1999) ; version reprise par Christian Biet dans la collection « Folio Junior ».
- René Louis (1906-1991) : *Tristan et Iseult*, collection « Les Classiques de poche » (Le Livre de Poche, Librairie générale française, 1972.).
- Un complément éclairant à ces reconstitutions : l'article en ligne <crm.revues.org/1743> d'Alain Corbellari (professeur à l'Université de Lausanne) ; « Tristan et Iseut chez les Celtes ou la tentation de la pureté dans quelques adaptations tristaniennes post-bédieristes » fait le pont sur les adaptations contemporaines de la légende, notamment les deux plus récentes (Clara Dupont-Monod, Yann Brekilien). ●

Écouter, voir

Tristan et Iseult, légende restituée à travers un choix (24 séquences) de textes et de mélodies médiévales ; les textes sont tirés de sources anonymes et d'auteurs divers (ce qui atteste la popularité de la légende) comme Thomas, Marie de France, Gottfried von Strassburg, Conon de Béthune, Jean Bodel. Camerata de Boston, sous la direction de Joël Cohen avec Henri Ledroit (Tristan, haute-contre), Anne Azéma (Iseult, soprano), Ellen Hargis (Brangane, soprano), Richard Morrison (Mark, baryton), William Hite (un gardien, un marin, un moine ; ténor). 1 CD (Erato, 1989).

Richard Wagner (1813-1883), *Tristan und Isolde* (opéra en trois actes, livret du compositeur d'après Gottfried von Strassburg ; créé à Munich en 1865) :

Parmi les nombreuses versions disponibles au disque : celle dirigée par Karl Böhm au Festival de Bayreuth en 1966 avec Birgit Nilsson et Wolfgang Windgassen.

Parmi les versions disponibles en DVD, deux captations récentes : celle de Genève 2005 (mise en scène Olivier Py, direction Armin Jordan avec Jeanne-Michèle Charbonnet et Clifton Forbis), celle de la Scala de Milan en 2007 (mise en scène Patrice Chéreau, direction Daniel Barenboïm avec Waltraud Meier et Ian Storey).

Le compositeur suisse Frank Martin (1890-1974) a composé, d'après le *Tristan et Iseut* de Joseph Bédier, un oratorio profane, *Le Vin herbé* (1938-1941). Il est régulièrement joué/ représenté (par exemple, en janvier 2009 à l'Opéra de Lyon sous la direction de Friedemann Layer). Plusieurs enregistrements disponibles :

une version « historique » avec le compositeur au piano (direction Victor Desarzens, 1961, 2 CD, Jecklin – voir le site Frank Martin <www.frankmartin.org/fr/>) ;

deux enregistrements plus récents, sous la direction de Mark Shapiro (Newport Classic, 2000) et sous la direction de Daniel Reuss avec Sandrine Piau (Harmonia Mundi, 2007).

Outre les DVD de *Tristan et Isolde* de Wagner, quelques filons du cinéma reprennent très librement le mythe des deux amants maudits :

Un classique du cinéma français des années 1940, qui transpose le mythe dans l'époque moderne : *L'Éternel Retour* (1943) réalisation de Jean Delannoy avec Madeleine Sologne (Nathalie) et Jean Marais (Patrice)

Deux adaptations plus récentes : *Tristan et Iseut* (2007), film d'animation français de Thierry Schiel, et *Tristan et Iseut* (2006), film américain de Kevin Reynolds avec James Franco (Tristan) et Sophia Myles (Iseut). ●

Éléments de contexte

- **Invasion normande de l'Irlande** (en 1169 ; puis en 1171 sous la conduite d'Henri II d'Angleterre).
- **1175 : Henri II** établit la suzeraineté anglaise (traité de Windsor) sur tous les royaumes irlandais.
- **1185 : Jean sans Terre** (un des fils d'Henri II et d'Aliénor) devient Seigneur d'Irlande. En 1199, quand il accède au trône d'Angleterre, l'Irlande devient une possession de la Couronne anglaise.

Jouer pour retenir

LIEUX

Dans quels lieux les auteurs ont situé l'action du récit ?

A. En Irlande

B. En Cornouailles

C. En Bretagne

D. En Grèce

QUIZ

Comment Tristan et Iseult se sont-ils rencontrés ?

A. Ils se connaissent depuis qu'ils sont petits.

B. Ils se sont rencontrés après un combat lorsque Iseult l'a soigné.

C. Ils se sont rencontrés par hasard à Melun.

D. Ils se voyaient chaque année lors d'un bal mais ne parlaient jamais jusqu'à ce que Iseult se décide à l'aborder.

SUPER-POUVOIR

Lequel des personnages a le pouvoir de neutraliser le poison ?

A. Tristan

B. Iseult

C. La reine d'Irlande

L'AMOUR

Comment Iseult tombe-t-elle amoureuse de Tristan ?

A. Lorsqu'il lui raconte ses exploits de guerrier.

B. Elle boit un philtre d'amour.

C. Il parvient à la conquérir en chantant des sérénades.

D. Elle ne l'aime pas.

RÉPONSES

Lieux

Réponse : L'action est située par les poètes normands en Irlande, en Cornouailles et en Bretagne.

Quiz

Réponse : Tristan et Iseult se sont rencontrés après le combat de Tristan contre le géant Morholt qui se révèle être l'oncle d'Iseult. Tristan avait gagné mais était blessé par une épée empoisonnée et la seule pouvant neutraliser le poison était Iseult.

Super-pouvoir

Réponse : La personne qui a le pouvoir de neutraliser le poison est Iseult.

L'amour

Réponse : Iseult tombe amoureuse de Tristan en buvant, lors d'une traversée pour aller en Cornouailles, un philtre d'amour qu'elle pense être de l'eau.

Chapitre 4

Aucassin et Nicolette

Auteur non identifié (entre 1200 et 1225)

« Puis qu'a moullié te vix traire,
pren femme de haut parage.
– Mere, je n'en puis el faire
Nicolete est de bon aire ;
ses gens cors et son viaire,
sa biautés le cuer m'esclaire. »

« Puisque tu veux te marier
Prends femme de noble rang.
– Mère, je tiens à l'épouser,
Nicolette a noble origine,
son corps séduisant, son visage,
sa beauté purifient mon cœur. »

(III, vers 11 à 16.)

Les deux prénoms éveillent dans l'imagination une atmosphère de conte populaire. Mais derrière le titre s'ouvre un récit dont le raffinement, la fantaisie, la singularité conservent intact, à huit siècles de distance, leur pouvoir d'émerveiller.

Une idylle pleine de fantaisie

Voici l'histoire de deux jeunes gens, presque des adolescents, qui s'aiment à la vie à la mort. Ils habitent Beaucaire, au bord du Rhône. Aucassin est le fils du seigneur local, le comte Garin. Nicolette, plus modeste, est la filleule d'un vicomte vassal de Garin, elle a été achetée par lui à des Sarrasins (musulmans), en terre lointaine. Les parents refusent que leurs enfants s'aiment, et leur interdisent de se voir. Évasions, poursuites, retrouvailles, combats, voyages lointains, attaques de pirates… que de péripéties romanesques jusqu'au dénouement !

LA « COUVADE »

Le mot fait référence à une pratique rituelle dans certaines cultures traditionnelles : elle consistait, pour le père, à se coucher près du nouveau-né comme pour le couver. Ainsi allité, le père recevait au même titre que sa femme, soins, visites, cadeaux et compliments.

L'auteur (anonyme) fait preuve de beaucoup d'humour, de liberté et d'invention. Il se plaît à jouer avec des éléments propres au conte, certaines invraisemblances comme cette forêt provençale où Nicolette imagine qu'elle va rencontrer des loups, des tapis de serpents et d'autres bêtes féroces. Il introduit des péripéties tout droit venues du folklore et des traditions populaires, comme l'épisode bouffon du séjour au royaume de Torelore : tout y est inversé selon le principe des fêtes de Carnaval, le roi est au lit pour un mois, il pratique ce qu'on appelle la « couvade » parce que sa femme vient d'avoir un bébé… la reine, sitôt remise de l'accouchement, file sur un champ de bataille… Quant à la guerre, elle se fait à coups de pommes pourries, de fromage blanc et de champignons – beaucoup plus drôles que les confettis.

La parodie de l'esprit guerrier et courtois

La fantaisie tient aussi à l'utilisation parodique des règles de l'action et du récit chevaleresques. Aucassin est un véritable héros. Mais quel curieux chevalier ! Envoûté par la charmante Nicolette qui absorbe toute sa pensée, il écoute ce que lui dicte son cœur et, parfois, il en oublie de combattre : le contraire exact d'un héros courtois, chez qui l'amour de la dame, source de toutes les vertus, doit logiquement décupler l'ardeur guerrière… Aucassin est vaillant par intermittences. Il est tantôt ardent, invincible, tantôt distrait, déprimé, prompt à se lamenter sur son sort et la perte de sa bien-aimée. Sa bravoure peut aussi s'exprimer complètement à contretemps, comme lorsqu'il taille en pièces les ennemis tout à fait débonnaires du royaume de Torelore. Le conteur-romancier éprouve un malin plaisir à nous montrer que les vertus courtoises (bravoure, largesse, loyauté) ne sont pas l'apanage des chevaliers et des gens bien nés : le veilleur de Beaucaire, touché par la situation des deux jeunes amoureux, fait preuve de générosité en avertissant Nicolette que des tueurs la poursuivent ; l'homme des bois, horrible d'aspect, que rencontre Aucassin montre dans l'adversité un courage digne d'un seigneur ; à l'inverse, le comte de Beaucaire, Garin, père d'Aucasssin, est un chef de meute qui lance ses sbires sur les traces de Nicolette, et qui est incapable de respecter la parole donnée : le contraire d'un homme preux.

Évasions, poursuites, retrouvailles, combats, voyages lointains, attaques de pirates… que de péripéties romanesques jusqu'au dénouement !

Une femme rayonnante

Enfin, il y a Nicolette, un sacré petit bout de femme, jolie comme un cœur, d'une force admirable. Sa constance dans le refus du malheur est un vrai bonheur pour nous. S'il lui arrive d'éprouver de la peur, aussitôt elle agit. À elle, le courage d'affronter les pires dangers. À elle, les ruses les plus fines comme lorsqu'elle sème dans la forêt des indices pour que son amoureux retrouve sa trace ; ou lorsqu'elle s'enlaidit et se travestit en jongleur pour rejoindre Aucassin au-delà des mers. Elle ne se laisse jamais abattre, jamais imposer quelque chose qui empiète sur sa liberté d'aimer et sur ses désirs. Ses ressources semblent inépuisables pour trouver l'issue la plus douce et la plus aimable. Rien d'étonnant qu'elle sache,

« Sa constance dans le refus du malheur est un vrai bonheur pour nous. »

comme une fée, une magicienne ou une sainte madone, guérir les blessures de son amant, par exemple cette épaule qu'il s'est démise en tombant de cheval. Il y a en Nicolette une splendeur physique, un rayonnement moral, une vitalité communicative qui irriguent tout le récit, et inspirent au romancier aussi bien des dialogues très enlevés que des moments d'extase chargés de sensualité et de poésie. Ainsi, ce superbe épisode où Aucassin découvre, baignée par un rayon de lune, la jeune fille endormie à l'intérieur d'une cabane en fleurs qu'elle s'est construite elle-même – écrin pour la fraîcheur de sa beauté. La lumière émanant de ce personnage féminin médiéval porte ses rayons jusqu'à nous, sans que leur intensité soit affadie par la distance des siècles, l'évolution de la langue et des mœurs. ●

Extrait

Une nuit de mai, Nicolette s'échappe de sa chambre-prison. C'est le début du parcours haletant de la belle jeune fille, héroïque dans son obstination à faire triompher l'amour. Le romancier combine une scène d'évasion nocturne et un portrait d'une grâce que l'on n'a pas envie d'oublier. Voici un extrait du texte original, suivi de sa traduction.

Nicolette jut une nuit en son lit, si vit la lune luire cler par une fenestre et si oï le lorseilnol center en garding, se li sovint d'Aucassin sen ami qu'ele tant amoit. Ele se comença a porpenser del conte Garin de Biaucaire qui de mort le haoit, si se pensa qu'ele ne remanroit plus ilec, que, s'ele estoit acusee et li quens Garins le savoit, il le feroit de male mort morir.

Ele senti que li vielle dormoit qui aveuc li estoit : ele se leva, si vesti un bliaut de drap de soie que ele avoit molt bon, si prist dras de lit et touailes, si noua l'un a l'autre, si fist une corde si longe comme ele pot, si le noua au piler de le fenestre ; si s'avala contreval le gardin, et prist se vesture a l'une main devant et a l'autre deriere, si s'escorça por le rousee qu'ele vit grande sor l'erbe, si s'en ala aval le gardin.

Ele avoit les caviaus blons et menus recercelés, et les ex vairs et rians, et le face traitice, et le nés haut et bien assis, et lé levretes vremelettes plus que n'est cerisse ne rose el tans d'esté, et les dens blans et menus ; et avoit les mameletes dures qui li souslevoient sa vesteure aussi con ce fuissent deus nois gauges ; et estoit graille par mi les flans qu'en vos dex mains le peusciés enclorre ; et les flors des margerites qu'ele ronpoit as ortex de ses piés, qui li gissoient sor le menuisse du pié par deseure, estoient droites noires avers ses piés et ses ganbes, tant par estoit blance la mescinete.

Ele vint au postic, si le deffrema, si s'en isci par mi les rues de Biaucaire par devers l'onbre, car la lune luisoit molt clere, et erra tant qu'ele vint a le tor u ses amis esoit. Li tors esoit faelee de lius en lius ; et ele se quatist delés l'un des pilers, si s'estraint en son mantel, si mist sen cief par mi une creveure de la tor qui vielle estoit et anciienne, si oï Aucassin qui la dedens plouroit et faisoit mot grant dol et regretoit se duce amie que tant amoit.

Une nuit où Nicolette était couchée dans son lit, elle vit le clair de lune briller à travers la fenêtre et elle entendit le rossignol chanter dans le jardin. Alors elle se souvint d'Aucassin son ami qu'elle aimait tant. Elle se mit à réfléchir au comte Garin de Beaucaire qui la haïssait mortellement, et elle eut l'idée de ne pas rester plus longtemps en ce lieu parce que si elle était dénoncée et que le comte Garin l'apprenait, il la ferait tuer méchamment.

Elle sentit que la vieille qui était près d'elle dormait. Elle se leva, enfila une tunique en soie de très belle qualité, elle prit des draps de lit et des servielles, les noua ensemble, elle en fit une corde aussi longue qu'elle put, l'entoura au pilier de la fenêtre ; elle descendit jusque dans le jardin, prit son vêtement une main devant, l'autre derrière pour le relever à cause de la rosée qu'elle vit abondante sur l'herbe, et elle traversa tout le jardin.

Elle avait des cheveux blonds à bouclettes, les yeux vifs et rieurs, le visage ovale, le nez haut et régulier, de gentilles petites lèvres plus vermeilles que la cerise ou que la rose au temps de l'été, les dents blanches et menues ; elle avait de petits seins fermes qui soulevaient son vêtement comme s'ils étaient deux grosses noix ; sa taille était si fine qu'entre vos deux mains vous auriez pu l'enclore ; et les marguerites qu'elle brisait du bout de ses orteils et qui retombaient sur son cou-de-pied, étaient vraiment noires comparées à son pied et à sa jambe, tellement était blanche la toute jeune fille.

Elle arriva à la petite porte, l'ouvrit et sortit dans les rues de Beaucaire, du côté de l'ombre car le clair de lune était très brillant. Elle chemina jusqu'à ce qu'elle arrive à la tour où était son ami. Cette tour était fissurée en plusieurs endroits. Nicolette se blottit contre un des piliers, elle s'enveloppa dans son manteau et passa la tête à travers une brèche de la tour qui était vieille et ancienne ; elle entendit Aucassin qui, à l'intérieur, pleurait, manifestait son désespoir et regrettait sa douce amie qu'il aimait tant.

(Éd. établie par **Jean Dufournet** ;
section XII, récit parlé, extrait traduit par **C. Hardy.**)

Une forme unique : la chantefable

Au moment de prendre congé de son auditoire, le conteur-romancier parle de son récit comme d'une *chantefable* (*cantefable* dans le texte original). Le terme est sans doute une création personnelle. Aucun autre roman médiéval n'adopte cette forme unique dans l'histoire de notre littérature. Car le récit repose sur l'alternance de brefs chapitres en vers ou en prose (41 au total). Les chapitres en vers (impairs), introduits par la formule « Or se cante », sont destinés à être chantés, et dans le seul manuscrit conservé d'*Aucassin et Nicolette* la musique est indiquée. Les chapitres en prose (pairs), introduits par la formule « Or dient et content et fabloient », sont faits pour être parlés – les deux verbes « conter » et fabloier » précisant que ce parlé comprend aussi bien du récit que du dialogue. *Chantefable* résume la particularité d'une histoire qui progresse tantôt par le chant, tantôt par la parole. Le romancier met beaucoup de soin et d'inventivité dans les transitions entre les deux modes d'expression. Le résultat est une forme singulière, enlevée, pleine de variété et de surprises. •

Deux prénoms chargés d'intentions malicieuses

Comme l'ont observé les commentateurs du roman, les prénoms des deux héros sont riches de sous-entendus cocasses. Aucassin, chevalier très chrétien, porte étrangement le nom d'un roi maure de Cordoue,

Alcazin. Mais il est aussi natif de Provence où l'on parle occitan, et dans cette langue *aucassa* est le diminutif d'*auca*, « oie », ce qui suggère que notre jeune homme est une sorte d'oie blanche à peine sortie du nid, touchant mais un peu nigaud. Pour Nicolette (diminutif de Nicole), c'est exactement l'inverse : elle porte un prénom très « français » alors qu'elle est d'origine sarrasine nous dit le conteur ; et si l'on cherche du côté de la langue occitane, on entend le mot comme un diminutif de *nica*, présent dans l'expression *faire la nica* (se montrer plus malin, plus rusé – qu'un autre) – ce qui laisse supposer que nous avons affaire à une femme plutôt maligne et entreprenante. •

Un auteur inconnu mais identifiable

L'auteur d'*Aucassin et Nicolette* ne nous a pas laissé son nom : il se nomme « Vieil Antif » au début du récit, mais c'est une plaisanterie car il s'agit du nom du cheval de Roland, héros de l'épopée fameuse *La Chanson de Roland*. Cependant, d'après ce qu'il a écrit, on peut supposer que c'était un homme d'une culture vaste et solide : il connaissait aussi bien la littérature de son temps (épopées, romans courtois de Chrétien de Troyes) que les traditions populaires. Certaines caractéristiques de la langue qu'il utilise ont permis aux spécialistes du Moyen-Âge d'identifier son origine géographique : le nord de la Picardie, peut-être Arras, ville alors florissante au plan littéraire. •

Le jongleur interprète

Qui interprétait ce récit ? Rappelons qu'au Moyen Âge les textes se chantent (les épopées, la plupart des poèmes) ou qu'ils se lisent à haute voix (les romans courtois). Il est probable que le texte d'*Aucassin et Nicolette* était chanté, récité et mimé par un jongleur. C'est une figure essentielle du paysage littéraire et artistique médiéval. En un temps où seuls les clercs (hommes d'Église éduqués) savent lire, le jongleur est l'artiste qui interprète les textes en langue vulgaire (le français). Il n'est pas lui-même auteur ou poète. Il dispose d'un répertoire d'ouvrages, parfois transcrits sur ce qu'on appelle les « manuscrits de jongleurs », d'un format qui les rend maniables. Et, face à un auditoire auquel il s'adapte toujours, il fait vivre ce répertoire en le disant, en le chantant, le mimant, et il s'accompagne d'un instrument, en ajoutant s'il le faut des bruitages et des acrobaties. Un artiste complet ! ●

Lire

L'ouvrage est à lire en bilingue (ancien français/ français contemporain). Deux éditions de poche :

- Édition de Jean Dufournet, chronologie, préface, traduction, collection « GF » (Flammarion, 1984) ;
- Édition de Philippe Walter, collection « Folio » (Gallimard, 1999). ●

Écouter, voir

Trois sites à visiter sur internet :

- Une jolie restitution du texte dans un esprit « médiéval » et pédagogique, conception et illustrations de Dominique Tixhon. On peut feuilleter le livre tout en écoutant la musique que Marcel Arnoux improvise d'après la phrase musicale du manuscrit ou d'après des chansons de troubadours et trouvères contemporains de la chantefable : <aucassinetnicolette.d-t-x.com>
- Une proposition ultra-contemporaine : la pièce lyrique électroacoustique d'André Dion (durée 1h05, écrite pour huit haut-parleurs, créée à Vienne en Autriche en juin 2002, puis en France en décembre 2002 – Paris, Radio-France, INA-GRM) : <aude.gamme.pagesperso-orange.fr/aucassin.htm>
- Une édition illustrée du texte par Alfred Delvau (1866), accessible sur le site Gallica de la Bibliothèque Nationale de France : <gallica.bnf.fr/ark:/12148/bpt6k28244g/f23.image>

Il existe un opéra-comique tiré de la chantefable, *Aucassin et Nicolette ou Les Mœurs du bon vieux temps*, signé Grétry (1741-1813) pour la musique et Sedaine (1719-1797) pour le livret. Créé en décembre 1779 à Versailles par les Comédiens Italiens Ordinaires du Roi, repris à Paris en janvier 1780 et régulièrement joué salle Favart (Théâtre Italien) de 1789 à 1793, il a une particularité : le rôle de Nicolette était tenu par une célèbre artiste lyrique de l'époque, Madame Dugazon (1755-1821), qui a donné son nom à un type de voix féminine très particulier, entre le soprano et le mezzo-soprano.

À ma connaissance il n'existe pas (encore) d'enregistrement de cet ouvrage (intégrale ou extraits), pas plus qu'il n'existe d'enregistrement du vaudeville parodiant l'opéra-comique : *Marcassin et Tourlourette* (auteur anonyme – le titre donne envie de connaître l'ouvrage…).

J'ai trouvé la trace d'une parodie (musicale) plus récente (créée au Théâtre de Châteauvallon en août 1971) : *Les Nouveaux Racontars d'Agassin et Virelette* du compositeur Gérard Massias. Mais je n'en sais rien de plus que le titre. ●

Éléments de contexte

• **En 1204**, pillage de Constantinople par les armées de la Quatrième croisade que Venise a détournée de sa mission d'origine (reconquérir Jérusalem et les lieux saints).

• **Début, en 1209,** de la Croisade contre les Albigeois, prêchée par le pape Innocent III. Elle est menée par Simon de Montfort et les seigneurs du nord contre l'hérésie cathare (répandue dans le Midi de la France au XIIe siècle) et contre le Comte de Toulouse.

• **La bataille de Las Navas de Tolosa** (Andalousie), en 1212, est gagnée par une alliance des rois espagnols contre les Almohades, alors maîtres d'Al Andalous (Espagne musulmane). Étape marquante de la Reconquista.

• **Victoire à Bouvines (1214)** du roi de France Philippe II Auguste sur les troupes coalisées autour du roi d'Angleterre Jean sans Terre. Elle confirme la confiscation par le roi de France des possessions continentales des Plantagenêts, dont Jean était l'héritier.

• **Jean Bodel**, poète d'Arras, fait représenter en décembre 1200, le *Jeu de saint Nicolas*, ouvrage dramatique mi religieux mi profane, fait d'un savoureux mélange de tons (du pathétique au trivial).

• **Début de la construction** de la façade de Notre-Dame de Paris (1208) et de la fabrication des vitraux de la cathédrale de Chartres (1210).

• **Les autorités ecclésiastiques parisiennes** condamnent à plusieurs reprises (vers 1198 ; en 1208) la Fête des Fous (trois jours de mascarades qui suivent Noël).

Jouer pour retenir

QUIZ

Aucassin et Nicolette *est un :*

A. Un roman
B. Un opéra
C. Une comédie musicale
D. Une bande dessinée

Aucassin et Nicolette *est un récit qui raconte une aventure :*

A. Sentimentale
B. Politique
C. Ironique

LE BON MOT

Quel est le mot désignant le genre littéraire suivant : Jeu dramatique médiéval, où les parties narratives en prose alternent avec des passages versifiés chantés. Indice : vous pouvez reformer ce mot à partir des lettres suivantes

E C F A B E T H A N L

_ _ _ _ _ _ _ _ _ _ _

VRAI OU FAUX

*L'auteur d'*Aucassin et Nicolette *a connu un grand succès pour cette œuvre.*

L'ERREUR

Parmi ces affirmations, laquelle ne correspond pas au personnage de Nicolette ?

A. Elle est une jolie jeune femme
B. Elle est dotée d'un grand courage
C. Elle prend soin de son bien aimé
D. Elle est fermière

RÉPONSES

Quiz

Réponse : Aucassin et Nicolette est un roman qui a la particularité d'être écrit alternativement en prose et en vers. Il est chanté et récité.

Réponse : Ce récit raconte une aventure sentimentale.

Le bon mot

Réponse : Chantefable

Vrai ou Faux

Réponse : Faux. L'auteur d'*Aucassin et Nicolette* était et est resté inconnu.

L'erreur

Réponse : Nicolette n'est pas fermière, toutes les autres affirmations sont justes.

Chapitre 5

Gargantua

François Rabelais
(1535)

« Le bon homme Grandgousier beuvant, et se rigolant avecques les autres entendit le cry horrible que son filz avoit faict entrant en lumiere de ce monde, quand il brasmoit demandant, « à boyre, à boyre, à boyre », dont il dist, « que grand tu as », *supple* [= sous-entendu] le gousier. Ce que ouyans les assistans, dirent que vrayement il debvoit avoir par ce le nom Gargantua... »

(Chapitre VII, début.)

C'est l'histoire d'un géant, depuis sa naissance jusqu'à son triomphe en guerrier vainqueur et magnanime. Il n'est pas l'ogre dévorateur des contes pour gamins ni le monstre destructeur, incarnation des forces terribles de la Nature que nous présentent les récits mythologiques. Gargantua est, comme son père Grandgousier et comme son fils Pantagruel, un bon géant, généreux, jovial, immense par la taille, l'appétit et la curiosité d'esprit : un géant de la Renaissance.

Le rire, un remède…

Tous les romans de Rabelais sont placés sous la bannière du rire et de la fantaisie, et *Gargantua*, plus que tout autre. Dès l'avertissement en forme de poème, l'auteur insiste sur sa volonté d'éloigner le lecteur de la peine et du chagrin, et de lui apporter ce qui pourra nourrir son hilarité parce que, conclue-t-il « rire est le propre de l'homme » – autant dire : ce qui lui convient le mieux. N'oublions pas que Rabelais est médecin. La santé du corps et de l'esprit le passionne. Il vit à une époque où rire (se dilater le diaphragme et la rate), boire du vin (léger) sont considérés comme les garants d'une vie saine. Les conceptions médicales alors en usage valident l'antique principe des quatre « humeurs » ou « tempéraments » qui déterminent l'être humain : la rate est l'organe qui concentre la bile et lorsque celle-ci est en excès elle est source de mélancolie (bile noire) ou de colère (bile jaune). Provoquer par le rire la dilation de la rate, c'est permettre à l'organe de se purifier, libérer le corps de ses mauvaises « humeurs ».

Il vit à une époque où rire (se dilater le diaphragme et la rate), boire du vin (léger) sont considérés comme les garants d'une vie saine.

Pour éveiller le rire, Rabelais fait feu de tout bois. Autour de son géant il multiplie les péripéties burlesques jouant sur le gigantisme du héros (cloches de Notre-Dame volées pour être attachées au coup de la jument, pèlerins avalés entre deux feuilles de laitues…), et il organise des cortèges de carnaval. Un carnaval verbal d'abord, faisant une large place à l'exubérance, à l'exagération comique, aux grossissements caricaturaux, aux énumérations démesurées, à la truculence, à la paillardise. Le texte est truffé de calembours, de contrepèteries de noms cocasses forgés à partir d'étymologies loufoques. Il mélange obscénités et citations savantes (vraies ou fausses). Il ne tient aucun compte des oppositions entre haut et bas, spirituel et trivial – exactement comme le Carnaval qui inverse et bouleverse les hiérarchies. Le plus bel exemple de ce principe est le chapitre où la « merveilleuse intelligence » du gamin Gargantua est révélée par l'invention du meilleur torchecul (ancêtre de nos plus doux papiers-toilette triple épaisseur) : la grandeur d'un esprit tout jeune, tout frais naît d'expériences sensorielles variées et très scatologiques.

... et une arme

Le rire est aussi une arme. Les cortèges de Rabelais réunissent des personnages qui sont autant d'adversaires visés personnellement ou collectivement par l'écrivain – pour les identifier les notes des éditions savantes sont pour nous d'une grande utilité, elles ajoutent à la lecture un plaisir supplémentaire, analogue à celui que procure le déchiffrement de codes et de messages secrets. La verve rabelaisienne est volontiers sarcastique. Elle est aussi agressive. Elle aime la provocation : pour exemple, les jeux dont les autorités religieuses interdisent la pratique figurent dans une longue, longue liste les décrivant comme prescrits à l'élève Gargantua par ses précepteurs ecclésiastiques !

« Les acteurs du monde que Rabelais soumet à son entreprise de parodie, de dérision, de déformation apparaissent comme des bouffons grotesques. »

Les acteurs du monde que Rabelais soumet à son entreprise de parodie, de dérision, de déformation apparaissent comme des bouffons grotesques. L'écrivain ridiculise leurs manières de se conduire, de penser ou de s'exprimer. Et finalement il interdit de pénétrer dans Thélème, l'abbaye idéale, à tous ces « hypocrites, bigots, vieux matagots, marmiteux boursouflés », ces « cagots, cafards empantouflés », ces « gueux mitouflés », ces « fagoteurs de tabus », « usuriers chichars » et « avaleurs de frimars [brouillard] » – où l'on aura reconnu faux dévots, moines gloutons, juristes avides, théologiens conformistes et autres sophistes verbeux.

Une éducation pleinement aristocratique

Rabelais invite à ne pas en rester à la fantaisie ou au plaisir de voir les flèches qu'il décoche atteindre leurs cibles. Il faut que son lecteur cherche ce qui est présent en profondeur, qu'il rompe l'os pour en sucer « la substantifique moelle » - ce que recommande le Prologue du livre. Cette moelle particulière est une sagesse fondée sur une conception du monde nouvelle, ouverte et optimiste, promue par l'Europe de la Renaissance (XVe-XVIe siècles) : l'humanisme (voir ci-dessous). Comme tous les humanistes de la Renaissance, Rabelais combat les idées qui avaient prévalu auparavant, selon lesquelles l'homme était une créature contrainte, angoissée, marquée par le péché originel. Il entend au contraire faire de l'homme – qu'il soit normal ou géant – dans son parcours terrestre, un être accompli, épanoui. Au nom de ces principes, les chapitres traitant de l'éducation du jeune Gargantua opposent vigoureusement les méthodes anciennes, héritées du Moyen Âge, néfastes, qui rendent « fou, niais, tout rêveur et rassoté », à des pratiques novatrices. L'enseignement dispensé par Ponocratès, le maître choisi après bien d'autres pour s'occuper du jeune géant, associe études des textes et exploration directe de la nature ; il favorise le développement conjoint du corps et de l'esprit ; il ouvre la curiosité de l'enfant sur la diversité des activités humaines : sciences, beaux-arts, métiers, techniques. Par l'intermédiaire de ce précepteur dont le nom signifie en grec « le travailleur, celui qui travaille dur », Rabelais prône une éducation de type aristocratique, s'adressant avant tout aux rois, aux princes : la vertu du souverain est d'allier la force et l'adresse physiques avec une intelligence ouverte, assoiffée de savoirs. Cette vertu fonde et justifie la maîtrise politique qu'exerce sur le monde et sur les hommes le géant bon souverain.

Cependant, même lorsqu'il est profond, Rabelais ne se départit jamais de son goût pour l'exagération. L'idéal éducatif défendu contient sa propre caricature. L'instruction de Gargantua est si bien conçue qu'on peut le voir, par exemple, s'exerçant à la nage tout en tenant par une main un livre hors de l'eau. Chaque heure est employée avec un profit maximum ; le maître Ponocratès traque son élève, pour raisonner avec lui, jusque dans « les lieux secrets » où l'on fait « excrétion des digestions naturelles ». À force d'acrobaties, de prouesses intellectuelles et physiques, l'élève pourrait presque devenir un « phénomène de foire ».... Avec autant de subtilité que de sens comique, Rabelais vient donc rappeler à tous les esprits d'hier, d'aujourd'hui et de demain, obsédés par la gestion optimale des emplois du temps, qu'une sagesse, quand elle est construite avec systématisme, sans le sens du relatif, sécrète sa propre folie.

La guerre...

L'œuvre de Rabelais retentit de multiples appels à jouir de la vie. En faisant l'apologie du corps et de l'esprit dans tous leurs états, l'écrivain se délecte autant à développer discours, raisonnements, joutes oratoires où se déploie l'intelligence humaine – et son inverse, la bêtise – qu'à décrire de colossales bagarres où l'on s'en donne à cœur joie pour assommer, étriper l'adversaire… La moitié du *Gargantua* (27 chapitres sur 58) est consacrée au récit épique et drolatique de la guerre picrocholine, déclenchée pour une querelle dérisoire entre des bergers du pays de Grandgousier, père de notre héros, et des fouaciers (fabricants de galette) sujets du roi Picrochole. Après l'éducation du géant vient le temps des exploits – Rabelais reprend ici le schéma narratif des vieux romans de chevalerie (naissance, enfance puis prouesses du chevalier.)

Picrochole est l'anti-héros rabelaisien par excellence, un bien triste sire : son nom le trahit (en grec : « qui a la bile amère ») et révèle le colérique, l'emporté, le félon avide de gloire qui se lance dans une guerre abusive.

La parodie d'épopée est un motif burlesque évidemment, mais il faut aussi goûter les allusions qu'elle contient à l'actualité du début des années 1530, lorsque Rabelais compose son ouvrage. Picrochole est l'anti-héros rabelaisien par excellence, un bien triste sire : son nom le trahit (en grec : « qui a la bile amère ») et révèle le colérique, l'emporté, le félon avide de gloire qui se lance dans une guerre abusive. Il est l'ennemi du rire et de la justice. Derrière la mégalomanie et les ambitions impérialistes de ce tyran, l'écrivain vise directement Charles-Quint, l'adversaire du roi de France François 1er qui, lui, est comme Gargantua un bon prince, magnanime et généreux. Rabelais fait aussi allusion, à travers la géographie qui reprend librement celle du Chinonais réel, à des querelles qui ont opposé son propre père à un voisin irascible. La drôlerie du récit et de ce qui le sous-tend repose donc pour une bonne part sur ce jeu avec les échelles de grandeur, où des faits presque intimes se confondent avec des événements d'une portée plus universelle.

... et la paix

Au cours de l'épopée picrocholine apparaît une figure haute en couleurs, un homme, alter ego du géant et double possible de l'écrivain (c'est un moine et il aime la bagarre !) : frère Jean des Entommeures. Il est d'une vitalité explosive et il a fière allure : « jeune, galant », « bien à dextre, hardi, aventureux, délibéré, haut, maigre, bien fendu de gueule ». Son nom est tout un programme : « celui qui fait du hachis » (avec ses ennemis). Aussi le voyons-nous dès son entrée en scène faire un joyeux massacre :

« Ès uns escarbouillait la cervelle, ès autres rompait bras et jambes, ès autres délochait les spondyles du col, ès autres démoulait les reins, avalait le nez, pochait les yeux, fendait les mandibules, enfonçait les dents en la gueule, décroulait les omoplates... »

Son bagou est à la mesure de sa pétulance physique.

C'est pour le récompenser que Gargantua accepte de fonder une abbaye organisée selon l'idée de frère Jean : Thélème endroit clos, protégé, lieu idéal, aristocratique, anti-couvent, anti-prison, espace de liberté, de mixité (les femmes y sont admises), de vertu et de plaisir. Mais je vous laisse avec cette question sans réponse : comment imaginer qu'un homme aussi remuant, aussi débordant que frère Jean va pouvoir, sinon diriger (il s'en dit incapable), du moins s'installer dans ce cadre-là ? Rabelais ne s'est pas risqué à répondre, il n'a pas poursuivi son récit au-delà de la fondation de Thélème. Lorsque règnent la paix et l'ordre idéal, le temps n'est plus aux facéties, aux prouesses et aux éclats de rire : frère Jean s'éclipse et Rabelais choisit de se taire. ●

Extrait

Gargantua, à la demande de son père Grandgousier, est rentré dans son pays attaqué par Picrochole. Il s'est déjà défait de quelques ennemis. Il a reçu quelques milliers de tirs d'artillerie le visant à la tête, puis d'un coup de peigne il s'est débarrassé des boulets qui lui encombraient la chevelure. Il vient de festoyer, engloutissant l'équivalent de plusieurs basses-cours et de quelques ménageries. Il est temps de se rafraîchir avec un peu de verdure... Rabelais joue ici sur la différence d'échelle entre l'univers des géants et celui des hommes. Mais il en profite aussi pour régler des comptes avec une catégorie de croyants qu'il n'apprécie guère pour leur pratique superstitieuse de la religion : les pèlerins. Il les soumet à un régime ogresque plutôt rude et humiliant. (Orthographe et ponctuation modernisées. Je vous invite à lire d'abord tout le texte sans consulter les notes.)

CHAPITRE XXXVIII : Comment Gargantua mangea en salade six pèlerins

Le propos requiert que racontons ce qu'advint à six pèlerins qui venaient de Saint-Sébastien près de Nantes, et pour soi héberger celle nuit de peur des ennemis[1], s'étaient mussés[2] au jardin dessus les poyzars[3] entre les choux et laitues. Gargantua se trouva quelque peu altéré et demanda si l'on pourrait trouver des laitues pour faire salade.

Et entendant qu'il y en avait des plus belles et grandes du pays car elles étaient grandes comme pruniers ou noyers, y voulut aller lui-même, et en emporta en sa main ce que bon lui sembla, ensemble emporta les six pèlerins, lesquels avaient si grand peur qu'ils n'osaient ni parler ni tousser.

Les lavant donc premièrement en la fontaine, les pèlerins disaient en voix basse l'un à l'autre: « Qu'est-il de faire ? nous noyons[4] ici entre ces laitues, parlerons nous ? mais si nous parlons il nous tuera comme espies[5]. » Et comme ils délibéraient ainsi, Gargantua les mit avec ses laitues dedans un plat de la maison grand comme la tonne de Cîteaux[6], et avec huile, et vinaigre et sel, les mangeait pour soi rafraîchir davant souper[7], et avait jà engoulé[8] cinq des pèlerins, le sixième était dedans le plat, caché sous une laitue, excepté son bourdon[9] qui apparaissait au-dessus.

Lequel voyant, Grandgousier dit à Gargantua : « Je crois que c'est là une corne de limaçon, ne le mangez point.

– Pourquoi ? dit Gargantua. Ils sont bons tout ce mois. »

Et tirant le bourdon, ensemble enleva le pèlerin et le mangea très bien.

Puis but un horrible[10] trait de vin pineau, et attendirent que l'on apprêta le souper.

Les pèlerins ainsi dévorés se tirèrent hors les meules de ses dents[11] le mieux que faire purent, et pensaient qu'on les eut mis en quelque basse fosse des prisons. Et lorsque Gargantua but le grand trait, cuidèrent noyer[12] en sa bouche, et le torrent du vin presque les emporta au gouffre de son estomac. Toutefois, sautant avec leur bourdons comme font les Micquelots[13], se mirent en franchise l'orée[14] des dents.

Mais par malheur l'un d'eux tâtant avec son bâton le pays à savoir s'ils étaient en sûreté, frappa rudement en la faute[15] d'une dent creuse, et férut[16] le nerf de la mandibule, dont fit très forte douleur à Gargantua et commença crier de rage qu'il endurait.

Pour donc se soulager du mal, fit apporter son cure-dents, et, sortant vers le noyer grollier[17], vous dénigea[18] messieurs les pèlerins.

Car il arrapait[19] l'un par les jambes, l'autre par les épaules, l'autres par la besace, l'autre par la foilluse[20], l'autre par l'écharpe, et le pauvre hère qui l'avait féru du bourdon, l'accrocha par la braguette. Toutefois ce lui fut un grand heur[21], car il lui perça une bosse chancreuse, qui le martyrisait depuis le temps qu'ils eurent passé Ancenis.

Ainsi les pèlerins dénigés s'enfuirent à travers la plante[22] à beau trot, et apaisa la douleur[23].

En laquelle heure fut appelé par Eudemon pour souper car tout était prêt.

« Je m'en vais donc – dit-il – pisser mon malheur. »

Lors pissa si copieusement que l'urine trancha le chemin aux pèlerins, et furent contraints passer la grande boire[24].

[Notes : [1] *pour soi héberger celle nuit* = pour se donner un abri cette nuit-là. [2] *s'étaient mussés* = s'étaient cachés. [3] *dessus les poyzars* = sur les tiges de pois. [4] *nous noyons* = nous nous noyons. [5] *espies* = espions. [6] *tonne de Cîteaux* = grand tonneau, cuve célèbre de l'abbaye de Cîteaux en Bourgogne. [7] *davant souper* = avant de souper. [8] *avait jà engoulé* = il avait déjà avalé. [9] *bourdon* = long bâton de pèlerin, qui se termine par un ornement en forme de pomme. [10] *horrible* = énorme. [11] *les meules de ses dents* = Rabelais utilise ici l'image des grosses pierres rondes servant dans les moulins à moudre le grain. [12] *cuidèrent noyer* = ils pensèrent (crurent) qu'ils allaient se noyer. [13] *Micquelots* = pèlerins du Mont-Saint-Michel. [14] *se mirent en franchise l'orée des...* = se mirent à l'abri le long des... [15] *en la faute* = dans le défaut. [16] *férut* = blessa. [17] *noyer grollier* = sorte de noyer produisant des noix à coquille très résistante, que seuls les grolles (corbeaux) peuvent casser. [18] *dénigea* = dénicha. [19] *arrapait* = attrapait. [20] *foilluse* = bourse. [21] *heur* = chance (voir : bonheur). [22] *la plante* = les plantations. [23] *apaisa la douleur* = sa douleur s'apaisa. [24] *la grande boire* = le grand canal.]

Moine, médecin, écrivain et savant

Sur la vie de François Rabelais, nous disposons de connaissances partielles. Il naît en 1483 ou plus vraisemblablement en 1494, à La Devinière, dans une ferme propriété de son père qui exerce le métier d'avocat à Chinon, la ville voisine. Il s'engage dans une carrière religieuse. Vers 1510, il est moine novice et, peu après, il est ordonné prêtre. À partir de 1520, à Fontenay-le Comte, il s'adonne avec enthousiasme à des études littéraires (langues anciennes : latin, grec) et juridiques, ce qui lui attire des ennuis avec son ordre franciscain. En 1524, il rejoint l'ordre des Bénédictins et peut poursuivre sa formation d'humaniste ; elle fait de lui un des grands esprits de l'Europe du XVIe siècle, ile entre en relation avec des savants et lettrés illustres comme Guillaume Budé ou Érasme.

En 1528, il renonce à la vie monastique, il entame des études rapides de médecine à la faculté de Montpellier – études associant une large gamme de disciplines allant de l'anatomie aux commentaires de textes antiques (Gallien, Hippocrate) en passant par la botanique et l'astrologie. En 1532 il est nommé à l'Hôtel-Dieu de Lyon. Sa réputation de médecin est alors très grande. Sa science, son érudition attirent sur lui de hautes protections : il rejoint l'entourage de Jean du Bellay, important homme d'Église, proche du roi François 1er et diplomate français de tout premier plan. Cet homme puissant, favorable aux humanistes, est un des plus sûrs soutiens de Rabelais qui fait à ses côtés plusieurs séjours en Italie et à Rome, entre 1534 et 1547. Rentré en France en 1550, Rabelais meurt à Paris en 1553. ●

ÉRASME

(Vers 1467-1536)
Prêtre et savant érudit, né en Hollande. Il passe sa vie à voyager en Europe et à séjourner dans les grands centres intellectuels et universitaires (Londres, Louvain, Turin, Bâle).
Son cosmopolisme se fonde sur un puissant désir de paix entre les nations et les peuples.
Son ouvrage le plus fameux, *Éloge de la Folie* (1511), est une satire de la société humaine, formulée par la déesse Folie.

L'œuvre littéraire

Grâce à ses protections (Jean du Bellay, François 1er), Rabelais a pu développer son œuvre avec une relative liberté. Ses deux premiers romans *Pantagruel* (1532) et *Gargantua* (1535) sont aussitôt censurés par la Sorbonne, sanctuaire des traditions universitaires et religieuses les plus figées, parfois les plus rétrogrades. Après un silence prudent de douze années, Rabelais poursuit son épopée burlesque autour de Pantagruel avec le *Tiers Livre* (1546). Les géants y jouent un moins grand rôle qu'auparavant, et passe sur le devant de la scène le personnage de Panurge, ami et sujet de Pantagruel, qui cherche à savoir s'il doit ou non se marier – prétexte à des voyages et à des rencontres extravagantes (la Sibylle de Panzoust, le vieux poète français Raminagrobis, le médecin Rondibilis, le philosophe Trouillogan, le juge Bridoye...) Finalement la décision est prise d'aller consulter l'oracle de la Dive Bouteille ; c'est l'objet du *Quart Livre* (1548-1552), où une équipée maritime conduit d'escale en escale, autant d'occasions pour l'écrivain d'exercer son imagination et sa verve satirique contre ses adversaires : les hommes de religion, catholiques, protestants, prêtres, pape, tous sont représentés sous des formes grotesques, parfois animales, menant des vies absurdes ; les hommes de justice sont peints sous les traits de « Chats fourrés », monstres corrompus, mangeurs d'enfants et soumis à l'autorité de l'archiduc Grippeminault…

Cette dimension polémique et agressive explique pourquoi, à sa parution, l'œuvre a attiré sur elle les attaques venues de tous les bords, du Paris de la Sorbonne jusqu'à la Genève de Calvin. Le *Cinquième Livre*, paru en 1564, est un roman posthume. Il est peu probable que Rabelais (mort en 1553) en soit l'auteur, mais c'est l'achèvement du périple : Pantagruel, Panurge accostent enfin à l'île de Lanternois où, dans le temple de la Dive Bouteille, l'oracle s'exprime d'un mot « Trinch » c'est-à-dire « Bois ! » – incitation à la boisson ou encouragement à l'ivresse des connaissances. •

Le personnage de Gargantua

Gargantua n'est pas une invention de Rabelais, mais l'écrivain s'est complètement approprié le personnage. Mentionné à la fin du XVe siècle, venu peut-être du folklore populaire, il est le héros d'une série de publications au début du XVIe siècle : des chroniques de fantaisie se rattachant à la vieille tradition des romans de chevalerie, et notamment ceux exploitant la « matière de Bretagne ». En 1532 paraissent les *Grandes et inestimables chroniques du grand et énorme géant Gargantua* (« contenant sa généalogie, la grandeur et force de son corps. Aussi les merveilleux faits d'armes qu'il fit pour le Roi Arthur »). C'est un gros succès de librairie, aussitôt imité et enrichi. Toutes ces variations autour du bon géant qui affichent beaucoup de fantaisie, sont aussi porteuses d'un message politique. Comme le souligne Mireille Huchon, « derrière ces divers Gargantua, c'est toujours la célébration de la royauté française qui est en œuvre ». Mais alors que les chroniques dont Rabelais s'inspire font allusion, à travers le roi Arthur, aux prétentions du roi d'Angleterre (Henri VIII) sur le royaume de François 1er, dans le roman de Rabelais de 1535, c'est l'impérialisme de Charles Quint qui est dénoncé à travers la figure de Picrochole, chef belliqueux et mégalomane. Pour plus de détails sur l'origine de Gargantua, lisez les pages 1171-1183 de l'édition de la Pléiade des *Œuvres complètes* de Rabelais (Gallimard, 1994). •

Humanisme et religion

Le terme *humanisme*, apparu au milieu du XIXe siècle dans le monde germanique, désigne un mouvement d'idées fondamental dans l'Europe de la Renaissance (XVe – XVIe siècles). À l'origine de ce mouvement : l'affirmation de l'excellence de l'homme et l'exaltation de facultés (corps, esprit) qu'il convient d'éveiller et de développer. Une citation du savant italien Pic de la Mirandole résume ce point de vue ; elle est extraite d'un texte fameux, *De la dignité de l'homme* (1486), et donne la parole à Dieu qui s'adresse à Adam, qu'il vient de créer :

> « *Nous ne t'avons assigné, ô Adam, ni une place déterminée, ni une figure propre, ni un héritage particulier, afin que tu aies et possèdes, selon tes vœux et décision, toujours la place, toujours la figure, toujours les biens par toi élus... D'après ton vouloir et pour ton propre honneur, modeleur et sculpteur de toi-même, imprime-toi la forme que tu préfères.* »

L'éducation, la curiosité intellectuelle, l'ouverture d'esprit sont donc valorisées en ce qu'elles permettant à l'homme de s'accomplir dans son humanité. Cette conception neuve, optimiste, libératrice, contemporaine des Grandes découvertes (ouverture au monde) et de l'invention de l'imprimerie (plus large diffusion du livre), se fonde sur une revalorisation massive des langues, de la littérature et des civilisations anciennes, l'étude du grec, du latin classique et de l'hébreu notamment.

Dans le domaine religieux, l'humanisme chrétien cherche avec passion à retrouver l'éclat du message des textes sacrés ; il voudrait que chaque croyant puisse nourrir sa foi en revenant aux sources de celles-ci et en établissant un contact direct avec la Parole de Dieu. D'où la volonté de traduire *Ancien et Nouveau Testaments* et d'en faire un livre pour tous, un livre que chacun puisse aborder très librement – en France c'est Lefèvre d'Étaples (1450-1536) qui traduit d'abord les *Évangiles* en 1523 puis l'intégralité de la *Bible* en 1530. D'où aussi une série de critiques : contre les théologiens sophistes, leurs discours compliqués qui éloignent le fidèle du message biblique (par opposition à la simplicité des paroles du Christ) ; contre les pratiques superstitieuses, impures, formelles (culte des saints, pèlerinages…) ; contre les abus des gens d'Église (oisiveté des moines, avidité matérielle).

La sœur du roi de France, Marguerite de Navarre, soutient Lefèvre d'Étaples et ceux que l'on nomme les Évangéliques. En 1533, elle est attaquée très violemment par la Sorbonne, foyer du conservatisme religieux. Dans son *Gargantua*, Rabelais, qui appartient au camp éclairé des humanistes chrétiens, fait ouvertement allusion aux tensions extrêmement vives qui opposent les deux camps en 1533-1534. Quant à François 1er et à son entourage (Jean du Bellay notamment), ils se montrent plutôt tolérants ; ils incitent les lettrés et les savants à traduire les textes anciens ; le roi, reconnu comme protecteur des lettres et des arts, est célébré comme adversaire du monstre Ignorance. C'est à lui en premier que Rabelais s'adresse quand, dans son Prologue, il apostrophe les « Verolez treprecieux » car, précise-t-il, c'est à eux « non à aultres » que sont dédiés ses écrits. •

La langue de Rabelais

Sa richesse, son inventivité en font un feu d'artifice de mots et d'expressions. Dans la notice qu'elle consacre au sujet (*Œuvres complètes*, « Bibliothèque de la Pléiade », Gallimard, pp. XXXV à LI), Mireille Huchon insiste sur le fait que la langue rabelaisienne était sans doute encore plus déconcertante pour les contemporains que pour nous. En effet, l'écrivain enrichit massivement le vocabulaire français par des termes neufs – déconcertants donc – qui passeront ensuite dans l'usage. *Gargantua* compte ainsi huit cent premières attestations pour des noms, verbes, adjectifs (ex : *imposteur, gymnaste, algèbre*...), des sens de mots (ex : *funeste* au sens de « sinistre »), des expressions (ex : *la corne d'abondance*, *enfiler des perles*).

L'amour de la vie et de la connaissance, la gourmandise pour les vocables et pour le savoir encyclopédique font que Rabelais utilise et parodie les langages savants (latin, grec, jargons juridiques, éloquence moyenâgeuse) aussi bien que les patois populaires. Il a recours à des termes archaïques ou disparus, remontant à l'époque médiévale. Il s'amuse aussi à créer des mots factices, qui sont des inventions personnelles. Il mobilise tous les langages possibles, langues étrangères (l'italien surtout), les langues anciennes comme le grec (hellénismes) et le latin (latinismes), et il introduit aussi dans ses textes des termes locaux, empruntés aux parlers régionaux (Bretagne, Normandie, Berry, Languedoc, Gascogne, Limousin...).

De toute les inventions qui viennent de *Gargantua*, on retiendra les plus fameuses. L'adjectif *gargantuesque* d'abord, formé sur le nom du héros : « relatif à *Gargantua* », mais surtout « digne de l'appétit énorme du personnage » – terme devenu synonyme de *pantagruélique* (alors qu'à l'origine Pantagruel incarne plutôt la soif inextinguible tandis que son père représente la voracité pour l'aliment solide). Il y a aussi deux expressions plutôt littéraires, mais que l'on trouve parfois dans le vocabulaire journalistique : *une guerre picrocholine* pour parler d'un conflit ridicule, engagé pour des motifs obscurs ou dérisoires (quasi synonyme de *querelle byzantine*). Enfin la *substantifique moelle* (le « sens profond ») vient du Prologue de *Gargantua*, qui nous engage à « rompre l'os » (ne pas en rester à l'apparence d'un texte, d'un livre ; mener une lecture attentive) pour « sucer la substantifique moelle » (accéder à ce que le texte a de substantiel, de riche et de profond). •

Lire

Apprivoiser le texte original de Rabelais est une vraie aventure, elle mérite d'être tentée. Lire une adaptation (translation) en français moderne sous prétexte d' « écriture rajeunie », fait perdre l'essentiel de la saveur et de l'esprit de l'œuvre, c'est plus facile mais beaucoup moins nourrissant et moins réjouissant. Les meilleures éditions de poche présentent le texte de Rabelais sur une page avec toutes les notes explicatives sur la page en regard, ce qui est un moyen très commode de « rentrer » dans la langue et l'univers de Rabelais.

L'édition de référence de *Gargantua* (et des autres ouvrages de Rabelais) est celle de Mireille Huchon (avec la collaboration de François Moreau) : *Œuvres complètes*, collection « Bibliothèque de la Pléiade », Gallimard, 1994 (*Gargantua* : pp. 1 à 153 ; notice, notes et variantes pp. 1037 à 1070.) Cette édition est reprise en format de poche : *Gargantua*, édition de Mirelle Huchon, collection « Folio Classique » (Gallimard, 2007), texte original à droite, notes explicatives à gauche.

Autres éditions en poche :

- Édition établie par Pierre Michel, collection « Classiques de Poche » (Le Livre de poche, Librairie générale française, 1972) ;
- Édition établie par Gérard Defaux, collection « Bibliothèque Classique » (Le Livre de poche, Librairie générale française, 1994) ;
- Édition établie Françoise Joukovsky, collection « GF » (Flammarion, 1993).

Sur l'écrivain et son œuvre, un livre de référence : Michael Screech, *Rabelais*, collection « Bibliothèque des Idées » (Gallimard, 1992) ; rééd. format poche collection « Tel » (Gallimard, 2008). •

Écouter

Entendre la langue de Rabelais est un régal. Si vous ne voulez pas faire vous-même l'effort de lire le texte à voix haute, il existe plusieurs versions de *Gargantua* sous forme d'audio-livres :

- Celle lue par Jacques Bonnaffé, dont la voix, le parti-pris d'une diction « à l'ancienne » (r roulés, prononciation du mot tel qu'il est orthographié) donnent au texte tout son relief et sa truculence (2 CD, Thélème éditions) ;
- Celle de Philippe Noiret (éditions Frémeaux et associés, 2 CD) ;
- Pour les enfants, *Gargantua* raconté par Claude Piéplu, Michel Galabru, Jacques Fabri, un livre illustré par Nicole Claveloux accompagné d'un CD (éditions Thierry Magnier).

Deux curiosités musicales :

1. Jean Françaix, *Les Inestimables Chroniques du bon géant Gargantua*, fantaisie musicale pour orchestre et récitant (1971 ; texte adapté de Rabelais par le compositeur ; durée : 41 minutes env.). Quatre versions récentes :

- Ensemble Orchestral Audoli, Jean-Pierre Audoli (direction), Jean-Pierre Cassel (récitant), Textivores, 2006.
- Ensemble instrumental Andrée Colson, Jean Piat (récitant), Disques Vernou, 2006.
- Angèle Dubeau et l'ensemble La Pietà, *Gargantua et autres plaisirs*, Albert Millaire (récitant), Analekta, 2009.
- Orchestre d'Auvergne, Arie van Beek (direction), Gabriel Bacquier (récitant), Intégral Classic, 2009.

2. *Une fête chez Rabelais*. Chansons (26) de la Renaissance franco-flamande, par l'Ensemble Clément Janequin sous la direction de Dominique Visse, disque Harmonia Mundi, 1994. ●

Éléments de contexte

- **1508-1512 :** Michel-Ange décore les voûtes de la Chapelle Sixtine à Rome (il réalisera la fresque du *Jugement dernier* entre 1535 et 1541.)
- **François 1er roi de France** (1515-1547) ; Charles Quint empereur du Saint-Empire germanique, roi d'Espagne et prince des Pays-Bas (1516-1556).
- **1519-1522 :** expédition maritime de Magellan autour du monde.
- **1521-22 :** Luther traduit la *Bible* en allemand.
- **Début, en 1519,** de la construction du château de Chambord sur ordre de François 1er.
- **François 1er** fonde en 1530 le Collège des lecteurs royaux (l'actuel Collège de France).
- **Parutions en 1532 du *Prince* (Machiavel)** et de la version définitive du *Roland furieux* (Arioste).
- **Ignace de Loyola** fonde en 1534 la Compagnie de Jésus.
- **En 1539, François 1er** promulgue l'ordonnance de Villers-Cotterets qui oblige d'utiliser le français dans la rédaction des actes officiels.

Jouer pour retenir

LE PERSONNAGE MYSTÈRE

Je suis le mari de Gargamelle.
Je suis un bon roi prônant la paix plutôt que la guerre.
Je représente l'appétit de tout. Qui suis-je ?

VRAI OU FAUX

Le père de Gargantua a trouvé que son fils ne disposait pas des capacités suffisantes pour étudier à ses côtés et l'a envoyé à Paris pour trouver un soutien adapté à ses besoins.

VRAI **FAUX**

QUI ?

Qui est Gargamelle dans **Gargantua** *?*

A. Le méchant des schtroumpfs
B. Une paysanne
C. La fille du Roi des Parpaillons

QUIZ

Gargantua *est le premier roman de Rabelais*

VRAI **FAUX**

MERCI QUI ?

Grâce à qui et quoi Gargantua a pu aller à Paris pour continuer ses cours ?

A. Grâce à son père qui lui a fabriqué un cheval géant en bois à roulette
B. Grâce au roi qui lui a offert une jument
C. Grâce à Ponocrates qui lui a conseillé de marcher jusqu'à trouver la ville
D. Gargantua a voulu aller à Paris mais sur le chemin il a vu des papillons et les a suivis

Que fait Gargantua aux habitants quand il arrive à Paris ?

A. Il leur offre son aide pour construire une cathédrale
B. Il leur pisse dessus
C. Il leur apprend à danser
D. Il n'est jamais arrivé à Paris

RÉPONSES

Le personnage mystère
Réponse : Je suis Grandgousier.

Vrai ou Faux
Réponse : Faux. Il a perçu les grandes capacités intellectuelles de son fils.

Qui ?
Réponse : Gargamelle est la fille du roi de Parpaillons.

Quiz apéro
Réponse : Faux, *Gargantua* (1534) est le deuxième roman de Rabelais qui a écrit *Pantagruel* en 1532.

Merci qui ?
Réponse 01 : Grâce au roi de Numidie qui lui a offert une jument.
Réponse 02 : Il pisse sur les habitants en pensant qu'ils attendent de lui un cadeau de bienvenue.

Chapitre 6

L'Astrée

Honoré d'Urfé
(1607-1628)

« Aupres de l'ancienne ville de Lyon, du costé du Soleil couchant, il y a un pays nommé Forests, qui en sa petitesse contient ce qui est de plus rare au reste des Gaules : Car estant divisé en plaines & en montaignes, les unes & les autres sont si fertiles, & scituées en un air si temperé, que la terre y est capable de tout ce que peut desirer le laboureur. »

(Livre premier, début.)

Ils sont rares aujourd'hui ceux qui lisent *L'Astrée*. Il y a quatre cents ans tous ceux qui savaient et aimaient lire dévoraient les milliers de pages du roman d'Honoré d'Urfé.

Idylle au long cours, amours contrariées

En des temps lointains (le Ve siècle), dans une contrée isolée du centre de la Gaule (le Forez, à l'est de l'Auvergne), vivent Astrée et Céladon, une bergère et un berger. Ils s'aiment. Mais la haine de leurs familles leur impose retenue et discrétion. Abusée par des fausses nouvelles, Astrée se croit trompée. Elle bannit Céladon de sa présence. Ainsi commence un roman-fleuve qui va nous entraîner, à travers mille péripéties et une multitude d'histoires croisées, vers l'issue heureuse des amours mouvementées des deux amants. Céladon veut mourir (voir l'extrait) et Astrée le croit mort noyé. Il ressort vivant de l'eau, recueilli par des nymphes, comme le Moïse de la Bible avait été sauvé par la fille de Pharaon et ses suivantes. L'une de ces protectrices, Galatée, veut épouser le beau jeune homme. Mais Céladon le fidèle s'échappe. Et sur les conseils du druide Adamas, il prend l'apparence d'une jeune fille, Alexis. Son travestissement l'autorise à retrouver sa bien-aimée, qui ne le reconnaît pas mais se prend d'une amitié singulièrement ardente pour celle qu'elle croit femme. Le déclenchement d'une guerre oblige Alexis-Céladon à prendre les armes. C'est l'occasion de briller au combat. Il ne reste plus à l'amant-chevalier qu'à révéler son identité. Là, de nouvelles épreuves l'attendent, et ce n'est qu'au seuil d'une mort consentie que les deux amants, réunis près de la Fontaine de la Vérité, restaurent leur lien, renouant avec la vie et les joies de l'amour.

Un rêve de civilisation

Au sortir des violences politiques, sociales et religieuses qui ont marqué la seconde moitié du XVIe siècle, en France, *L'Astrée* déploie largement sur un arrière-plan enchanté un rêve de civilisation. Honoré d'Urfé construit une utopie, une société idéale. Il transporte le lecteur dans un lieu écarté, petit paradis terrestre, jardin d'Eden fertile, doux, paisible, à l'intérieur d'une Gaule imaginaire que les guerres ravagent. Des bergers gentilshommes et des bergères délicates y jouissent d'un « honnête repos », mènent une existence rustique et raffinée, loin des vanités et des ambitions mondaines. Ils sont disponibles pour explorer tout ce que l'amour fait éprouver à travers ses multiples élans, ses méandres, ses intermittences, ses grandeurs ou ses défaillances. Bien plus que les moutons, ce sont leurs cœurs qui les occupent. Au pays d'Astrée, l'émotion amoureuse est l'expérience existentielle fondamentale. Les deux héros, comme les personnages secondaires, consacrent leur temps à rêver, méditer, dialoguer, s'entretenir sur ce que les sentiments et les désirs leur inspirent. Le bonheur d'aimer est le fruit d'une quête obstinée, exigeante, âpre parfois, qui ne va pas sans rappeler la tradition courtoise des romans médiévaux. En décrivant cette quête qui conduit à l'union parfaite des amants, Urfé développe une conception héroïque de l'engagement amoureux, nourrie de références à des philosophies antiques (les Stoïciens, Platon) et riche en moments lyriques puisque le romancier insère dans son récit en prose des poèmes en vers mesurés (généralement des sonnets ou des stances, mais aussi d'autres formes comme le madrigal, le dialogue versifié, l'oracle, la villanelle ou la chanson.) Il élabore un véritable manuel aristocratique de « Savoir Vivre » et de « Savoir Aimer », où les lecteurs, écrivains et artistes du XVIIe siècle ne vont cesser de puiser avec enthousiasme. ●

Extrait

Une séparation brutale. Astrée se croit trahie, Céladon comprend qu'il est banni et il se jette à l'eau. L'histoire d'amour commence plutôt mal. Elle pourrait tourner court si le suicide de Céladon était une vraie noyade. En réalité la grande aventure ne fait que démarrer, et la route sera longue avant l'arrivée à bon port. Faites l'expérience de lire à voix haute : vous sentirez combien la prose d'Urfé est élégante, sans raideur, d'une fluidité qui procure du plaisir.

[Astrée] que la colère transportait, sans tourner seulement les yeux vers lui, se débattit de telle furie qu'elle échappa[1] et ne lui laissa autre chose qu'un ruban sur lequel par hasard il avait mis la main. Elle le soulait[2] porter au devant de sa robe pour agencer son collet[3], et y attachait quelquefois des fleurs quand la saison le lui permettait ; à ce coup[4] elle y avait une bague, que son père lui avait donnée. Le triste Berger la voyant partir avec tant de colère, demeura quelque temps immobile, sans presque savoir ce qu'il tenait en la main, quoiqu'il y eut les yeux dessus. Enfin avec un grand soupir, revenant de cette pensée[5], et connaissant[6] ce ruban : « Sois témoin, dit-il, ô cher cordon, que plutôt que de rompre un seul des nœuds de mon affection, j'ai mieux aimé perdre la vie, afin que quand je serai mort, et que cette cruelle te verra peut-être sur moi, tu l'assures qu'il n'y a rien au monde qui puisse être plus aimé que je l'aime, ni amant plus mal reconnu que je suis. » Et lors se l'attachant au bras, et baisant la bague : « Et toi, dit-il, symbole d'une entière et parfaite amitié, sois content de ne me point éloigner[7] à ma mort, afin que ce gage pour le moins me demeure de celle qui m'avait tant promis d'affection. » À peine eut-il fini ces mots, que tournant les yeux du côté d'Astrée, il se jeta les bras croisés dans la rivière.

En ce lieu, Lignon était très profond et très impétueux, car c'était un amas de l'eau, et un regorgement[8] que le rocher lui faisait faire contremont ; si bien que le Berger demeura longuement avant que d'aller à fonds, et plus encore à revenir : et lorsqu'il parut, ce fut un genou premier, et puis un bras : et soudain enveloppé du tournoiement de l'onde, il fut emporté bien loin de là, dessous l'eau.

Déjà Astrée était accourue sur le bord, et voyant ce qu'elle avait tant aimé, et qu'elle ne pouvait encore haïr, être à son occasion[9] si près de la mort, se trouva si surprise de frayeur, qu'au lieu de lui donner secours elle

---

[Orthographe et ponctuation modernisées d'après le texte original, édition de 1612. Notes : [1] *de telle furie qu'elle échappa* = avec une telle fureur qu'elle s'échappa. [2] *Elle le soulait porter* = Elle avait l'habitude de le porter. [3] *agencer son collet* = ajuster son col. [4] *à ce coup* = cette fois-là. [5] *revenant de cette pensée* = quittant sa rêverie. [6] *connaissant* = reconnaissant. [7] *sois content de ne me point éloigner* = accepte de ne pas me quitter. [8] *regorgement* = resserrement du cours du fleuve (ce qui crée un remous). [9] *à son occasion* = à cause d'elle, sans qu'elle l'ait voulu.]

tomba évanouie, et si près du bord qu'au premier mouvement qu'elle fit lorsqu'elle revint à soi, qui fut longtemps après, elle tomba dans l'eau, en si grand danger, que tout ce que purent faire quelques bergers qui se trouvèrent près de là, fut de la sauver, et avec l'aide encore de sa robe, qui la soutenant sur l'eau, leur donna le loisir de la tirer à bord, mais tant hors d'elle-même, que sans qu'elle le sentit, ils la portèrent en la cabane plus proche, qui se trouva être de Phillis, où quelques-unes de ses compagnes lui changèrent ses habits mouillés, sans qu'elle pût parler, tant elle était étonnée, et pour le hasard qu'elle avait couru, et pour la perte de Céladon.

Guerrier et lettré

Né à Marseille en 1567, Honoré d'Urfé appartient à une famille originaire du Forez, cadre de *L'Astrée*. Le milieu aristocratique où il grandit est cultivé, marqué par des influences italiennes. Jeune homme, Urfé participe, dans les années 1590, aux derniers combats des guerres de religion en se rangeant dans le parti catholique extrémiste, la Ligue. Cela lui vaut quelques années d'exil à la cour de Savoie (alors indépendante) avant son mariage en 1600 et son retour en grâce auprès du roi de France, Henri IV. Ses premières publications datent de la fin du XVIe siècle. La première partie de *L'Astrée* – commencé vers 1590 – paraît en 1607. C'est un grand succès. Urfé fréquente alors les cercles littéraires et érudits, notamment l'hôtel de Rambouillet qui devient, à partir des années 1610-1620, le cœur de la vie mondaine parisienne. Les parties 2 et 3 de *L'Astrée* paraissent en 1610 et 1619. La suite (parties 4 et 5) est achevée et complétée, après la mort de l'écrivain en 1625, par son secrétaire et collaborateur Balthazar Baro (1627-1628). ●

Le best-seller de « l'honnête homme »

Le terme d' « honnête homme » identifie, au XVIIe siècle, le comportement individuel et social de celui (ou celle) dont la conduite est réglée sur un idéal de perfection, de mesure et de savoir-vivre. Tout ce que la France du XVIIe siècle compte d' « honnêtes gens », d'esprits cultivés – ou voulant paraître tels – se passionne pour *L'Astrée*, lu comme un best-seller et relu comme une Bible : on se regarde au miroir de ces milliers de pages bruissantes d'émotions, de discours et d'aventures, pour y former, y perfectionner ses propres codes de comportement sociaux et amoureux ; on y goûte l'analyse des sentiments, leur finesse et l'élégance de l'expression. L'attachement de Jean de La Fontaine (1621-1695) pour ce roman, qu'il découvrit enfant et qui accompagna toute son existence, est particulièrement émouvant. Amateur des voluptés qu'offrent l'amour et la nature, le fabuliste ne pouvait que se sentir en harmonie avec l'atmosphère d'idylle et de passion, d'héroïsme et de paix qui se dégage de l'ouvrage d'Urfé. Au soir de sa vie, il en tirera le livret d'une tragédie lyrique en trois actes (musique de Colasse, un élève de Lully), *L'Astrée*, représentée à l'Opéra en novembre 1691. ●

Un roman pastoral

L'Astrée appartient à la littérature pastorale, qui a connu une vogue extraordinaire en Europe, entre la fin du XVe siècle et le début du XVIIe siècle. L'œuvre source de cette tradition est un roman en vers et prose de l'Italien Iacopo Sannazaro (1456-1530), composé dans les années 1480 : *L'Arcadie*. Cette rêverie autobiographique et romanesque nous transporte dans une région idyllique de la Grèce. Personnage principal et double de l'auteur, Sincère y trouve refuge à l'écart du monde, dans une contrée où les hommes vivent un âge d'or, en pleine harmonie avec la nature. Il se mêle à l'existence des bergers (pasteurs), qui a ceci de particulier qu'elle est rythmée non par des labeurs grossiers mais par les amours, les jeux et des divertissements littéraires ! C'est un paradis sensuel et intellectuel, conforme à l'humanisme de la Renaissance, à son idéal de paix, de beauté, d'intelligence et de culture nourrie de références à l'Antiquité. L'ouvrage va inspirer une littérature abondante : deux célèbres romans espagnols des années 1580 (*Diana* de Montemayor, *Galatea* de Cervantès) et des pièces de théâtre italiennes (*Aminta* du Tasse en 1573, *Il Pastor fido - Le Berger fidèle* de Guarini en 1583), imitées par des dramaturges français comme Alexandre Hardy, auteur de cinq pastorales, ou Racan, qui signe en 1625 les cinq actes-en vers de ses *Bergeries*, au moment même où *L'Astrée* s'impose. Par ailleurs, le succès du roman pastoral a inspiré des parodies, notamment *Le Berger extravagant* (1627), roman où Charles Sorel se moque ouvertement des personnages d'Urfé. •

La fortune d'un nom

Honoré d'Urfé a emprunté le mot « Céladon » aux *Métamorphoses* (poème du Latin Ovide, 1er siècle après J C) : c'est le nom d'un guerrier, qui signifie en grec « Le retentissant ». Le succès du roman assure le succès du nom propre. En quelques années, en référence aux rubans que le Berger porte à son habit, il devient un terme de couleur : « vert céladon » ou « céladon clair » évoquent un vert pâle légèrement teinté de bleu. Un peu plus tard (seconde moitié du XVIIe siècle) on parle de *céladon* (substantif) à propos d'un tendre soupirant dont les désirs restent platoniques.

Le troisième sens, plus technique, vient du premier : on parle de « porcelaine céladon » ou de « céladon » pour désigner une porcelaine de Chine, couverte d'un émail craquelé d'une teinte vert pâle. En 1932, dans son roman *Voyage au bout de la nuit*, Céline utilise le prénom en l'attribuant au général Céladon des Entrayes : un trait d'humour féroce pour se moquer d'un personnage que son prénom précieux dénonce comme un délicat égocentrique, surtout soucieux, au beau milieu du chaos de la guerre de 1914-1918, de son petit confort personnel ; c'est aussi se risquer à un jeu de mots très noir (« c'est là donc des entrailles ! ») dans un épisode où l'on voit des cadavres tripes à l'air et des viandes saigner « énormément ensemble » ; c'est aussi une manière (très cultivée) de nous suggérer qu'avec ce Céladon là, sous les ordres duquel souffre le héros Ferdinand Bardamu, nous sommes aux antipodes des rêveries pastorales de *L'Astrée*. •

Lire

L'Astrée est un roman au long cours. Il est disponible en édition de poche mais seulement sous forme d'extraits, de textes choisis :

- Honoré d'Urfé, *L'Astrée*, textes choisis et présentés par Jean Lafond, collection « Folio » (Gallimard, 1984) ;
- Honoré d'Urfé, *L'Astrée*, textes choisis et présentés par Gérard Genette, collection «10/18» (Union générale d'éditions, 1964).

Pour tenter l'aventure d'une lecture intégrale du roman, il y a le livre-papier ou l'édition numérisée :

- Il existe une édition intégrale publiée par Hugues Vaganay, dans les années 1920 (Lyon, Masson, 5 volumes), reprise en fac-simile en 1960 puis 1995 (Genève, Slatkine). Elle a été mise en ligne (après quelques corrections) en 2006 (Reinhard Krüger, Université de Stuttgart).
- La solution la plus satisfaisante : l'édition numérisée, accessible sur le site web « Le Règne d'Astrée » : <astree.paris-sorbonne.fr>. Ouvert depuis 2007, il est dirigé par Delphine Denis et Alexandre Gefen.
S'y trouvent mises en ligne (fin 2017) les trois premières parties de l'ouvrage, dans leurs différentes éditions d'origine. On peut aussi y consulter toutes sortes de documents complémentaires (études et commentaires, reproduction d'illustrations…) qui rendent justice au rayonnement durable de *L'Astrée* dans les lettres, les arts et la vie sociale.

Le livret de *L'Astrée* est accessible sur le site Gallica : *Astrée, tragédie, par M. de La Fontaine*, représentée par l'Académie royale de musique – impr. de C. Ballard (Paris) – 1691 : (http://gallica.bnf.fr/ark:/12148/btv1b53059238f) ●

Écouter

L'Astrée. Musiques d'après le roman d'Honoré d'Urfé. Une « promenade musicale qui illustre les situations romanesques, particulièrement nombreuses, où intervient de la musique… » (Anne-Madeleine Goulet) : compositions de Gabriel Bataille, Antoine Boesset, Etienne Moulinié, etc. par l'ensemble Faenza, sous la direction de Marco Horvat (avec Olga Pitarch, J.M. Fumas, Marc Mauillon, chant). Disque Alpha (2008).

Il n'existe encore (à ma connaissance) aucun enregistrement partiel ou intégral de l'opéra de Pascal Colasse, *L'Astrée*, tragédie lyrique en un prologue et trois actes (poème de La Fontaine, d'après Honoré d'Urfé). Mais vous pouvez en écouter un extrait, l'air d'*Astrée* « Enfin me voilà seule » (acte III, scène 1) sur le disque *Jean de La Fontaine, un portrait musical* (Isabelle Desrochers, soprano ; ensemble instrumental La Simphonie du Marais, dir. Hugo Reyne ; 1996, Virgins Classic). •

Voir

Le français Éric Rohmer s'est lancé avec bonheur – et sans crainte de s'y noyer – dans l'adaptation pour le cinéma du chef-d'œuvre d'Urfé : *Les Amours d'Astrée et de Céladon* (avec Stéphanie Crayencour, Andy Gillet, Cécile Cassel ; 1 h 49 – 2007). Un opus qui clôt avec une joyeuse impertinence, comme un défi lancé à l'époque moderne, la carrière d'un cinéaste amoureux de la littérature, du langage et des beaux dialogues. •

Éléments de contexte

• **L'Édit de Nantes,** assurant aux protestants français la liberté de conscience et le droit (limité) d'exercer leur culte, est promulgué en 1598 par Henri IV et met un terme à plusieurs décennies de guerres religieuses.

• **Parution du *Don Quichotte*,** roman de Cervantès en deux parties (1605 et 1615).

• **Création à Mantoue,** en 1607, de l'*Orfeo* de Monteverdi, considéré comme le premier grand opéra marquant la naissance du genre.

• **Catherine de Vivonne,** marquise de Rambouillet commence en 1608 à tenir un salon littéraire parisien qui deviendra fameux (jusqu'à sa mort en 1665) ; c'est un haut lieu de la préciosité, qui façonne la littérature et la culture mondaine dans la $1^{\text{ère}}$ moitié du XVIIe siècle.

• **Assassinat du roi Henri IV** (1610) et régence de Marie de Médicis.

• **Règne de Louis XIII** (né en 1601, majeur en 1614) jusqu'en 1643 ; entrée de Richelieu au gouvernement (1624).

• **Guerre de Trente ans** (1618-1648) : d'abord conflit religieux entre les Habsbourg catholiques (soutenus par le pape) et les États protestants de l'Empire germanique et d'Europe centrale, elle devient un conflit ravageur entre presque toutes les puissances européennes.

• **Édit royal (1626)** interdisant en France – sous peine de mort – les duels d'honneur entre gentilshommes.

Jouer pour retenir

UNE HISTOIRE

De quel type d'histoire s'agit-il ?

A. Une histoire d'amour

B. Une histoire d'horreur

C. Une histoire politique

D. Une histoire réelle

UN PEU DE GÉOGRAPHIE

Où se situent géographiquement les aventures du livre ?

A. Près de Saint-Etienne

B. Près de Toulon

C. Près de Lille

D. En Belgique

VRAI OU FAUX

L'Astrée *n'a été redécouvert qu'au XX*^{e} *siècle.*

VRAI **FAUX**

L'ÉNIGME

Je suis un romancier, un poète et un auteur dramatique français.
J'ai été le secrétaire d'Honoré d'Urfé.
***J'ai donné une suite à* L'Astrée.**
Je deviens membre de l'Académie Française en 1636.
J'ai écrit quelques œuvres dont* Le Prince fugitif. *Qui suis-je ?

RÉPONSES

Une histoire

Réponse : *L'Astrée* est une histoire d'amour.

Un peu de géographie

Réponse : Les aventures se situent dans le Forez à côté de Saint-Etienne.

Vrai ou Faux

Réponse : C'est faux. D'ailleurs, *L'Astrée* a influencé de nombreux auteurs, Jean De La Fontaine, Molière Voltaire, Jean-Jacques Rousseau etc.

L'énigme

Réponse : Je suis Balthazar Baro.

Chapitre 7

Les Amours de Psyché et de Cupidon

Jean de La Fontaine
(1669)

« Ô douce Volupté, sans qui, dès notre enfance,
Le vivre et le mourir nous deviendraient égaux ;
Aimant universel de tous les animaux,
Que tu sais attirer avecque violence !
        Par toi tout se meut ici bas.
        C'est pour toi, c'est pour tes appas,
        Que nous courons après la peine :
        Il n'est soldat, ni capitaine,
Ni ministre d'État, ni prince, ni sujet,
        Qui ne t'ait pour unique objet. »

(Fin du livre II.)

À l'instant de conclure le premier recueil de ses *Fables* (1668), La Fontaine évoque l'autre chantier littéraire, le roman qui l'attend, en nommant son héroïne principale :

« *Il s'en va temps que je reprenne*
Un peu de forces et d'haleine
Pour fournir à d'autres projets.
Amour, ce tyran de ma vie,
Veut que je change de sujets :
Il faut contenter son envie.
Retournons à Psyché. Damon, vous m'exhortez
À peindre ses malheurs, et ses félicités :
J'y consens ; peut-être ma veine
En sa faveur s'échauffera. »

Et le poète quitte « La Jeune Veuve », fable ultime du recueil, petite comédie sur le thème d'une femme inconsolable et vite consolée, pour nous faire suivre l'histoire, ondoyante comme un beau fleuve, des amours tumultueuses entre un époux divin, Cupidon, et sa compagne Psyché, une mortelle sublime de beauté. Une histoire assurée sur un ton plein de charme et de malice, qui métamorphose les plaintes et les larmes en sources de délectation.

Diversité, bigarrure

La forme du roman est extraordinaire : elle mélange plusieurs types de narration, et – ce qui est une surprise pour nous lecteurs modernes – elle mêle prose et vers, passant d'un mode d'expression à l'autre avec autant de liberté que d'élégance. Un récit premier sert de cadre à l'ensemble : il suit la promenade de quatre amis, dans le jardin de Versailles, par une lumineuse journée d'automne – à l'époque le palais et le parc sont encore en cours d'aménagement, c'est seulement en 1682 que le roi Louis XIV y ordonnera l'installation de la Cour. Le récit avance au rythme de la déambulation en plein air, qui se prolonge jusqu'au soir, ponctuée de dialogues, de visites (la Ménagerie, l'intérieur du Palais….), de pauses où l'on se restaure, de haltes où l'on cherche un peu d'ombre, de moments silencieux où l'on contemple tantôt les objets d'art que le décor du parc offre à la délectation des sens et de l'esprit, tantôt le simple spectacle de la nature. En cours de route, l'un des quatre protagonistes lit à voix haute une œuvre qu'il vient d'achever, un conte sur un sujet mythologique : « Les Amours de Psyché et de Cupidon ». Le récit-promenade est donc comme un écrin où vient se nicher le conte imité de l'antique.

> À l'époque le palais et le parc sont encore en cours d'aménagement, c'est seulement en 1682 que le roi Louis XIV y ordonnera l'installation de la Cour.

La première partie du conte, placée sous le signe de la féerie, de l'enchantement, consacre la naissance de l'amour entre les deux amants, la Belle et celui qu'elle croit être une Bête (un « monstre » invisible à ses yeux), jusqu'à la rupture du couple. Puis la lecture s'interrompt pour un dialogue amical mais vif, dont l'enjeu est esthétique, voire philosophique, sur le pouvoir des larmes comparé au pouvoir du rire. La seconde partie du conte décrit le temps des épreuves. Elle dessine un parcours initiatique au cours duquel Psyché et Cupidon, amants séparés, approfondissent leurs sentiments et finissent par se retrouver.

Musique des vers, musique des voix

Le texte étonne et charme particulièrement dans les passages où la prose se change soudain, toujours avec souplesse et subtilité, en morceau de poésie. La Fontaine ne nous livre pas moins de vingt-six poèmes, répartis au fil du roman : moments de lyrisme où l'écrivain choisit de « chanter ». Il mobilise les ressources du vers, ses rythmes et mètres divers (alexandrins, décasyllabes, octosyllabes), ses effets sonores de rime et d'écho pour rendre justice à la beauté d'un objet (une tenture, un bas relief), d'un lieu (la Ménagerie de Versailles, le Palais merveilleux qui accueille Psyché), d'un moment (le coucher du soleil) ; ou bien il cherche, à travers des accents plus marqués, plus sensibles, plus éclatants, à nous faire mieux percevoir lamentations, harangues, imprécations ; parfois le vers vient donner de la grandeur à une péripétie extraordinaire, par exemple lorsqu'une armée de fourmis se précipite au secours de Psyché…

Il y a enfin ces moments sublimes où le poème proposé est la seule traduction acceptable d'une musique divine ou d'un silence.

La poésie qui irrigue invisiblement la prose donne au roman une dimension musicale. La Fontaine l'accentue par un jeu polyphonique. Il fait retentir une multitude de « voix », que je vous laisse découvrir au gré de votre lecture : voix des dieux, voix des humains, voix des instruments et même des animaux – à vous de chercher où se cache une certaine « oie babillarde », et d'apprendre comment tel effrayant dragon succombera aux beaux discours de l'héroïne. Mais sachez que *Psyché* vous fera entendre des échanges vifs, de tendres aveux, des discours impérieux, des soupirs, des plaintes, des suppliques…

Un quator de galants hommes

Vous y entendrez aussi des discussions libres, parfois vives, des reparties spontanées : tout ce qui anime le quatuor des promeneurs, où chacun tient sa partie selon son propre tempérament, sa façon d'être. Acante est le flegmatique, l'homme doux, spécialement sensible aux beautés de la nature : les jardins, les fleurs, les ombrages. Ariste est le mélancolique, le plus grave et le plus émotif du groupe, celui qui connaît le prix des larmes. Gélaste est le sanguin, l'homme porté vers la gaieté, celui qui place plus haut que tout le pouvoir de rire. Quant à Poliphile, le conteur – double fictif de La Fontaine – il n'incarne pas un tempérament particulier : même s'il est proche d'Acante, il est une synthèse des trois tempéraments. Il est l'homme des « goûts réunis » ; l'artiste capable d'unifier harmonieusement la diversité des voix, et de susciter une pluralité d'émotions esthétiques rassemblant son auditoire sans jamais le diviser.

Ce que vous n'entendrez pas dans *Psyché* : les discours pesants de la conversation pédante, les persiflages, les railleries qui caractérisent la conversation courtisane. Car, dès les premières phrases du roman, La Fontaine nous entraîne dans l'univers de « galanterie » (voir ci-dessous) : la conversation entre les quatre amis n'est pas « réglée » c'est-à-dire qu'elle est libre, spontanée, franche ; sans être superficielle, elle privilégie toujours la légèreté, abordant les sujets sérieux (« quelque point de science ou de belles-lettres ») sans s'appesantir. L'image la plus exacte pour décrire ce cercle amical nous est donnée par l'auteur lui-même : les causeurs sont des abeilles qui « rencontreraient en leur chemin diverses sortes de fleurs », et elles voltigent de l'une à l'autre, mais jamais ne s'attardent sur une seule au point d'en épuiser les sucs, d'en piller les pollens. Et nous, lecteurs, sommes conviés à rejoindre cette petite société papillonnante et *galante* pour y figurer en tant que bel écouteur (ou belle écouteuse) aux côtés d'Acante, Ariste et Gélaste.

Les passions et les plaisirs

À l'origine du conte, la rencontre entre un dieu et une mortelle, entre un principe éternel et une qualité éphémère : l'Amour (Cupidon) et la Beauté (Psyché). Le rapprochement entre ces deux principes, puis l'idylle qui en découle sont peints comme un moment idéal et sacré, une « surprise de l'amour » que le dieu s'efforce de préserver et de pérenniser en lui conservant son secret, son mystère. Cette union, qui pourrait être parfaite et durable, suscite un déchaînement de passions : Vénus, la mère de Cupidon, est folle de jalousie, animée par la haine et un désir de vengeance qu'elle exerce dès qu'elle le peut avec une rare cruauté ; les sœurs de Psyché sont rongées par l'envie, et elles multiplient les insinuations perfides et les mensonges. Le couple splendide de la belle mortelle et du dieu qui toujours se dérobe à son regard, finit par subir l'influence de ce tourbillon malfaisant qui gronde autour de lui : Psyché ne peut résister à la curiosité et se montre déloyale tandis que Cupidon cède à la violence et la colère. Le parcours érotique des amants ne peut donc se réduire à une rencontre suivie d'un moment de bonheur immobile, comme éternisé : il implique une traversée d'épreuves bienfaisantes ou douloureuses qui affectent l'âme comme le corps. À la fin des aventures, les passions sont apaisées. Le couple se reconstitue mais, cette fois, dans un environnement favorable, une harmonie générale : il peut jouir pleinement de son bonheur, que consacre la naissance d'une fille, Volupté, reconnue par la communauté des dieux et des hommes.

Le parcours érotique des amants ne peut donc se réduire à une rencontre suivie d'un moment de bonheur immobile, comme éternisé : il implique une traversée d'épreuves bienfaisantes ou douloureuses qui affectent l'âme comme le corps.

Le cheminement des promeneurs-auditeurs suit une route subtilement parallèle, mais comme maintenue à une certaine distance. À l'écoute du conte et des passions qui leur sont dévoilées, les trois amis de Poliphile éprouvent des émotions variées, allant du sourire à la pitié. Quelles que soient leur nature et leur intensité, ces mouvements du cœur que l'art fait naître sont tous décrits comme non pas des motifs de trouble, mais une source d'agréments. La Fontaine met un soin particulier à les harmoniser, à les réunir sous la bannière du plaisir : le rire et les larmes procurent délices, extase, ravissement… Et ces plaisirs sensibles sont intégrés au cercle plus large de tous les plaisirs terrestres, ceux des sens et de l'intelligence. Car la promenade est l'occasion de mille jouissances renouvelées, pour le corps (marcher, s'arrêter, se protéger du soleil), pour les yeux (la splendeur des lieux, du paysage, des objets, des lumières), pour l'ouïe (l'écoute d'un conte émouvant), pour la bouche (manger, lire un beau texte), pour la pensée (le plaisir de converser librement, d'échanger émotions et idées).

L'ÉPICURISME

Cette sagesse antique promue par le philosophe grec Épicure (-341 av J-C / -270 av J-C) est fondée sur la recherche du bonheur, qui suppose que l'on atteigne un état de tranquillité où l'âme s'est libérée de toute douleur et de toute inquiétude.

Il y a là une philosophie de l'existence, que l'on peut rattacher à l'*épicurisme*. Chercher ce qui procure du bien est la meilleure façon de vivre en accord, en paix avec soi-même. Comme le suggère un des personnages, le « plaisir dont nous devons faire le plus grand cas est toujours celui qui convient le mieux à notre nature ; car c'est s'unir à soi-même que de le goûter. » Mais La Fontaine prend soin de ne pas fixer de règles de conduite, de ne pas établir de hiérarchie entre les plaisirs. À la fin, à travers un poème-hymne plein de lyrisme, il rassemble ceux-ci sous l'autorité souveraine et universelle de la Volupté. Les vers lus par Poliphile (« celui qui aime tout »), derrière le « je » singulier, unissent dans une même sagesse les quatre amis, La Fontaine lui-même, et peut-être nous, lecteurs – car le programme, qui s'annonce délicieux, a une vocation universelle :

« *J'aime le jeu, l'amour, les livres, la musique,*
La ville, la campagne, enfin tout ; il n'est rien
Qui ne me soit souverain bien,
Jusqu'au sombre plaisir d'un cœur mélancolique. »

Un subtil détournement des lieux

La promenade dans le jardin n'a pas pour seule vertu d'apaiser les passions, de les mettre en scène dans un cadre qui les purifie de ce qu'elles ont de violent, d'inquiétant. Elle est aussi le prétexte, pour La Fontaine, de prendre malicieusement possession de Versailles, de faire de ce parc d'un roi glorieux le jardin d'un poète, jouisseur, rêveur et profondément pacifique.

En apparence La Fontaine, par l'intermédiaire de son quatuor d'amis, célèbre le charme et l'enchantement que procurent les lieux et leurs aménagements. Mais vous observerez avec quelle désinvolture le Palais est traité : « [Les quatre amis] retournèrent au château, virent les dedans, que je ne décrirai point : ce serait une œuvre infinie. » Le seul détail retenu est la tenture ornant la Chambre du roi : « un tissu de Chine, plein de figures qui contiennent toute la religion de ce pays-là. » Malheureusement personne n'est là pour leur expliquer les images, et donc « nos quatre amis n'y comprirent rien. »

Sur un plan plus général, La Fontaine et ses personnages semblent lire l'espace de Versailles comme relevant du divertissement. Partant du principe que seul un dieu (Jupiter) peut exercer sans relâche son gouvernement sur l'univers entier, nos promeneurs se souviennent que les plus grands souverains avaient besoin de se délasser de l'action politique et guerrière : « Alexandre faisait la débauche ; Auguste jouait ; Scipion et Laelius [général et consul romains] s'amusaient à jeter des pierres plates sur l'eau ». Louis XIV a lui aussi un penchant pour les pierres... puisqu'il se divertit « à faire bâtir des palais », ce qui, précisent nos amis, « est digne d'un roi ». Versailles matérialise le souci de propager la gloire royale, mais il est aussi un espace servant de parenthèse entre deux conquêtes, le complément indispensable du champ de bataille... Il serait naïf de s'en tenir aux louanges adressées au roi, à ses « qualités héroïques », à sa « science du commandement ». Il faut les faire jouer en écho avec la dédicace du roman, où La Fontaine remercie son protecteur le duc de Bouillon. S'il rappelle les exploits guerriers de celui-ci, c'est aussitôt pour affirmer sa propre philosophie de l'existence, qui fait l'économie aussi bien de la gloire que de la guerre :

« *Je ne suis pas né pour le suivre dans les dangers ; cet honneur est réservé à des destinées plus illustres que la mienne [...] c'est un bonheur extraordinaire pour moi, qu'un prince qui a tant de passion pour la guerre, tellement ennemi du repos et de la mollesse, me voie d'un œil aussi favorable, et me donne autant de marques de bienveillance que si j'avais exposé ma vie à son service.* »

Un jardin peut en cacher un autre

Pour savourer le détournement que La Fontaine fait subir à Versailles, il faut se rappeler d'où vient le projet des *Amours de Psyché*. Le texte reprend en partie *Le Songe de Vaux*, hommage à Nicolas Fouquet, l'ami et le mécène de naguère. Le roman de *Psyché* s'inscrit dans la continuité de cet ouvrage inachevé datant des années 1659-1661. Glisser Vaux à l'intérieur de Versailles est un signe de loyauté indéfectible adressé au protecteur des arts et des artistes, désormais déchu par la volonté du roi (une volonté où l'envie et la vanité ont joué un rôle important.) Dans un Versailles conçu par un souverain épris de conquêtes, de victoires éclatantes et de publicité faite autour de sa propre gloire, La Fontaine introduit d'autres valeurs : la douceur, la volupté, le plaisir, la franchise, la tendresse, le culte de l'amitié.

« La Fontaine introduit d'autres valeurs : la douceur, la volupté, le plaisir, la franchise, la tendresse, le culte de l'amitié. »

Le Versailles qu'arpentent les quatre promeneurs est tout plein du jardin rêvé et perdu de Vaux. Il est le lieu même de la sagesse, échappant aux fracas du monde. Il est un espace profondément pacifié, propice aux échanges fraternels ou aux rêveries solitaires, aux sensations pures, aux contemplations silencieuses, aux jouissances sans nuage – celles-là même que procure à Acante, et à ses trois compagnons, le spectacle du coucher du soleil avec ses teintes rares, « ce gris de lin, ce couleur d'aurore, cet orangé, et surtout ce pourpre… » :

« *Aucune vapeur ne gâtait,*
Par ses malignes influences,
Le plaisir qu'Acante goûtait. »

Derrière l'ultime jouissance esthétique que le roman nous donne, il ne faut pas se priver de déchiffrer, généreuse, une très solide attitude morale. •

Extrait

Le moment du conte où tout va basculer. Psyché nageait dans le bonheur. Elle vivait dans un Palais enchanteur, près d'un époux qui, sans jamais paraître au grand jour, la comblait. Elle avait promis de ne pas chercher à l'identifier, renonçant à exposer dans la pleine lumière l'objet de son amour. Mais la visite de ses deux sœurs, envieuses et médisantes, excite la curiosité de la belle : quelle est l'identité, quel est le visage de cet amant mystérieux ? S'il se cache, c'est peut-être qu'il est un monstre... Alors, pour en avoir le cœur net, Psyché s'arme d'une lampe et d'un poignard.

À pas tremblants et suspendus,
Elle arrive enfin où repose
Son époux aux bras étendus,
Époux plus beau qu'aucune chose.
C'était aussi l'Amour : son teint, par sa fraîcheur,
Par son éclat, par sa blancheur,
Rendait le lis jaloux, faisait honte à la rose.
Avant que de parler du teint,
Je devais vous avoir dépeint,
Pour aller par ordre en l'affaire,
La posture du dieu. Son col[1] était penché :
C'est ainsi que le Somme en sa grotte est couché ;
Ce qu'il ne fallait pas vous taire.
Ses bras à demi nus étalaient des appas[2],
Non d'un Hercule, ou d'un Atlas,
D'un Pan, d'un Sylvain, ou d'un Faune,
Ni même ceux d'une Amazone :
Mais ceux d'une Vénus à l'âge de vingt ans.
Ses cheveux épars et flottants,
Et que les mains de la Nature
Avaient frisés à l'aventure[3],
Celles de Flore parfumés,
Cachaient quelques attraits dignes d'être estimés ;
Mais Psyché n'en était qu'à prendre plus facile :
Car, pour un qu'ils cachaient, elle en soupçonnait mille ;
Leurs anneaux, leurs boucles, leurs nœuds,

Tour à tour de Psyché reçurent tous des vœux ;
Chacun eut part à son hommage.
Une chose nuisit pourtant à ces cheveux :
Ce fut la beauté du visage.
Que vous en dirai-je ? et comment
En parler assez dignement ?
Suppléez à mon impuissance :
Je ne vous aurais d'aujourd'hui
Dépeint les beautés de celui
Qui des beautés a l'intendance[4].
Que dirai-je des traits où les Ris[5] sont logés ?
De ceux que les Amours ont entre eux partagés ?
Des yeux aux brillantes merveilles,
Qui sont les portes du désir ;
Et surtout des lèvres vermeilles,
Qui sont les sources du plaisir ?

Psyché demeura comme transportée[6] à l'aspect de son époux. Dès l'abord elle jugea bien que c'était l'Amour ; car quel autre dieu lui aurait paru si agréable ? Ce que la beauté, la jeunesse, le divin charme qui communique à ces choses le don de plaire, ce qu'une personne faite à plaisir peut causer aux yeux de volupté, et de ravissement à l'esprit, Cupidon en ce moment-là le fit sentir à notre héroïne. Il dormait à la manière d'un dieu, c'est-à-dire profondément, penché nonchalamment sur un oreiller, un bras sur sa tête, l'autre bras tombant sur les bords du lit, couvert à demi d'un voile de gaze, ainsi que sa mère en use, et les nymphes aussi, et quelquefois les bergères.

La joie de Psyché fut grande, si l'on doit appeler joie ce qui est proprement extase : encore ce mot est-il faible, et n'exprime pas la moindre partie du plaisir que reçut la belle. Elle bénit mille fois le défaut du sexe[7], se sut très bon gré d'être curieuse, bien fâchée de n'avoir pas contrevenu dès le premier jour aux défenses qu'on lui avait faites, et à ses serments. Il n'y avait pas d'apparence, selon nos sens, qu'il en dût arriver de mal ; au contraire, cela était bien, et justifiait les caresses[8] que jusque-là elle avait cru faire à un monstre. La pauvre femme se repentait de ne lui en avoir pas fait davantage : elle était honteuse de son peu d'amour, toute prête de réparer cette faute si son mari le souhaitait, quand même il ne le souhaiterait pas.

Ce ne fut pas à elle peu de retenue de ne point jeter et lampe et poignard pour s'abandonner à son transport[9]. Véritablement le poignard lui tomba des mains, mais la lampe non : elle en avait trop affaire, et n'avait pas encore vu tout ce qu'il y avait à voir. Une telle commodité[10] ne se rencontrait pas tous les jours ; il s'en fallait donc servir : c'est ce qu'elle fit, sollicitée de faire cesser son plaisir par son plaisir même. Tantôt la bouche de son mari lui demandait un baiser, et tantôt ses yeux, mais la crainte de l'éveiller l'arrêtait tout court. Elle avait de la peine à croire ce qu'elle voyait, se passait la main sur les yeux, craignant que ce ne fût songe et illusion ; puis recommençait à considérer son mari. « Dieux immortels ! dit-elle en soi-même, est-ce ainsi que sont faits les monstres ? Comment donc est fait ce que l'on appelle Amour ? Que tu es heureuse Psyché ! Ah ! divin époux ! pourquoi m'as-tu refusé si longtemps la connaissance de ce bonheur ? Craignais-tu que je n'en mourusse de joie ? Était-ce pour plaire à ta mère ou à quelqu'une de tes maîtresses ? car tu es trop beau pour ne faire le personnage que de mari. Quoi ! je t'ai voulu tuer ! quoi ! cette pensée m'est venue ! O dieux ! je frémis d'horreur à ce souvenir. Suffisait-il pas, cruelle Psyché, d'exercer ta rage contre toi seule ? L'univers n'y eût rien perdu ; et sans ton époux que deviendrait-il ? Folle que je suis ! mon mari est immortel : il n'a pas tenu à moi qu'il ne le fût point. »

Après ces réflexions, il lui prit envie de regarder de plus près celui qu'elle n'avait déjà que trop vu. Elle pencha quelque peu l'instrument fatal qui l'avait jusque-là servie si utilement. Il en tomba sur la cuisse de son époux une goutte d'huile enflammée. La douleur éveilla le dieu. Il vit la pauvre Psyché qui, toute confuse, tenait sa lampe ; et, ce qui fut de plus malheureux, il vit aussi le poignard tombé près de lui. Dispensez-moi de vous raconter le reste : vous seriez touchés de trop de pitié au récit que je vous ferais.

(Extrait du Livre premier.)

[Notes : [1] *col* = cou ; [2] *appas* = attraits physiques ; [3] *à l'aventure* = au hasard ; sans intention précise, sans dessein particulier. [4] *intendance* = charge. [5] *Ris* = au pluriel avec une majuscule (personnification), désigne dans la culture classique les compagnons du dieu Amour ; terme associé généralement à *jeux*, *danses* ou *amours*. [6] *transporté* = prise de passion, saisie d'un mouvement d'exaltation. [7] *sexe* = sexe féminin, l'ensemble des femmes. [8] *caresses* = le sens est plus large qu'aujourd'hui : toute manifestation (gestes, paroles) de tendresse. [9] *transport* = élan passionné. [10] *commodité* = occasion.]

Poète, fabuliste et conteur

Né à Château-Thierry, à l'est de Paris, Jean de La Fontaine (1621-1695) appartient à une famille aisée. Son père, après un bon mariage, a fait l'achat d'une charge donnant accès au rang d'officier royal. Jean, moins ambitieux socialement, semble suivre la voie paternelle quand il accepte un mariage arrangé avec une jeune fille de quatorze ans, puis quand il prend une charge de « maître particulier des Eaux et Forêts » pour le duché de Château-Thierry – son travail consiste à surveiller les coupes de bois, l'état des rivières et les réserves de pêche. Mais en réalité il préfère vivre à Paris, et s'éloigne doucement de sa femme, jusqu'à la séparation définitive en 1671. Dès les années de jeunesse et d'études dans la capitale, il développe son goût pour la littérature, les arts, la conversation (et d'autres plaisirs terrestres – la table ou l'amour) au contact de joyeux compagnons, parmi lesquels Maucroix, Furetière, Pellisson, Tallemant des Réaux. En 1658, il est accueilli dans le cercle de Nicolas Fouquet, puissant Surintendant des finances du royaume, illustre mécène aimant réunir les plus grands artistes du temps. La Fontaine lui dédie plusieurs ouvrages : en 1658 un poème *Adonis*, inspiré d'un épisode des *Métamorphoses* d'Ovide ; en 1659 *Le Songe de Vaux*, récit mêlant prose et poésie, décrivant à travers la fiction d'un rêve projetant dans le futur, ce que sera Vaux avec ses jardins une fois le chantier terminé. Mais en 1661, lorsque le jeune roi Louis XIV commence son règne personnel, Fouquet est accusé d'avoir détourné des fonds publics, emprisonné, jugé et condamné. Avec sa chute, disparaît le cercle intellectuel et mondain où La Fontaine s'était formé. Le poète manifeste cependant sa fidélité à Fouquet dans une *Élégie aux nymphes de Vaux* et dans une *Ode au Roi*, qui feront qu'il sera toujours mal vu de Louis XIV. Après s'être éloigné dans le Limousin, La Fontaine rentre à Paris en 1664. Jusqu'en 1672 il est « gentilhomme servant » de la duchesse douairière d'Orléans au palais du Luxembourg – ce qui lui donne sécurité matérielle et liberté d'écrire. En quelques années, son talent s'épanouit : il publie plusieurs recueils de *Contes et*

LES MÉTAMORPHOSES

Ample poème (près de 12 000 vers, répartis en 15 chants) publié par Ovide au début du 1er siècle de notre ère. Il peint, autour du thème de la métamorphose, le monde mythologique des origines, où hommes et dieux cohabitent, s'aiment, s'affrontent, ce qui donne lieu à des transformations aussi spectaculaires que poétiques (la nymphe Syrinx devenant roseau, le chasseur Actéon changé en cerf, etc.) L'ouvrage a profondément marqué la culture européenne.

Nouvelles en vers (1665 et 1666, puis 1671 et 1674) où il reprend la tradition des histoires grivoises en leur donnant un charme nouveau. Et en 1668, le premier recueil des *Fables* (124 poèmes regroupés en six livres) est édité avec un succès considérable : le public s'enthousiasme pour cette forme que La Fontaine réinvente, la « fable poétique ». Le poète a trouvé sa voix, comme conteur et comme fabuliste. Une voix qui, par-delà la diversité des œuvres où elle s'exprime, est unique et toute entière placée sous le signe de la liberté et du plaisir. •

Le « Dépositaire infidèle »

Dans sa *Psyché*, comme dans les *Contes en vers* ou dans les *Fables*, La Fontaine puise son inspiration aux traditions anciennes. Pour les *Contes* il reconnaît sa dette envers les auteurs italiens (Boccace par exemple). Pour les *Fables* il revendique un héritage gréco-latin beaucoup plus antique, mentionnant les poètes Ésope, Homère, Horace, Virgile ainsi que des philosophes (Socrate, Platon, Aristote, Épicure) ou des savants (Démocrite, Hippocrate, Pythagore). Ici, c'est l'auteur latin Apulée (vers 125-vers 170) qui fournit ce que La Fontaine nomme « la matière » du récit : l'histoire de Psyché telle qu'elle est racontée aux chapitres 4, 5 et 6 de *L'Âne d'or ou les Métamorphoses* (écrit vers 160). Ce principe de création que La Fontaine revendique a pour nom imitation. Il s'inscrit dans le cadre de l'esthétique classique qui fait de l'imitation des Anciens une règle fondamentale. Au moment de la Querelle des Anciens et des Modernes (controverse littéraire et esthétique qui, en 1687 notamment, oppose Boileau tenant de la supériorité des premiers, à Charles Perrault, qui défend les seconds au nom de la supériorité du siècle de Louis XIV), La Fontaine se rangera plutôt du côté des Anciens : il est un « dépositaire ». Cependant l'imitation est perçue comme un aiguillon pour inventer, et non une contrainte :

> « *Mon imitation n'est pas un esclavage :*
> *Je ne prends que l'idée, et les tours, et les lois,*
> *Que nos maîtres suivaient eux-mêmes autrefois* »

•

L'Âne d'or

Le roman latin d'Apulée nous raconte les aventures tragi-comiques d'un jeune aristocrate, Lucius, métamorphosé en âne par magie et qui, après bien des péripéties, retrouvera sa forme humaine.

Le « dépositaire » est donc « infidèle ». Il ajoute des ingrédients de son cru, péripéties, détails, personnages : « Il y a quelques épisodes de moi, comme l'aventure de la grotte, le vieillard et les deux bergères, le temps de Vénus et son origine, la description des enfers, et tout ce qui arrive à Psyché pendant le voyage qu'elle y fait, et à son retour jusqu'à la conclusion de l'ouvrage. » La Fontaine réécrit donc Apulée, mais selon une manière libre et singulière. C'est lui qui invente la forme si enchanteresse du récit-promenade dans Versailles servant de cadre au conte, lui qui forge ce ton particulier du roman, conforme aux attentes du public de l'époque. Car pour toucher les lecteurs, leur plaire, il est indispensable de s'adapter à leur goût. Or, dans la seconde moitié du XVIIe siècle, le goût du public cultivé va vers ce que résument les mots *galant* et *galanterie* :

> « *C'est ce qu'on demande aujourd'hui ; on veut de la nouveauté et de la gaieté. Je n'appelle pas gaieté ce qui excite le rire mais un certain charme, un air agréable qu'on peut donner à toutes sortes de sujet, même les plus sérieux.* »

Cette phrase de la Préface du premier recueil des *Fables* s'adapte parfaitement à *Psyché*. ●

La galanterie : courant mondain et mouvement esthétique

La Fontaine inscrit ses créations, en vers comme en prose, dans le cadre de la *galanterie*. Être *galant* au XVIIe siècle signifie bien autre chose, bien davantage, qu'être un gentil dragueur. Les deux mots, spécifiquement liés à la culture française, définissent un courant esthétique et une morale sociale, fondés sur une civilité aimable et sur un constant souci de plaire (c'est exactement ce sens qui figure dans la première phrase ouvrant *La Princesse de Clèves* de Madame de La Fayette.) La galanterie est fondée sur certaines qualités comme l'aisance, le naturel, la grâce, la politesse, un certain goût du romanesque, une certaine gaieté (ou légèreté) dans les manières et dans le langage.

Elle s'est affirmée en France au milieu du XVIIe siècle après la Fronde, et particulièrement dans l'entourage de Nicolas Fouquet. Elle s'exprime plus volontiers à travers des formes créatives et des pratiques récréatives perçues comme « mineures » : l'écriture de lettres, de bouts rimés, toutes sortes de jeux d'esprit manifestant une grande porosité entre la vie et la littérature, et traduisant la volonté d'un groupe social choisi, restreint à ses élites cultivées, de se construire son propre imaginaire.

Quelques détails caractéristiques du roman de La Fontaine trahissent sa nature « galante » : les noms des quatre amis (conformes à l'usage de pseudonymes dans les cercles mondains) ; la valorisation de la conversation amicale et « non réglée » (par opposition aux discours académiques, raides et pesants, et aux pratiques courtisanes de la cabale et de la médisance) ; la manière d'agrémenter un récit, de le conduire avec aisance, souplesse, de lui donner du rythme, de la couleur, de la vivacité et de la variété ; un art d'effleurer les choses avec tact, surtout quand elles risqueraient de virer au scabreux. Je vous laisse admirer comment La Fontaine traite avec une élégance voluptueuse tous les épisodes très « physiques » entre Cupidon et Psyché – un seul, pour vous mettre en appétit, au moment où les amants se retrouvent après avoir longtemps été privés l'un de l'autre : « Cette conversation de larmes devint à la fin ‡conversation de baisers : je passe légèrement cet endroit. » ●

Lire

Le roman de La Fontaine est accessible en édition de poche :

- dans la collection « GF » (Flammarion, 1990), texte établi par Françoise Charpentier ;
- dans la collection « Livre de poche classique » (Librairie générale française, 1999) le texte, agrémenté de documents iconographiques, est établi par Michel Jeanneret avec la collaboration Stefan Schoettke.

La lecture de *Psyché* vous donnera sans doute envie de lire (ou relire) les *Contes* et les *Fables* – quelques fables, parmi d'autres, à faire jouer en écho avec le roman :

« La Jeune Veuve » (livre VI, fable 21) ;
« Le Dépositaire infidèle » (livre IX, fable 1) ;
« Les Deux Pigeons » (livre IX, fable 2) ;
« Le Songe d'un habitant du Mogol » (livre XI, fable 4) ;
« Le Juge arbitre, l'Hospitalier et le Solitaire » (livre XII, fable 25).

Le texte-source, dont La Fontaine (Poliphile) s'est servi : Apulée, *L'Âne d'or ou les Métamorphoses*, traduit par Pierre Grimal, collection « Folio classique » (Gallimard, 1958).

Sur La Fontaine et son œuvre :

- Robert Bared, *La Fontaine*, collection « Écrivains de toujours » (Le Seuil, 1995) ;
- Marc Fumaroli, *Le Poète et le Roi ; Jean de la Fontaine en son siècle*, collection « Livre de poche références » (éditions de Fallois, 1997) ; les pages commentant *Les Amours de Psyché et de Cupidon* se trouvent dans le chapitre V (« Le repos et le mouvement »).

Sur la galanterie dans les mœurs et les arts : Alain Viala, *La France galante ; essai historique sur une catégorie culturelle, de ses origines jusqu'à la Révolution, collection* « Les Littéraires » (PUF, 2008). L'ouvrage permet de situer La Fontaine dans un courant esthétique fondamental en France, aux XVIIe et XVIIIe siècles. ●

Voir

Les illustrations d'Antoine Borel (1743-1810) sur le site Gallica de la BNF <http://gallica.bnf.fr>, dans le cadre de recherche, tapez en haut « Amours de Psyché Illustrations ». ●

Écouter

Lully (1632-1687), *Psyché*, tragédie lyrique (1678, livret de Thomas Corneille – sans doute secondé par Fontenelle – et Philippe Quinault). Orchestre et chœur du Boston Early Music festival, sous la direction de Paul O'Dette et Stephen Stubbs (3 CD CPO 777 367-2 ; juin 2007). ●

Éléments de contexte

• **Début du règne personnel de Louis XIV** en 1661 (il est né en 1643) et arrestation du surintendant des Finances, Nicolas Fouquet, mécène de nombreux artistes. Débuts des travaux d'agrandissement et d'aménagement de Versailles (palais et parc).

• **Louis XIV** donne un grand divertissement, en mai 1664, dans le parc de Versailles, *Les Plaisirs de l'île enchantée* : une semaine de fêtes, de jeux, de spectacles, de musique, de danse, de féeries pour laquelle le compositeur Lully, Molière et sa troupe sont très sollicités.

• **En 1669,** au palais des Tuileries, Louis XIV (26 ans) danse pour la dernière fois dans *Le Ballet de Flore*, ballet de cour dont Lully a composé la musique.

• **Création en 1671**, dans la Salle des machines du palais des Tuileries, de la tragédie ballet *Psyché* (texte de Molière, secondé par Corneille et Quinault ; musique de Lully, qui en reprendra plus tard les intermèdes pour sa tragédie lyrique de 1678, même titre) ; le spectacle est grandiose (près de 350 artistes, comédiens, chanteurs, musiciens, danseurs et figurants).

• **Le palais de Versailles** devient en 1682 le lieu de résidence principal du roi et de la cour.

Jouer pour retenir

VRAI/FAUX

Ce roman de La Fontaine est écrit en vers.

OUVERTURE

Où se déroule la scène d'ouverture du récit ?

A. Le jardin de Versailles
B. La Ménagerie
C. L'intérieur du Palais

LE FRUIT DE L'AMOUR

Replacez les lettres dans le bon ordre pour trouver le prénom de la fille née de l'amour entre Psyché et Cupidon.

EUVPLOT

_ _ _ _ _ _ _

MYTHOLOGIE

Complétez ce texte à trou qui décrit le dieu Cupidon.

Dieu de l'A _ _ _ _, Cupidon est le fils de V _ _ _ _ et de M _ _ _. Il est assimilé au dieu E _ _ _ dans la mythologie grecque. Ses attributs sont un a _ _, un c _ _ _ _ _ _ _ et une f _ _ _ _.

LA PROMESSE

Tombé amoureux de Psyché alors qu'il devait la rendre amoureuse du mortel le plus méprisable, Cupidon ne demande qu'une seule chose à sa belle, laquelle ?

A. Ne jamais tenter de découvrir son identité
B. Ne pas aller à la rencontre d'Aphrodite
C. Ne révéler leur amour à personne

RÉPONSES

Vrai/Faux
Réponse : Faux. Le roman mélange deux types d'écriture : la prose et le vers.

Ouverture
Réponse : Le récit s'ouvre sur la déambulation de quatre amis dans le jardin de Versailles.

Le fruit de l'amour
Réponse : Volupté.

Mythologie
Réponse : Dieu de l'Amour, Cupidon est le fils de Vénus et de Mars. Il est assimilé au dieu Eros dans la mythologie grecque. Ses attributs sont un arc, un carquois et une fleur.

La promesse
Réponse : Cupidon demande à Psyché de ne jamais chercher à connaître son identité mais cette dernière, piquée par la curiosité, allume une lampe, une nuit, pour regarder son amoureux endormi. Cupidon se réveille alors et s'enfuit.

Chapitre 8

La Princesse de Clèves

Madame de Lafayette
(1678)

« La magnificence et la galanterie n'ont jamais paru en France avec tant d'éclat que dans les dernières années du règne de Henri second. Ce prince était galant, bien fait et amoureux ; quoique sa passion pour Diane de Poitiers, duchesse de Valentinois, eût commencé il y avait plus de vingt ans, elle n'en était pas moins violente, et il n'en donnait pas des témoignages moins éclatants. »

(Début du roman.)

Quelques années, à peine une décennie, séparent la *Princesse de Clèves* des *Amours de Psyché*, mais comme on est loin de La Fontaine, de son invitation à jouir voluptueusement des plaisirs terrestres !

Avec Mme de La Fayette nous pénétrons dans un monde d'une beauté altière, presque sévère, où l'atmosphère est beaucoup moins sensuelle. Imaginée par une aristocrate de la cour de France au temps des Bourbons (XVIIe siècle), l'histoire est celle d'une aristocrate de la cour de France au temps des Valois (XVIe siècle) : Mlle de Chartres, épouse Clèves, rencontre la passion et, très volontairement, refuse de la vivre. Simplifier ainsi la courbe du roman, c'est mettre à nu, sous les fastes du décor historique et ceux du beau langage, ferme et précis, la violence du drame intérieur qui se joue là, où tout ce qui est ardent, troublant, vivant finit comme étouffé sous la cendre.

Prestiges de la cour, choix de la solitude

Le trajet de l'héroïne conduit d'un lieu fastueux, la cour à la fin du règne d'Henri II, vers l'espace d'un retrait solitaire, austère, vaguement défini, où Mme de Clèves, veuve, jeune encore, choisit de se tenir jusqu'à la fin de ses jours. Sa fin est discrète : un crépuscule sans intensité particulière, presque convenu – ce que souligne, dans la phrase concluant le roman, l'abondance de formules hyperboliques et d'adjectifs stéréotypés :

> « *Elle passait une partie de l'année dans cette maison religieuse et l'autre chez elle ; mais dans une retraite et dans les occupations plus saintes que celles des couvents les plus austères ; et sa vie, qui fut assez courte, laissa des exemples de vertu inimitables.* »

Quel contraste avec l'entrée en scène, avec ce lever de soleil encore plus éclatant que le décor dans lequel il apparaît :

> « *Il parut alors une beauté à la cour, qui attira les yeux de tout le monde, et l'on doit croire que c'était une beauté parfaite, puisqu'elle donna de l'admiration dans un lieu où l'on était si accoutumé à voir de belles personnes.* »

La cour est l'écrin. La jeune héroïne, le bijou le plus précieux qui vient s'y poser. Son apparition, qui marque le second – le véritable ? – début du roman consacre une naissance sociale. Elle rend publique une perfection dans toute l'aura de sa jeunesse ; une perfection offerte à la convoitise des regard masculins et à la jalousie des regards féminins.

À l'instant où elle pénètre dans le monde, la future princesse est ce qu'on appelle un « beau parti ». Elle est conduite là par sa mère, Mme de Chartres, qui poursuit une stratégie matrimoniale : trouver un époux digne de sa fille et de son rang social. Mais cette mère vigilante montre en même temps une hostilité profonde pour ce qui semble régner à la cour : un déchaînement de passions qu'elle sait déchiffrer derrière les belles apparences, derrière les séductions que le mot *galanterie* résume.

> « *Il y avait tant d'intérêts et tant de cabales différentes, et les dames y avaient tant de part que l'amour était toujours mêlé aux affaires et les affaires à l'amour. Personne n'était tranquille, ni indifférent ; on songeait à s'élever, à plaire, à servir ou à nuire.* »

Cette agitation générale est réglée sur la conduite du roi, qui donne le ton : Henri II fait étinceler, au sommet d'une cour brillante et oisive, la vive passion adultère le liant à sa favorite.

Le drame de Mlle de Chartres, jeune fille bientôt mariée avec le prince de Clèves qu'elle respecte sans l'aimer, vite éprise d'un autre homme qu'elle ne peut plus épouser, se joue donc avec un arrière-plan foisonnant de personnages, de jeux de pouvoir, d'intrigues sentimentales que Mme de La Fayette décrit avec l'exactitude d'une chroniqueuse mondaine. L'ouvrage n'est pas un roman historique mais il nous retrace un destin personnel se développant dans le cadre et en marge de la cour, milieu somptueux, violent, à la fois propice à la passion amoureuse et finalement hostile à son accomplissement. La princesse de Clèves ou celle qui refuse d'être une seconde Diane de Poitiers…

Se voir, s'éprendre, s'examiner

Chez Mme de La Fayette l'amour naît au premier regard, dans l'éblouissement d'une surprise que toutes les rencontres ultérieures ne feront que répéter. Monsieur de Clèves et le chevalier de Guise, son rival éprouvent le même trouble face à la beauté de Mlle de Chartres. Quand elle sera devenue princesse de Clèves, elle suscitera une réaction semblable chez le duc de Nemours. Mais cette fois, il y aura un échange entre deux regards subjugués l'un par l'autre. Et l'amour se réassurera à chaque fois que l'être aimé sera aperçu. Le coup de foudre est donc réciproque, mais il est venu trop tard, à contretemps.

Ce regard amoureux, comme happé par une présence extérieure, appelle un autre regard, inverse, tourné vers l'intérieur, vers l'âme ; un regard introspectif par lequel le personnage prend conscience de ce qu'il éprouve, observe avec lucidité ses actions et sa situation. M. de Clèves, dès le début de l'histoire, comprend qu'il aime sans être aimé :

> « *Il voyait avec beaucoup de peine que les sentiments de Mlle de Chartres ne passaient pas ceux de l'estime et de la reconnaissance.* »

À la passion qu'il a pour sa future épouse ne répond rien d'équivalent :

> « *Je ne touche ni votre inclination, ni votre cœur, et ma présence ne vous donne ni de plaisir, ni de trouble* »

confie-t-il à celle qu'il aime. Mme de Clèves, de son côté, traverse des moments d'introspection où elle examine ce qu'elle ressent, trouble, anxiété, plaisir, honte, remord, et analyse ce qui a été fait ou ce qui doit être fait. Elle est parfois entraînée dans de douces rêveries, plus souvent conduite à adopter des résolutions très fermes. Mais celles-ci, aussi solides soient-elles, s'effondrent comme par un enchantement doux et fatal dès que les yeux recroisent l'être aimé. Le regard amoureux a ce pouvoir d'effacer tout ce qui a précédé, scrupules, examen de conscience, décisions vertueuses. Il a, dès le premier échange, fixé l'être dans un moment perpétuel qui est celui de l'âme subjuguée.

“Le coup de foudre est donc réciproque, mais il est venu trop tard, à contretemps.”

Épier, dissimuler, avouer

Face aux amants, un œil terrible, inquisitorial, omniprésent, cherchant à violer l'intimité des êtres : le regard mondain. Il est mû par la curiosité que partagent tous les membres d'une société de cour largement oisive, ne vivant que pour l'observation d'autrui, l'intrigue, la rumeur, la cabale. Ainsi dans la scène du bal, dès que Mme de Clèves et M. de Nemours sont mis en présence l'un de l'autre, ils sont pris sous un feu croisé de regards insistants, souvent perspicaces, rarement bienveillants. Avant même qu'elle ait pris conscience de ce qui se passait en elle, Mme de Clèves est comme percée à jour : les autres devinent ou soupçonnent ce qu'elle éprouve. Le chevalier de Guise, poussé par l'aiguillon de la jalousie, croit lire au trouble de son visage qu'elle est vivement émue par la rencontre avec Nemours. Mme de Chartres, redoutable quand il s'agit de sonder l'âme et le cœur de sa fille, pressent ce qu'elle considère comme une catastrophe, un abîme dans quoi Mme de Clèves risque de plonger.

La seule attitude convenable : dissimuler, se composer une apparence capable de déjouer et d'arrêter la curiosité mondaine. Il n'y a pas là mensonge ou tromperie. Il s'agit seulement d'exercer sur soi-même une maîtrise constante, conforme à l'idéal moral et social que tout personne « bien née », tout homme accompli se doit d'incarner – un idéal synthétisé dans la figure de celui que les Français de l'âge classique appellent « honnête homme », et les Espagnols « discreto ». Être maître de soi face aux autres, qui traquent le moindre signe d'émotion ou de défaillance, est une règle de conduite. Ainsi Nemours, parfait homme du monde, impeccable courtisan, sait faire bonne figure. Même s'il ressent une « inclination violente » pour celle dont il vient de faire la connaissance, il se contrôle :

> « *Il prit une conduite si sage, et s'observa avec tant de soin, que personne ne le soupçonna d'être amoureux de Mme de Clèves.* »

Le triomphe des faux-semblants transforme la cour en un espace difficilement lisible :

« *Si vous jugez sur les apparences en ce lieu-ci,* recommande Mme de Chartres à sa fille, *vous serez souvent trompée : ce qui paraît n'est presque jamais la vérité.* »

Dans ce monde clos où chacun se compose un masque et veille à dissimuler ses émotions, les élans de sincérité qui animent la princesse sont d'une singularité extraordinaire. Elle avoue son amour dans deux scènes d'une force qui a beaucoup frappé les contemporains de Mme de La Fayette : elle fait le premier aveu à son époux (elle reconnaît aimer un autre, sans jamais le nommer – mais il est là, par hasard, caché et surprend ce qu'il n'aurait jamais dû entendre) ; et le second aveu à son amant (elle reconnaît qu'elle l'aime mais renonce à l'idée de s'unir à lui.) Cet héroïsme de l'aveu n'est pas sans contenir un fond d'orgueil et de cruauté car il provoque l'effondrement de l'interlocuteur et le condamne au désarroi. M. de Clèves, rongé par la jalousie, mourra d'inquiétude et de chagrin : « Que ne me laissiez-vous – dit-il tandis qu'il agonise – dans cet aveuglement tranquille dont jouissent tant de maris ? » Quant à M. de Nemours, il mettra des années avant que sa douleur ne s'apaise.

L'amour, une passion dérangeante et désordonnée

« *Je suis si persuadée que l'amour est une chose incommode que j'ai de la joie que mes amis et moi en soyons exempts.* »

C'est une jeune fille de dix-neuf ans, Marie-Madeleine Pioche de la Vergne, future Mme de La Fayette, qui écrit cela dans une lettre à son précepteur Gilles Ménage. On est au début des années 1650, et cette conception de l'amour – mentale car sans doute coupée de l'expérience, mais intraitable – traduit un changement profond dans les esprits. Auparavant l'amour était considéré comme bénéfique, il était une belle passion, moteur des actes héroïques, il ajoutait de la perfection aux âmes : telles étaient les leçons que l'on pouvait tirer de la lecture des romans comme *L'Astrée* d'Urfé ou *Le Grand Cyrus* de Mlle de Scudéry, véritables manuels de conduite individuelle et sociale.

Mme de La Fayette envisage l'amour – et plus largement toutes les passions, jalousie, envie, haine… – comme un danger. Lorsqu'il surgit à l'improviste entre une princesse jeune mariée et un homme du monde parfait célibataire, il vient bouleverser l'ordonnancement du monde et des individus. Il agit en trouble-fête. Il apporte un élément de désordre. Il affaiblit l'être, ébranle ses résolutions. En tant que passion échappant à la maîtrise, il joue sa partie très tyrannique en dehors de l'échelle des vertus et des mérites. Mme de Clèves en fait l'expérience face à son époux, qu'elle apprécie et qu'elle admire sans l'aimer :

L'idée qu'elle puisse être heureuse aux côtés de l'homme qu'elle aime, qu'elle a toujours aimé depuis que leurs regards se sont croisés, et que sans doute elle aimera jusqu'à la mort, n'est tout simplement pas concevable.

« *Toutes les fois que cette princesse parlait à son mari, la passion qu'il lui témoignait, l'honnêteté de son procédé, l'amitié qu'elle avait pour lui et ce qu'elle lui devait, faisaient des impressions dans son cœur qui affaiblissaient l'idée de M. de Nemours ; mais ce n'était que pour quelque temps ; et cette idée revenait bientôt plus vive et plus présente qu'auparavant.* »

Alors que l'amour – s'il était bénéfique – devrait couronner une union impeccable, il vient ici introduire une discordance, entamer constamment ce qui aurait pu être la belle harmonie d'un couple.

La tranquillité, mère de toutes les batailles

La passion introduit la discordance à l'intérieur même de l'être. Le sentiment amoureux empêche l'individu de pouvoir régler sa conduite. Car, selon Mme de La Fayette, il n'agit toujours que pour dérégler les comportements, aveugler, perturber, inquiéter. Il est une force insurmontable, imprévisible, qui menace en permanence d'affaiblir l'être et de détruire son intégrité. C'est ainsi qu'il faut comprendre l'ultime refus d'aimer que la princesse, désormais veuve, oppose à Nemours. Lorsque tous les obstacles ont été levés entre eux, qu'elle est libre de s'unir au duc de Nemours, elle refuse ce qui pourrait sembler une forme de bonheur. L'obstacle principal est à l'intérieur d'elle-même. L'idée qu'elle puisse être heureuse aux côtés de l'homme qu'elle aime, qu'elle a toujours aimé depuis que leurs regards se sont croisés, et que sans doute elle aimera jusqu'à la mort, n'est tout simplement pas concevable. Car Mme de Clèves a fait l'expérience de la passion, et elle a vu ce à quoi l'amour contrarié et la jalousie avaient conduit son époux. Elle sait ce qui la menace, l'inquiétude foncière qui la guette, les tourments de l'imagination, l'idée sans lien avec la réalité que l'être aimé puisse être inconstant, toutes les chimères nées de la jalousie.

Or, ce qu'elle veut n'est pas le bonheur. Elle réclame le repos, la tranquillité de l'âme. Elle cherche à occuper un espace très construit, libéré des « inclinations » et des penchants naturels, un au-delà des passions qui les tiennent définitivement éloignées. Et cet espace, elle choisit de le conquérir en affichant une lucidité volontaire d'une dureté exceptionnelle : « Il n'y a rien de plus difficile que ce que j'entreprends », lance-t-elle à Nemours. Écarter les passions, cela signifie s'imposer de ne plus voir l'objet aimé, et Mme de Clèves prie Nemours – lui ordonne – de s'imposer la même obligation :

« *... je me priverai de votre vue, quelque violence qu'il m'en coûte. Je vous conjure, par tout le pouvoir que j'ai sur vous, de ne chercher aucune occasion de me voir.* »

Amour mort ou préservé ?

La fin du roman consacre-t-elle la mort de l'amour ? La réponse est ambiguë. Car l'aveu ultime de la princesse contient quelque chose d'éperdu et de bouleversant :

« *croyez que les sentiments que j'ai pour vous seront éternels et qu'ils subsisteront également, quoi que je fasse.* »

Il donne l'intuition que Mme de Clèves passera le restant de ses jours dans une adoration immobile et distante, détachée de la personne réelle qui nourrit sa passion. Elle semble vouloir protéger celle-ci intacte jusqu'à la fin, jusqu'à la mort. Elle préfère vivre dans le culte d'un amour idéalisé, figé, plutôt que de soumettre cet amour à l'épreuve de la vie, à ses aléas, à ses déceptions. Il y a là une intellectualisation extrême du sentiment. Le repos autorise à vivre dans le culte d'une passion jamais entamée, au double sens du terme : elle n'aura pas commencé à être vécue dans la réciprocité ; elle n'aura pas été abîmée par toutes les formes de l'inquiétude, doutes, jalousie… ni par l'expérience du quotidien. Une passion idéale, immobilisée, soustraite à la vie. Elle brille comme un cristal pur, éblouissant, d'une clarté inhumaine. ●

Extrait

Même si la rencontre de la princesse de Clèves et du duc de Nemours au bal de la cour a été un moment intense de rapprochement physique, ici la proximité des deux corps est d'une grande sensualité. Nous sommes à la campagne. Nemours épie et convoite en secret Mme de Clèves, qu'il surprend en adoration devant des objets renvoyant à lui-même, cet « absent » dont elle ignore la présence. On peut aussi lire la scène comme une étape sur le chemin qui mènera la princesse au renoncement final : extasiée face à l'image de son idole, prêtresse solitaire – et plutôt dévêtue – elle semble accomplir les gestes d'un rituel érotique sur lequel chacun est libre de rêver. Sans le savoir elle tourne le dos à l'idole réelle, le duc de Nemours, dissimulé par l'obscurité de la nuit. À la fin du roman, lors de l'ultime confrontation, la princesse fera face à son idole pour lui avouer qu'elle choisit le retrait.

Il se rangea derrière une des fenêtres, qui servaient de porte, pour voir ce que faisait Mme de Clèves. Il vit qu'elle était seule ; mais il la vit d'une si admirable beauté qu'à peine fut-il maître du transport[1] que lui donna cette vue. Il faisait chaud, et elle n'avait rien, sur sa tête et sur sa gorge, que ses cheveux confusément rattachés. Elle était sur un lit de repos, avec une table devant elle, où il y avait plusieurs corbeilles pleines de rubans ; elle en choisit quelques-uns, et M. de Nemours remarqua que c'étaient des mêmes couleurs qu'il avait portées au tournoi. Il vit qu'elle en faisait des nœuds à une canne des Indes[2], fort extraordinaire, qu'il avait portée quelque temps et qu'il avait donnée à sa sœur, à qui Mme de Clèves l'avait prise sans faire semblant de la reconnaître pour avoir été à M. de Nemours. Après qu'elle eut achevé son ouvrage avec une grâce et une douceur que répandaient sur son visage les sentiments qu'elle avait dans le cœur, elle prit un flambeau et s'en alla proche[3] d'une grande table, vis-à-vis du tableau du siège de Metz, où était le portrait de M. de Nemours ; elle s'assit et se mit à regarder ce portrait avec une attention et une rêverie[4] que seule la passion peut donner.

On ne peut exprimer ce que sentit M. de Nemours dans ce moment. Voir au milieu de la nuit, dans le plus beau lieu du monde, une personne qu'il adorait, la voir sans qu'elle sût qu'il la voyait, et la voir tout occupée[5] de choses qui avaient du rapport à lui et à la passion qu'elle lui cachait, c'est ce qui n'a jamais été goûté ni imaginé par nul autre amant[6].

Ce prince était aussi tellement hors de lui-même qu'il demeurait immobile à regarder Mme de Clèves, sans songer que les moments lui étaient précieux. Quand il fut un peu remis, il pensa qu'il devait attendre à lui parler qu'elle allât dans le jardin ; il crut qu'il le pourrait faire avec plus de sûreté, parce qu'elle serait plus éloignée de ses femmes ; mais voyant qu'elle demeurait dans le cabinet[7], il prit la résolution d'y entrer. Quand il voulut l'exécuter, quel trouble n'eut-il point ! Quelle crainte de lui déplaire ! Quelle peur de changer ce visage où il y avait tant de douceur et de le voir devenir plein de sévérité et de colère !

Il trouva qu'il y avait eu de la folie, non pas à venir voir Mme de Clèves sans en être vu, mais à penser de s'en faire voir ; il vit tout ce qu'il n'avait point encore envisagé. Il lui parut de l'extravagance dans sa hardiesse de venir surprendre, au milieu de la nuit, une personne à qui il n'avait encore jamais parlé de son amour. Il pensa qu'il ne devait pas prétendre qu'elle le voulût écouter, et qu'elle aurait une juste colère du péril où il l'exposait par les accidents[8] qui pouvaient arriver. Tout son courage l'abandonna, et il fut prêt plusieurs fois à prendre la résolution de s'en retourner sans se faire voir. Poussé néanmoins par le désir de lui parler, et rassuré par les espérances que lui donnait tout ce qu'il avait vu, il avança quelques pas, mais avec tant de trouble qu'une écharpe qu'il avait s'embarrassa[9] dans la fenêtre, en sorte qu'il fit du bruit. Mme de Clèves tourna la tête, et, soit qu'elle eût l'esprit rempli de ce prince, ou qu'il fût dans un lieu où la lumière donnait assez pour qu'elle le pût distinguer, elle crut le reconnaître et sans balancer[10] ni se retourner du côté où il était, elle entra dans le lieu où étaient ses femmes. Elle y entra avec tant de trouble qu'elle fut contrainte, pour le cacher, de dire qu'elle se trouvait mal ; et elle le dit aussi pour occuper tous ses gens et pour donner le temps à M. de Nemours de se retirer. Quand elle eut fait quelque réflexion, elle pensa qu'elle s'était trompée et que c'était un effet de son imagination d'avoir cru voir M. de Nemours.

(Extrait de la Quatrième partie.)

[Notes : [1] *transport* = trouble violent, mouvement passionné de l'âme. [2] *canne des Indes* = probablement une canne en bambou. [3] *proche d'une...* = près d'une... [4] *rêverie* = méditation. [5] *tout occupée* = très préoccupée. [6] *amant* = celui qui aime ou celui qui est aimé (sens plus large que le sens moderne – désigne aussi bien le simple amoureux que l'homme avec qui on entretient une liaison.) [7] *cabinet* = la pièce la plus retirée d'un appartement, là où on s'isole pour écrire, réfléchir, lire, travailler... [8] *accidents* = événements causés par le hasard. [9] *s'embarrassa* = s'emmêla, s'entortilla. [10] *balancer* = hésiter.]

Une position sociale éminente, un tempérament secret

Marie-Madeleine Pioche de La Vergne naît en 1634 à Paris dans une famille de petite noblesse. Son père est un homme très cultivé. Sa mère, une femme ambitieuse, obtient en 1651 que sa fille soit demoiselle d'honneur de la reine (Anne d'Autriche, veuve du roi Louis XIII). C'est le début d'une carrière mondaine brillante qui, en quelques années, assure à celle qui est devenue par son mariage en 1655 comtesse de La Fayette, une position éminente à la cour de France, en particulier auprès du roi qui la considère comme une amie. Après avoir eu deux fils, Mme de La Fayette mène à partir de 1661 une existence parisienne indépendante de son mari, qui reste lui sur ses terres du Bourbonnais. Elle occupe l'hôtel particulier où elle est née, à l'angle de la rue de Vaugirard et de la rue Férou. En femme de tête, très déterminée et très active, éprise de luxe et d'organisation, elle consacre une grande partie de sa vie à la conduite de ses affaires, à défendre et à faire fructifier le patrimoine familial. Le reste du temps, elle aime trouver refuge dans la campagne à Saint-Maur, aux abords de la capitale. Sa familiarité précoce avec les écrivains (elle est l'élève du poète Ménage) lui fait fréquenter les cercles mondains parisiens. Elle y croise fins lettrés et beaux esprits comme Mme de Sévigné ou La Rochefoucauld. Celui-ci devient son ami le plus proche : une affection puissante, autant sentimentale qu'intellectuelle, lie ces deux aristocrates qui sont aussi deux grands écrivains ; elle dure jusqu'à la mort de La Rochefoucauld en 1680.

D'abord lectrice passionnée (elle a dévoré les romans de Mlle de Scudéry, notamment, dans les années 1650, *Clélie* dont Ménage lui envoyait les différents volumes au fur et à mesure de leur parution), elle écrit en secret à partir du début des années 1660, et publie sans jamais mettre son nom au bas de ses ouvrages, réfutant souvent ceux qu'on lui attribue. Le surnom qu'elle a reçu jeune fille dans le cercle précieux de l'hôtel de Nevers, « le brouillard », résume bien le tempérament difficilement lisible, impénétrable d'une femme que ses contemporains jugent sérieuse, très raisonnable, rêveuse parfois jusqu'à paraître distante, mais dont les œuvres romanesques savent plonger dans le cœur humain que des passions ravagent. •

Une femme de lettres

Mme de La Fayette s'est toujours défendue d'être « un auteur de profession » et elle a publié *La Princesse de Clèves* sans signer (mais non sans publicité). Certains en ont conclu que ses ouvrages ne sont pas de sa plume, ou qu'elle s'est fait généreusement aider par les hommes de lettres de son entourage, Huet (1630-1721), Ménage (1613-1692), Segrais (1624-1701) ou son ami intime La Rochefoucauld (1613-1680) auteur d'un recueil fameux, les *Maximes*, paru en 1664. Sans doute leur a-t-elle demandé conseils et relectures. Mais elle est un écrivain à part entière. Ses ouvrages romanesques et/ou historiques sont les suivants :

- *Histoire de la Princesse de Montpensier sous le règne de Charles IX* (1661, nouvelle) ;

- *Zaïde* (avec la collaboration de La Rochefoucauld, Huet et Segrais, 1670-1671, roman « espagnol ») ;
- *La Comtesse de Tende* (brève nouvelle proche par son sujet de *La Princesse de Clèves*, publication 1724) ;
- *Histoire d'Henriette d'Angleterre* (rédaction 1684, publication posthume) ;
- *Mémoires de la Cour de France pour les années 1688 et 1689* (publication posthume) ;
- *Le Triomphe de l'indifférence* (publication en 1937, attribution douteuse).

Par souci de dégager l'unité de cette œuvre littéraire, certains commentateurs ont étudié les deux nouvelles, *La Princesse de Montpensier* et *La Comtesse de Tende*, comme des laboratoires d'écriture qui préparent la création du grand roman de 1678. •

FRANÇOIS DE LA ROCHEFOUCAULD (1613-1680) est un écrivain français. Appartenant à l'une des plus grandes familles de la noblesse française, il participe à la Fronde du côté des grands, révoltés contre le pouvoir royal. Il a écrit ses *Mémoires* en 1662 et publié de fameuses *Réflexions ou sentences et maximes morales*, en 1665.

Une fin désespérante ou une porte étroite ouverte vers le bonheur ?

Dans l'introduction de son ouvrage *L'Idée du bonheur dans la littérature et la pensée françaises au XVIIIe siècle*, Robert Mauzi revient sur le siècle précédent. Il propose une lecture de *La Princesse de Clèves* éclairée par les résolutions ultimes de l'héroïne, qu'une lecture hâtive jugerait incompréhensibles, lourdes d'amertume et de désespoir :

> « *Un type de bonheur, vécu ou rêvé, apparaît dans les lettres des mondains du XVIIe siècle : le repos, idéal d'Épicure. Le bonheur est une plénitude de l'âme, qui demeure en deçà des passions, et où règne une raison transparente, mais non point ascétique, gouvernant les jouissances naturelles qui n'impliquent aucun risque de division et rejetant fermement tous les autres. Tel est peut-être le vrai sens de* La Princesse de Clèves. *Mme de Clèves n'est ni une Phèdre, ni une héroïne cornélienne, ni un incompréhensible mélange des deux. Ce n'est pas sa « gloire » seule qui l'inspire, encore qu'elle ne puisse envisager (cela va simplement de soi) de manquer à son rang, à sa vertu. C'est le repos à tout prix, c'est après*

cela qu'elle soupire. Il ne s'agit pas d'une ambition médiocre. Le repos, pour une telle âme, n'est pas une facilité. Il veut une conquête douloureuse et représente un authentique idéal moral. Lorsque Mme de Clèves, veuve, repousse M. de Nemours, on pourrait presque dire contre sa gloire, c'est afin que les souffrances d'amour, qu'elle craint, qu'elle prévoit, ne rendent pas son repos impossible. Et lorsqu'elle se confine dans une retraite dévote, ce n'est pas Dieu qu'elle choisit – elle n'a pas une âme religieuse – mais bien le repos définitif. » •

Lire

Parmi les nombreuses versions (poche) du roman :

- celle de la collection « Folio Classique » (Gallimard, 2000) a l'avantage de comporter une belle préface de Bernard Pingaud (« Une chose incommode »). Deux possibilités : le « Folio » n° 778 propose d'autres textes de Mme de La Fayette (l'intégralité des deux nouvelles, *La Princesse de Montpensier et La Comtesse de Tende*, et des extraits d'autres écrits, *Zaïde, L'Histoire d'Henriette d'Angleterre*) ; le « Folio » n° 3381 ne comprend que *La Princesse de Clèves.*
- collection « Classiques de poche », texte éd. par Philippe Sellier (Le Livre de poche, Librairie générale française, 1973).
- collection « GF », édition de Jean Mesnard, précédée d'un entretien avec Marie Darrieussecq, « Pourquoi aimez-vous *La Princesse de Clèves* ? » (Flammarion, 2009.)

En plus grand format : *Œuvres complètes*, publié par Roger Duchêne, préface de Michel Déon (éditions Bourin-Laffont-Julliard) rassemble, présentés et annotés, les nouvelles, les romans (y compris *Zaïde*), les textes mondains peu connus (pastiches et portraits) et toutes les lettres de Mme de La Fayette qui nous sont parvenues.

Sur le roman : un article célèbre d'Albert Camus, publié dans une revue de la résistance (Confluences) en 1943 : « L'Intelligence et l'Échafaud », repris dans *Théâtre, Récits, Nouvelles*, collection « Bibliothèque de la Pléiade » (ancienne édition, Gallimard, 1962 – les textes de Camus des années 1931-1944 se trouvent dans le volume 1 de la nouvelle éditons des *Œuvres complètes*, publié en 2006.)

Sur l'écrivain, sa vie, son œuvre : Bernard Pingaud, *Mme de La Fayette par elle-même*, collection « Écrivains de toujours » (éditions du Seuil, 1959.)

Une réécriture contemporaine du roman : Raymond Radiguet, *Le Bal du comte d'Orgel*, roman publié en 1924 (disponible en éditions de poche.) ●

Écouter

Écouter une voix nous lire pendant des heures un grand texte est une belle aventure qui fait renouer avec l'origine de notre littérature, lorsque l'attention des auditoires princiers ou populaires était suspendue aux paroles dites, chantées ou déclamées par le romancier, le troubadour ou le jongleur. Mais, comme toute expérience humaine, elle est fragile et peut-être aussi bien magnifique que désastreuse. Certains audio-livres sont disponibles en téléchargement gratuit sur internet. Pour *La Princesse de Clèves*, j'en ai expérimenté deux. L'un, catastrophique, est capable de dégoûter à jamais du roman : une voix synthétique débite le texte avec autant d'intelligence et d'entrain qu'une personne condamnée à lire l'intégralité d'un annuaire téléphonique (livreaudiogratuit.com.cleves.zip). L'autre aurait pu être une vraie réussite (littératureaudio.com) : vous pouvez le télécharger (près de 6 heures d'écoute) mais l'honnêteté oblige à signaler que le texte lu est émaillé de fautes (mots déplacés, supprimés, rajoutés ; liaisons « mal-t-à propos » ; phrases modifiées, mal comprises…).

Plus sûrs (non gratuits, empruntables dans des médiathèques), les enregistrements réalisés par des comédiens et des équipes artistiques professionnels :

- celui d'Annie Ducaux (enregistrement historique de 1956 pour l'INA, repris dans le catalogue Fremeaux & Associés ; 3 CD) ;
- celui de Michèle Morgan (*Des Femmes*, 1981 ; extraits du roman ; 2 CD, durée 2h06). ●

Voir

Au cinéma, une adaptation « classique » : *La Princesse de Clèves* (1961) de Jean Delannoy, scénario de Jean Cocteau (en collaboration avec le réalisateur), directeur de la photographie Henri Alekan, musique Georges Auric, avec Marina Vlady (la princesse de Clèves), Jean Marais (le prince de Clèves), Jean-François Poron (le duc de Nemours).

Et trois transpositions récentes, qui reprennent le schéma triangulaire (la Princesse, Clèves son mari, Nemours son amant) mais situent l'action romanesque dans un cadre contemporain :

- *La Lettre* (1999), film portugais de Manoel de Oliveira avec Chiara Mastroianni (Mme de Clèves), Antoine Chappey (Clèves), Françoise Fabian (Mme de Chartres), Pedro Abrunhosa (dans son propre rôle de chanteur de rock, transposition du personnage de Nemours.)
- *La Fidélité* (2000), film français d'Andrzej Zulawski avec Sophie Marceau (Clélia, une photographe), Pascal Greggory (Clèves, un éditeur), Guillaume Canet (Nemo, un paparazzi, transposition de Nemours.)
- *La Belle Personne* (2008), téléfilm français de Christophe Honoré avec Léa Seydoux (Junie, lycéenne), Grégoire Leprince-Ringuet (Otto), Louis Garrel (Nemours, professeur d'italien). ●

Éléments de contexte

- **1670**, première édition des *Pensées* de Pascal (mort en 1662).

- **Guerre de Hollande (1672-1678)** opposant Louis XIV au Saint-Empire germanique (Habsbourg) ; saccage systématique du Palatinat par les troupes de Turenne.

- **1679, Louis XIV** relance les persécutions contre les Jansénistes, expulsés de Port-Royal-des-Champs.

- **1679-1682, affaire des Poisons**, qui compromet la maîtresse de Louis XIV, la marquise de Montespan (début de sa disgrâce).

- **1683, mariage secret de Louis XIV** (devenu veuf) avec Mme de Maintenon, qui va imposer à Versailles une austérité que la cour n'avait jamais connue.

- **La révocation de l'Édit de Nantes** en 1685 provoque un exil massif des Protestants français.

Jouer pour retenir

QUESTION

Quel est le nom que porte la princesse de Clèves avant de prendre celui de son époux ?

A. Mademoiselle de Nemours
B. Mademoiselle de Tournon
C. Mademoiselle de Valois
D. Mademoiselle de Chartres

TEXTE À TROU

Complétez cette citation tirée de la deuxième partie du roman.

« Mais elle se trompait elle-même ; et ce mal, qu'elle trouvait si insupportable, était la _ _ _ _ _ _ _ avec toutes les horreurs dont elle peut être accompagnée. »

C'EST L'ÂGE !

Quel âge a la future princesse de Clèves lorsqu'elle arrive à la cour ?

A. Onze ans
B. Seize ans
C. Dix-huit ans
D. Vingt-deux ans

QUESTION D'ÉPOQUE

Quels rois se succèdent à la cour pendant les deux années que couvre le roman ?

A. François Ier et Henri II
B. Henri II et François II
C. Henri IV et Louis XIII
D. Louis XIV et Louis XV

QUIZZ

Quel écrivain du XVIIe siècle est un ami proche de Mme de La Fayette ?

A. Blaise Pascal
B.. Jean Racine
C. François de La Rochefoucauld
D. Jean de La Fontaine

SURVIVANTS

Parmi ces personnages, qui est toujours vivant à la fin du roman ?

A. Le prince de Clèves
B. La princesse de Clèves
C. Le duc de Nemours

RÉPONSES

Question

Réponse : C'est Mademoiselle de Chartres qui épouse le prince de Clèves, bien qu'elle eût aimé porter le nom de Nemours…

Texte à trou

Réponse : Jalousie. Lorsque la princesse de Clèves découvre une lettre d'amour qu'elle pense être adressée au duc de Nemours, elle ne peut s'empêcher de la lire et la relire encore, développant une jalousie incontrôlable.

C'est l'âge !

Réponse : Seize ans. Dans la première partie du roman, Madame de Lafayette décrit l'arrivée remarquée de Mademoiselle de Chartres : « Madame de Chartres, qui était extrêmement glorieuse, ne trouvait presque rien digne de sa fille ; la voyant dans sa seizième année, elle voulut la mener à la cour. Lorsqu'elle arriva, le vidame alla au-devant d'elle ; il fut surpris de la grande beauté de mademoiselle de Chartres, et il en fut surpris avec raison. »

Histoire de dates

Réponse : Henri II et François II. L'histoire de La Princesse de Clèves se déroule entre octobre 1558 et novembre 1559.

Quizz

Réponse : C'est François de La Rochefoucauld.

Survivants

Réponse : Le duc de Nemours. Après que son épouse lui avoué ses sentiments pour le duc de Nemours, le prince de Clèves meurt de chagrin. Le roman s'achève sur l'évocation du retrait religieux que s'est imposé la princesse, et laisse à entendre qu'elle meurt peu après son départ de la cour : « *et sa vie, qui fut assez courte, laissa des exemples de vertu inimitables.* »

Chapitre 9

Lettres persanes

Montesquieu
(1721)

« Les habitants de Paris sont d'une curiosité qui va jusqu'à l'extravagance. Lorsque j'arrivai, je fus regardé comme si j'avais été envoyé du ciel : vieillards, hommes, femmes, enfants, tous voulaient me voir. Si je sortais, tout le monde se mettait aux fenêtres ; si j'étais aux Tuileries, je voyais aussitôt un cercle se former autour de moi ; les femmes même faisaient un arc-en-ciel nuancé de mille couleurs, qui m'entourait... »

(Lettre XXX, de Rica à Ibben, extrait.)

En mars 1711, le « 19 de la lune de Maharram », Usbek et Rica quittent la Perse (l'Iran actuel). Ils gagnent le port de Smyrne, embarquent pour Marseille. Après plus d'une année de voyage, en mai 1712, ils atteignent Paris, où ils vont rester huit ans. Au cours de leur périple et de leur séjour prolongé, ils établissent une correspondance avec plusieurs de leurs proches, restés au pays ou, comme eux, voyageant ailleurs en Europe. Tel est le dispositif romanesque imaginé par Montesquieu dans *Lettres persanes*.

Couleurs d'Orient

Le point de départ du voyage et du roman : Ispahan, une ville de Perse appartenant à la géographie réelle. Mais pour Montesquieu et pour le public de son temps, ce nom est un sésame. Il ouvre un espace de rêverie. Il fait surgir un Orient qui éveille une attention nourrie aussi bien par les récits des voyageurs occidentaux – souvent des marchands – publiés depuis plusieurs décennies, que par les contes des *Mille et Une Nuits* proposés en traduction française à partir de 1704 par le spécialiste Antoine Galland.

L'endroit est propice aux fantasmes mariant exotisme et érotisme, sensualité et domination masculine.

Montesquieu joue de cette attention pour une contrée qui fascine, inquiète et fait fantasmer – on en trouve par exemple un écho dans la lettre 141 où Rica offre un conte oriental à une dame de la cour de France, intéressée par les mœurs persanes, choquée aussi par l'idée qu'un homme puisse disposer de dix ou douze femmes dans le cadre de son sérail ; un conte raffiné, sanglant, ironique et voluptueux, où Anaïs, depuis le paradis des femmes qu'elle a découvert après avoir été tuée par Ibrahim son maître irascible, vole au secours de ses anciennes compagnes de harem grâce à l'un de ses amants céleste et infatigable ayant pris les traits d'Ibrahim l'assassin.

Le récit de *Lettres persanes* nous introduit dans le lieu interdit par excellence : le sérail (confondu avec le harem). Les multiples épouses d'un seul homme y sont rassemblées, recluses, surveillées. L'endroit est propice aux fantasmes mariant exotisme et érotisme, sensualité et domination masculine. Son intimité nous est livrée notamment à travers la voix des femmes et des eunuques lorsqu'ils correspondent avec Usbek, le maître. Au début du roman, nous captons des échos de cette vie lointaine, à travers des soupirs, des plaintes, des déclarations d'amour ou de dévouement. Le maître est parti en voyage, il a abandonné son pays et le sérail sur lequel il exerçait un pouvoir absolu, le confiant à la garde de ses eunuques. De temps à autre, durant ses années d'absence, une lettre arrivera du sérail ou sera expédiée vers lui, mais ce n'est qu'à la fin du roman que ce lieu plein de mystères et de secrets revient au premier plan, quand il est livré à des intrigues et à des violences laissant supposer qu'il est temps pour Usbek de rentrer au pays... ou de ne plus jamais y retourner.

LES MILLE ET UNE NUITS

Recueil de contes populaires écrit en arabe entre le Xe et le XIIe siècle par des auteurs anonymes et puisant dans des traditions et cultures diverses (Égypte, Perse, Inde...). L'orientaliste français Antoine Galland (1646-1715) en réalisa la première traduction française, à partir de 1704.

Des regards perçants

Une des singularités du roman est de faire jeter sur l'Europe occidentale, et plus précisément sur le Paris du début du XVIIIe siècle, un regard étranger. Ce regard venu de Perse possède plusieurs qualités. Il est mû par la curiosité, l'envie de découvrir – la première lettre l'affiche nettement :

> « *Rica et moi* – écrit Usbek – *sommes peut-être les premiers, parmi les Persans, que l'envie de savoir ait fait sortir de leur pays, et qui aient renoncé aux douceurs d'une vie tranquille, pour aller chercher laborieusement la sagesse.* »

Deux hommes venus d'ailleurs, tels deux grands reporters ou deux envoyés spéciaux, rendent compte de ce « Nouveau Monde » qu'ils découvrent. Ils sont donc en décalage par rapport à la réalité, ce qui leur donne une distance critique, une liberté de ton et de jugement s'exprimant à travers des propos inattendus, caustiques, corrosifs. On imagine quel fut l'effet du dispositif romanesque pour le lecteur de 1721. Nous, lecteurs d'aujourd'hui, sommes plus dégagés de cette actualité-là, relevant de faits historiques vieux de trois siècles. Mais nous pouvons encore savourer l'ironie du procédé, et son potentiel comique. Voyez par exemple l'impertinence dans la désignation de personnalités ou de données institutionnelles : le roi de France ? « un grand magicien » ; l'Académie française ? « une espèce de tribunal » et « Ceux qui le composent n'ont d'autres fonctions que de jaser sans cesse »...

La religion catholique est traitée « naïvement », avec une réjouissante désinvolture, la trinité réduite à une absurdité arithmétique puisque le Pape « une vieille idole qu'on encense par habitude » fait croire que « trois ne sont qu'un ».

À travers la voix de ses personnages, Montesquieu fait par touches successives le tableau de la fin du règne de Louis XIV jusqu'à sa mort en 1715 (« Le monarque qui a si longtemps régné n'est plus. Il a bien fait parler des gens pendant sa vie ; tout le monde s'est tu à sa mort. »), et celui de la période qui suit, la Régence. Il met en évidence – objets de l'attention intéressée, stupéfaite ou choquée des Persans – des réalités politiques, religieuses, économiques, des épisodes mondains, des traits du quotidien, des types sociaux, saisis rapidement comme par le crayon d'un caricaturiste.

Des regards troublés

Une des finesses de la proposition romanesque de Montesquieu consiste à dédoubler le regard étranger : il n'y pas un « regard de l'autre » mais deux regards, à la fois proches et distincts. Proches parce qu'Usbek et Rica viennent du même horizon culturel, ils se confrontent à des données étrangères qui heurtent et ébranlent leurs préjugés – le christianisme ; une société où les rapports entre les hommes et les femmes sont réglés très différemment ; d'autres modes de vie ; d'autres manières de parler, de penser et d'agir.

Distincts parce que ce sont deux tempéraments singuliers : Rica est un jeune homme, volontiers rieur, spontané, sanguin ; Usbek a plus de maturité, il est plus grave, plus inquiet, plus méditatif que son compagnon ; il le note dès l'arrivée à Paris :

> « *la force de sa constitution, sa jeunesse et sa gaieté naturelle mettent [Rica] au-dessus de toutes les épreuves. Mais pour moi, je ne me porte pas bien ; mon corps et mon esprit sont abattus : je me livre à des réflexions qui deviennent tous les jours plus tristes.* »

Chacun des deux voyageurs réagit selon sa sensibilité propre : le premier est plutôt dans le plaisir de la découverte et l'appétit de nouveautés, oscillant entre deux légèretés, celle de l'enthousiasme et celle de l'ironie ; le second éprouve davantage le sentiment de la perte ; en s'éloignant de la terre natale, il a quitté son « paradis terrestre », le sérail, lieu du bonheur et de la tranquillité assurés, et sans doute aussi l'espace des certitudes installées ; il a pris le risque du voyage pour goûter avec l'exil aux fruits de la connaissance, qui se révèlent d'un goût amer.

Les deux Persans évoluent au fil de leurs expériences ; ils deviennent moins rigides, plus enclins à la tolérance, leurs points de vue se nuancent et se complexifient, leurs opinions s'assouplissent

Le voyage à Paris n'est pas une excursion. Il dure presque une décennie, entre mai 1712 et le début 1720, le temps de vivre le basculement dans un temps nouveau, la Régence, où la société française réagit à l'austérité des dernières années du règne de Louis XIV et manifeste une brusque avidité pour les jouissances matérielles. Une des vertus de ce long moment passé en terre étrangère est qu'il donne le sens du relatif – aux personnages comme au lecteur. Les deux Persans évoluent au fil de leurs expériences ; ils deviennent moins rigides, plus enclins à la tolérance, leurs points de vue se nuancent et se complexifient, leurs opinions s'assouplissent ; c'est particulièrement net chez Rica qui semble presque « converti » aux mœurs occidentales :

> « *je me répands dans le monde, et je cherche à le connaître : mon esprit perd insensiblement tout ce qui lui reste d'asiatique, et se plie sans effort aux mœurs européennes. Je ne suis plus si étonné de voir, dans une maison, cinq ou six femmes, avec cinq ou six hommes : et je trouve que cela n'est pas mal imaginé. Je le puis dire : je ne connais les femmes que depuis que je suis ici : j'en ai plus appris dans un mois, que je n'aurais fait en trente ans dans un sérail.* »

L'esquisse d'une pensée politique

Lettres persanes n'est pas qu'une satire de la société française des années 1710-1720. Sur un mode léger, voire frivole, le roman jette les bases de ce qui sera au cœur du grand ouvrage de Montesquieu, un quart de siècle plus tard, *L'Esprit des lois*. Dans cet essai, l'écrivain s'interrogera sur la diversité des coutumes et des lois réglant la vie des sociétés humaines ; il s'attachera à dégager comment certaines données circonstancielles comme la nature du climat, l'histoire, la géographie, les mœurs de chaque pays déterminent des systèmes d'organisation politique particuliers, et comment ces systèmes, qu'il réduit à trois grands modèles (républicain, monarchique, despotique) sont susceptibles d'évoluer et de dégénérer.

Cette démarche de penseur politique, de comparatiste et de sociologue, réfléchissant avec une distance critique sur les institutions, sur la religion et sur les mœurs d'un peuple est engagée dès *Lettres persanes.* Certaines pages la mettent particulièrement en lumière – pages étranges dans le cadre d'une correspondance romanesque car elles tendent plutôt vers l'essai ou vers la fable philosophique. Il y a par exemple l'histoire des Troglodytes développée dans les lettres 11 à 14, où la vertu est présentée comme le fondement d'une société heureuse et juste – vertu, analysée plus tard dans *L'Esprit des lois* comme le ressort d'un gouvernement démocratique où « celui qui fait exécuter les lois sent qu'il y est soumis lui-même, et qu'il en portera le poids. » Parfois le Persan tombe carrément le masque et fait figure de véritable essayiste, comme dans la longue série des lettres 113 à 122 où Usbek réfléchit sur la démographie, la natalité et leurs liens avec les conditions économiques, les croyances et toutes sortes d'autres déterminations.

L'Esprit des lois ne fera donc que rationaliser, systématiser et généraliser ce qui, dans *Lettres persanes*, relève d'une prise de conscience et esquisse une pensée politique appelée à prendre de l'envergure.

Liberté chérie

Quand on analyse un récit, il faut se garder de raconter la fin... maintenir le suspens. Ceux qui vénèrent ce principe ne liront pas le paragraphe qui suit. Les autres, je l'espère, feront comme moi et, avant de se plonger – ou de se replonger – dans la lecture de *Lettres persanes* ils commenceront par le dénouement, par la lettre ultime qu'Usbek reçoit de sa favorite Roxane. C'est sans doute la lettre la plus impressionnante. Elle éclaire l'ensemble d'une lumière éclatante.

Roxane, depuis le sérail où elle a vécu enfermée, lance à l'instant de mourir un cri de liberté. Elle a le dernier mot, le mot de la fin. Elle se démasque et, par la même occasion, démasque celui qui a toujours cru la tenir en son pouvoir, Usbek, le maître du sérail. Elle le met face à ses contradictions, le dénonçant comme despote, et soulignant aussi sa faiblesse en tant que despote : une trop longue absence. Ce « non » féminin que Roxane inflige au tyran domestique est d'une grande force : le cœur, l'esprit et la parole peuvent enfin s'exprimer sans contraintes. Et ce qui est avoué héroïquement dans un ultime soupir, c'est l'amour profond de la liberté et de la vérité.

« *Comment as-tu pensé que je fusse assez crédule pour m'imaginer que je ne fusse dans le Monde que pour adorer tes caprices ? que, pendant que tu te permets tout, tu eusses le droit d'affliger tous les désirs ? Non ! J'ai pu vivre dans la servitude, mais j'ai toujours été libre : j'ai réformé tes lois sur celles de la Nature, et mon esprit s'est toujours tenu dans l'indépendance.* En germe, sous le cri, il y a là plus que l'affirmation d'une morale individuelle, plus qu'une revendication féministe : une profession de foi politique. » •

Extrait

Les deux Persans sont à Paris depuis plus d'une année. Usbek continue de découvrir la vie parisienne et ceux qui l'animent. Il rend compte ici d'un cercle mondain, et c'est l'occasion de nous présenter une galerie de portraits – autant de croquis pris sur le vif. Ceux que nous voyons surgir de la foule des invités sous le regard incisif d'Usbek, ce sont moins des individualités précises que des types sociaux caractéristiques de l'époque – ou des personnages indispensables au bon déroulement d'une représentation théâtrale comique.

Lettre 48

Usbek à Rhédi, à Venise.

[...] J'ai passé quelques jours dans une maison de campagne auprès de Paris, chez un homme de considération, qui est ravi d'avoir de la compagnie chez lui. Il a une femme fort aimable, et qui joint à une grande modestie une gaieté que la vie retirée ôte toujours à nos dames de Perse.

Étranger que j'étais, je n'avais rien de mieux à faire que d'étudier cette foule de gens qui y abordaient sans cesse, et qui me présentaient toujours quelque chose de nouveau. Je remarquai d'abord un homme dont la simplicité me plut ; je m'attachai à lui, il s'attacha à moi ; de sorte que nous nous trouvions toujours l'un auprès de l'autre.

Un jour que, dans un grand cercle, nous nous entretenions en particulier, laissant les conversations générales à elles-mêmes : « Vous trouverez peut-être en moi, lui dis-je, plus de curiosité que de politesse ; mais je vous supplie d'agréer que je vous fasse quelques questions : car je m'ennuie de n'être au fait de rien et de vivre avec des gens que je ne saurais démêler. Mon esprit travaille depuis deux jours : il n'y a pas un seul de ces hommes qui ne m'ait donné deux cents fois la torture, et je ne les devinerais de mille ans : ils me sont plus invisibles que les femmes de notre grand monarque. – Vous n'avez qu'à dire, me répondit-il, et je vous instruirai de tout ce que vous souhaiterez ; d'autant mieux que je vous crois homme discret, et que vous n'abuserez pas de ma confiance. »

« Qui est cet homme, lui dis-je, qui nous a tant parlé des repas qu'il a donnés aux grands, qui est si familier avec vos ducs, et qui parle si souvent à vos ministres, qu'on me dit d'être d'un accès si difficile ? Il faut bien que ce soit un homme de qualité[1], mais il a la physionomie si basse qu'il ne fait guère honneur aux gens de qualité, et, d'ailleurs, je ne lui trouve point d'éducation. Je suis étranger ; mais il me semble qu'il y a en général une certaine politesse commune à toutes les nations ; je ne lui trouve point de celle-là. Est-ce que vos gens de qualité sont plus mal élevés que les autres ? – Cet homme, me répondit-il en riant, est un fermier[2]. Il est autant au-dessus des autres par ses richesses, qu'il est au-dessous de tout le monde par sa naissance. Il aurait la meilleure table de Paris, s'il pouvait se résoudre à ne manger jamais chez lui. Il est bien impertinent, comme vous le voyez ; mais il excelle par son cuisinier. Aussi n'en est-il pas ingrat car vous avez entendu qu'il l'a loué tout aujourd'hui. »

« Et ce gros homme vêtu de noir, lui dis-je, que cette dame a fait placer auprès d'elle, comment a-t-il un habit si lugubre avec un air si gai et un teint si fleuri ? Il sourit gracieusement dès qu'on lui parle ; sa parure est plus modeste, mais plus arrangée que celle de vos femmes. – C'est, me répondit-il, un prédicateur, et, qui pis est, un directeur[3]. Tel que vous le voyez, il en sait plus que les maris. Il connaît le faible des femmes ; elles savent aussi qu'il a le sien. – Comment ? dis-je. Il parle toujours de quelque chose qu'il appelle *la grâce*[4]. – Non pas toujours, me répondit-il. À l'oreille d'une jolie femme il parle encore plus volontiers de sa chute. Il foudroie en public ; mais il est doux comme un agneau en particulier. – Il me semble, dis-je, qu'on le distingue beaucoup, et qu'on a de grands égards pour lui. – Comment ! si on le distingue ? C'est un homme nécessaire, il fait la douceur de la vie retirée : petits conseils, soins officieux, visites marquées ; il dissipe un mal de tête mieux qu'homme du Monde ; il est excellent. »

« Mais, si je ne vous importune pas, dites-moi qui est celui qui est vis-à-vis de nous, qui est si mal habillé ; qui fait quelquefois des grimaces, et a un langage différent des autres ; qui n'a pas d'esprit pour parler, mais qui parle pour avoir de l'esprit ? – C'est, me répondit-il, un poète, et le grotesque du Genre humain. Ces gens-là disent qu'ils sont nés ce qu'ils sont. Cela est vrai, et aussi ce qu'ils seront toute leur vie, c'est-à-dire presque toujours les plus ridicules de tous les hommes. Aussi ne les épargne-t-on point : on verse sur eux le mépris à pleines mains. La famine a fait entrer celui-ci dans cette maison, et il y est bien reçu du maître et de la maîtresse, dont la bonté et la politesse ne se démentent à l'égard de personne. Il fit leur épithalame[5], lorsqu'ils se marièrent. C'est ce qu'il a fait de mieux en sa vie ; car il s'est trouvé que le mariage a été aussi heureux qu'il l'a prédit. »

« Vous ne le croiriez pas peut-être, ajouta-t-il, entêté comme vous l'êtes des préjugés de l'Orient : il y a parmi nous des mariages heureux, et des femmes dont la vertu est un gardien sévère. Les gens dont nous parlons goûtent entre eux une paix qui ne peut être troublée ; ils sont aimés et estimés de tout le monde. Il n'y a qu'une chose : c'est que leur bonté naturelle leur fait recevoir chez eux toute sorte de monde ; ce qui fait qu'ils ont quelquefois mauvaise compagnie. Ce n'est pas que je les désapprouve : il faut vivre avec les hommes tels qu'ils sont ; les gens qu'on dit être de si bonne compagnie ne sont souvent que ceux dont les vices sont plus raffinés et peut-être en est-il comme des poisons, dont les plus subtils sont aussi les plus dangereux. »

[...] Un moment après, la curiosité me reprit, et je lui dis : « Je m'engage à ne vous plus faire de questions, si vous voulez encore souffrir celle-ci. Qui est ce grand jeune homme qui a des cheveux, peu d'esprit et tant d'impertinence ? D'où vient qu'il parle plus haut que les autres et se sait si bon gré d'être au Monde ? – C'est un homme à bonnes fortunes[6] », me répondit-il. À ces mots, des gens entrèrent, d'autres sortirent, on se leva ; quelqu'un vint parler à mon gentilhomme, et je restai aussi peu instruit qu'auparavant. Mais, un moment après, je ne sais par quel hasard ce jeune homme se trouva auprès de moi, et, m'adressant la parole : « Il fait beau. Voudriez-vous, Monsieur, faire un tour dans le parterre ? »

Je lui répondis le plus civilement qu'il me fut possible, et nous sortîmes ensemble. « Je suis venu à la campagne, me dit-il, pour faire plaisir à la maîtresse de maison, avec laquelle je ne suis pas mal. Il y a bien certaine femme dans le monde qui ne sera pas de bonne humeur. Mais qu'y faire ? Je vois les plus jolies femmes de Paris ; mais je ne me fixe pas à une, et je leur en donne bien à garder[7] : car entre vous et moi, je ne vaux pas grand-chose. – Apparemment, Monsieur, lui dis-je, que vous avez quelque charge ou quelque emploi qui vous empêche d'être plus assidu auprès d'elles. – Non, Monsieur, je n'ai d'autre emploi que de faire enrager un mari ou désespérer un père ; j'aime à alarmer une femme qui croit me tenir, et la mettre à deux doigts de ma perte. Nous sommes quelques jeunes gens qui partageons ainsi tout Paris, et l'intéressons à nos moindres démarches. – À ce que je comprends, lui dis-je, vous faites plus de bruit que le guerrier le plus valeureux, et vous êtes plus considéré qu'un grave magistrat. Si vous étiez en Perse, vous ne jouiriez pas de tous ces avantages : vous deviendriez plus propre à garder nos dames qu'à leur plaire. » Le feu me monta au visage, et je crois que pour peu que j'eusse parlé, je n'aurais pu m'empêcher de le brusquer.

Que dis-tu d'un pays où l'on tolère de pareilles gens, et où l'on laisse vivre un homme qui fait un tel métier ? où l'infidélité, la trahison, le rapt, la perfidie et l'injustice conduisent à la considération ? où l'on estime un homme parce qu'il ôte une fille à son père, une femme à son mari, et trouble les sociétés les plus douces et les plus saintes ? Heureux les enfants d'Hali[8], qui défendent leurs familles de l'opprobre et de la séduction ! La lumière du jour n'est pas plus pure que le feu qui brûle dans le cœur de nos femmes ; nos filles ne pensent qu'en tremblant au jour qui doit les priver de cette vertu qui les rend semblables aux Anges et aux Puissances incorporelles. Terre natale et chérie, sur qui le soleil jette ses premiers regards, tu n'es point souillée par les crimes horribles qui obligent cet astre à se cacher dès qu'il paraît dans le noir Occident !

De Paris, le 5 de la lune de Rhamazan 1713.

[Notes : [1] *de qualité* = qui se distingue par sa noble naissance (et ce qu'elle implique.) [2] *fermier* = fermier général ; dans l'Ancien Régime, c'est le financier qui avance à l'Etat des fonds et se rembourse copieusement en collectant les impôts indirects. [3] *directeur* = directeur de conscience, confesseur (sorte de coach personnel en matière de religion et de morale.) [4] *Grâce* = faveur, bonté, bénédiction que Dieu accorde à ses créatures pour les sauver. [5] *épithalame* = poème composé à l'occasion d'une célébration de mariage. [6] *...à bonnes fortunes* = qui a des succès amoureux. [7] *en donner à garder* (à quelqu'un) = laisser croire une chose fausse. [8] *Hali* = Ali (gendre de Mahomet) ; *les enfants d'Hali* désignent l'ensemble des Musulmans.]

Montesquieu, la passion du savoir et de la liberté

Celui qui porte le nom et les titres aristocratiques de Charles-Louis de Secondat, baron de la Brède et de Montesquieu, naît en 1689 dans une famille de la haute noblesse bordelaise. Après avoir été formé chez les Oratoriens, au collège de Juilly, et à Bordeaux où il se familiarise avec le droit, il effectue un premier séjour à Paris, de 1709 à 1713. Il y côtoie des savants comme Fontenelle ou Nicolas Fréret, aussi érudits que libres d'esprit. La mort de son père le ramène à Bordeaux, il y devient conseiller au Parlement (1714), épouse une héritière de religion protestante, Jeanne Lartigue, et acquiert à la mort de son oncle une charge parlementaire (1716) lui assurant une position sociale éminente.

Il manifeste son goût pour l'étude de la politique, des sciences naturelles et de la physique dans le cadre de l'Académie de Bordeaux, récemment fondée. La publication de *Lettres persanes* en 1721 et leur succès immédiat font de Montesquieu une personnalité de premier plan dans la vie intellectuelle et artistique. Il se rend souvent à Paris, où il mène une vie plus libre qu'en province. Il y fréquente la cour, les salons, finit par vendre sa charge parlementaire et, grâce aux protections dont il bénéficie (notamment celle de Mme de Lambert, animatrice du salon le plus mondain et le plus puissant dans les années 1720), il est élu en 1728 à l'Académie française. Entre 1728 et 1731, il voyage en Europe, en Allemagne, en Italie, en Angleterre qu'il apprécie comme espace de liberté : « on y écrit – note-t-il – ce que l'on pense ailleurs ». C'est l'occasion d'observer et d'analyser les institutions politiques des pays qu'il traverse, et d'accumuler tout un matériau qui va venir nourrir son grand ouvrage juridique et politique, *L'Esprit des lois*, publié en 1748, fruit d'un travail de plus d'une décennie, aboutissement d'une réflexion sur la diversité des coutumes et des textes réglant la vie sociale des nations, entamée dès *Lettres persanes*. Le livre est l'objet d'attaques (du côté des hommes de religion surtout) et de défenses tout aussi vives. Il impose Montesquieu dans le champ du débat d'idées, et le range dans le camp novateur des « Philosophes », mené par Diderot et d'Alembert. Pour eux et leur vaste chantier éditorial, l'*Encyclopédie*, Montesquieu qui perd progressivement la vue accepte que son

Essai sur le goût de 1753 soit adjoint à l'article « Goût » — mais il renonce à rédiger les articles « Démocratie » et « Despotisme ». Il meurt à Paris début 1755. •

Autoportrait de l'auteur en costume oriental

C'est le personnage d'Usbek qui s'exprime (lettre 48), mais sous le masque du Persan on devine Montesquieu, l'homme et le romancier :

« *Ceux qui aiment à s'instruire ne sont jamais oisifs : quoique je ne sois chargé d'aucune affaire importante, je suis cependant dans une occupation continuelle. Je passe ma vie à examiner, j'écris le soir ce que j'ai remarqué, ce que j'ai vu, ce que j'ai entendu dans la journée : je suis comme un enfant, dont les organes encore tendres sont vivement frappés par les moindres objets.* » •

L'Orient et la littérature au temps de Montesquieu

La fascination des Européens pour l'Orient, en particulier l'Empire ottoman à la fin du XVIIe siècle, a trouvé sa traduction littéraire dans une fiction de l'Italien Gian-Paolo Marana : *L'Espion turc* ou plus exactement *L'Espion du Grand Seigneur et ses relations secrètes envoyées au divan de Constantinople, découvertes à Paris pendant le règne de Louis-le-Grand, traduites de l'arabe !* Le texte est publié entre 1684 et 1689, et diffusé avec succès dans une traduction française. Montesquieu s'inspire de ce modèle où l'observation satirique est assurée par un Truc se promenant en Europe et à Paris déguisé sous l'habit d'un moine... Il s'inspire aussi des témoignages de marchands-voyageurs, principalement de Jean Chardin qui dans ses *Voyages* (1711) offre sur la Perse contemporaine des informations riches, précises, variées.

Le succès de *Lettres persanes* suscite des imitateurs. Après les *Lettres d'une Turque à Paris* (1731), continuation « féminine » du roman, développant la fiction du côté de l'intrigue sentimentale, Poullain de Saint-Foix publie l'année suivante, dans le même esprit mais en exploitant une veine satirique cette fois, les *Lettres de Nedim Coggia*. Le marquis d'Argens reprend dans *Lettres chinoises* (1739-1740) le principe de l'épistolier exotique et observateur. Lord Lyttelton transpose et adapte le principe de *Lettres persanes* en publiant en 1735 *Lettres d'un persan en Angleterre*. Une autre proposition romanesque consiste à faire venir l'observateur non pas de la vieille Asie mais du Nouveau Monde : en 1747, Mme de Graffigny publie *Lettres d'une Péruvienne*, et Maubert de Gouvest des *Lettres iroquoises* en 1757. Dans cette veine « américaine », le roman le plus accompli n'est pas épistolaire, c'est un conte philosophique : *L'Ingénu* de Voltaire (1767) qui nous transporte comme le début de *Lettres persanes* dans la France de Louis XIV. •

Le témoignage véritable d'un Turc à Paris

Au moment où sort en librairie *Lettres persanes*, Virmisekiz Çelebi Mehmed Efendi, vrai ambassadeur ottoman, venu en visite en France, raconte ce qu'il découvre :

« *Il y a dans Paris un divertissement particulier qu'on appelle Opéra, où l'on représente des merveilles. Il y avait toujours un grand concours de monde, tous les grands seigneurs y allaient ; le régent s'y trouvait fort souvent et le roi de temps en temps. Je résolus d'y aller aussi. L'introducteur [le guide-interprète] me mena un jour pour cet effet un carrosse de la part du roi ; il me prit avec mes gens et m'y conduisit. Nous fûmes à un endroit qui est joignant le palais du régent et qui est fait exprès pour l'opéra. Chacun y a sa place selon son rang. On me fit asseoir à celle du roi qui était couverte d'un velours rouge. Le régent y vint ce jour-là et se mit à la sienne. Je ne saurais dire quelle quantité d'hommes et de femmes il y eut. On avait préparé cent sortes d'instruments. Il restait environ une heure de jour lorsqu'après avoir fermé de tous côtés on alluma des centaines de bougies et des lumières sans nombre qui étaient posées sur des lustres de cristal suspendues en l'air.* »

(*Relation de l'ambassade de Mehmed Efendi à la cour de France* écrite par lui-même, trad. du turc par J.C. Galland, 1757 ; réédition François Maspero, 1981.) •

Lire

Les collections de poche proposent plusieurs éditions du texte :

- édition de Jean Starobinski, collection « Folio Classique » (Gallimard, 2003) ;
- édition de Paul Vernière, mise à jour par Catherine Volpilhac-Augier, collection « Les Classiques de Poche » (Le Livre de poche, Librairie générale française, 2006) ;
- édition de Laurent Versini, collection « GF » (Flammarion, 1995) ;
- édition avec dossier proposé par Alain Sandrier + une lecture d'image, collection « Folioplus Classique » (Gallimard, 2006). ●

Voir

Accessible sur le net, une émission consacrée à *Lettres persanes* avec des extraits lus par le comédien Alain Mottet, sous les traits de l'écrivain, et des commentaires de Robert Escarpit, Maurice Duverger et Michel Iturria.Adresse :
http://www.ina.fr/art-et-culture/litterature/video/CPC79057580/les-lettres-persanes.fr.html

Site Montesquieu :
le site de la société et de l'équipe Montesquieu (UMR 5037) propose en ligne l'actualité de la recherche universitaire sur ce philosophe avec une revue accessible en texte intégral (<montesquieu.ens-lyon.fr>). Il présente également un *Dictionnaire électronique Montesquieu* (en cours d'élaboration) avec plusieurs centaines d'entrées (d'Alexandre à Voltaire, d'Aristote à Marivaux en passant par Beccaria, Durkheim et Condorcet ; de «Colonies» à «Vertu», d' «Athéisme» à «Sérail» en passant par «Despotisme», «Gallicanisme» et «Science ».) Les articles, qui font état de la recherche actuelle sur Montesquieu, s'adressent à un public large allant du spécialiste à l'amateur ayant l'esprit curieux. Adresse :
http://dictionnaire-montesquieu.ens-lyon.fr/fr/accueil/ ●

Écouter

L'ouvrage est disponible en audio-livre : *Lettres persanes* (extraits), lu par Jacques Perrin et Aurélien Recoing et sept autres comédiens, direction artistique Claude Colombini, 3 CD avec un livret de seize pages (éd. Fremeaux & Associés, 2006). ●

Éléments de contexte

• **Parution (1704-1717)** des *Mille et une nuits* dans une traduction française d'Antoine Galland.

• **Mort de Louis XIV** en septembre 1715, après un règne de 72 ans. Jusqu'en 1723, la Régence est assurée par Philippe d'Orléans (le roi Louis XV est âgé de cinq ans en 1715).

• **Mise en place en 1716** d'un système financier, conçu par l'Écossais John Law et fondé sur l'usage de papier-monnaie plutôt que d'espèces métalliques, pour redresser les finances du royaume ; banqueroute du système en 1720.

• **Publication en 1726** des *Voyages de Gulliver* (Jonathan Swift).

• **Les *Concertos*** *pour violon et orchestre* « Les Quatre Saisons » de Vivaldi sont donnés à Paris, en 1728, au Concert spirituel.

Jouer pour retenir

DANS LE THÈME

Lesquels de ces thèmes sont traités dans le roman ?

A. Les systèmes politiques

B. Les rapports hommes/femmes

C. Le relativisme culturel

LEQUEL ?

Lequel de ces philosophes n'est pas un contemporain de Montesquieu ?

A. Diderot

B. Rousseau

C. Voltaire

D. Nietzsche

VRAI OU FAUX

Quand* Lettres persanes *a été publié, Montesquieu se présenta comme l'éditeur et non l'auteur, par prudence.

VRAI **FAUX**

CITATIONS

***Parmi ces citations, laquelle est extraite de* Lettres persanes**

A. « Il n'y a rien de si extravagant que de faire périr un nombre innombrable d'hommes pour tirer du fond de la terre l'or et l'argent : ces métaux d'eux-mêmes absolument inutiles, et qui ne sont des richesses que parce qu'on les a choisis pour en être les signes. »

B. « En politique le choix est rarement entre le bien et le mal, mais entre le pire et le moindre mal. »

RÉPONSES

Dans le thème

Réponse : Tous ces thèmes sont traités dans *Lettres persanes*

Lequel ?

Réponse : Nietzche n'est pas un contemporain de Montesquieu. Il n'appartient pas au siècle des Lumières, il est né en 1844, et est mort en 1900.

Vrai ou Faux

Réponse : C'est exact !

Citations

Réponse : c'est la première. La deuxième citation est extraite du *Prince* de Machiavel.

Chapitre 10

Candide ou l'Optimisme

Voltaire
(1759)

« Des tourbillons de flamme et de cendres couvrent les rues et les places publiques ; les maisons s'écroulent, les toits sont renversés sur les fondements, et les fondements se dispersent ; trente mille habitants de tout âge et de tout sexe sont écrasés sous des ruines. Le matelot disait en sifflant et en jurant : "Il y aura quelque chose à gagner ici." — "Quelle peut-être la raison suffisante de ce phénomène ? disait Pangloss. Voici le dernier jour du monde ", s'écriait Candide. »

(Chapitre cinquième, extrait.)

Le titre, *Candide ou l'Optimisme*, ouvre l'horizon sur des promesses : l'innocence, la découverte, la joie de vivre... Le récit va s'employer à les saccager avec méthode et férocité. Et ce n'est pas pour le plaisir de détruire que le romancier s'adonne à l'exercice. C'est simplement qu'il veut que nous regardions, à travers les yeux de Candide, le monde tel qu'il est, le monde comme il va. Adieu les belles, les douces illusions ! Place au cortège des pires catastrophes et des grandes cruautés que l'homme endure ou fait subir.

Les faux paradis, le vrai jardin

Un trajet initiatique conduit Candide d'un faux paradis terrestre à un petit jardin capable d'assurer un bonheur modeste. Entre ce point de départ et ce point d'arrivée, au milieu de mille péripéties, il y le séjour dans un lieu utopique, comme placé hors du temps et de ses violences : l'Eldorado.

Le château de Westphalie où naît et grandit notre jeune héros pourrait être celui d'un conte de fées. Il est tenu par un baron aussi puissant que sa femme est corpulente. Il est illuminé par la présence de Cunégonde, fille des châtelains, jeune, fraîche, appétissante, et par les discours lénifiants de Pangloss qui répète à l'envi que, dans le meilleur des mondes possibles, Thunder-ten-tronckh est (malgré son nom) le plus beau de tous les châteaux. Mais, nouvel Adam, Candide succombe aux charmes de Cunégonde, nouvelle Eve tentatrice – ce qui lui vaut d'être chassé de ce qu'il imaginait être un paradis terrestre. Aussitôt il est emporté dans les cauchemars de la guerre et pris dans le tourbillon du monde.

> « Un pays où tout semble réuni pour assurer le bonheur. »

L'océan Atlantique franchi, Candide pénètre par hasard dans une contrée merveilleuse, isolée par d'infranchissables montagnes. C'est l'Eldorado. Épisode digne d'un conte merveilleux, à l'écart de l'Histoire ordinaire. Plongée dans un âge mythique où l'homme vit dans une opulence générale, ignore le labeur, et méprise la surabondance de pépites d'or n'ayant pas plus de valeur que des vulgaires cailloux… Un pays où tout semble réuni pour assurer le bonheur. Candide admet volontiers que cet Eldorado surpasse son château natal, sauf qu'un être y manque : Cunégonde.

Revenu du Nouveau Monde, s'étant fait dépouillé d'une grande partie des trésors rapportés d'Eldorado, ayant retrouvé sa bien aimée et rassemblé ses proches autour de lui, Candide s'installe dans une petite ferme. Et c'est la rencontre d'un vieil homme, heureux de faire fructifier avec ses enfants quelques arpents de bonne terre qui le persuade que le seul moyen de rendre la vie supportable est de « cultiver notre jardin ». Ambition modeste en apparence, transpirant le pessimisme, mais qui révèle sa richesse et sa positivité si l'on donne – que chacun s'essaye au jeu – aux termes *cultiver* et *jardin* le sens le plus large possible.

Candide est un catalogue des atrocités et des sévices que l'homme subit ou qu'il inflige à son prochain ; un cortège immense de victimes et de bourreaux.

Une revue mondiale des cruautés et des souffrances

Quel tour du monde éreintant ! Candide, aussi novice que le Perceval de Chrétien de Troyes, n'a pas la chance, comme son lointain ancêtre littéraire, d'aller de merveille en merveille. Lui ne cesse de fuir d'une horreur à la suivante, et d'aller d'épouvantes en déceptions. La première partie de son voyage initiatique l'entraîne d'est en ouest, de l'Europe centrale à Lisbonne puis vers le Nouveau Monde, le Paraguay, l'Eldorado, Surinam… Le retour, en quête de Cunégonde, fait passer par la France, Bordeaux, Paris, séjourner à Venise, avant Constantinople, terme d'un périple aussi long qu'éprouvant. L'heure est au sauve-qui-peut, au désenchantement général, à l'urgence de trouver un lieu où se poser, respirer, vivre à l'abri. Car partout dans le monde règnent la violence, la guerre, l'abus de pouvoir, le meurtre, la spoliation, l'inhumanité, le mensonge, la traîtrise. *Candide* est un catalogue des atrocités et des sévices que l'homme subit ou qu'il inflige à son prochain ; un cortège immense de victimes et de bourreaux. On s'y pourfend, on s'y mutile, on s'y découpe, on s'y dévore au sens propre du

TREMBLEMENT DE TERRE DE LISBONNE :

Il a lieu le 1er novembre 1755 et est suivi par un tsunami et par des incendies qui ravagent la ville. Il fait entre 50 000 et 100 000 victimes, sur une population de 250 000 habitants. Cette catastrophe naturelle frappe les esprits dans toute l'Europe. Elle inspire à Voltaire en 1756 un fameux *Poème sur le désastre de Lisbonne*, suivi d'une querelle philosophique sur la question du mal sur la Terre et de l'action de Dieu.

terme. Les femmes y sont enlevées, violées, traitées comme des marchandises ; des populations entières, passées par le fil de l'épée ; des hommes, asservis comme esclaves. Les hommes de religion s'y comportent comme des êtres paillards, hypocrites ou assassins, et les souverains, quand ils ne sont pas de vulgaires tyrans, sont des figures dérisoires, grotesques comme ces rois sans couronne croisés à Venise au temps du Carnaval.

Aux scènes émouvantes de retrouvailles succèdent de brusques trahisons ou des accès de bêtise qui anéantissent quelques instants miraculeux de bonheur. Enfin, quand on croit à une accalmie, c'est la Nature qui prend le relais : elle se déchaîne sous la forme d'un séisme ravageur, d'une simple tempête ou d'une bonne épidémie de peste, qui font place nette. « C'était un carnage continuel dans toute l'étendue de l'empire » : cette phrase du récit en est un exact, un implacable résumé. Au gré des vagabondages plus ou moins forcés de son héros, Voltaire jette un regard désespéré sur les malheurs de son temps (le désastre de Lisbonne en 1755, la guerre de Sept ans qui ravage l'Europe entre 1756 et 1763), et il exprime une révolte personnelle vive, profonde, contre l'injustice du monde et la violence des hommes.

L'esprit de système et l'esprit sensible

Voltaire oppose dans *Candide* deux attitudes intellectuelles. La première se caractérise par une fascination pour les constructions philosophiques plaquées sur le réel : c'est l'esprit de système. Voltaire le ridiculise à travers la figure de Pangloss, expert en « métaphysico-théologo-cosmolonigologie ». Il réduit et résume cet « esprit » – plutôt un entêtement, voire une forme de bêtise – en quelques formules simplettes que le maître du jeune Candide sert à son auditoire dès qu'il le peut, comme ferait un perroquet savant, et qui sont autant d'« abracadabra ! » sans prise sur la réalité ; elles ne font que développer sommairement un

> Être un homme de cœur ne l'empêche pas d'être un homme de tête.

catéchisme déterministe (« les choses ne peuvent être autrement ») et optimiste (« tout est au mieux dans ce monde »). Le romancier ne détruit pas la philosophie de Leibniz, à laquelle il s'était initié, sans y adhérer, au milieu des années 1730 et qui avait séduit sa maîtresse, la savante Mme du Châtelet. Il pourfend par le rire l'usage schématique qui est fait de cette philosophie : Pangloss n'est pas un amoureux de la sagesse, c'est un bavard impénitent, un pédant incapable de reconnaître l'évidence.

À l'inverse, Candide apprend, progresse et son itinéraire est celui d'un « désapprentissage » : en ouvrant les yeux sur le monde qu'il découvre, il se libère des théories abstraites que Pangloss avait fourrées dans sa jeune cervelle. Il prend des coups, et les duretés du monde lui font reconnaître la vacuité des cours et discours de son mauvais professeur. Candide est un être qui réagit, il est fait d'une pâte qui le rend sensible à la souffrance et au malheur. Souvent nous le voyons ému jusqu'aux larmes, avoir de la pitié, se lamenter sur le sort d'autrui. Être un homme de cœur ne l'empêche pas d'être un homme de tête, capable de raisonner à partir de ce qu'il sent, de ce qu'il voit, de ce qu'il éprouve. Il est, comme Voltaire, du côté de l'expérience et de la méthode empirique, contre les fictions et les « romans » échafaudés par les métaphysiciens et autres adeptes des jeux arbitraires de l'esprit. Face à Pangloss, robinet à propos formatés, à formules sans conséquences, il est un homme de parole, fidèle à ses engagements : il a promis d'épouser Cunégonde, il l'épouse donc en dépit des circonstances et de son propre intérêt car Cunégonde a perdu sa beauté, elle s'est fanée. Jusqu'au bout il laisse Pangloss pérorer, disserter dans le vide, mais il sait être lapidaire pour opposer à l'éloquence creuse de son maître ses propres convictions, les vérités qu'il a conquises au fil du temps et au contact du monde. C'est lui qui finit par avoir le dernier mot.

MARQUISE DU CHÂTELET

(1706-1749)

Émilie du Châtelet est une femme de lettres et une femme de sciences. Élevée par son père, elle est douée aussi bien pour les mathématiques, la physique que pour les langues, la philosphie et la musique. Voltaire, dont elle est la maîtresse, encourage ses travaux scientifiques. Sa traduction des *Principia mathematica* de Newton en 1756 fait toujours autorité.

Les délices de l'écriture

Dans une lettre de juin 1844 à Louis de Cormenin, le tout jeune Gustave Flaubert écrit :

> « *J'avoue que j'adore la prose de Voltaire et que ses contes sont pour moi d'un ragoût exquis. J'ai lu* Candide *vingt fois, je l'ai traduit en anglais et je l'ai encore relu de temps à autre.* »

Un tel enthousiasme pourrait surprendre si l'on s'en tenait à ce que le roman de Voltaire nous raconte. Mais il y a la manière du conteur, éblouissante par l'allégresse de son tempo, délectable dans chacun de ses détails. Elle nous sauve du désastre général. Ou plutôt elle permet de rendre compte du désastre sans se laisser gagner, détruire par lui.

Le récit est conduit à vive allure : trente chapitres plutôt brefs couvrant toute la jeunesse de Candide. Les années passent, les paysages se succèdent. Et le temps file, apportant au héros l'expérience et la maturité, et à sa compagne l'enlaidissement des traits, le durcissement du caractère… Le chaos du monde nous est livré à travers un panorama que le conteur brosse sans jamais s'attarder, même pour les tableaux les plus étoffés (l'Eldorado, Paris, Venise). L'écriture, calée sur la vitesse du récit, permet de traverser avec brio les pires épreuves. Elle est volontiers lapidaire, d'une brutale sobriété pour évoquer sans s'y complaire des détails sanglants, sordides ou bouleversants. Elle fait le choix de l'ironie, qui met à distance ou lance pleine cible des pointes assassines. Au lieu de nous installer et de nous enfermer dans la désolation du monde, elle procure mille bonheurs de lecture. Et elle nous persuade que la puissance de l'esprit et celle du verbe sont les meilleures armes pour résister aux ravages du mal, du fanatisme, de l'intolérance, de la corruption et du mensonge. ●

Extraits

I

Au début de l'histoire, Candide est un innocent, ignorant du monde. Il est persuadé par son maître Pangloss qu'il baigne dans un bonheur parfait. Mais Pangloss n'est pas un pur esprit. Il est un homme soumis aux lois de la nature, en particulier à celles du désir. À Cunégonde il apparaît comme le Serpent de la Bible… et c'est pour Candide le début d'un enchaînement catastrophique. Voltaire se délecte ici à parodier le récit de la Genèse, la tentation, l'expulsion du paradis terrestre. Il sait aussi détourner le langage philosophique pour suggérer des réalités très grivoises.

Un jour, Cunégonde, en se promenant auprès du château, dans le petit bois qu'on appelait parc, vit entre des broussailles le docteur Pangloss qui donnait une leçon de physique expérimentale à la femme de chambre de sa mère, petite brune très jolie et très docile. Comme mademoiselle Cunégonde avait beaucoup de dispositions pour les sciences, elle observa, sans souffler, les expériences réitérées dont elle fut témoin ; elle vit clairement la raison suffisante du docteur, les effets et les causes, et s'en retourna toute agitée, toute pensive, toute remplie du désir d'être savante, songeant qu'elle pourrait bien être la raison suffisante du jeune Candide, qui pouvait aussi être la sienne.

Elle rencontra Candide en revenant au château, et rougit ; Candide rougit aussi ; elle lui dit bonjour d'une voix entrecoupée, et Candide lui parla sans savoir ce qu'il disait. Le lendemain après le dîner, comme on sortait de table, Cunégonde et Candide se trouvèrent derrière un paravent ; Cunégonde laissa tomber son mouchoir, Candide le ramassa, elle lui prit innocemment la main, le jeune homme baisa innocemment la main de la jeune demoiselle avec une vivacité, une sensibilité, une grâce toute particulière ; leurs bouches se rencontrèrent, leurs yeux s'enflammèrent, leurs genoux tremblèrent, leurs mains s'égarèrent. Monsieur le baron de Thunder-ten-tronckh passa auprès du paravent, et voyant cette cause et cet effet, chassa Candide du château à grands coups de pied dans le derrière ; Cunégonde s'évanouit ; elle fut souffletée par madame la baronne dès qu'elle fut revenue à elle-même ; et tout fut consterné dans le plus beau et le plus agréable des châteaux possibles.

(Fin du chapitre 1.)

II

Candide et son compagnon Cacambo viennent de séjourner au merveilleux pays d'Eldorado. Ils en rapportent de grandes richesses qu'ils ont chargées sur des moutons. Au cours des cent jours de marche les ramenant dans le monde ordinaire, leur troupeau est décimé... Une ville apparaît au loin, Surinam, colonie hollandaise. Promesse de félicité ? Non. L'horreur économique est là, aux portes de la cité. L'occasion pour Candide de découvrir l'inhumanité de l'esclavage et de l'intérêt marchand ; et pour Voltaire, de prêter son éloquence et sa virulence à une victime qui est aussi son porte-parole.

En approchant de la ville, ils rencontrèrent un nègre étendu par terre, n'ayant plus que la moitié de son habit, c'est-à-dire d'un caleçon de toile bleue ; il manquait à ce pauvre homme la jambe gauche et la main droite. « Eh, mon Dieu ! lui dit Candide en hollandais, que fais-tu là, mon ami, dans l'état horrible où je te vois ? – J'attends mon maître, M. Vanderdendur, le fameux négociant, répondit le nègre. – Est-ce M. Vanderdendur, dit Candide, qui t'a traité ainsi ? – Oui, monsieur, dit le nègre, c'est l'usage. On nous donne un caleçon de toile pour tout vêtement deux fois l'année. Quand nous travaillons aux sucreries, et que la meule nous attrape le doigt, on nous coupe la main ; quand nous voulons nous enfuir, on nous coupe la jambe ; je me suis trouvé dans les deux cas. C'est à ce prix que vous mangez du sucre en Europe. Cependant, lorsque ma mère me vendit dix écus patagons sur la côte de Guinée, elle me disait : « Mon cher enfant, bénis nos fétiches, adore-les toujours, ils te feront vivre heureux ; tu as l'honneur d'être esclave de nos seigneurs les blancs, et tu fais par là la fortune de ton père et de ta mère. » Hélas ! je ne sais pas si j'ai fait leur fortune, mais ils n'ont pas fait la mienne. Les chiens, les singes et les perroquets sont mille fois moins malheureux que nous ; les fétiches hollandais qui m'ont converti me disent tous les dimanches que nous sommes tous enfants d'Adam, blancs et noirs. Je ne suis pas généalogiste, mais si ces prêcheurs disent vrai, nous sommes tous cousins issus de germain. Or vous m'avouerez qu'on ne peut pas en user avec ses parents d'une manière plus horrible. »

« Ô Pangloss ! s'écria Candide, tu n'avais pas deviné cette abomination ; c'en est fait, il faudra qu'à la fin je renonce à ton optimisme. – Qu'est-ce qu'optimisme ? disait Cacambo. – Hélas ! dit Candide, c'est la rage de soutenir que tout est bien quand on est mal. » Et il versait des larmes en regardant son nègre, et en pleurant il entra dans Surinam. »

(Extrait du chapitre 19.)

Le choix d'un nom

Né à Paris en 1694, d'un père notaire, François-Marie Arouet fait ses études au collège Louis-le-Grand tenu par les Jésuites. Très tôt il affiche ses ambitions d'homme de lettres. Il fréquente les cercles littéraires et mondains les plus en vue. En 1718 son premier succès au théâtre (*Œdipe*) lui assure une solide réputation comme auteur de tragédies. Le jeune homme signe désormais ses œuvres d'un pseudonyme : Voltaire. Deux hypothèses pour l'éclairer : il est soit l'anagramme du nom AROUET Le Jeune (à condition de transformer le U en V et le J en I) ; soit un hommage rendu à la ville dont est originaire sa famille, Airvault (d'où Vault-Air). Des années 1720 au milieu des années 1750, Voltaire mène une carrière brillante et trépidante : il s'assure dès les années 1730, grâce à d'habiles investissements commerciaux, une belle fortune personnelle ; en même temps que les écrits abordant toutes sortes de genres (poésie, histoire, philosophie), il multiplie par son esprit mais aussi son impertinence, les hautes protections, les disgrâces, l'exil (en Angleterre entre 1726 et 1729), la prison (deux séjours à la Bastille) et les retours en grâce.

Attaché à la cour de France (il est historiographe de Louis XV), et très soutenu au milieu des années 1740, il perd à la fois sa position et la femme qui partageait sa vie depuis 1733, Mme du Châtelet, grand esprit, d'une science et d'un tempérament exceptionnels. Il rejoint alors, en 1750, le roi de Prusse Frédéric II, qui le nomme chambellan, ce qui lui vaut quelques années mouvementées auprès d'un homme épris de culture mais souverain despotique, aimant la guerre et la discipline militaire. En 1755, Voltaire se retire en Suisse. •

Un personnage de tendre bouffon

Le personnage de Candide est une invention de Voltaire mais des liens l'unissent à certaines figures populaires de la culture européenne. Il ressemble au Pierrot de la *commedia dell'arte*, tout de blanc vêtu (signe de candeur), qui subit les facéties des autres personnages, suscite le rire avec sa gravité naïve (son rival, Arlequin, est beaucoup plus rusé), et nous émeut par sa nature sentimentale et rêveuse; Pierrot est aussi le type de l'amant ingénu et fidèle, amoureux infatigable de sa Colombine, comme Candide de sa Cunégonde. Par ailleurs, et toujours dans la catégorie des clowns tristes, le jeune homme imaginé par Voltaire ressemble à l'indéchiffrable *Gilles* peint par Watteau vers 1718-1719 : grand corps tout blanc, vêtement taillé trop large donnant l'air gauche, bouille d'enfant, regard plein d'innocence, qui nous fixe et fixe le monde avec une insistance et une douceur où pointent les larmes du désespoir. •

Le jardin de Ferney : retrait et engagement

Après avoir mené une existence européenne côté cours, Voltaire fait donc le choix du jardin. Et ce jardin, c'est d'abord près de Lausanne qu'il le trouve, puis dans un domaine aux environs de Genève qu'il achète et nomme « Les Délices » ; enfin il s'installe définitivement en 1760 sur la seigneurie de Ferney, à la frontière avec la France (rebaptisé aujourd'hui Ferney-Voltaire). Il y demeure jusqu'à son retour à Paris en 1778, quelques mois avant sa mort.

Comme Candide, il cultive là son jardin, au sens propre du terme : il aménage le château, son parc et ses terres agricoles ; il fait construire à la place du hameau misérable un joli bourg ainsi qu'une église, il multiplie et finance les projets de développement, il encourage l'agronomie, il fait tracer des chemins, assécher des marais insalubres, il soutient aussi l'industrie locale (manufacture de montres, de bas de soie, de faïence). Il agit en philanthrope. Ferney devient un lieu célèbre, où l'on accourt de l'Europe entière. Ce n'est donc pas une « tour d'ivoire » où un vieil écrivain se retire pour échapper aux désordres du monde. Voltaire d'ailleurs ne cesse, durant les vingt années qu'il passe sur son domaine, de s'engager avec virulence et opiniâtreté pour des causes lui tenant à cœur, notamment les victimes du fanatisme religieux comme le pasteur Rochette, Calas pour lequel il obtient la révision du procès, Pierre Sirven ou le chevalier de la Barre.•

La recherche et le goût du bonheur au XVIIIe siècle

Sur un plan général, la philosophie des Lumières fait confiance aux capacités humaines. Elle est à la fois pragmatique et rationnelle dans sa manière d'aborder le réel. Elle considère que l'homme est armé des lumières de l'intelligence, de la curiosité et de l'ingéniosité de l'esprit pour lutter contre ce qui entrave la marche de l'humanité vers le progrès. Cet optimisme très volontaire est, par exemple, à l'origine du projet de l'*Encyclopédie* : il s'agit d'une machine de guerre contre l'ignorance, les préjugés, les superstitions, mais aussi d'un vaste miroir où se reflètent, en textes et en images somptueusement gravées, la richesse et la beauté du monde ainsi que la grandeur de l'homme, capable de maîtriser la Nature et d'accéder, par le perfectionnement des sciences et des techniques, au bonheur terrestre. À ces conceptions largement répandues dans les élites de l'époque, Jean-Jacques Rousseau oppose, dans ses *Discours sur les sciences et les arts* (1749) et *sur l'origine de l'inégalité* (1755) une idée, alors choquante, selon laquelle « l'homme est bon naturellement » mais perverti par les institutions sociales, la propriété privée, l'inégalité des conditions, le développement des techniques et du luxe, qui contribuent à l'empêcher d'être heureux. Face au mal que représente la société, Rousseau développe plusieurs utopies conciliant vertu et bonheur : il rêve de sociétés idéales, à l'écart des villes ; elles rassembleraient des citoyens égaux liés par un contrat conciliant les exigences de l'ordre social (collectif) avec celle de la liberté (individuelle).

Voltaire, au même moment, évolue considérablement : il quitte le costume du *Mondain*, titre d'un poème de 1736 où il exalte la jouissance, l'amour de la vie (« Ce temps profane est tout fait pour mes mœurs./ J'aime le luxe, et même la mollesse,/ Tous les plaisirs, les arts de toute espèce ») ; et il endosse l'habit, plus austère, du sage désenchanté, que le spectacle du monde, ses violences, ses cataclysmes ont fini par rendre sinon pessimiste, du moins d'une extrême prudence dans l'affirmation d'un optimisme minimum.

Ce qui est commun aux Encyclopédistes, à Rousseau, à Voltaire, au-delà de leurs dissensions, c'est la confiance accordée aux sensations et aux sentiments. Alors qu'auparavant on les disqualifiait comme source d'illusions ou de passions aveuglantes, elles sont désormais considérées comme des instruments de vérité et de jouissance. Les cinq sens, s'ils sont bien exercés, permettent de faire l'expérience de la matière, de se l'approprier pour pouvoir mieux la maîtriser. De la même façon, la sensibilité et les sentiments, tout ce qui relève de l'intelligence du cœur, viennent nourrir les lumières de la raison et de l'esprit. Dans la quête du bonheur, raison et sentiment ne sont pas en contradiction. L'homme du XVIIIe siècle fait confiance à ses intuitions, aux élans de son cœur, à ses émotions immédiates : elles l'écartent du danger d'être soumis à une raison toute puissante, qui le condamnerait à vivre sous l'empire de la froideur, du calcul et du cynisme. En cela le Candide de Voltaire est une incarnation de ce type nouveau – même si elle est nourrie d'un certain désespoir. Être sensible autant qu'être de raison, il fait coïncider ce qu'il voit, ce qu'il entend, ce qu'il ressent, ce qu'il comprend et ce qu'il exprime ; et c'est en cela qu'il atteint sa pleine vérité et parvient à organiser le présent (l'ici et maintenant). Il s'ouvre ainsi la possibilité de vivre heureux – même médiocrement nous souffle Voltaire. •

La morale de l'histoire ?

Dans une lettre à Louise Colet (24 avril 1852), Gustave Flaubert qui est alors en plein dans le chantier de *Madame Bovary*, juge ainsi le dénouement d'un roman qu'il admire : « La fin de *Candide* est [...] pour moi la preuve criante d'un génie de premier ordre. La griffe du lion est marquée dans cette conclusion tranquille, bête comme la vie. » •

Lire

De nombreuses éditions de poche proposent *Candide*, soit en ouvrage séparé, soit avec d'autres contes et romans de Voltaire (*Zadig ou la Destinée*, 1747 ; *Micromégas*, 1752 ; *L'Ingénu*, 1767 ; *L'Homme aux quarante écus*, 1768 ; etc.) :

- *Candide et autres contes*, collection « Folio Classique », édition de Frédéric Deloffre et Jacques Van den Heuvel, postface de Roland Barthes (Gallimard, 1992) ;

Candide, collection « Le Livre de poche classique », introduction et notes par Sylviane Léoni (Librairie générale française, 1995) ;

Candide ou l'Optimisme, collection « À tout petit prix », préface de Mathilde Paris (Pocket, 2004) ;

Candide, collection « GF », présentation par Jean Goldzink (Flammarion, 2007).

Avant d'inspirer à Voltaire le chapitre 5 de *Candide*, le tremblement du 1er novembre 1755 qui avait détruit la ville de Lisbonne dans sa presque totalité et tué entre cinquante mille et cent mille personnes, avait suscité l'épouvante de l'écrivain et une réaction littéraire immédiate : *Le Poème sur le désastre de Lisbonne* (1756), accessible sur plusieurs sites internet, notamment Gallica (site de la BNF Bibliothèque Nationale de France). ●

Voir

Parmi tous les artistes qui ont illustré le roman de Voltaire, en voici sur la piste desquels je vous invite à vous lancer :

le plus classique : Jean-Michel Moreau le Jeune (gravures publiées en 1787 et 1803 – souvent reprises dans les éditions scolaires) ;

le plus inattendu : le peintre Paul Klee (1879-1940). Il s'est passionné pour l'ouvrage qu'il a lu en 1905, qui le fait s'identifier au héros principal et lui donne l'envie de devenir illustrateur ; il crée en 1911-1912 vingt-six dessins à partir du roman ,

le plus « français » : Albert Dubout (1905-1976) réalise en 1957 vingt-quatre illustrations couleurs pour *Candide.*

Une adaptation au cinéma transpose le récit au XXe siècle, durant la Seconde Guerre mondiale : *Candide* de Norbert Carbonnaux (1960) avec Jean-Pierre Cassel (Candide), Pierre Brasseur (Pangloss), entourés d'une pléiade d'artistes extraordinaires (Jacqueline Maillan, Louis de Funès, Michel Simon, Luis Mariano, Jean Poiret, Michel Serrault, Alice Sapritch). Disponible en DVD.

Une émission pour la télévision dans la série « L'Esprit et la lettre », adaptation et réalisation de Pierre Cardinal : *Candide* (1962) :
<http://www.ina.fr/video/CPF86618754> ●

Écouter

En audio-livre : *Candide* de Voltaire lu par Jean Topart (texte intégral), 3 CD, (durée : 4 heures), label Frémeaux & Associés (2001).

Le compositeur américain Leonard Bernstein a écrit à partir du *Candide* de Voltaire, une comédie musicale créée en décembre 1956 à New York. Elle fut éclipsée par l'autre création de Bernstein pour Broadway, la même année : *West Side Story*. Après beaucoup de reprises, remaniements, retours à la partition originale, une version définitive de ce *Candide* a été publié en 1994 (quatre ans après la mort du compositeur). Parmi les enregistrements disponibles (CD), deux à retenir :

- 1956 : enregistrement de la création, direction Samuel Krachmalnick avec Barbara Cook (Cunégonde) et Robert Rounseville (Candide) ; label Sony ;
- 1989 : version de concert dirigée par Leonard Bernstein avec une équipe de grands chanteurs d'opéra (June Anderson, Jerry Hadley, Christa Ludwig, Nicolaï Gedda) ; cette version, qui a fait l'objet d'une captation visuelle, est également disponible en DVD (label Deutsche Gramophon).
- Il existe une autre vidéo/DVD : celle d'une production new yorkaise de 2004, avec le New York Philarmonic, dirigée par Marin Alsop et mise en scène par Lonny Price (édité par Image Entertainment).

Une des particularités de la partition de Bernstein : elle contient un air devenu fameux, chanté non par Candide ou Pangloss, mais par Cunégonde : « Glitter and be gay » (« Brillez et soyez gaie »), un feu d'artifice vocal pour les chanteuses à l'aigu virtuose. Deux versions à recommander, facilement accessibles sur internet (YouTube) : celle de June Anderson en 1989 dirigée par Bernstein et celle de Natalie Dessay, donnée pour un gala à Glyndebourne en 1997. ●

Éléments de contexte

• **Règne de Louis XV** en France (1723-1774).

• **1740, Frédéric II le Grand** devient roi de Prusse (règne jusqu'en 1786) et, au prix d'une politique agressive et belliqueuse, il fait de son pays une puissance européenne.

• **La même année,** Marie-Thérèse devient impératrice d'Autriche (jusqu'en 1780) et Catherine II, impératrice de Russie (jusqu'en 1796).

• **Nombreuses guerres** destructrices entre puissances européennes (France, Grande-Bretagne, Autriche, Russie, Prusse) : la guerre de Succession d'Autriche (1740-1748), la guerre de Sept Ans (1756-1763).

• **Un tremblement de terre,** suivi d'un tsunami, ravage Lisbonne le 1er novembre 1755 ; il cause la mort d'au moins un quart de la population entre 50 000 et 100 000 victimes.

• **Oberkampf** créé en 1759 une manufacture d'indiennes (toiles imprimées) à Jouy- en-Josas (elle deviendra manufacture royale en 1787.)

• ***L'Encyclopédie*** est condamnée à plusieurs reprises entre 1752 et 1759.

• **Découverte** par différents chimistes européens de l'hydrogène (1766), de l'oxygène (1772), de l'azote (1772) et du chlore (1774).

Jouer pour retenir

L'ÉNIGME

Je suis le précepteur de Candide.
Je suis un défenseur ridicule de l'optimisme leibnizien.
J'enseigne « la méthaphysicothéologocosmolonigologie ».
Ma phrase fétiche est « tout va pour le mieux dans le meilleur des mondes ».
Qui suis-je ?

L'INTRUS

Lequel de ces personnages ne fait pas partie de Candide.

A. Martin

B. Cunégonde

C. Zadig

D. Pococurante

LES BELLES FIGURES

Trouvez les figures de style dans cette phrase. « Candide, qui tremblait comme un philosophe, se cacha du mieux qu'il put pendant cette boucherie héroïque »

A. Métaphore

B. Oxymore

C. Comparaison

D. Allitération

LES IDÉES

Quelles idées sont exprimées dans Candide *?*

A. L'Homme est capable d'améliorer sa condition par lui-même.

B. Tout va pour le mieux mieux dans le meilleur des mondes.

C. Seul le travail peut rendre la vie supportable.

D. Il faut cultiver son jardin.

RÉPONSES

L'énigme

Réponse : Je suis Pangloss.

L'intrus

Réponse : **C.** Le personnage qui ne fait pas partie de *Candide* est Zadig, personnage éponyme d'une autre œuvre de Voltaire.

Les belles figures

Réponse : **A.** Il y a un oxymore et une comparaison.

Comparaison : Procédé par lequel on rapproche un terme ou un ensemble de termes, par exemple « terre », d'un terme ou d'un ensemble de termes différent, par exemple « le feu ». Deux entités sont mises sur un même plan : « la terre est rouge comme le feu ».

Oxymore : (synonyme : alliance de mots) est une figure de style par laquelle on allie deux termes qui semblent se contredire. On approche de manière paradoxale des termes qui peuvent paraître contraires.

Donc dans cette phrase la comparaison est « Candide, qui tremblait comme un philosophe » et l'oxymore plein d'ironie est cette « boucherie héroïque ».

Les idées

Réponse :Toutes ces idées apparaissent dans l'œuvre. Voltaire défend l'idée que l'Homme est capable d'améliorer sa condition par lui-même ; le personnage de Pangloss défend la deuxième idée, la troisième est celle de Martin et la dernière celle de Candide.

Chapitre 11

Les Liaisons dangereuses

Choderlos de Laclos
(1782)

« … plusieurs des personnages que [l'auteur] met en scène ont de si mauvaises mœurs, qu'il est impossible de supposer qu'ils aient vécu dans notre siècle ; dans ce siècle de philosophie, où les lumières, répandues de toutes parts, ont rendu, comme chacun sait, tous les hommes si honnêtes et toutes les femmes si modestes et si réservées. »

(Avertissement de l'éditeur)

Avoir entre ses mains le roman de Laclos, c'est tenir un objet d'une noirceur éblouissante, qui brûle et glace, épouvante et séduit. Le livre, quand il parut, bénéficia de l'éclat du scandale. Ensuite, il fut longtemps mis à l'écart, relégué dans « l'enfer » des bibliothèques, au rayon des ouvrages licencieux et pornographiques, de ceux capables de pervertir l'homme – et surtout la femme – qui s'en saisirait. Très vite cependant, quelques lecteurs attentifs et inspirés comme Stendhal ou Baudelaire ont su distinguer la grandeur des *Liaisons dangereuses*.

La perfection d'un roman par lettres

Une des beautés de l'ouvrage : sa forme. Laclos reprend le principe, à la mode au XVIIIe siècle, du roman par lettres où le récit se développe au gré d'échanges épistolaires. Cette forme s'accorde avec une pratique courante dans la société aristocratique des XVIIe et XVIIIe siècles, celle là même qui lisait les romans. Pas de narrateur donc, mais cent soixante quinze lettres écrites par treize personnages, pendant quelques mois, entre le début août 17… et le mois de janvier qui suit. L'essentiel de cette correspondance mobilise quatre personnages principaux, trois femmes et un homme : Cécile de Volanges, adolescente de quinze ans, Mme de Tourvel, une jeune femme mariée d'une vingtaine d'années, Mme de Merteuil, veuve et marquise, jeune aussi mais très «expérimentée», et Valmont, vicomte, complice de Merteuil dans le libertinage, elle qui fut naguère sa maîtresse et reste son amie, sa conseillère pour les conquêtes des corps et des cœurs féminins.

Le récit est polyphonique. Il fait entendre des voix multiples et des tons variés. Car si la plupart des lettres sont conformes à l'art du «bien écrire» et du «bien dire» réglant les relations de cette élite sociale à laquelle appartiennent les principaux personnages imaginés par Laclos, le romancier prend soin de les différencier. Une des vertus de la lettre est de donner à celui qui écrit une présence immédiate, en nous livrant «à chaud» ce qu'il vient de vivre, ce qu'il veut confier, les conseils qu'il entend prodiguer, les actions qu'il compte mener, les analyses qu'il s'ingénie à détailler, ce qu'il désire et ce qu'il redoute, ce qu'il ne peut s'empêcher (ou feint) d'avouer, les bonheurs ou les victoires qu'il vient de cueillir, les tourments qu'il éprouve, les échecs qu'il essuie.

Des voix multiples

Grâce à la lettre, Laclos nous met en contact avec l'intimité, voire l'impudeur, du personnage. Il donne vie à la singularité d'un être, à une façon de sentir, de penser et de s'exprimer – ou à un talent pour taire ce qui est vraiment pensé et ressenti. Les confidents sont caractérisés par un langage à l'élégance polie : plus simple chez Mme de Rosemonde, femme mûre, figure de sagesse, vivant en retrait des jeux mondains et des jeux de la séduction (c'est autour de son château, dans une campagne non précisée, que l'essentiel des intrigues se développe), il est plus affecté chez Mme de Volanges, qui fait volontiers des phrases et semble « s'écouter » écrire. Cécile de Volanges est, à cause de son âge, celle qui a le style le plus enfantin ; elle émaille ses propos écrits de tournures négligées (les «bien», les «et puis») trahissant un esprit simple procédant par associations d'idées. Cette immaturité se poursuivra au-delà de son initiation sexuelle – à la fin du récit, seul le silence (l'absence de lettres) semblera exprimer la profondeur de son désarroi. À l'inverse, les lettres de Mme de Tourvel évoluent dans leur style. Au début elles sont conformes à la discipline de vertu que s'impose la jeune femme ; elles cherchent à établir entre Valmont, le « soupirant », et celle qu'il convoite la distance de l'échange mondain. Mais, de plus en plus, elles révèlent une âme qui lutte, en proie à d'incessants tourments, et elles finissent par laisser les émotions éclater, le cœur s'épancher dans des missives pleines d'exclamations et de soupirs.

Il donne vie à la singularité d'un être, à une façon de sentir, de penser et de s'exprimer – ou à un talent pour taire ce qui est vraiment pensé et ressenti.

Deux rédacteurs redoutables

Laclos entrecroise et combine les échanges avec une extrême virtuosité : jamais nous ne perdons le fil de l'intrigue. Nous avons la sensation de voir avancer des pièces ou des pions sur un vaste échiquier. Le récit progresse méthodiquement, inexorablement d'une lettre à l'autre, et fait se croiser les grandes manœuvres engagées par les deux guerriers que sont Merteuil et Valmont, chacun menant sa conquête pas à pas, mot à mot : elle veut se venger de Gercourt en le transformant en mari trompé avant même son mariage puisque Cécile de Volanges, sa promise, lui sera livrée non plus vierge, mais corrompue ; Valmont, quant à lui, convoite la vertueuse Mme de Tourvel, qu'il rencontre par hasard chez sa tante Mme de Rosemonde, et qu'il a aussitôt le désir de faire chuter du piédestal sur lequel elle campe en costume d'épouse fidèle.

Ce sont eux les meneurs. À l'aide des lettres qu'ils échangent, de celles qu'ils se font lire avant de les envoyer, à l'aide des courriers que Valmont parvient à intercepter, ils trament leurs plans, les perfectionnent, les ajustent aux circonstances et aux faiblesses qu'ils devinent chez les autres. En tant que fabricants d'intrigue, ils sont aussi redoutables que l'araignée tissant sa toile. Les lettres font partie de la panoplie de leurs armes, et pour les rédiger ils montrent un talent hors du commun. Mme de Merteuil notamment possède une plume caméléon. Elle se plie à tous les tons. Elle s'adapte au destinataire – Valmont compris – pour mieux le manipuler : la lecture des lettres écrites le 4 octobre à trois destinataires différents, où elle règle le sort de Cécile avec une brutalité absolue, donne un aperçu de sa maestria. Elle est un « auteur » expérimenté, consciente qu'une lettre ne doit jamais révéler tout ce que l'on pense, ni taire ce que l'on ne pense pas. S'il y a entre les deux libertins un même brio dans le ton de leurs écrits, une allégresse dans le persiflage et le maniement de l'ironie, la « voix » de Mme de Merteuil se distingue par quelque chose de cinglant et de plus nerveusement expéditif, tandis que Valmont fait parfois montre d'une certain fatuité.

“Les lettres font partie de la panoplie de leurs armes, et pour les rédiger ils montrent un talent hors du commun.”

Omniscience et jouissance du lecteur

Un des scandales du livre – et il vaut pour toutes les époques – est qu'il nous place en tant que lecteur dans la position délectable de celui qui voit, sait, domine. Comme posté face à un grand panorama dont aucun détail n'échappe, nous suivons la menée des intrigues, leur complet déploiement, nous savons qui les lance ou en fait les frais. L'agencement des lettres nous donne le plaisir de profiter d'une vue claire sur la situation de chaque personnage, sur ce qu'il ressent, sur la façon dont il évolue, faiblit ou prend le pouvoir. Nous sommes invités à admirer les prouesses des intrigants, leurs réussites, et à sourire de la naïveté ou de l'ignorance de leurs victimes. Nous sommes armés par le romancier pour décrypter les mensonges, les non-dits, le double langage, comme si nous étions des juges garants de la vérité. Jamais d'inconfort, mais toujours la satisfaction et la jouissance d'appartenir au camp des esprits avertis, éclairés, ceux qu'on ne peut pas tromper. Nous sommes aussi comme au théâtre, voyeurs, un peu complices, devant le spectacle impeccablement joué de la duplicité, de la manipulation, de la cruauté. Un spectacle d'une grande puissance de séduction : il s'apparente à ces scènes animalières où, sans perdre une miette du festin, nous accompagnons, fascinés, la vie de fauves superbes en quête de proies qu'ils vont dévorer. Et l'on sort du roman, ébloui, troublé, en se rassurant à l'idée que tout ça, évidemment, appartient aux époques révolues des perruques poudrées et des aristo décadents.

Érotisme et domination

Le monde des *Liaisons dangereuses* se répartit entre les prédateurs et leurs proies. Le plaisir est la grande affaire des premiers. Ils l'obtiennent aux dépens des seconds. Car le plaisir, ce n'est pas seulement le sexe et la volupté physique. C'est avant tout subjuguer l'autre, le conquérir, le mettre en son pouvoir, le perdre, l'humilier, et jouir de cet effondrement moral. Valmont avoue ce qui l'excite dans son affaire avec Mme de Tourvel : il veut profiter de ce qu'il devine chez elle, de son trouble et de la lutte entre ses élans, son attirance pour lui et ses principes vertueux, la fermeté qu'elle cherche à incarner.

> *Ah !* – confie-t-il à Merteuil – *laissez-moi du moins le temps d'observer ces touchants combats entre l'amour et la vertu ! [...] Ces sentiments d'une âme pure et tendre, qui redoute le bonheur qu'elle désire, et ne cesse de se défendre, même alors qu'elle ne cesse de résister, vous les écouter avec enthousiasme : ne seraient-ils sans prix que pour celui qui les fait naître ? Voilà pourtant, voilà les délicieuses jouissances que cette femme céleste m'offre chaque jour ! et vous me reprochez d'en savourer la douceur ! Ah ! le temps ne viendra que trop tôt, où, dégradée par sa chute, elle ne sera plus pour moi qu'une femme ordinaire.*

Plus l'obstacle à vaincre est grand, plus la victoire est glorieuse pour le conquérant. Ainsi agit Valmont, qui du chevalier à l'ancienne (Lancelot, Gauvain, Perceval !) perpétue les codes de comportement, goût de la prouesse et souci de la gloire, mais à sa façon, en attaquant la citadelle Tourvel, et en cherchant toujours à briser les résistances et les volontés féminines. À l'instant de la victoire, le cri qu'il lance évoque l'éloquence d'un noble héros de la tragédie classique puisqu'il prend l'allure d'un d'alexandrin : « La voilà donc vaincue, cette femme superbe… » (lettre 125). Dans son parcours, Valmont est encouragé par une Merteuil presque plus mâle que l'homme. Elle s'agace en effet des sièges prolongés. Elle leur préfère les attaques bien préparées mais tranchantes, rapides, à la hussarde :

> “Le plaisir est la grande affaire des premiers. Ils l'obtiennent aux dépens des seconds.”

> *en voyant votre retenue, digne des plus beaux temps de notre chevalerie, j'ai dit vingt fois : « Voilà une affaire manquée ! » Mais c'est que cela ne pouvait pas être autrement. Que voulez-vous que fasse une pauvre femme qui se rend, et qu'on ne prend pas ?*

Le saccage de la pureté

Le temps n'est plus au dévouement chevaleresque, ni même aux douceurs de la volupté. Elle est au dévoiement général, à la corruption des êtres et du langage. Les deux combattants libertins, qui agissent dissimulés derrière les codes sociaux, les belles manières, les délicatesses de l'expression, s'appliquent à une entreprise sombre, presque funèbre : souiller, outrager, faire chuter pour mieux faire surgir et mettre à nu chez les plus vertueux la toute puissance de l'appétit sensuel. Les libertins s'ingénient à vérifier que l'érotisme est un jeu dépourvu de la fraîcheur de l'innocence : personne n'échappe aux pouvoirs des sens, chaque être est corruptible ! Si l'on observe leurs intrigues d'un peu haut, la preuve la plus impressionnante qu'ils nous apportent est non pas la chute de Tourvel, mais le saccage du couple des jeunes amoureux, Cécile et Danceny. Ce qui s'annonçait comme une nouvelle variation sur la naissance d'un pur amour adolescent (Daphnis et Chloé, Roméo et Juliette, Paul et Virginie) est impitoyablement détruit par les êtres d'expérience : Valmont déflore Cécile et la transforme en objet de plaisir, de la même façon Merteuil se divertit avec le jeune Danceny.

Une fois faite la démonstration que l'innocence des êtres est une illusion, que la pureté des cœurs n'existe pas, ceux qui prétendaient incarner ces vertus courent le risque, s'ils ne rejoignent pas le camp des vainqueurs, d'être jetés comme des dépouilles sans valeur. La manière dont Merteuil dédaigne Cécile est glaçante :

> « *Je me désintéresse entièrement sur son compte* – écrit-elle. *J'avais eu quelque envie d'en faire au moins une intrigante subalterne et de la prendre pour jouer les seconds sous moi : mais je n'y vois pas d'étoffe.* »

Selon le jugement sans appel de notre intrigante, Cécile est condamnée à rejoindre le troupeau des femmes faciles, celles qui « ne sont absolument que des machines à plaisir ».

Souiller, outrager, faire chuter pour mieux faire surgir et mettre à nu chez les plus vertueux la toute puissance de l'appétit sensuel.

Esprits forts, cœurs secs

Ce qui distingue les prédateurs de leurs proies, c'est la force du caractère : intelligence et volonté. Partant du principe que l'appétit sexuel gouverne chaque créature, ils choisissent de discipliner cet instinct pour en tirer le maximum de profit personnel sans en être l'esclave. Le désir de dominer autrui passe par une absolue maîtrise de soi-même. Chez Valmont comme chez Merteuil, la sensualité est assumée, libérée, mais aussi complètement contrôlée.

DAPHNIS ET CHLOÉ

est un roman grec d'un auteur du IIe ou IIIe siècle de notre ère, Longus. Il se déroule dans le cadre bucolique de l'île de Lesbos et raconte la naissance de l'amour chez deux adolescents, Daphnis, un gardien de chèvres, et Chloé, une bergère. Il s'achève par leur union, qui consacre une idylle amoureuse pleine de fraîcheur.

L'un et l'autre s'imposent, dans leur quête du plaisir, un constant détachement fondé sur l'ironie, la scélératesse, l'envie permanente de se surpasser et d'outrepasser les codes moraux régissant la société. Il y a là un orgueil immense : le sentiment d'être une créature d'exception, qui se distingue par une intelligence mobilisée au service du mal et de la transgression. Cet orgueil se traduit chez Valmont par le souci de conforter sa réputation de séducteur en s'attaquant à des cibles réputées inatteignables. Chez Merteuil l'orgueil confine à la mégalomanie. « Écoutez, et ne me confondez plus avec les autres femmes » ordonne-t-elle à son compère, proclamant ailleurs qu'elle est le fruit de sa propre volonté (« Je suis moi-même mon ouvrage »), et qu'à ce titre elle est inégalable, infiniment supérieure à Valmont. Elle lui lance comme une gifle, dans la lettre fameuse (81) retraçant son parcours : « Et qu'avez-vous donc fait, que je n'aie surpassé mille fois ! » Elle incarne, plus encore que lui, un héroïsme de la corruption, qui reprend en le défigurant, en le noircissant celui qui animait les grandes figures de la littérature et du théâtre classiques. Elle est un esprit souverain. Mais aussi un cœur sec, comme calciné.

L'Ève touchante, l'Ève satanique

Par ces formules solennelles désignant les deux figures féminines principales, le poète Charles Baudelaire dégage une ligne de tension structurant l'intrigue. Car Valmont trace son chemin, entre deux femmes, entre deux feux, entre la damnation et la rédemption. Merteuil, son « directeur de conscience », le guide sur les chemins de la corruption, elle l'aide et le conseille dans ses campagnes libertines. Mais l'action du roman démarre avec l'apparition dans son champ de vision d'une figure opposée, Mme de Tourvel, femme de cœur, riche de ses faiblesses, bouleversante d'humanité. Avec elle, Valmont vit des émotions inattendues. Le hasard d'une rencontre, la contagion du sentiment viennent ainsi gripper la

> « Le désir de dominer autrui passe par une absolue maîtrise de soi-même. »

logique des volontés. Valmont se montre, sans se l'avouer, plus sensible, plus troublé qu'il conviendrait à un libertin accompli :

> « *Mais j'oublie, en vous parlant d'elle que je ne voulais pas vous en parler. Je ne sais quelle puissance m'y attache, m'y ramène sans cesse, même alors que je l'outrage.* »

Cette puissance, c'est sans doute l'amour en train de naître. Merteuil ne se prive pas de le lui dire, pour se moquer, l'avertir, le menacer de ce péril qui le guette.

La marquise est une invention stupéfiante de Laclos. Elle n'a ni équivalent ni concurrente dans la littérature romanesque. Elle semble un roc, un bloc sans faille, littéralement surhumaine, monstre de détermination : « je suis née, écrit-elle à Valmont, pour venger mon sexe et maîtriser le vôtre ». Observatrice, réfléchie, l'esprit toujours sur le qui vive et capable de pénétrer les pensées et les cœurs des autres personnages, elle possède l'art d'un Protée, empruntant plusieurs voix, plusieurs masques, se glissant à la perfection dans la peau de la veuve vertueuse, de la voluptueuse, de la femme faussement outragée, de la mère maquerelle, de l'amie dévouée. Elle semble la seule à pouvoir maîtriser ses passions. Elle a volontairement desséché son cœur, comme si elle l'avait décapé avec un acide, se débarrassant une fois pour toutes de la chose comme des mots – ce qu'elle appelle avec mépris le « jargon de l'amour ». Elle a étouffé en elle les germes de la tendresse, les possibilités de la confiance et de l'abandon. Elle a tué en elle tout ce que la figure noble de Tourvel incarne.

PROTÉE

Dans la mythologie grecque, Protée est un dieu marin qui a le pouvoir de se métamorphoser et de prendre la forme qu'il souhaite.

Il est donc logique qu'elle « tue » sa rivale. Non pas directement, mais en poussant Valmont à rédiger un lettre de rupture, rythmée par un refrain assassin « ce n'est pas ma faute ». Par là même, elle montre un défaut dans sa cuirasse : la vengeance, la jalousie sans doute, la conscience que sa sécheresse de cœur l'a privée d'un charme, d'un attrait qu'elle ne pourra jamais plus exercer. En se pliant à son caprice, en précipitant la chute de Tourvel qui littéralement meurt d'amour, Valmont renonce à la conquête d'un nouveau continent, entrevu mais vierge pour lui : celui de l'amour partagé. ●

Extrait

Valmont dans ses œuvres. Deux lettres écrites au même moment. La première adressée à Merteuil, son alliée, sa complice, est le récit d'une aventure galante avec une fille de l'Opéra, mi artiste, mi courtisane. La seconde adressée à Tourvel, la convoitée, la vertueuse, est une déclaration enflammée. Mais la table où Valmont la rédige n'a rien d'ordinaire : la peau nue de la fille avec laquelle il couche. Qui peut comprendre cette lettre faussée, cette lettre piège où règne la double entente et où le langage amoureux est systématiquement perverti ? Sûrement pas Mme de Tourvel. Merteuil bien sûr – puisque la lettre lui est transmise, avec mission de l'envoyer à sa destinatrice. Mais aussi nous, lecteurs, invités à admirer le brio cruel de l'écriture, à nous délecter des sous-entendus, des obscénités masquées sous l'apparence d'aveux sincères (et chastes). Nous sommes complices et spectateurs d'une comédie terrible : la scène se passe sur le corps nu d'une fille, les mots d'amour sont des personnages déguisés. La manipulation et la corruption des êtres passent d'abord par celles du langage.

LETTRE XLVII

Le vicomte de Valmont à la marquise de Merteuil

Je ne vous verrai pas encore aujourd'hui, ma belle amie, et voici mes raisons, que je vous prie de recevoir avec indulgence.

Au lieu de revenir hier directement, je me suis arrêté chez la comtesse de ***, dont le château se trouvait presque sur ma route, et à qui j'ai demandé à dîner[1]. Je ne suis arrivé à Paris que vers les sept heures, et je suis descendu à l'Opéra, où j'espérais que vous pourriez être.

L'opéra fini, j'ai été revoir mes amies du foyer[2] ; j'y ai retrouvé mon ancienne Émilie, entourée d'une cour nombreuse, tant en femmes qu'en hommes, à qui elle donnait le soir même à souper[3] à P... Je ne fus pas plus tôt entré dans ce cercle, que je fus prié du souper, par acclamation. Je le fus aussi par une petite figure grosse et courte, qui me baragouina une invitation en français de Hollande, et que je reconnus pour le véritable héros de la fête. J'acceptai.

J'appris, dans ma route, que la maison où nous allions était le prix convenu des bontés d'Émilie pour cette figure grotesque, et que ce souper était un véritable repas de noces. Le petit homme ne se possédait pas de joie, dans l'attente du bonheur dont il allait jouir ; il m'en parut si satisfait, qu'il me donna envie de le troubler ; ce que je fis en effet.

La seule difficulté que j'éprouvai fut de décider Émilie que la richesse du bourgmestre[4] rendait un peu scrupuleuse. Elle se prêta pourtant, après quelques façons, au projet que je donnai, de remplir de vin ce petit tonneau à bière, et de le mettre ainsi hors de combat pour toute la nuit.

L'idée sublime que nous nous étions formée d'un buveur Hollandais, nous fit employer tous les moyens connus. Nous réussîmes si bien, qu'au dessert il n'avait déjà plus la force de tenir son verre : mais la secourable Émilie et moi l'entonnions[5] à qui mieux mieux. Enfin, il tomba sous la table, dans une ivresse telle, qu'elle doit au moins durer huit jours. Nous nous décidâmes alors à le renvoyer à Paris ; et comme il n'avait pas gardé sa voiture, je le fis charger dans la mienne, et je restai à sa place. Je reçus ensuite les compliments de l'assemblée, qui se retira bientôt après, et me laissa maître du champ de bataille. Cette gaieté, et peut-être ma longue retraite, m'ont fait trouver Émilie si désirable, que je lui ai promis de rester avec elle jusqu'à la résurrection du Hollandais.

Cette complaisance de ma part est le prix de celle qu'elle vient d'avoir, de me servir de pupitre pour écrire à ma belle dévote, à qui j'ai trouvé plaisant d'envoyer une lettre écrite du lit et presque d'entre les bras d'une fille, interrompue même pour une infidélité complète, et dans laquelle je lui rends un compte exact de ma situation et de ma conduite. Émilie, qui a lu l'épître, en a ri comme une folle, et j'espère que vous en rirez aussi.

Comme il faut que ma lettre soit timbrée de Paris, je vous l'envoie ; je la laisse ouverte. Vous voudrez bien la lire, la cacheter, et la faire mettre à la poste. Surtout n'allez pas vous servir de votre cachet[6], ni même d'aucun emblème amoureux ; une tête seulement. Adieu, ma belle amie. [...]

De P... , ce 30 août 17**.

LETTRE XLVIII

Le vicomte de Valmont à la présidente de Tourvel

(Timbrée de Paris.)

C'est après une nuit orageuse, et pendant laquelle je n'ai pas fermé l'œil ; c'est après avoir été sans cesse ou dans l'agitation d'une ardeur dévorante, ou dans l'entier anéantissement de toutes les facultés de mon âme, que je viens chercher auprès de vous, Madame, un calme dont j'ai besoin, et dont pourtant je n'espère pas pouvoir jouir encore. En effet, la situation où je suis en vous écrivant me fait connaître, plus que jamais, la puissance irrésistible de l'amour ; j'ai peine à conserver assez d'empire sur moi pour mettre quelque ordre dans mes idées ; et déjà je prévois que je ne finirai pas cette lettre, sans être obligé de l'interrompre. Quoi ! ne puis-je donc espérer que vous partagerez quelque jour le trouble que j'éprouve en ce moment ! J'ose croire cependant que, si vous le connaissiez bien, vous n'y seriez pas entièrement insensible. Croyez-moi, Madame, la froide tranquillité, le sommeil de l'âme, image de la mort, ne mènent point au bonheur ; les passions actives peuvent seules y conduire ; et malgré les tourments que vous me faites éprouver, je crois pouvoir assurer sans crainte que, dans ce moment, je suis plus heureux que vous. En vain m'accablez-vous de vos rigueurs désolantes ; elles ne m'empêchent point de m'abandonner entièrement à l'amour, et d'oublier, dans le délire qu'il me cause, le désespoir auquel vous me livrez. C'est ainsi que je veux me venger de l'exil auquel vous me condamnez. Jamais je n'eus tant de plaisir en vous écrivant ; jamais je ne ressentis, dans cette occupation, une émotion si douce, et cependant si vive. Tout semble augmenter mes transports[7] : l'air que je respire est plein de volupté ; la table même sur laquelle je vous écris, consacrée pour la première fois à cet usage, devient pour moi l'autel sacré de l'amour ; combien elle va s'embellir à mes yeux ! j'aurai tracé sur elle le serment de vous aimer toujours ! Pardonnez, je vous en supplie, au désordre de mes sens. Je devrais peut-être m'abandonner moins à des transports que vous ne partagez pas : il faut vous quitter un moment pour dissiper une ivresse qui s'augmente à chaque instant, et qui devient plus forte que moi.

Je reviens à vous, Madame, et sans doute j'y reviens toujours avec le même empressement. Cependant le sentiment du bonheur a fui loin de moi ; il a fait

---

[Notes : [1] *dîner* = autrefois, le mot désignait le repas du milieu de la journée, alors que souper s'appliquait au repas du soir. [2] *foyer* = salle commune où se rassemblent soit les acteurs d'un théâtre, soit les spectateurs ; à l'Opéra de Paris, une très ancienne coutume voulait que les actrices et danseuses reçoivent leurs « amis » c'est-à-dire leurs protecteurs et amants dans le foyer, après le spectacle. [3] *souper* = voir note sur dîner. [4] *bourgmestre* = magistrat municipal le plus important dans les villes du nord de l'Europe (Allemagne, Belgique, Pays-Bas.) [5] *entonner* = verser une liqueur, un alcool dans un tonneau ; ici faire boire (à quelqu'un). [6] *cachet* = cire qui porte une empreinte et ferme une enveloppe ; sceau que l'on applique sur la cire au moment de fermer une enveloppe. [7] *transport* = mouvement passionné, élan d'exaltation – généralement associé dans la langue classique à la passion amoureuse.]

place à celui des privations cruelles. À quoi me sert-il de vous parler de mes sentiments, si je cherche en vain les moyens de vous convaincre ? Après tant d'efforts réitérés, la confiance et la force m'abandonnent à la fois. Si je me retrace encore les plaisirs de l'amour, c'est pour sentir plus vivement le regret d'en être privé. Je ne me vois de ressource que dans votre indulgence, et je sens trop, dans ce moment, combien j'en ai besoin pour espérer de l'obtenir. Cependant jamais mon amour ne fut plus respectueux, jamais il ne dut moins vous offenser ; il est tel, j'ose le dire, que la vertu la plus sévère ne devrait pas le craindre : mais je crains moi-même de vous entretenir plus longtemps de la peine que j'éprouve. Assuré que l'objet qui la cause ne la partage pas, il ne faut pas au moins abuser de ses bontés ; et ce serait le faire, que d'employer plus de temps à vous retracer cette douloureuse image. Je ne prends plus que celui de vous supplier de me répondre, et de ne jamais douter de la vérité de mes sentiments.

Écrite de P..., datée de Paris, ce 30 août 17**.

Laclos, homme d'un seul chef-d'œuvre

Pierre Choderlos de Laclos naît à Amiens en 1741. Après de solides études, il entame une carrière militaire comme officier dans l'artillerie, une arme où la compétence importe alors davantage que la naissance. Passionné par son métier, il défend des conceptions novatrices et met en cause l'héritage de Vauban, ce qui lui vaut d'être mal jugé par sa hiérarchie et finit par bloquer son avancement. Affecté en 1779 sur l'île d'Aix pour superviser des travaux de fortifications, il profite de son temps de loisir pour rédiger *Les Liaisons dangereuses*. Quand l'ouvrage paraît au printemps 1782, le succès est immédiat : « Tout Paris s'empresse à vous lire », lui écrit Mme Riccoboni, romancière et amie de la famille. En quelques jours les deux mille exemplaires de la première édition sont écoulés. Suivent, dans l'année, seize rééditions, comprenant les réimpressions officielles et les éditions pirates. Laclos, comme la plupart des gens éduqués de son temps, a un bon bagage littéraire et il est grand amateur de théâtre. Son auteur favori : Jean-Jacques Rousseau. Homme voué au bonheur conjugal et familial (il a épousé une jeune femme de la bonne société de La Rochelle), il ne composera aucun autre ouvrage d'importance : quelques textes théoriques sur son métier, sur ses engagements politiques (durant la Révolution il est un proche du duc d'Orléans, Philippe-Égalité), plusieurs essais inachevés sur l'éducation des femmes. À la fin de sa vie – il meurt en Italie en 1803 – il projetait d'écrire le pendant lumineux de l'histoire de Valmont, Merteuil et Tourvel, qui, selon l'expression d'un spécialiste de l'écrivain, aurait été le « roman des liaisons heureuses ». •

La carrière d'un mot : *libertin*

Aujourd'hui le mot *libertin* s'est vidé d'une grande partie de son contenu : il s'applique à des pratiques sexuelles dites « libérées », mais en réalité son sens est quasi synonyme d'*échangiste*. Sous l'Ancien régime, le terme (nom et adjectif) est à la fois d'une plus grande force et d'une plus grande richesse. Emprunt au latin *libertinus* « affranchi, rendu libre » (même famille que *liber* « libre » et *liberare* « libérer ») il identifie au XVIe siècle un membre d'une secte religieuse marginale puis, plus largement, une personne dégagée de toute croyance religieuse – ce qu'on appelle un « libre penseur ».

Au XVIIe siècle le mot désigne ceux mettant en doute (ou en rupture avec) les dogmes de la religion chrétienne, et en particulier les érudits, philosophes et savants qui se signalent par leur esprit critique – des hommes volontiers adeptes du matérialisme et de l'épicurisme, et partisans de la diversité des croyances et des opinions. C'est ce qu'on appelle le « libertinage de pensée ». Les « libertins » du XVIIe siècle deviendront les « philosophes » du siècle suivant.

Par ailleurs, au XVIIIe siècle le sens du mot tend à se déplacer ; il concerne alors ceux qui, affranchis des normes sociales, ont des mœurs dissolues. Cette forme de comportement (le « libertinage de mœurs ») est plutôt répandue dans l'aristocratie ; elle est promue par une littérature qui fait du libertin une figure romanesque incarnant la transgression des règles morales, et en particulier le goût pour les plaisirs sensuels. Figure brillante, légère, valorisée par les ouvrages de Crébillon fils par exemple, le libertin se charge de noirceur et fait l'objet d'une dénonciation dans les années 1780 chez des romanciers comme Laclos ou Restif de la Bretonne. Valmont est l'emblème du libertin, vivant pour le plaisir et la débauche – un jouisseur qu'on appelle aussi un *roué*.●

Le roman épistolaire en Europe

Entre la fin du XVIIe et le début du XIXe siècle, le roman par lettres est une forme romanesque extrêmement répandue en Europe, en concurrence avec le roman qui se présente sous la forme de prétendus mémoires. La veine satirique de *Lettres persanes* est régulièrement imitée, mais également celle sentimentale de l'Anglais Samuel Richardson.

À la fin du XVIIIe siècle, les tourments intimes de l'individu sont mis en scène magistralement dans les lettres du *Werther* de Goethe, roman modèle pour plusieurs générations d'écrivains romantiques. Le genre du roman épistolaire s'essouffle ensuite assez rapidement. Balzac, l'un des derniers à l'utiliser, le reconnaît volontiers en 1842 dans une préface à ses *Mémoires de deux jeunes mariées* : « ce mode si vrai de la pensée sur lequel ont reposé la plupart des fictions littéraires du XVIIIe siècle » est signalé comme une « chose assez inusitée depuis bientôt quarante ans ».

- 1669 *Lettres de la religieuse portugaise* de Guilleragues.
- 1721 *Lettres persanes* de Montesquieu.
- 1740 *Paméla ou la Vertu récompensée* de Richardson (anglais, traduction française par l'abbé Prévost en 1742).
- 1741 *Shamela* de Fielding (parodie brillante de l'œuvre précédente).
- 1747 *Lettres péruviennes* de Mme de Graffigny.
- 1748 *Clarissa* de Richardson (anglais, traduction française en 1751).
- 1761 *La Nouvelle Héloïse* de Jean-Jacques Rousseau.
- 1774 *Les Souffrances du jeune Werther* de Goethe (allemand, traduction française en 1776).
- 1774 *Lettres marocaines* de José de Cadalso (espagnol).

- 1802 *Les Dernières Lettres de Jacopo Ortis* d'Ugo Foscolo (italien).
- 1803 *Oberman* de Senancour. ●

Lire

Les éditions de poche offrent un grand choix :

- texte édité par René Pomeau avec introduction, notes et bibliographie, dans la collection « GF » (Flammarion, 1981 ; rééd. 1986) ;
- texte édité par Michel Delon dans la collection « Classiques de poche », (Le Livre de poche, Librairie générale française, 2002) ;
- la collection « Folio » propose deux éditions ; l'une (« Folioplus classique ») avec un dossier de Charlotte Burel et une lecture d'images réalisée par Alain Jaubert ; la seconde présente en préface un texte d'André Malraux (Gallimard 1970-1972 et Gallimard 2003-2008).

Une édition de référence : *Laclos, Œuvres complètes*, éd. Laurent Versini, collection « Bibliothèque de la Pléiade » ; volume rassemblant *Les Liaisons dangereuses, Des femmes et de leur éducation, Critique littéraire, Pièces fugitives, Sur l'éloge de Vauban, Projet de numérotage des rues de Paris, Œuvres politiques, Correspondance* (Gallimard, 1979).

En complément :

- L'échange de lettres entre Laclos et Mme de Riccoboni, très choquée par le personnage de la marquise de Merteuil (« C'est en qualité de femme, Monsieur, de Française, de patriote zélée pour l'honneur de ma nation, que j'ai senti mon cœur blessé du caractère de Mme de Merteuil. »)
- Les écrits de Laclos sur l'éducation des femmes (*Des femmes et de leur éducation*, éditions Mille et une nuits, « La petite collection », 2000.)
- Les notes de Baudelaire, prises en 1856-1857 en vue d'une préface pour l'édition du roman chez Poulet-Malassis, complétées en 1864 et 1866. ●

Écouter

Sous forme d'audio-livre, deux propositions :

- l'intégralité de l'œuvre lue par de grands comédiens (voix superbes : Ludmila Mikael, Didier Sandre, Agnès Sourdillon notamment – 10 CD, éditions Frémeaux et Associés, 2001) ;
- une version abrégée (7 CD, environ 7 heures d'écoute) dans la collection « Écoutez lire » de Gallimard (2004), avec Karin Viard, Thibaut de Montalembert, Françoise Gillard, Béatrice Agenin, Micheline Boudet.

Un opéra contemporain de Claude Prey (*Les Liaisons dangereuses*), en deux actes, créé à Strasbourg en février 1974, repris au Festival d'Aix en Provence en juillet 1980 sous la direction musicale d'Yves Prin, mis en scène par Pierre Barrat avec Irène Jarsky (Merteuil), Peter Gottlieb (Valmont), Micaëla Etcheverry (Tourvel). ●

Voir

Les premières illustrations accompagnant le texte sont parues dès la fin du XVIIIe siècle : la publication de Genève (1792) comprend huit illustrations (assez chastes) de Le Barbier ; celle de Londres en 1796, comporte treize gravures (plus ouvertement érotiques) et deux frontispices signés Fragonard fils, Charles Monet et Melle Gérard ; celle de Paris en 1820 comprend six gravures d'Ambroise Tardieu et Achille Devéria. Au XXe siècle, Georges Barbier a signé une série d'illustrations en couleurs pour une édition (1934) que l'on trouve parfois en vente en ligne sur les sites spécialisés.

Beaucoup d'adaptations récentes à l'écran ; elles sont d'une grande diversité, et conservent le cadre historique (la France du XVIIIe siècle) ou bien le transposent dans l'époque contemporaine (disponibles en DVD). ●

1. Les adaptations

Les Liaisons dangereuses (1980), téléfilm réalisé par Charles Brabant avec Jean-Pierre Bouvier (Valmont), Maïa Simon (Mme de Tourvel).

Dangerous Liaisons (1988), réalisation Stephen Frears (sur un scénario de Christopher Hampton, d'après sa pièce adaptée du roman de Laclos), avec Glenn Close en Merteuil, John Malkovich en Valmont, Michelle Pfeiffer en Tourvel, Uma Thurman en Cécile de Volanges, Keanu Reeves en chevalier Danceny – la plus célèbre adaptation et sans doute la plus proche de l'esprit du roman. Cependant le film tranche par rapport à l'incertitude du roman pour ce qui est des sentiments de Valmont envers Tourvel : le libertin, au moment de mourir, fait l'aveu de son amour alors que Laclos avait choisi de laisser disparaître son personnage en emportant ses secrets dans la tombe…

Valmont (1989), réalisation Milos Forman, avec Colin Firth, Annette Bening, Meg Tilly.

2. Les transpositions

Les Liaisons dangereuses 1960 (1959), réalisation Roger Vadim, avec Jeanne Moreau dans le rôle de Mme de Merteuil et Gérard Philippe dans celui de Valmont ; musique Thelonious Monk.

Sexe Intentions (*Cruel Intentions*, 1999): transpose le récit dans le New York contemporain (Manhattan), réalisation Roger Krumble avec Sarah Michelle Gellar, Reese Witherspoon, Ryan Philippe.

Untold Scandal (2003), film sud-coréen réalisé par Lee Je-yong.

Les Liaisons dangereuses (2003), feuilleton télévisé réalisé par Josée Dayan avec Catherine Deneuve (Merteuil), Rupert Everett (Valmont), Nastassja Kinski (Tourvel), Danielle Darrieux, Cyrille Thouvenin. •

Éléments de contexte

- **Règne de Louis XVI** (1774-1791).
- **La participation** de la France à la guerre d'Indépendance américaine (1775-1782) aggrave la crise des finances publiques que les réformes de Turgot (1774-1776) puis celles de Necker (1776-1781) ne parviennent pas à rééquilibrer.
- **Publication (posthume)** en 1782 des *Rêveries du promeneur solitaire* de Jean-Jacques Rousseau.
- **La même année,** création au Burgtheater de Vienne de *L'Enlèvement au sérail*, premier opéra en allemand (Singspiel) de Mozart.
- **Création publique,** en 1784, au théâtre de l'Odéon, du *Mariage de Figaro*, comédie en cinq actes de Beaumarchais.
- **1785-1786** le scandale de l'Affaire du collier éclabousse Marie-Antoinette et discrédite la royauté.

Jouer pour retenir

QUESTION

Dans la première lettre du roman, qui écrit à qui ?

A. Cécile Volanges à Sophie Carnay

B. La marquise de Merteuil au vicomte de Valmont

C. La marquise de Merteuil à Cécile Volanges

REPÉREZ L'INTRUS

Parmi ces personnages, qui n'a pas été victime du vicomte de Valmont ?

A. La présidente de Tourvel

B. Cécile Volanges

C. Madame de Rosemonde

D. Sophie Carnay

QUESTION DE CHIFFRES

Combien de lettres le roman de Laclos rassemble-t-il ?

A. 175

B. 95

C. 210

D. 130

HISTOIRE DE DATES

En quelle année le roman a-t-il été écrit ?

A. 1775

B. 1782

C. 1793

VRAI / FAUX

À cause des mœurs dépravées décrites par Laclos, les premières ventes du roman ont été catastrophiques.

LE BON ORDRE

Retrouvez le nom de ce séducteur rival du vicomte de Valmont.

RAVPNE

_ _ _ _ _ _

RÉPONSES

Question apéro

Réponse : C'est Cécile Volanges qui écrit la première lettre à son amie Sophie Carnay. Le lecteur y découvre un personnage innocent et naïf.

Repérez l'intrus

Réponse : Madame de Rosemonde est la tante de Valmont, chez qui celui-ci s'attelle à pervertir Cécile Volanges et la présidente de Tourvel. Sophie Carnay est l'amie et confidente de Cécile.

Question de chiffres

Réponse : Le roman regroupe 175 lettres, que Madame de Rosemonde recueille à la mort de Valmont.

Histoire de dates

Réponse : En 1782.

Vrai / faux

Réponse : FAUX. Les aventures de Merteuil et Valmont ont tout de suite passionné la société parisienne : le premier tirage des *Liaisons dangereuses* s'est vendu en moins d'une semaine.

Le bon ordre

Réponse : Prévan, un officier de l'armée, semble être un expert de la séduction. Valmont suggère à Madame de Merteuil de se méfier de lui.

Chapitre 12

La Chartreuse de Parme

Stendhal
(1839)

« … la duchesse se releva de toute sa hauteur ; toute apparence de respect et même d'urbanité disparut en un clin d'œil : la femme outragée parut clairement, et la femme outragée s'adressant à un être qu'elle sait de mauvaise foi. Ce fut avec l'expression de la colère la plus vive et même du mépris, qu'elle dit au prince en pesant sur tous les mots :

– Je quitte à jamais les États de Votre Altesse Sérénissime, pour ne jamais entendre parler du fiscal Rassi et des autres infâmes assassins qui ont condamné à mort mon neveu et tant d'autres »

(Chapitre 14, extrait.)

Peu importe de savoir si *La Chartreuse de Parme* est (ou n'est pas) un roman d'apprentissage, un roman d'amour, un roman politique ou un roman d'aventure. Peu importe de savoir qui en est le héros – Fabrice del Dongo ? Gina Sanseverina ? Plus important – parce que la lecture y gagne en saveur – est de l'annoncer comme un récit gorgé de vie, signé par un écrivain très alerte de cinquante six ans ; un texte conçu dans le souvenir ébloui d'une Italie beaucoup plus rêvée que réelle ; un roman de la maturité écrit avec l'allégresse d'un artiste libre de toute illusion et de toute amertume.

L'éveil du printemps

Le roman démarre sur l'arrivée au nord de l'Italie des troupes françaises de Bonaparte en mai 1796, et leur entrée dans Milan. De cet événement historique Stendhal propose une lecture d'une singularité absolue : l'invasion guerrière se transforme en une libération, une explosion de vitalité, comme si plusieurs milliers de princes charmants éveillaient une troupe de Belles au Bois dormant ! Ces princes dépenaillés apportent avec eux peu de biens matériels, mais beaucoup de richesse spirituelle : la gaieté, la jeunesse, l'insouciance. Et les Italiens, sous leur impulsion, retrouvent leur âme véritable, que l'occupation autrichienne des Habsbourg et plusieurs siècles d'oppression despotique (depuis Charles Quint et Philippe II d'Espagne) avaient anesthésiée.

Le roman s'ouvre donc sur le choc amoureux entre deux peuples. Il nous procure le plaisir et l'enchantement de voir un pays entier oubliant « tous les sentiments tristes, ou seulement raisonnables », et s'adonnant à une fête immense, un bal sans fin :

> « *Dans les campagnes l'on voyait sur la porte des chaumières le soldat français occupé à bercer le petit enfant de la maîtresse du logis, et presque chaque soir quelque tambour, jouant du violon, improvisait un bal. Les contredanses se trouvant beaucoup trop savantes et*

compliquées pour les soldats, qui d'ailleurs ne les savaient guère, pussent les apprendre aux femmes du pays, c'étaient celles-ci qui montraient aux jeunes Français, la Monférine, la Sauteuse et autres danses italiennes. »

Et tout ce qui va suivre préserve cette énergie première, cette sensation que la vie peut n'être qu'une danse perpétuelle. Ainsi la dernière page du roman, à peine lestée par la tristesse du dénouement, se clôt à toute vitesse sur des images festives, le palais de Vignano, les réceptions hebdomadaires de la duchesse Sanseverina devenue comtesse Mosca, l'apparence du bonheur, comme un ultime défi lancé à la douleur et au poids des circonstances.

Tempo allegro

L'énergie particulière du début se propage à l'ensemble du roman. Elle ressemble à ce qui anime l'ouverture d'un opéra : avant que l'action proprement dite ne démarre sur la scène, l'orchestre indique le ton, les motifs, le mouvement, l'atmosphère générale voulus par le compositeur. Stendhal fixe le tempo de son opus romanesque sur une dynamique *allegro* ; cette allure caracolante, rapide, pleine de brio va gouverner non seulement la conduite du récit, mais aussi certains détails d'écriture.

En lisant *La Chartreuse de Parme*, il y a un vrai plaisir à repérer et goûter la désinvolture avec laquelle le romancier invente les péripéties, pose certains thèmes, les développe plus tard, opère des accélérations, des bifurcations, des brusques retours en arrière ou des retards dans la narration… Quelques exemples, pris ici et là : le thème de l'arrestation et de la prison, qui court dès le début (fin du chapitre 2, chapitre 5) avant de connaître un ample développement (chapitres 15 à 22) avec variations ultérieures (chapitres 24 et 25) ; l'ellipse « Nous glissons sur dix années de progrès et de bonheur », qui retrace les dix années du début dans la vie du jeune Fabrice del Dongo en une phrase brève, aussi légère et fugace que le bonheur qu'elle est censée résumer ; les échappées soudaines du récit, qui sont réglées sur les escapades imprévisibles, naissant d'un élan brusque de bravoure (Fabrice gagne le champ de bataille de Waterloo - chapitre 3) ou d'un mouvement sentimental (Fabrice retrouve les lieux de son enfance, Grianta, l'abbé Blanès, le marronnier planté à sa naissance – chapitre 8) ; les épisodes de digression (le chapitre 13 – Fabrice poussé par la vanité courtise la Fausta, une femme de théâtre ; le chapitre 21 – la Sanseverina rencontre Ferrante Palla, brigand poète, républicain proscrit) qui nous éloignent un moment de la ligne principale, au risque de la perdre, comme un rhapsode ou un musicien de free jazz se livrant à une improvisation très aventureuse.

Sans doute stimulé par les circonstances de l'écriture de *La Chartreuse de Parme* (voir plus loin), Stendhal crée une atmosphère de libre cavalcade : le récit s'invente sur le moment, il progresse par des élans spontanés, il n'est pas le fruit une volonté d'architecte. Le romancier s'amuse à suggérer parfois qu'il est lui-même pris dans le mouvement. Par exemple, l'attaque du dernier chapitre (« Entraînés par les événements, nous n'avons pas eu le temps d'esquisser la race comique de courtisans qui pullulent à la cour de Parme… ») nous laisse imaginer que l'auteur ne sait plus où donner de la plume, tant il est débordé par la richesse de son sujet, la profusion des personnages ou des péripéties qu'il voudrait pouvoir encore et toujours développer. Cependant il reste le maître du jeu. Il joue avec notre attente, notre impatience, notre envie d'être emporté plus loin, vers l'avant. Il maintient toujours, même lorsque des touches d'angoisse ou de tristesse apparaissent, quelque chose de fantasque, d'intrépide, comme un fond permanent d'allégresse. Jusqu'au bout il conserve l'allure. L'art de garder le tempo a pour effet de gommer le passage de la durée : le temps ne semble avoir que peu de prise, peu de poids sur les êtres qui jamais n'ont l'air de vieillir. Seule la mort parvient à interrompre l'allegro de l'existence.

Le récit s'invente sur le moment, il progresse par des élans spontanés, il n'est pas le fruit une volonté d'architecte.

Un jeune homme radieux

Fabrice est le fruit magnifique de la rencontre entre les soldats de France et le peuple italien. Le texte, à travers quelques allusions et quelques recoupements chronologiques, suggère en effet que son père naturel n'est pas le marquis del Dongo : c'est le lieutenant Robert qui, sans le savoir, croisera son grand fils des années plus tard, sur le champ de bataille de Waterloo.

Stendhal fait de ce jeune homme au sang français et à l'âme italienne une figure solaire, rayonnante de jeunesse jusqu'à la dernière page. Fabrice est un vrai guerrier, chevaleresque, rempli de bravoure, animé par la volonté de s'illustrer sur le champ de bataille. Mais il vient trop tard. La défaite de Waterloo marque la fin de l'épopée napoléonienne. Le romancier se plaît d'ailleurs à souligner l'ambivalence de son héros, impulsif et candide : Fabrice a des désirs d'aigle mais parfois il manifeste la naïveté, la maladresse d'un oisillon tombé du nid – à Waterloo, dans les moments où il ne dort pas, il ne comprend absolument rien de ce qui se passe autour de lui. Mais, même lorsqu'il se montre imprudent dans ses escapades, vaniteux dans ses aventures galantes, il agit suivant un instinct profond du bonheur qui le pousse à jouir de l'instant présent ou à se délecter du souvenir d'un moment passé. Il possède l'aptitude innée de faire éclater la joie dans toutes les actions qu'il accomplit. Cela lui donne un rayonnement considérable. Fabrice, astre jeune et ardent, a le pouvoir d'éveiller des sentiments affectueux, généreux, bienveillants chez certains êtres : il est un révélateur de la noblesse de l'âme de ceux qu'il croise et qui lui viennent en aide – noblesse qui n'a rien à voir avec la naissance puisque *La Chartreuse de Parme* nous montre constamment qu'elle est présente chez les gens les plus simples.

> **Même lorsqu'il se montre imprudent dans ses escapades, vaniteux dans ses aventures galantes, il agit suivant un instinct profond du bonheur qui le pousse à jouir de l'instant présent ou à se délecter du souvenir d'un moment passé.**

Fabrice apprend-il quelque chose au cours de son trajet terrestre ? Très peu. Stendhal paraît plutôt soucieux de nous montrer la permanence des qualités du jeune personnage qu'il a créé à travers les divers costumes – autant d'habits de théâtre – qu'il lui fait endosser ; et il agit avec la malice d'un créateur ou d'un metteur en scène plein d'affectueuse ironie... Après avoir joué au marchand de baromètre, à l'espion, au hussard, Fabrice est affublé de la tenue ecclésiastique d'un Monsignore, futur évêque, voire archevêque de Parme. Une tenue dans laquelle il a du mal à se glisser et à garder le sérieux et la dignité requis. Mais c'est dans ce costume là que Fabrice va connaître l'expérience la plus marquante de sa vie : l'amour. Il a d'abord cherché en vain à éprouver ce sentiment, et il a multiplié gentiment les conquêtes féminines, en *Cherubino d'amor* plutôt qu'en Don Giovanni prédateur. Et voilà qu'enfin il ressent la passion amoureuse, au moment où les circonstances de l'existence l'obligent à se poser (la prison Farnèse, deuxième partie du roman). Sans dévoiler les détails de l'histoire entre Fabrice et Clélia, je voudrais juste vous faire remarquer l'impertinence et l'humour de Stendhal : il fait triompher l'amour profane dans un cadre religieux. Car c'est seulement lorsque Fabrice ressent la souffrance amoureuse qu'il devient un homme d'Église éloquent, aux sermons duquel toute la société parmesane se précipite, admirative et bouleversée. Quant à Clélia Conti, engagée par les liens sacrés du mariage, elle connaît comme Fabrice et Stendhal le poids des mots : elle a promis de ne plus voir celui qu'elle aime, elle peut donc le retrouver toutes bougies éteintes, sans rompre le vœu fait à la Madone !

Le courage et l'audace des femmes

Stendhal aligne un cortège glorieux de femmes maternelles ou amoureuses qui toutes, telles de bonnes fées, se penchent sur Fabrice, depuis le berceau jusqu'à la tombe. Ce sont souvent des apparitions fugaces mais inoubliables qui, un moment, touchées par la grâce, la candeur et l'ardeur juvénile du héros, prennent des risques. L'épisode de Waterloo par exemple est encadré et coloré par deux belles rencontres. La vivandière, croisée à l'approche du champ de bataille, agit en vraie Mère Courage, pleine de bon sens et de conseils avisés ; elle semble aussi gagnée par le romanesque que Fabrice transporte comme un parfum autour de lui ; dès qu'elle le voit et reçoit ses confidences, elle échafaude un roman d'amour :

> « *...vous êtes un jeune bourgeois amoureux de la femme de quelque capitaine du 4e de hussards. Votre amoureuse vous aura fait cadeau de l'uniforme que vous portez et vous courez après elle. Vrai, comme Dieu est là-haut, vous n'avez jamais été soldat ; mais, comme un brave garçon que vous êtes, puisque votre régiment est au feu, vous voulez y paraître et ne pas passer pour un capon.* »

Un peu plus tard, après la défaite, Fabrice est recueilli, soigné par une aubergiste et ses deux filles ; la plus jeune, la jolie Aniken, montre un cœur et une imagination très inflammable à l'apparition de celui qu'elle prend pour un « prince déguisé ».

De ces femmes émues et intrépides, Clélia Conti et Gina Sanseverina mènent le cortège. Figures féminines principales du roman, elles se disputent par amour pour Fabrice la palme du courage. L'une et l'autre font preuve d'un dévouement absolu, qui les pousse à enfreindre certaines règles morales. Dans l'échelle de leurs valeurs, la vérité du sentiment, la franchise du cœur sont placées bien plus haut que le respect des lois ordinaires. La passion pour Fabrice – passion « floue », teintée d'affection maternelle chez Gina – leur donne une même bravoure, une même audace face aux dangers – qualités ayant sans doute aux yeux de Stendhal une valeur érotique. L'une et l'autre sont prêtes à tout pour sauver l'objet de leur amour : Clélia en risquant d'empoisonner son père, Gina en cédant aux avances du jeune prince de Parme.

Madone et guerrière

Alliées, presque rivales, les deux femmes sont distinctes, Clélia plutôt madone, Gina plutôt guerrière. Mais l'amour métamorphose la pudique Clélia. Un instant, elle glisse dans le costume d'une parricide potentielle… et l'on voit la colombe finir par prendre un envol puissant qui l'arrache aux conventions filiales, matrimoniales, religieuses. Quant à la Sanseverina, c'est la plus spectaculaire des héroïnes stendhaliennes. Elle est d'un tempérament volcanique, agissant constamment par défis, foucades, impulsions. Elle n'est pas la femme des projets mûrement réfléchis, mais ses arrêts sont inflexibles :

> « *Il y avait deux choses dans le caractère de la duchesse, elle voulait toujours ce qu'elle avait voulu une fois, elle ne remettait jamais en délibération ce qui avait été une fois décidé. Elle citait à ce propos un mot de son premier mari, l'aimable général Pietranera : – Quelle insolence envers moi-même ! disait-il ; pourquoi croirai-je avoir plus d'esprit aujourd'hui que lorsque je pris ce parti ?* »

Gina n'hésite jamais à monter à l'assaut, comme on le voit dans la confrontation extraordinaire (chapitre 14) où elle défie le prince de Parme, Ernest-Ranuce IV. Une telle audace lui donne une force sans limites, voire criminelle : elle n'hésite pas à soudoyer, acheter les complicités, faire imiter écriture et signature, inciter au meurtre – mais toutes ces méthodes sont celles de l'ennemi, et elle ne fait, somme toute, que retourner contre lui les armes qu'il utilise. La bonne fée, la marraine secourable sait donc, à l'occasion, se transformer en Circé vengeresse ou en Lucrèce Borgia.

> “Les saveurs de Parme, petit royaume d'opérette, sont amères, acides ; elles exhalent des parfums délétères et mesquins.”

Sa haine de tout ce qui fige, enferme dans le conformisme social est fondée sur une horreur de l'ennui. Quand le nouveau prince de Parme lui propose de l'épouser, sa décision est immédiate :

> « *La duchesse n'hésita pas ; le prince l'ennuyait, et le comte [Mosca] lui semblait parfaitement aimable.* »

Cet amour du mouvement fait d'elle l'alter ego féminin de Fabrice : elle partage avec lui cette énergie improvisatrice, que Stendhal répand à travers eux dans tout le roman. Jusqu'à la fin Gina aime la fête, le bal, s'étourdit, mais – et je vous invite à guetter dans votre lecture les signes discrets de sa défaite intérieure – il s'agit désormais pour elle de faire bonne figure. Le romancier laisse alors deviner qu'il y a dans la vitalité et dans l'âme de son héroïne quelque chose de brisé, d'irrémédiablement détruit.

Une tyrannie bouffonne

L'Italie où *La Chartreuse de Parme* nous transporte est largement imaginaire, rêvée à partir de souvenirs personnels et de données historiques. Une fois achevée l'ouverture glorieuse, conclue par l'épisode de la débandade de Waterloo, la possibilité de poursuivre dans le même registre s'interrompt brusquement. Nous passons de l'épopée à la farce sinistre. Le contexte est celui d'après 1815 : l'Italie (qui n'est pas un pays unifié) est morcelée en États multiples (le nord dominé par l'Autriche-Hongrie, le centre par les États pontificaux, etc.) ; le Congrès de Vienne réorganise l'Europe et revient sur les bouleversements provoqués par la Révolution française puis par l'Empire. La scène publique est désertée par les grands hommes : c'est comme si le dernier d'entre eux, Napoléon Bonaparte, avait pris sa retraite dans un ailleurs lointain, que le roman n'explore pas. La place est laissée vacante pour des caricatures de souverains, des singes de l'Ancien régime, vivant dans la hantise des « républicains » ou des « jacobins ».

Stendhal transforme le duché de Parme, réinventé, en symbole de cette Europe de la Sainte-Alliance, hostile à l'esprit de la Révolution et des Lumières. Il réduit l'atmosphère réactionnaire des années 1815-1820 à l'essentiel – comme on dit d'un cuisinier qu'il réduit une sauce pour en faire ressortir les saveurs singulières. Et les saveurs de Parme, petit royaume d'opérette, sont amères, acides ; elles exhalent des parfums délétères et mesquins. La cour y est un repaire de bouffons venimeux, autant risibles qu'effrayants, se nommant Rassi ou Fabio Conti. Elle est placée sous le regard d'un prince rempli de vanité, velléitaire et colérique, gouvernant par la peur, la calomnie, le chantage, la corruption, l'espionnage généralisé, l'emprisonnement arbitraire, le lynchage et le poison. Stendhal évite toutefois de faire d'Ernest-Ranuce IV (puis de son héritier) des caricatures sans épaisseur. Il peint le premier en tyran ayant une certaine envergure dans la bassesse et la lâcheté, capable de courage physique au combat, mais vivant dans la terreur de l'assassinat et obsédé par le modèle du monarque absolu des temps anciens. Au moment où la Sanseverina vient le défier et menace de quitter le duché si Fabrice, condamné par contumace, n'est pas gracié, il se raidit dans le costume de son idole : « il prit un air de grandeur tout à fait digne du portrait de Louis XIV qui était sous ses yeux. »

Un homme bienveillant

Le comte Mosca est le quatrième personnage principal, formant avec Gina le couple mûr (il a la cinquantaine) face au couple juvénile Clélia-Fabrice. Dans le quatuor merveilleux que ces quatre-là nous interprètent, il est celui dont la présence est la plus discrète en apparence mais la plus solide : l'instrument assurant la basse continue ; il met en valeur les solos plus brillants, mieux différenciés des trois autres. Par sa fonction de premier ministre il est puissant, mais il s'expose peu. Il conserve surtout les qualités qui font de lui un allié naturel de Gina et de Fabrice dès qu'il apparaît, un soir à la Scala de Milan : « La franchise, la *disenvoltura* avec laquelle parlait ce ministre d'un prince si redouté piqua la curiosité de la comtesse » (Gina est alors Mme Pietranera), « sur son titre, elle avait cru trouver un pédant plein d'importance, elle voyait un homme qui avait honte de la gravité de sa place. » Parfaitement intégré au monde qui l'entoure, composant efficacement – jamais cyniquement – avec les circonstances, profitant de sa proximité

Mosca est sans doute l'alter ego de Stendhal, véritable frère d'âme du romancier, qui a la force d'avancer dans un paysage sinistré sans jamais perdre sa légèreté, sa joie de vivre.

avec le pouvoir et de sa position de favori, il n'en conserve pas moins une complète indépendance spirituelle et affective ; il prouve plusieurs fois, en paroles et en actes, son désir de sacrifier la réussite sociale et financière à l'amour qui l'attache à la Sanseverina. Jamais il ne se conduit avec la veulerie du courtisan. Une fois seulement, il commet une erreur, qui précipitera l'emprisonnement de Fabrice – unique faux pas qu'on lui pardonnera.

Tempérament la fois italien (il est passionnément amoureux, passionnément jaloux) et français (son admiration pour Napoléon, l'ironie de son esprit très « XVIIIe siècle), Mosca est sans doute l'alter ego de Stendhal, véritable frère d'âme du romancier, qui a la force d'avancer dans un paysage sinistré sans jamais perdre sa légèreté, sa joie de vivre. Il est aussi, pour Stendhal comme pour Fabrice, une figure de père idéal qui tranche avec la cohorte des pères malfaisants (le marquis del Dongo, Fabio Conti), négligents (le lieutenant Robert), attentionnés mais plus ou moins fiables (l'abbé Blanès, l'archevêque Landriani) ; il guide, conseille, planifie ; il se fait l'allié de Fabrice, qu'il pourrait toiser comme un rival. Dans un duché et une cour redoutables, semés de pièges, il réussit presque constamment à rester maître du terrain en se tenant à bonne distance, comme un metteur en scène campe en coulisses, l'œil en alerte mais détaché et bienveillant. Il est celui qui accepte de fouiller sous les lits pour calmer la paranoïa d'un prince, mais il est surtout celui qui réussit à vider les prisons. Un homme dont la sagesse couvre sans doute une part de désenchantement et de douleur.

Happy few, âmes nobles

Le roman se clôt sur une dédicace devenue fameuse : *To the happy few*. La formule est chère à Stendhal, qui très tôt l'a empruntée à un auteur anglais. À qui s'adresse-t-elle : aux personnages que l'on quitte ? aux lecteurs des temps futurs vers lesquels le texte est lancé ? Aux uns comme autres. *La Chartreuse de Parme* mobilise une fraternité d' « heureux élus », âmes nobles qui jamais ne se laissent gagner par la bassesse des actes et des pensées, et parviennent à s'en échapper ou à ruser avec elle. Qu'elles appartiennent aux lecteurs réels ou aux personnages de la fiction, ces âmes, le roman les unit dans un même élan, une même énergie vitale. Il nous invite à nous identifier à des êtres d'exception (le quatuor principal) ou à des personnages d'occasion (les dizaines de silhouettes, généreuses, surgies sur les chemins du nord de l'Italie). Avec tous ceux-là nous pouvons former tout un peuple aristocratique, qui campe à distance de la cohorte des créatures viles, craintives ou scélérates.

C'est sans doute une des belles leçons de *La Chartreuse de Parme* : apprendre à survivre dans les époques sinistres et grotesques, à les traverser en préservant intacte l'aptitude au bonheur ; apprendre à sauter les barrières, les frontières comme des contrebandiers au grand cœur ou des gamins sentimentaux, à défier les postes de douanes, les patrouilles policières et toutes les formes maniaques de contrôle qui cloisonnent l'espace et brident l'esprit. La lecture du grand opus italien de Stendhal incite à faire de la vie non pas une longue punition, mais une invention permanente, jusqu'au dernier souffle, jusqu'au dernier bal. ●

Extrait

Au cours d'une rixe Fabrice del Dongo tue son agresseur. Le voilà donc poursuivi pour meurtre par le parti des ennemis de sa tante Gina et de son protecteur le comte Mosca. Il s'échappe, finit par être pris et emprisonné dans la redoutable tour Farnèse. Un tel monument n'a jamais existé à Parme. Stendhal l'invente en se souvenant de Rome et du château Saint-Ange. Il fait de la prison-citadelle le symbole du régime tyrannique et policier imposé par le prince de Parme. Fabrice, dès qu'il y pénètre, ne se laisse accabler ni par les circonstances ni par la pesanteur du lieu. Au contraire il jouit de tout ce qui peut alimenter son bonheur de vivre, de sentir, de rêver, d'aimer – en un mot son allégresse. Même prisonnier il reste libre de cœur et d'esprit. Au passage, vous observerez l'importance que ces pages lumineuses accordent à quelques animaux, des oiseaux, des rats, un chien…

Ce fut dans l'une de ces chambres construites depuis un an, et chef-d'œuvre du général Fabio Conti, laquelle avait reçu le beau nom d'*Obéissance passive*, que Fabrice fut introduit. Il courut aux fenêtres ; la vue qu'on avait de ces fenêtres grillées était sublime : un seul petit coin de l'horizon était caché, vers le nord-ouest, par le toit en galerie du joli palais du gouverneur, qui n'avait que deux étages ; le rez-de-chaussée était occupé par les bureaux de l'état-major ; et d'abord les yeux de Fabrice furent attirés vers une des fenêtres du second étage, où se trouvaient, dans de jolies cages, une grande quantité d'oiseaux de toute sorte. Fabrice s'amusait à les entendre chanter, et à les voir saluer les derniers rayons du crépuscule du soir, tandis que les geôliers s'agitaient autour de lui. Cette fenêtre de la volière n'était pas à plus de vingt-cinq pieds[1] de l'une des siennes, et se trouvait à cinq ou six pieds en contrebas, de façon qu'il plongeait sur les oiseaux.

Il y avait lune ce jour-là, et au moment où Fabrice entrait dans sa prison, elle se levait majestueusement à l'horizon à droite, au-dessus de la chaîne des Alpes, vers Trévise. Il n'était que huit heures et demie du soir, et à l'autre extrémité de l'horizon, au couchant, un brillant crépuscule rouge orangé dessinait parfaitement les contours du mont Viso et des autres pics des Alpes qui remontent de Nice vers le mont Cenis et Turin sans songer autrement à son malheur, Fabrice fut ému et ravi par ce spectacle sublime. « C'est donc dans ce monde ravissant que vit Clélia Conti ! avec son âme pensive et sérieuse, elle doit jouir de cette vue plus qu'un autre ; on est ici comme dans des montagnes solitaires à cent lieues[2] de Parme. » Ce ne fut qu'après avoir passé plus de deux heures à la fenêtre, admirant cet horizon qui parlait à son âme, et souvent aussi arrêtant sa vue sur le joli palais du gouverneur que Fabrice s'écria tout à coup : « Mais ceci est-il une prison ? est-ce là ce que j'ai tant redouté ? » Au lieu d'apercevoir à chaque pas des désagréments et des motifs d'aigreur, notre héros se laissait charmer par les douceurs de la prison.

Tout à coup son attention fut violemment rappelée à la réalité par un tapage épouvantable : sa chambre de bois, assez semblable à une cage et surtout fort sonore, était violemment ébranlée ; des aboiements de chien et de petits cris aigus complétaient le bruit le plus singulier. « Quoi donc ! si tôt pourrais-je m'échapper ! » pensa Fabrice. Un instant après, il riait comme jamais peut-être on n'a ri dans une prison. Par ordre du général, on avait fait monter en même temps que les geôliers un chien anglais, fort méchant, préposé à la garde des prisonniers d'importance, et qui devait passer la nuit dans l'espace si ingénieusement ménagé tout autour de Fabrice. Le chien et le geôlier devaient coucher dans l'intervalle de trois pieds ménagé entre les dalles de pierre du sol primitif de la chambre et le plancher de bois sur lequel le prisonnier ne pouvait faire un pas sans être entendu.

Or, à l'arrivée de Fabrice, la chambre de l'*Obéissance passive* se trouvait occupée par une centaine de rats énormes qui prirent la fuite dans tous les sens. Le chien, sorte d'épagneul croisé avec un fox anglais, n'était point beau, mais en revanche il se montra fort alerte. On l'avait attaché sur le pavé en dalles de pierre au-dessous du plancher de la chambre de bois ; mais lorsqu'il sentit passer les rats tout près de lui il fit des efforts si extraordinaires qu'il parvint à retirer la tête de son collier ; alors advint cette bataille admirable et dont le tapage réveilla Fabrice lancé dans les rêveries les moins tristes. Les rats qui avaient pu se sauver du premier coup de dent, se réfugiant dans la chambre de bois, le chien monta après eux les six marches qui conduisaient du pavé en pierre à la cabane de Fabrice. Alors commença un tapage bien autrement épouvantable : la cabane était ébranlée jusqu'en ses fondements. Fabrice riait comme un fou et pleurait à force de rire : le geôlier Grillo, non moins riant, avait fermé la porte ; le chien, courant après les rats, n'était gêné par aucun meuble, car la chambre était absolument nue ; il n'y avait pour gêner les bonds du chien chasseur qu'un poêle de fer dans un coin. Quand le chien eut triomphé de tous ses ennemis, Fabrice l'appela, le caressa, réussit à lui plaire : « Si jamais celui-ci me voit sautant pardessus quelque mur, se dit-il, il n'aboiera pas. » Mais cette politique raffinée était une prétention de sa part : dans la situation d'esprit où il était, il trouvait son bonheur à jouer avec ce chien. Par une bizarrerie à laquelle il ne réfléchissait point, une secrète joie régnait au fond de son âme.

Après qu'il se fut bien essoufflé à courir avec le chien :

— Comment vous appelez-vous ? dit Fabrice au geôlier.

— Grillo, pour servir Votre Excellence dans tout ce qui est permis par le règlement.

— Eh bien ! mon cher Grillo, un nommé Giletti a voulu m'assassiner au milieu d'un grand chemin, je me suis défendu et je l'ai tué ; je le tuerais encore si c'était à faire : mais je n'en veux pas moins mener joyeuse vie, tant que je serai votre hôte. Sollicitez l'autorisation de vos chefs et allez demander du linge au palais Sanseverina ; de plus achetez-moi force *nébieu d'Asti*.

C'est un assez bon vin mousseux qu'on fabrique en Piémont dans la patrie d'Alfieri et qui est fort estimé surtout de la classe d'amateurs à laquelle appartiennent les geôliers. Huit ou dix de ces messieurs étaient occupés à transporter dans la chambre de bois de Fabrice quelques meubles antiques et fort dorés que l'on enlevait au premier étage dans l'appartement du prince ; tous recueillirent religieusement dans leur pensée le mot en faveur du vin d'Asti. Quoi qu'on pût faire, l'établissement de Fabrice pour cette première nuit fut pitoyable ; mais il n'eut l'air choqué que de l'absence d'une bouteille de bon *nébieu*.

— Celui-là a l'air d'un bon enfant... dirent les geôliers en s'en allant... et il n'y a qu'une chose à désirer, c'est que nos messieurs lui laissent passer de l'argent.

Quand il fut seul et un peu remis de tout ce tapage : « Est-il possible que ce soit là la prison, se dit Fabrice en regardant cet immense horizon de Trévise au mont Viso, la chaîne si étendue des Alpes, les pics couverts de neige, les étoiles, etc., et une première nuit en prison encore ! Je conçois que Clélia Conti se plaise dans cette solitude aérienne ; on est ici à mille lieues au-dessus des petitesses et des méchancetés qui nous occupent là-bas. Si ces oiseaux qui sont là sous ma fenêtre lui appartiennent, je la verrai... Rougira-t-elle en m'apercevant ? » Ce fut en discutant cette grande question que le prisonnier trouva le sommeil à une heure fort avancée de la nuit.

(Chapitre 18.)

[Notes : [1] *pied* = ancienne mesure de longueur, qui correspond à 0,324 mètres ; 25 pieds représentent donc 8 mètres environ ; [2] *lieue* = ancienne mesure de distance, une lieue terrestre équivalant à environ 4 kilomètres ; *à cent lieues, à mille lieues* sont souvent des expressions conventionnelles pour dire « très loin ».]

Une création ultra-rapide

Stendhal n'est pas un romancier précoce ; il signe son premier roman *Armance* à quarante quatre ans (1827). Suivent *Le Rouge et le Noir* (1830), *Lucien Leuwen* (commencé en 1834, inachevé). *Lamiel*, sur lequel l'auteur travaille à partir de 1839 restera également inachevé. Cependant pour *La Chartreuse de Parme*, l'écrivain, alors âgé de cinquante cinq ans, fait preuve d'une rapidité de conception et d'écriture dont on retrouve sans doute les traces dans le tempo allegro du récit. Le 4 novembre 1838 Stendhal s'installe au 4e étage du 8 de la rue Caumartin, à Paris. Il fait dire aux éventuels visiteurs qu'il est parti à la chasse. Nous savons quel gibier romanesque il veut traquer ! Il n'a pas de plan de travail (une idée qui le paralyse), mais il a sans doute en lui le cadre d'ensemble, l'unité de ton. Il fait appel à un copiste, dicte son texte, ce qui lui permet d'aller vite, de conserver à la narration sa profusion, son caractère enlevé, quasi improvisé. Le 26 décembre 1838, au terme de cinquante trois jours d'aventure – réclusion physique, galopade intérieure – l'ouvrage est achevé. ●

Un titre énigmatique

Le titre du roman est si bien installé dans notre imaginaire qu'en acceptant sa beauté, son évidence, on oublie d'en interroger la signification. Or elle ne va pas de soi. Dans la Parme réelle il n'y pas plus de Chartreuse que de tour Farnèse. Et Stendhal ne fait surgir ce lieu fictif – justifiant le titre – qu'*in extremis*, dans les dernières pages : c'est l'endroit, « dans les bois voisins du Pô » où le héros, Fabrice del Dongo se retire du jeu, et donc de la fiction romanesque qui jusqu'alors l'avait presque constamment porté sur le devant de la scène. Que suggèrent les termes ? D'abord le genre nous invite à l'associer aux personnages féminins, Gina, Clélia, femmes citadelles, femmes refuges, qui sont comme des pôles éveillant la vitalité, l'amour, le désir de conquête. Ensuite il y a la géographie : Parme dit l'Italie, et la Chartreuse suggère la France, les Alpes de l'enfance

(Stendhal est natif de Grenoble, ville située au pied du massif de la Grande Chartreuse) comme si le titre réunissait idéalement les deux courants, l'autobiographique et « l'italien », ayant nourri la créativité du romancier. Enfin, en insistant sur le mouvement final de retrait, le titre nous indique un motif qui court à travers le livre : la possibilité, apanage des âmes nobles (Fabrice, Gina, Clélia, Mosca, Ferrante Palla…), de se tenir à l'écart, au-dessus de tous les marécages mondains (cours empoisonnées, froides convenances, appétits mesquins, etc.) pour goûter au bonheur de vivre. ●

Stendhal et l'Italie

La Chartreuse de Parme est le seul roman « italien » de Stendhal – les autres s'inscrivent dans des paysages français. Il est ainsi le dépositaire de tout l'amour de l'artiste pour l'Italie qui fut sa seconde partie, le pays du bonheur vers quoi ses pas, sa sensibilité, son imagination ne cessèrent de le mener. Dès l'enfance, sa tante le berce d'histoires associant la famille du côté maternel à ce pays merveilleux, fantasmé où les « orangers croissent en pleine terre ». C'est seulement à dix-sept ans, en 1800, que Stendhal pénètre en Italie avec les armées napoléoniennes (entrée à Milan le 7 juin). Par la suite, toute l'existence sera une série d'allers retours entre la France et l'Italie, où le conduisent ses amours et sa vie professionnelle (poste de consul à Trieste puis à Civitavecchia à partir de 1830). La production littéraire (non romanesque) témoigne de cet engouement de l'artiste pour un pays dont il aime les musiciens, les peintres, les villes, certaines figures « historiques » remarquables par leur énergie passionnée, voire criminelle :

- *Histoire de la peinture en Italie* (1817) ;
- *Rome, Naples et Florence* (1817) ;
- *Vie de Rossini* (1823) ;
- *Promenades dans Rome* (1829) ;
- *Vanina Vanini* (1829), nouvelle intégrée par la suite aux *Chroniques italiennes* (1837-1839) : « Vittoria Accoramboni », « Les Cenci », « La Duchesse de Palliano », « L'Abbesse de Castro »… ●

Sources vives

L'inspiration stendhalienne est, dans *La Chartreuse de Parme*, à la confluence de deux courants puissants. L'un est autobiographique, mêlant souvenirs réels et rêveries personnelles (l'éblouissement de la découverte de l'Italie ; l'engagement dans les armées napoléoniennes ; l'amour pour Angela Pietragrua qui est l'un des modèles de Gina Pietranera-Sanseverina ; la haine du père ; la fraternité entre Stendhal et Mosca tous deux cinquantenaires). L'autre courant est italien et puise à la source de manuscrits des XVIe et XVIIe siècles, découverts par le romancier en 1833 : il s'agit de vieux récits historiques qu'il traduit, en réalité réinvente sous le titre de *Chroniques italiennes*, trouvant là l'occasion de réveiller – exactement comme le font les soldats français au début du roman – cette âme italienne de la Renaissance qu'il conçoit énergique, passionnée, intrépide jusqu'au crime. Une des chroniques, *Origine de la grandeur de la famille Farnèse*, est le texte source de *La Chartreuse de Parme* ; elle raconte l'histoire d'un Don Juan devenu pape : Alexandre Farnèse est un jeune débauché qui, grâce à l'influence de sa tante Vandozza, femme aux mœurs très libres, devient cardinal à vingt-quatre ans sans renoncer aux plaisirs de la chair. À la fin de sa vie, il est élu pape sous le nom de Paul III. •

Trois noms pour un seul homme

Stendhal est un pseudonyme, un nom choisi, un nom d'artiste utilisé pour la première fois en 1817 pour la parution de *Rome, Naples et Florence*. Auparavant d'autres pseudonymes ont été essayés très ponctuellement : Louis-Alexandre César Bombet (1815, signature des *Vies de Haydn, Mozart et Métastase*) et M.B. A.A. (1817, *Histoire de la peinture en Italie*.) Le patronyme inscrit sur l'état civil est Beyle, prénom Henri. Quant au personnage des écrits autobiographiques, il porte les mêmes initiales et le même prénom, mais le patronyme est modifié : Brulard. *La Vie de Henri Brulard*, dernier des textes autobiographiques (après les *Souvenirs d'égotisme*, écrits en 1832, publiés en 1893) est rédigé en 1835 et 1836. Il sera publié en 1894. •

Stendhal en quelques dates

- **1783 :** naissance d'Henri Beyle à Grenoble, le 23 janvier.
- **1799 :** départ pour Paris chez les Daru, ses cousins.
- **1800 :** employé au ministère de la guerre. Départ pour l'Italie (mai), où il est intégré à l'armée. Débuts d'une carrière dans l'administration impériale, ce qui le conduit notamment en Allemagne (1806), à Wagram (1809), en Russie (1812).
- **1811 :** Angela Pietragrua, rencontrée en 1800, devient sa maîtresse.
- **1814 (à partir de…)** : séjours en Italie, à Milan Rome, Naples.
- **1818 :** rencontre de Métilde Dembowski, liaison passionnée et douloureuse de plusieurs années, qui correspondent à la conception de l'essai *De l'amour* (publié en 1822).
- **1830 :** pendant la révolution parisienne des « Trois Glorieuses », Stendhal corrige les épreuves du *Rouge et le Noir.* Le nouveau régime (Louis-Philippe, monarchie de juillet) le nomme consul en Italie (Trieste, puis Civitavecchia).
- **1836 :** Stendhal, en congé jusqu'en 1839, séjourne à Paris, voyage en France.
- **1839 :** retour à Civitavecchia, voyage à Naples.
- **1841 :** nouveau congé, séjour à Paris.
- **1842 :** Stendhal meurt le 22 mars d'une attaque d'apoplexie. •

Les parfums floraux et stendhaliens du mot Parme

Dans *À la recherche du temps perdu* de Marcel Proust, le narrateur, lors d'un dîner chez les Guermantes, est présenté à la princesse de Parme, une altesse royale qui a la réputation de donner les plus belles fêtes de Paris. Le nom « Parme », motif de rêverie, est alors confronté à la réalité :

> « *À défaut d'être encore jamais de ma vie allé à Parme (ce que je désirais depuis de lointaines vacances de Pâques), en connaître la princesse, qui, je le savais, possédait le plus beau palais de cette cité unique [...] cela aurait dû substituer tout d'un coup à ce que je tâchais de me figurer, ce qui existait réellement à Parme, en une sorte d'arrivée fragmentaire et*

sans en avoir bougé ; c'était dans l'algèbre du voyage à la ville de Giorgione, comme une première équation à cette inconnue. Mais si j'avais depuis plusieurs années – comme un parfumeur à un bloc uni de matière grasse – fait absorber à ce nom de princesse de Parme le parfum de milliers de violettes, en revanche, dès que je vis la princesse, que j'aurais été jusque-là convaincu être au moins la Sanseverina, une seconde opération commença, laquelle ne fut, à vrai dire, parachevée que quelques mois plus tard, et qui consista, à l'aide de nouvelles malaxations chimiques, à expulser toute huile essentielle de violettes et tout parfum stendhalien du nom de la princesse et à y incorporer à la place l'image d'une petite femme noire, occupée d'œuvres, d'une amabilité tellement humble qu'on comprenait tout de suite dans quel orgueil altier cette amabilité prenait son origine. Du reste, pareille, à quelques différences près, aux autres grandes dames, elle était aussi peu stendhalienne que, par exemple, à Paris, dans le quartier de l'Europe, la rue de Parme, qui ressemble beaucoup moins au nom de Parme qu'à toutes les rues avoisinantes, et fait moins penser à la Chartreuse où meurt Fabrice qu'à la salle des pas perdus de la gare Saint-Lazare. » •

Lire

Le roman est disponible en format poche :

- édition de Mariella Di Maio, collection « Folio classique » (Gallimard, 2003). En complément, l'essai de Philippe Berthier (avec un dossier) : « La Chartreuse de Parme » de Stendhal, collection « Foliothèque » (Gallimard, 1995) ;
- édition de Michel Crouzet, collection « Le Livre de poche classique » (Librairie générale française, 2000).

Sur l'écrivain et son œuvre :

- Maurice Bardèche, *Stendhal romancier* (La Table Ronde, 1977, réédition 1983) ;
- Claude Roy, *Stendhal par lui-même*, collection « Écrivains de toujours » (Seuil, 1951, réédition 1984) ;
- Michel Crouzet, *Stendhal ou Monsieur Moi-même* (Flammarion, 1999).

Sur Stendhal et l'Italie :

- Charles Dédéyan, *L'Italie dans l'œuvre romanesque de Stendhal*, deux volumes ; le second est pratiquement consacré dans son intégralité à *La Chartreuse de Parme* (éditions SEDES, 1963) ;

- Jean Goldzink, *Stendhal, l'Italie au cœur*, collection « Découvertes » (Gallimard, 1992) ;
- Michel Crouzet, *Stendhal et l'italianité. Essai de mythologie romantique* (éditions Slatkine, 2006).

Sur l'art de l'écrivain :

Jean-Pierre Richard, *Connaissance et tendresse chez Stendhal in Littérature et Sensation*, collection « Points » (éditions du Seuil, 1954).

Sur les conditions de création :

Le roman posthume de Georges Pérec *53 jours* (POL, 1989) fait explicitement référence (et rend hommage) aux circonstances de la rédaction de *La Chartreuse de Parme* ; il s'agit d'un ouvrage inachevé à la mort de son auteur (1982), publié sept ans plus tard avec ses notes de travail (texte établi par Harry Mathews et Jacques Roubaud).

Une curiosité : un roman qui semble d'une érudition savoureuse ; j'ai découvert son existence à partir d'un compte-rendu sur le net. L'œuvre a pour titre : *Le Copiste de Monsieur Beyle* (Genève, Editions Métropolis, 1998). Son auteur : Ernest Mignatte (un pseudonyme à la manière de Stendhal). Vous accédez facilement au compte-rendu qui en est fait dans la revue *Romantisme* (2002, n°111) à l'adresse électronique suivante : persee.fr/web/revues, puis en tapant les mots « Ernest Mignate » ou « Mignate Stendhal ». ●

Voir

Une adaptation au cinéma, un « classique » : *La Chartreuse de Parme* (1947), réalisation Christian-Jaque avec Gérard Philippe (Fabrice), Maria Casarès (la Sanseverina), Renée Faure (Clélia Conti).

Un document de l'Ina : Françoise Sagan visite l'appartement de la rue Caumartin, à Paris, où Stendhal a écrit (dicté) *La Chartreuse de Parme*. Portrait souvenir du 28 février 1960, durée, 06 min 56s.
http://www.ina.fr/art-et-culture/litterature/video/I00015702/francoise-sagan-dans-la-maison-de-stendhal.fr.html ●

Écouter

♔ Une lecture intégrale du roman (un peu plus de 21 heures d'écoute), version audio accessible gratuitement sur le net :
http://www.litteratureaudio.com/livre-audio-gratuit-mp3/stendhal-la-chartreuse-de-parme.html

♔ Une version abrégée du texte, lue par Guillaume Gallienne (1 CD - MP3 - 8 H 10 d'écoute), proposée par les Éditions Thélème, 2008.

Il existe un opéra adapté du roman de Stendhal : *La Chartreuse de Parme*, musique de Henri Sauguet, livre d'Armand Lunel. Il a été créé à l'Opéra de Paris en 1936 dans des décors de Jacques Dupont avec Germaine Lubin, Arthur Endrèze. Récemment a été réédité (2002 – INA, 2h33) un enregistrement de la version de concert donnée le 30 janvier 1958 au Théâtre des Champs-Elysées, à Paris : Orchestre Lyrique de la RTF sous la direction Manuel Rosenthal, avec Geneviève Moizan (Clélia), Denise Scharley (Gina), Joseph Peyron (Fabrice), Xavier Depraz (Fabio Conti), Claude Genty (Mosca). L'ouvrage a été repris en 2012 à l'Opéra de Marseille, sous la direction de Lawrence Foster et dans une mise en scène de Renée Auphan, avec Nathalie Manfrino (Clélia), Marie-Ange Todorovitch (Sanseverina), Nicolas Cavallier (Mosca). Voir le dossier pédagogique, paru en amont de cette production :
https://www.pedagogie.ac-aix-marseille.fr/upload/docs/application/pdf/2011-12/chartreuse_de_parme.pdf

En creusant la piste lyrique, j'ai repéré sur le net un article de Philippe Berthier « Les grands airs de *La Chartreuse de Parme* » (revue *Littératures*, n°35, 1996 – éditée par les Presses Universitaires du Mirail/Toulouse – malheureusement non accessible sur le net). En partant d'un parallèle entre écriture stendhalienne et écriture musicale, l'auteur isole trois moments singuliers, où un personnage parvient, dans l'allegro bigarré et torrentueux qui emporte tout le récit, à déployer sa voix : air de jalousie pour Mosca (chapitre 7), air de tourment de Clélia (chapitre 15), air de fureur désespérée de la Sanseverina (chapitre 16). ●

Éléments de contexte

- **Règne de Louis-Philippe** (Monarchie de Juillet, 1830-1848).
- **Les cendres de Napoléon 1er** sont transférées solennellement aux Invalides (1840). Louis Napoléon Bonaparte (neveu de Napoléon) fait plusieurs tentatives de coup d'État (1836, 1840), qui échouent.
- **Création à Paris de la *Symphonie fantastique* de Berlioz** (décembre 1830) ; lauréat du Prix de Rome, le compositeur séjourne en 1831-1832 à la Villa Médicis et sillonne l'Italie.
- **Création au Théâtre-Italien à Paris,** des *Puritains*, opéra de Bellini, en 1835, année de la mort du compositeur.
- **Balzac** devient, en 1839, président de la Société des gens de lettres alors qu'une loi est votée sur la propriété littéraire.

Jouer pour retenir

LE BON ORDRE

Remettez les lettres dans le bon ordre pour trouver le nom du héros du roman.

E I B F A R C L E D O G N O D

_ _ _ _ _ _ _ _ _ _ _ _ _ _ _

VRAI OU FAUX

Stendhal est un pseudonyme utilisé par l'auteur.

AH, L'AMOUR !

De quelle jeune femme le héros du roman est-il amoureux ?

A. Clélia Conti

B. Louise de Rênal

C. Vanina Vanini

TITRES À TROUS

Complétez ces titres d'ouvrages de Stendhal.

1. Le Rouge et le _ _ _ _.

2. Promenades dans _ _ _ _.

3. _ _ _ _ _ _ Vanini.

4. Mémoires d'un _ _ _ _ _ _ _ _.

5. Vie de _ _ _ _ _ _ _.

6. Rome, _ _ _ _ _ _ et Florence.

LIVRE AUDIO

Une version abrégée du texte est proposée en livre audio par les Éditions Thélème. Quel acteur nous en fait la lecture ?

A. Jean Rochefort

B. Guillaume Gallienne

C. Fabrice Lucchini

RÉPONSES

Le bon ordre

Réponse : Fabrice del Dongo.

Vrai ou faux

Réponse : Vrai. Avant d'opter pour Stendhal en 1817, Henri Beyle a utilisé d'autres pseudonymes : Louis-Alexandre César Bombet et M.B. A.A.

Ah, l'amour !

Réponse : Clélia Conti.

Titres à trous

Réponse : 1. *Le Rouge et le Noir*. 2. *Promenades dans Rome*. 3. *Vanina Vanini*. 4. *Mémoires d'un touriste*. 5. *Vie de Rossini*. 6. *Rome, Naples et Florence*.

Livre audio

Réponse : Guillaume Gallienne (né en 1972), acteur français sociétaire de la Comédie-Française.

Chapitre 13

Illusions perdues

Honoré de Balzac
(1843)

« Un froid mortel saisit le pauvre poète quand de Marsay le lorgna ; le lion parisien laissa retomber son lorgnon si singulièrement qu'il semblait à Lucien que ce fût le couteau de la guillotine. La calèche passa. La rage, le désir de vengeance s'emparèrent de cet homme dédaigné : s'il avait tenu Mme de Bargeton, il l'aurait égorgée ; il se fit Fouquier-Tinville pour se donner la jouissance d'envoyer Mme d'Espard à l'échafaud, il aurait voulu pouvoir faire subir à de Marsay un de ces supplices raffinés qu'ont inventés les sauvages. »

(Deuxième partie, « Un grand homme de province à Paris », extrait.)

L'absence d'article frappe : *Illusions perdues*. Elle donne au titre quelque chose de cinglant, comme ces formules définitives dont les cimetières sont parsemés : « Regrets éternels ». Dès le début, Balzac annonce la couleur, elle est sombre ; et le programme promet d'être rude : un apprentissage négatif, une somme d'échecs et de déceptions dont on voudrait qu'elle ouvre sur des perspectives moins brutales, vers une lueur aussi faible soit-elle.

Géographie de l'ambition

Illusions perdues, pour dire les choses en une phrase, est le récit d'une ambition qui se déploie puis s'effondre. Lucien Chardon (plus tard, de Rubempré – nom de sa mère) est un jeune provincial, talentueux, superbement doué pour les lettres et la poésie. Encouragé par une aristocrate locale, Madame de Bargeton, son idole, sa muse, il décide de monter à Paris. « Monter à Paris » : l'expression consacrée par l'usage résume à merveille l'enjeu social d'un simple trajet. Pour Lucien l'ambitieux, l'opposition entre la province et la capitale lui apparaît dans un éblouissement qu'il croit éclairant, lorsque Louise de Bargeton lui enjoint de prendre « la bonne route » et d'aller là « où vont tous les hommes de génie », là où « se cultive la gloire ». Angoulême, la ville natale, devient alors le lieu fangeux où l'on végète et où Lucien se voit comme une grenouille sous sa pierre au fond d'un marécage. Paris au contraire brille de mille feux et ne semble attendre que sa venue pour étinceler davantage :

> **Quant à l'espace parisien, il est une juxtaposition de lieux d'ombre et de lumière entre lesquels on passe, comme s'il n'existait rien entre la fange et l'or, le nadir et le zénith, la misère et la gloire.**

« *Paris et ses splendeurs, Paris, qui se produit dans toutes les imaginations de province comme un Eldorado, lui apparut avec sa robe d'or, la tête ceinte de pierreries royales, les bras ouverts aux talents.* »

La province, Paris sont les deux pôles entre lesquels se meut l'imagination de Balzac. C'est vrai pour *Illusions perdues*, et plus largement pour l'ensemble romanesque qui forme *La Comédie humaine*. Mais à l'intérieur de ces deux espaces géographiques, il y a des jeux de contraste qui reflètent une opposition sociale entre le haut et le bas, la société mondaine et le reste de l'humanité. À Angoulême, la Haute Ville est comme une forteresse où campe la vieille noblesse de l'Ancien Régime ; en bas, dans les faubourgs, se trouvent les entreprenants, ceux qui font tout pour s'élever par leur labeur (David Séchard l'imprimeur) ou par leurs intrigues (les frères Cointet ses rivaux). Quant à l'espace parisien, il est une juxtaposition de lieux d'ombre et de lumière entre lesquels on passe, comme s'il n'existait rien entre la fange et l'or, le nadir et le zénith, la misère et la gloire. Du côté de la lumière il y a surtout les salons mondains ; ils rassemblent la société qui compte, celle qui fait et défait les réputations ; ils sont comme des scènes de théâtre où les individus tiennent leur rôle, triomphent ou chutent. Mais il suffit d'un faux pas, d'une défaillance, d'un manque de pouvoir ou d'argent, et l'espace citadin se transforme instantanément, comme dans les contes merveilleux et les cauchemars, en un désert où rares sont les oasis. Tout est alors éteint, vidé, comme à la fin d'une représentation :

> « *À la féerie de la scène, au spectacle des loges pleines de jolies femmes, aux étourdissantes lumières, à la splendide magie des décorations et des costumes neufs, succédaient le froid, l'horreur, l'obscurité, le vide. Ce fut hideux.* »

La défaite du mérite

Ce que Balzac met cruellement en évidence, sous l'affiche trompeuse « Illusions perdues », ce n'est pas la conquête d'une lucidité, l'accès d'une conscience à la clairvoyance, mais la défaite du mérite personnel. « Les deux poètes », première partie du roman, établit un parallèle entre deux personnalités juvéniles, fraternelles, incarnant chacune une forme de génie : David l'imprimeur, formé aux techniques modernes, passionné par l'innovation ; Lucien l'écrivain, doué pour la poésie. Mais une fois l'élan donné, une fois que Lucien s'est mis sous la protection de Louise de Bargeton qui l'emporte dans ses bagages pour Paris comme un bibelot rare, d'une grande beauté qu'il convient de faire valoir, les choses se gâtent. Toute la partie centrale (« Un grand homme de province à Paris ») suit le rythme brutal et capricieux des escalades et des chutes de Lucien dans sa conquête de la capitale : Balzac nous propose de suivre le trajet chaotique d'un génie qui s'égare, d'un talent qui se galvaude. Lucien emprunte des voies rapides, il cède à la facilité et à l'absence de scrupules, il abandonne « l'humble sentier du travail ». S'il parvient à briller – provisoirement – sur la scène parisienne, c'est par son aisance de plume, un certain brio sans profondeur : il a renoncé à s'imposer par ses créations les plus exigeantes et les plus authentiques.

Non sans ironie, Balzac dans la troisième partie du roman (« Les Souffrances de l'inventeur ») fait couronner Lucien par ses anciens camarades alors que nous savons qu'il revient dans sa ville natale ruiné et défait. Ce retour du fils prodigue sanctionne rudement l'échec de la montée vers Paris. Lucien est fêté par ses camarades, mais il s'agit d'une mascarade doublée d'un complot tramé par le redoutable Petit-Claud, faux ami d'enfance, vrai traître. Pire : ce retour précipite la chute de l'autre « génie », l'alter ego, David Séchard, qui est lui un persévérant, un homme dont l'énergie était engagée avec application et constance dans une découverte technique majeure. Les errements et les erreurs de Lucien vont faire que David, sous la pression des dettes et de la prison, devra accepter de se faire voler ses inventions et ne pourra en tirer ni gloire ni bénéfice.

Le mérite des deux jeunes hommes est donc gâché, exploité, détourné ; il ne leur permet pas de s'imposer. En revanche, *Illusions perdues* ne manque pas de personnages secondaires mais hauts en couleurs, ambitieux rusés, retors qui réussissent. Tels des araignées ou des animaux à sang froid, ils élaborent patiemment leurs stratégies victorieuses ; ils sont impitoyables pour ceux qu'ils trompent, abusent ou spolient. La fin du roman consacre ainsi la fortune de Cointet :

> « *Riche de plusieurs millions, nommé député, le grand Cointet est pair de France, et sera, dit-on, ministre du commerce dans la prochaine combinaison.* »

Elle consacre aussi celle du venimeux Petit-Claud :

> « *Tout le monde a entendu parler des succès de Petit-Claud comme Procureur Général, il est le rival du fameux Vinet de Provins, et son ambition est de devenir Premier Président de la Cour royale de Poitiers.* »

L'un comme l'autre récoltent les fruits des manigances qui leur ont permis de spolier David Séchard.

Argent roi, culte de l'or

Dans *Illusions perdues*, le moteur des ambitieux efficaces n'est ni le talent ni le travail : c'est la passion pour le pouvoir et, précisément, pour le pouvoir d'achat. La cupidité, le désir de conquérir les places qui assureront et pérenniseront la richesse matérielle donnent une détermination inflexible. Les questions d'argent emplissent les esprits et les conversations. C'est d'ailleurs, pour nous, lecteurs d'aujourd'hui, une difficulté que de suivre dans le détail les multiples opérations ou entourloupes financières ponctuant le récit : contrats de librairie, rachats de dettes, lettres de créance... Ces passages arides nous révèlent la permanence d'une course aux gains, et l'on y capte quelque chose de fiévreux, comme dans ces scènes où les personnages risquent toute leur fortune sur une table de jeu.

> « La cupidité, le désir de conquérir les places qui assureront et pérenniseront la richesse matérielle donnent une détermination inflexible. »

Plus encore qu'à Angoulême où les rapaces agissent avec discrétion et roublardise, c'est à Paris que le culte de l'argent est le plus visible, le plus intense. L'argent est la panacée, l'unique horizon, la valeur absolue d'une société où la réussite est matérialisée par un certain nombre de signes extérieurs que l'on affiche dans les salons, au spectacle ou à la promenade (habits à la mode, accessoires dernier cri, équipage luxueux etc. – à l'époque, les montres de la marque Rolex n'existent pas encore.) Lucien, jeune poète jusqu'alors épris de beauté, est subjugué par la réalité de cet astre trivial sans lequel on plonge dans l'invisible et le néant :

> « *Depuis deux heures, aux oreilles de Lucien, tout se résolvait par de l'argent. Au Théâtre comme en Librairie, en Librairie comme au Journal, de l'art et de la gloire, il n'en était pas question. Ces coups du grand balancier de la Monnaie, répétés sur sa tête et sur son cœur, les lui martelaient.* »

Au moment de sa première « chute », sur les Champs-Elysées, lorsqu'il est « mis à mort » par l'indifférence dédaigneuse de la société huppée, Lucien est pris de la frénésie du nouveau converti : « Mon Dieu ! de l'or à tout prix ! [...] l'or est la seule puissance devant laquelle ce monde s'agenouille. » Une divinité adulée par beaucoup, subie par les autres, voilà ce que ce métal représente dans le monde d'*Illusions perdues*. Et c'est un prêtre – du moins un homme qui porte l'habit ecclésiastique et le nom de Carlos Herrera – qui confirme à Lucien l'universalité du culte. Au nom de cette révélation, il encourage le jeune homme à lier son sort à lui, homme d'expérience et beau parti : « Jamais l'argent ne vous manquera » lui assure-t-il.

L'emprise du culte de l'or sur les êtres est telle qu'elle crée des situations extrêmes. Balzac évoque une mère qui vend sa propre fille, Coralie, à l'élégant du Marsay pour 60 000 francs – prix (énorme à l'époque) de sa beauté et de sa jeunesse. Il crée surtout la figure du père Séchard, qui vaut largement l'Harpagon de Molière et l'Oncle Picsou de Walt Disney : un vieillard « insensible à tout ce qui ne [sonne] ou ne [reluit] pas or », un homme capable par son avarice d'hypothéquer gravement l'avenir de David, son fils unique. La vérité de ce monstre grotesque est dévoilée par un autre rapace, Petit-Claud (suivant le principe que les salauds se reconnaissent toujours entre eux) :

> « *vous avez mis David dans la position où il est, en lui vendant votre imprimerie trois fois ce qu'elle valait, et en le ruinant pour vous faire payer ce prix usuraire. [...] Vous vous donnez le genre d'aimer prodigieusement votre petit-fils pour masquer la banqueroute de sentiments que vous faites à votre fils et à votre bru qui vous coûteraient de l'argent* hic et nunc, *tandis que votre petit-fils n'a besoin de votre affection que* in extremis. »

Chez Balzac, l'appétit du gain brûle les âmes, assèchent les sentiments et réduit en cendres toutes les autres valeurs sur lesquelles pourrait se fonder l'humanité.

Un héros ambigu

Face aux rapaces et aux prédateurs peuplant Paris et Angoulême, Lucien est une figure complexe, ambivalente. Cette ambivalence est inscrite dans son apparence physique : d'une beauté lumineuse, il séduit par des qualités qui, insiste Balzac, tiennent à la fois de la jeune fille, du bel enfant, de « l'ange triste » et de la divinité gracieuse. Il est à la fois un Apollon et un Bacchus (indien) si l'on s'en tient aux modèles de la statuaire antique ou à ceux de la Renaissance (Michel-Ange) que le romancier donne en références. Outre une beauté hors du commun, Lucien dispose d'un certain nombre de dons, de talents et de vertus. Il est doué pour la poésie, les lettres et l'écriture. Il est capable de lucidité et d'enthousiasmes. Sa détermination à réussir transforme l'éphèbe en fauve redoutable, comme le note le libraire Dauriat :

> « *Qui dirait, mademoiselle, que cet homme qui a l'air d'une jeune fille, est un tigre à griffes d'acier qui vous déchire une réputation comme il doit déchirer vos peignoirs quand vous tardez à les ôter.* »

Mais à la différence de son ami d'enfance, David Séchard qui, fort de sa droiture et de sa persévérance, suit une ligne de conduite constante, quasi monotone, Lucien est d'une nature velléitaire, ce qui rend son parcours chaotique. Il va d'effondrements en renaissances. Il alterne sursauts d'orgueil et trahisons, élans généreux et bassesses. Il possède « le brillant et la soudaineté de la pensée » (qualités du journaliste) car il est mobile. Il est capable de coups d'éclat, d'accès de lucidité sur le monde et sur lui-même. Mais il est aussi facile à persuader. Il a tendance à souscrire au dernier discours éloquent et/ou flatteur qui lui aura été tenu, celui d'un Lousteau, d'une Mme d'Espard ou d'un Carlos Herrera – exactement comme un gamin suivrait dans la rue le premier adulte qui aurait su lui faire miroiter la promesse d'un joujou, d'un sou ou d'une sucrerie.

Une proie, ses protecteurs

Lucien souffre d'une faiblesse majeure : l'absence d'esprit de suite. Il est dépourvu de la passion déterminée qui donnerait à ses actes une cohérence et une dynamique : il est un « ambitieux, sans volonté fixe, mais non sans désir ». Agissant dans l'instant, il est privé de sens stratégique. Il n'a ni l'âme intransigeante d'un pur, ni celle efficace d'un calculateur. Il devient par là une proie facile, un jouet des hommes forts et des hasards de l'existence. Et il va s'empêtrer dans ses contradictions, dans son incapacité à faire des choix et à les assumer. Emblématique du personnage, cette scène terrible où il se présente en larmes, désemparé, devant Daniel d'Arthez, incarnation du génie artistique : Lucien a reçu l'ordre d'écrire un article critiquant le livre de son ami écrivain alors qu'il admire l'ouvrage autant que l'homme ; c'est d'Arthez qui finira par écrire l'article…

Au moment de fuir Paris, Lucien a un brusque accès de lucidité sur lui-même :

> « *Qu'était-il dans ce monde d'ambitions ? Un enfant qui courait après les plaisirs et les jouissances de vanité, leur sacrifiant tout ; un poète, sans réflexion profonde, allant de lumière en lumière comme un papillon, sans plan fixe, l'esclave des circonstances, pensant bien et agissant mal.* »

Tous le voient en Apollon, mais nous, nous savons à quoi nous en tenir sur son apparence : un papillon attiré par ce qui brille, ayant par instants des sursauts de lion ou des envolées d'aigle. Objet de convoitise, sans force de caractère, Lucien a besoin d'anges gardiens qui lui soient dévoués (sa mère, sa sœur Eve, son beau-frère David, Coralie), de protecteurs qui le prennent sous leur aile et de pédagogues lui indiquant quel chemin suivre. L'ultime protecteur qui surgit de nulle part, sur une route de campagne, tel un *deus ex machina*, a pour nom Carlos Herrera. Il se fait confesseur du jeune homme (c'est son métier, il est ecclésiastique) puis directeur de conscience, délivrant la morale de l'histoire. En ouvrant sur l'avenir des perspectives à la fois exaltantes et inquiétantes, il propose une alliance qui fait de lui, dans un Paris à reconquérir, le mentor et le Pygmalion de Lucien – on dirait aujourd'hui son *coach*. Nous saurons plus tard (*Splendeurs et misères des courtisanes*) qui se cache vraiment sous ce nom, cet habit et ce rôle de « père spirituel ».

Puissance et raffinement

Le pays qu'*Illusions perdues* explore ressemble sans doute à la France des années 1820. Mais de celle-ci l'œuvre présente des reflets singuliers, des jeux d'« illusions » séduisants, élaborés par l'imagination d'un artiste – n'oublions pas qu'un roman même s'il raconte, même s'il décrit, même s'il réussit à faire vivre des êtres dont nous oublions qu'ils sont de papier, est avant tout un objet d'art. Balzac ne nous livre pas un document sur la réalité historique de son temps. Son art nous transporte dans des lieux fictifs mais terribles, placés sous la bannière d'une devise effrayante : « Cupidité, Vanité, Férocité ». Ces trois mots qui règlent une bonne part de l'univers romanesque balzacien déterminent une vision, mise en œuvre par une puissance créatrice soucieuse de produire sur nous des impressions fortes et durables. Le romancier tire ainsi ses inventions (personnages, situations) vers des extrêmes sur lesquels il joue avec beaucoup de maîtrise et d'efficacité. Il aime, par exemple, opposer la grandeur dans le sacrifice à celle qui se révèle dans l'ignominie. Il aime confronter le sadisme de la femme du monde (Mme d'Espard) avec le dévouement absolu de la courtisane (Coralie). Il fait voisiner l'artiste bien planté dans ses convictions (D'Arthez) avec le journaliste-acrobate prêt à se plier à toutes les opportunités (Lousteau). Il met en vis-à-vis la traîtrise sournoise du faux frère (Petit-Claud) avec la confiance sans illusions du vrai cœur fraternel (David). Il s'amuse à faire monter Lucien à Paris d'abord dans les jupes d'une noble provinciale et, pour finir, dans celles d'un curé espagnol.

Mais l'art de Balzac n'est pas seulement un art de la fresque, avec des effets de masse, des gestes soulignés, des portraits de personnages que leurs vices ou leurs vertus rendent inoubliables, des scènes conduites avec un sens très affirmé du comique, de la cruauté ou du pathétique. Il ménage aussi des raffinements de détail. Deux exemples, parmi d'autres, où en quelques phrases surgit un personnage au relief extraordinaire. D'abord ce portrait qui révèle un art de caricaturiste et dit, comme croquée sur le vif, toute la vérité d'un être, son passé, son présent, son avenir :

> « *Petit-Claud, épilé, peigné, savonné, n'avait pu se défaire de son petit air sec. Il était impossible de ne pas comparer cet avoué maigrelet, serré dans ses habits, à une vipère gelée ; mais l'espoir augmentait si bien la vivacité de ses yeux de pie, il mit tant de glace sur sa figure, il se gourma si bien, qu'il arriva jusqu'à la dignité d'un petit procureur du roi ambitieux.* »

Ensuite cette évocation rapide, qui laisse entrevoir, dans le sillage de Carlos Herrera, comme sous la lueur d'un éclair, des arrière-plans aux vapeurs de soufre :

> « *voyageur vêtu de noir, les cheveux poudrés, chaussé de souliers en veau d'Orléans à boucles d'argent, brun de visage, et couturé comme si, dans son enfance, il fût tombé dans le feu.* »

La littérature, spécialement chez Balzac, nous invite à « lire » ce qui nous entoure avec un regard stimulé, enrichi par l'art. Il faut donc que vous vous plongiez dans *Illusions perdues*. Non seulement parce que c'est le chef d'œuvre de *La Comédie humaine*. Mais parce que c'est un roman magistral qui nous parle de nous, aujourd'hui, de l'humanité en proie aux passions (intemporelles ?) que sont l'ambition, la voracité matérielle, le goût du pouvoir et de la domination. Balzac avec *Illusions perdues* nous éclaire et nous fait gagner du temps. •

Extrait

Les deux héros du roman, presque des frères : David Séchard (imprimeur) et Lucien Chardon (poète), jeunes hommes que le hasard a placé en bas de l'échelle économique et sociale, mais non en bas de l'échelle des mérites. Balzac trace un double portrait où reliefs et contrastes sont accusés. Une description – de celles que les écoliers paresseux ont envie de « sauter » ou que certains éditeurs modernes, soucieux de vendre du Classique, écartent des versions « light » qu'ils destinent au « grand public », réputé amateur d'actions haletantes... En fait une description à la Balzac : colorée, puissante. Une description pour l'œil (art de peintre) autant que pour l'imagination (art de conteur). Car ce morceau n'est pas un hors d'œuvre dans la narration. Il est un moment de celle-ci. Un « arrêt sur image ». Du concentré de romanesque. Un double portrait riche déjà de toutes les possibilités d'intrigues et d'histoires que Balzac développera ensuite. Deux êtres saisis dans la pureté de la jeunesse, pleins d'enthousiasmes, vierges encore de désillusions : ils ne vont pas tarder à se heurter à la réalité du monde, révélant à ce contact toutes les potentialités – sombres ou lumineuses – de leurs tempéraments respectifs.

En 1821, dans les premiers jours du mois de mai, David et Lucien étaient près du vitrage de la cour au moment où, vers deux heures, leur quatre ou cinq ouvriers quittèrent l'atelier pour aller dîner. Quand le maître vit son apprenti fermant la porte à sonnette qui donnait sur la rue, il emmena Lucien dans la cour, comme si la senteur des papiers, des encriers, des presses et des vieux bois lui eût été insupportable. Tous deux s'assirent sous un berceau[1] d'où leurs yeux pouvaient voir quiconque entrerait dans l'atelier. Les rayons du soleil qui se jouaient dans les pampres de la treille[2] caressèrent les deux poètes en les enveloppant de sa lumière comme d'une auréole. Le contraste produit par l'opposition de ces deux caractères et de ces deux figures fut alors si vigoureusement accusé, qu'il aurait séduit la brosse d'un grand peintre. David avait les formes que donne la nature aux êtres destinés à de grandes luttes, éclatantes ou secrètes. Son large buste était flanqué[3] par de fortes épaules en harmonie avec la plénitude de toutes ses formes. Son visage, brun de ton, coloré, gras, supporté par un gros cou, enveloppé d'une abondante forêt de cheveux noirs, ressemblait au premier abord à celui des chanoines chantés par Boileau[4] ; mais un second examen vous révélait dans les sillons des lèvres épaisses, dans la fossette du menton, dans la tournure d'un nez carré, fendu par un méplat tourmenté, dans les yeux surtout ! le feu continu d'un unique amour, la sagacité du penseur, l'ardente mélancolie d'un esprit qui pouvait embrasser les deux extrémités de l'horizon, en en pénétrant toutes les sinuosités, et qui se dégoûtait facilement des jouissances tout idéales en y portant les clartés de l'analyse. Si l'on devinait dans cette face les éclairs du génie qui s'élance, on voyait aussi les cendres auprès du volcan ; l'espérance s'y éteignait dans un profond sentiment du néant social où la naissance obscure et le défaut de fortune maintiennent tant d'esprits supérieurs. Auprès du pauvre imprimeur, à qui son état, quoique si voisin de l'intelligence, donnait des nausées, auprès de ce Silène[5] lourdement appuyé sur lui-même qui buvait à longs traits dans la coupe de la science et de la poésie, en s'enivrant afin d'oublier les malheurs de la vie de province, Lucien se tenait dans la pose gracieuse trouvée par les sculpteurs pour le Bacchus indien[6]. Son visage avait la distinction des lignes de la beauté antique : c'était un front et un nez grecs, la blancheur veloutée des femmes, des yeux noirs tant ils étaient bleus, des yeux pleins d'amour, et dont le blanc le disputait en fraîcheur à celui d'un enfant. Ces beaux yeux étaient surmontés de sourcils comme tracés par un pinceau chinois et bordés de longs cils châtains. Le long des joues brillait un duvet soyeux dont la couleur s'harmonisait à celle d'une blonde chevelure naturellement bouclée. Une suavité divine respirait dans ses tempes d'un blanc doré. Une incomparable noblesse était empreinte dans son menton court, relevé sans brusquerie. Le sourire des anges tristes errait sur ses lèvres de corail rehaussées par de belles dents. Il avait les mains de l'homme bien né, des mains élégantes, à un signe desquelles les hommes devaient obéir et que les femmes aiment à baiser. Lucien était mince et de taille moyenne. À voir ses pieds, un homme aurait été d'autant plus tenté de le prendre pour une jeune fille déguisée, que, semblable, à la plupart des hommes fins, pour ne pas dire astucieux, il avait les hanches conformées comme celles d'une femme. Cet indice, rarement trompeur, était vrai chez Lucien, que la pente de son esprit remuant amenait souvent, quand il analysait l'état actuel de la société, sur le terrain de la dépravation particulière aux diplomates qui croient que le succès est la justification de tous les moyens, quelque honteux qu'ils soient. L'un des malheurs auxquels sont soumises les grandes intelligences, c'est de comprendre forcément toutes choses, les vices aussi bien que les vertus.

Ces deux jeunes gens jugeaient la société d'autant plus souverainement qu'ils s'y trouvaient placés plus bas, car les hommes méconnus se vengent de l'humilité de leur position par la hauteur de leur coup d'œil. Mais aussi leur désespoir était d'autant plus amer qu'ils allaient ainsi plus rapidement là où les portait leur véritable destinée. Lucien avait beaucoup lu, beaucoup comparé ; David avait beaucoup pensé, beaucoup médité. Malgré les apparences d'une santé vigoureuse et rustique, l'imprimeur était un génie mélancolique et maladif, il doutait de lui-même ; tandis que Lucien, doué d'un esprit entreprenant, mais mobile, avait une audace en désaccord avec sa tournure molle, presque débile, mais pleine de grâces féminines. Lucien avait au plus haut degré le caractère gascon, hardi, brave, aventureux, qui s'exagère le bien et amoindrit le mal, qui ne recule point devant une faute s'il y a profit, et qui se moque du vice s'il s'en fait un marchepied. Ces dispositions d'ambitieux étaient alors comprimées par les belles illusions de la jeunesse, par l'ardeur qui le portait vers les nobles moyens que les hommes amoureux de gloire emploient avant tous les autres. Il n'était encore aux prises qu'avec ses désirs et non avec les difficultés de la vie, avec sa propre puissance et non avec la lâcheté des hommes, qui est d'un fatal exemple pour les esprits mobiles. Vivement séduit par le brillant de l'esprit de Lucien, David l'admirait tout en rectifiant les erreurs dans lesquelles le jetait la furie française. Cet homme juste avait un caractère timide en désaccord avec sa forte constitution, mais il ne manquait point de la persistance des hommes du Nord. S'il entrevoyait toutes les difficultés, il se promettait de les vaincre sans se rebuter ; et, s'il avait la fermeté d'une vertu vraiment apostolique, il la tempérait par les grâces d'une inépuisable indulgence. Dans cette amitié déjà vieille, l'un des deux aimait avec idolâtrie, et c'était David. Aussi Lucien commandait-il en femme qui se sait aimée. David obéissait avec plaisir. La beauté physique de son ami comportait une supériorité qu'il acceptait en se trouvant lourd et commun.

– Au bœuf l'agriculture patiente, à l'oiseau la vie insouciante, se disait l'imprimeur. Je serai le bœuf, Lucien sera l'aigle.

(Extrait de la Première partie : « Les deux poètes »)

[Notes : [1] *berceau* = (sous-entendu) de feuillage. [2] *pampres de la treille* = rameaux de vigne composant une voûte de feuillage que soutient un assemblage de perches et de tiges. [3] *flanqué* = encadré, soutenu (sur les flancs). [4] *chanoines chantés par Boileau* = allusion aux personnages du poème Le Lutrin de Nicolas Boileau. [5] *Silène* = Figure de la mythologie gréco-latine. Silène est un demi-dieu, né de l'accouplement entre une nymphe et le dieu Pan ; il est à la fois le père nourricier et le compagnon de Bacchus (voir note suivante). [6] *Bacchus indien* = allusion à une célèbre statue de marbre du jeune Michel-Ange (fin XVe siècle) exposée aujourd'hui à Florence ; elle représente Bacchus, dieu gréco-latin du vin, de l'ivresse et de la danse, dans une pose sensuelle à la fois féminine et virile – symbole de la jeunesse et des voluptés terrestres.]

Le Bœuf et l'Aigle

Deux animaux emblématiques pour résumer Honoré de Balzac, l'homme et l'artiste, suggérer sa puissance de travail, l'immensité de son labeur artistique, sa capacité à embrasser le monde dans sa globalité. Impossible de donner ici ne serait-ce qu'un aperçu d'une vie relativement brève mais très remplie. Disons que s'y déploie une intense énergie. Elle le fait se lancer dans des affaires peu fructueuses, multiplier les chantiers d'écriture, les liaisons féminines, les voyages à travers l'Europe… Quelques dates importantes :

- **1799 :** naissance à Tours.
- **1814 :** installation avec sa famille à Paris .
- **1819 :** après des études de droit, choix du métier d'écrivain.
- **1822 :** début d'une liaison de quinze ans avec Laure de Berny (elle a l'âge de sa mère), qui fait son éducation amoureuse et mondaine.
- **1825-1828 :** Balzac se lance dans diverses affaires (une maison d'édition, une imprimerie, une fonderie de caractères), qui sont autant d'échecs et des sources d'endettement.
- **1829 :** parution du premier roman que Balzac signe de son nom *Les Chouans*. Tout en écrivant beaucoup de romans dans les années qui suivent, l'écrivain multiplie les collaborations dans des journaux et des périodiques, et participe intensément à la vie mondaine et artistique parisienne.
- **1832 :** débuts (épistolaires) d'une relation avec Mme Hanska, qui deviendra sa femme (elle vit à Odessa, il la rencontre un an plus tard).
- **1833-1834 :** débuts d'organisation de l'ensemble des romans, répartis en *Études de mœurs* et *Études philosophiques*.
- **1840 :** installation à Passy dans l'actuelle rue Raynouard (aujourd'hui « Maison de Balzac »).
- **1841 :** naissance officielle, par contrat d'édition, de *La Comédie Humaine* qui regroupe romans antérieurs et romans futurs (17 volumes publiés entre 1842 et 1848, complétés en 1855 par un volume supplémentaire).
- **1850 :** Balzac épouse en mars Mme Hanska (veuve, donc libre, depuis 1841) ; il meurt le 18 août. ●

La Comédie humaine : l'enfer et le paradis sur Terre

Splendeurs et misères des courtisanes (1847) reprend le récit là où *Illusions perdues* restait en suspens : sur la route entre Angoulême et Paris, pour une nouvelle conquête de la capitale par Lucien que chaperonne désormais l'inquiétant Carlos Herrera. Les deux œuvres forment un diptyque occupant une place centrale dans *La Comédie humaine*, fresque conçue par Balzac et qui regroupe l'essentiel de ses romans. Le projet d'organiser ceux ci comme un tout remonte aux débuts des années 1830 et se concrétise quelques années plus tard. Il s'articule sur une idée simple, mais très neuve : faire revenir les personnages d'un roman à l'autre. Le lecteur, en pénétrant dans un récit où il retrouve des personnages croisés ailleurs, aura ainsi la sensation d'avoir un aperçu singulier d'un monde beaucoup plus vaste, comme s'il s'emparait d'un des multiples fils d'une immense tapisserie.

Le titre fait référence au théâtre mais surtout au fameux poème de Dante (*La Divine Comédie*, début XIVe siècle). Comme le poète florentin, Balzac a l'ambition de faire une somme qui résume le monde, l'ordonne, le sonde dans toute son ampleur et sa profondeur. Mais chez Balzac, le drame ne se déroule pas sur les scènes de l'Enfer, du Purgatoire ou du Paradis. Il se situe sur Terre, dans une France des années 1820-1830 que l'imagination du romancier recrée, réinvente : un grand chaudron où s'agitent les passions humaines les plus vives, appétits sombres, purs dévouements, machinations diaboliques, élans célestes ! •

Le petit monde d'*Illusions perdues*

Certains commentateurs se sont amusés à compter les personnages dans *La Comédie humaine* : 2500. Parmi ceux (265) figurant dans *Illusions perdues* et *Splendeurs et misères des courtisanes*, une large proportion (147) est présente dans d'autres romans. D'où l'idée que ces deux œuvres formant un diptyque sont comme un grand carrefour à l'intérieur de *La Comédie humaine*. Quelques ouvrages, à titre d'exemples, où vous retrouverez certains acteurs du drame d'*Illusions perdues* : dans *Splendeurs et misères des courtisanes* vous retrouverez non seulement Lucien de Rubempré et Carlos Herrera, mais aussi l'ignoble Cérizet (surnommé le « Courageux ») et M. du Châtelet (alias « Le Héron »). Rastignac occupe le devant de la scène du *Père Goriot* (1835), Daniel d'Arthez et Michel Chrestien sont les héros des *Secrets de la princesse de Cadignan* (1840), Étienne Lousteau est au cœur du drame de *La Muse du département* (1843), la généreuse Camille Maupin est l'héroïne de *Béatrix* (1839), la cruelle marquise d'Espard celle de *L'Interdiction* (1836), Finot apparaît dans *L'Illustre Gaudissard* (1834, 1848) et *La Maison Nucingen* (1838), etc. À vous de lire et à vous d'enquêter (car ces personnages apparaissent ailleurs chez Balzac). •

Un écrivain professionnel

Méditant sur ceux qu'il appelle les « *quatre grands* du roman français, Stendhal, Balzac, Flaubert et Proust » Julien Gracq (1910-2007) souligne la spécificité de l'auteur d'*Illusions perdues* par rapport aux trois autres :

> « *La vérité qu'il faut rappeler d'abord, quand on parle de Balzac, et que pourtant malgré soi on oublie toujours à demi, chaque fois qu'on le compare aux autres « grands », c'est qu'il est à la fois le premier professionnel intégral et le premier « fournisseur » régulier que la carrière de romancier ait connu en France. Sa catégorie (ainsi désignerait-on en langage sportif les seuls écrivains auxquels il soit tout à fait licite de le confronter) ce n'est pas Stendhal, Flaubert et Proust, c'est Dumas, Eugène Sue, Zola, Ponson du Terrail, Zévaco (je ne m'occupe pas de la qualité, mais du statut). Entre un artiste bien renté comme Flaubert, qui donne le meilleur de lui-même, de loin en loin, dans une œuvre où il engage toutes ses réserves, et un Balzac qui recense chaque soir, l'œil sur son échéancier, le nombre de pages abattues dans la journée, il y a la même différence d'état qu'entre un professionnel de tennis d'avant-guerre, qui donnait la leçon cinq heures par jour, et les cracks amateurs qu'il entraînait et qui se livraient jusqu'au bout de leurs forces, deux ou trois fois par an, à Wimbledon ou dans la Coupe Davis.* »

(*En lisant, en écrivant*, éd. José Corti, 1980.) •

Les métiers du livre

Illusions perdues nous fait pénétrer dans l'univers de l'écrit et de ses métiers : imprimerie, presse, librairie. Ce sont des métiers que Balzac a connus, pratiqués en tant qu'écrivain, journaliste et homme d'affaires (dans les années 1820, il a notamment participé à une entreprise de fonte de caractères d'imprimerie). Dans son roman, il oppose vigoureusement les hommes de la Presse, des « réalistes », cyniques, désenchantés, superficiels, déloyaux (Lousteau les résume) aux hommes de l'Art, « idéalistes », intraitables, hostiles aux comprissions, fidèles à leurs principes et à leurs convictions, rassemblés dans le cadre du Cénacle autour de Daniel d'Arthez. L'expérience balzacienne des métiers du livre fait que le texte est émaillé de termes particuliers, empruntées aux jargons professionnels. Ils surgissent dès les premières pages. Je vous en indique quelques-uns (vous compléterez la liste) : *ours, prote, forme, marbre, singe, casse, sabot, frisquette, articlier, canard.* •

Lire

Le roman est accessible en différentes éditions de poche :

- l'édition présentée et annotée par Patrick Berthier, collection « Les Classiques de poche » (Le Livre de poche, Librairie générale française, 2006) a pour particularité de découper le texte en petits chapitres conformément à la première édition du roman – un principe que Balzac n'a pas respecté ensuite, préférant le découpage du roman en seulement trois grandes parties ;
- l'édition présentée par Philippe Berthier, collection « GF » (Flammarion, 1990) est précédée d'un entretien avec Catherine Cusset « Pourquoi aimez-vous *Illusions perdues* ? » ;
- dans la collection « Folio classique », préface de Gaëtan Picon, notice de Patrick Berthier (éditions Gallimard, 1972).
- collection « Pocket classiques », préface et commentaires de Daniel Mortier (Pocket 1999).

L'édition de référence est celle établie par Roland Chollet pour la collection « Bibliothèque de la Pléiade », tome V de *La Comédie humaine*, sous la direction de Pierre-Georges Castex (Gallimard, 1977).

Sur l'homme et son œuvre :

- Gaëtan Picon, *Balzac par lui-même*, collection « Écrivains de toujours », (Seuil, 1956 ; rééditions ultérieures) ; on le trouve facilement en occasion sur le net ;
- Maurice Bardèche, *Balzac romancier* (Plon, 1950) ;
- Ernst-Robert Curtius, *Balzac* (essai de 1923, d'un érudit allemand, philologue, spécialiste des littératures européennes et grand amateur de littérature française, récemment réédité). À compléter (du même auteur) par « Nouvelle rencontre avec Balzac » in *Essais sur la littérature européenne* (Grasset, 1954) ;
- Nadine Satiat, *Balzac ou la Fureur d'écrire* (Hachette Littératures, 1999).

Un site destiné aux chercheurs, étudiants, amateurs éclairés (ou souhaitant le devenir) : *<http://www.balzac-etudes.paris-sorbonne.fr>* créé à l'initiative du Groupe d'Études balzaciennes. •

Voir

Balzac a été beaucoup adapté, et continue à l'être aussi bien au cinéma qu'à la télévision. Mais peu de réalisateurs se sont attaqués à *Illusions perdues* – sans doute trop ample pour tenir dans le format d'un film. Une exception, Maurice Cazeneuve à qui l'on doit, à une époque où la télévision française popularisait la « culture classique », la réalisation d'*Illusions perdues* en 1966 (avec Yves Régnier dans le rôle de Lucien) et celle de *Splendeurs et misères des courtisanes* en 1975 (six épisodes, avec Bruno Garcin dans le rôle de Lucien, Georges Géret en Carlos Herrera, Corinne Le Poulain en Esther Gobseck). •

Éléments de contexte

- **Le roi Louis-Philippe** s'appuie sur Guizot (conservateur) pour gouverner le pays.
- **Lancement en 1836** du quotidien *La Presse* par Émile de Girardin (financement par la publicité ; publication de romans feuilletons.)
- **Invention de la rotative (1845)** qui va permettre la fabrication de quotidiens en grosse quantité et à moindre coût.
- **Publication en 1843** de *L'Extinction du paupérisme*, un essai de Louis-Napoléon Bonaparte.
- **Séjour de Karl Marx** à Paris (jusqu'en 1845).
- **Noyade accidentelle de Léopoldine Hugo** et de son époux, à Villequier (Seine), le 4 septembre 1843.
- **Fiodor Dostoïevski** traduit *Eugénie Grandet* en 1844 (avant de se lancer dans ses propres écrits.)
- **En 1845,** Chateaubriand achève ses *Mémoires d'outre tombe.*

Jouer pour retenir

LE BON TITRE

Illusions perdues *(18_ _), qui raconte l'échec de Lucien de _ _ _ _ _ _ _ _ _ , est l'un des plus longs romans de* La Comédie _ _ _ _ _ _ _ . *L'action se déroule sous la R_ _ _ _ _ _ _ _ _ _ _. Le héros est monté à P_ _ _ _ dans le but de devenir _ _ _ _ _ _ _ _. Balzac a dédié cette œuvre à Victor _ _ _ _.*

VRAI/FAUX

L'action se déroule à Chartres en 1821.

LE RÊVE D'UNE VIE

Replacez les lettres dans le bon ordre pour trouver de quoi rêve Lucien Chardon.

I R O L E G

_ _ _ _ _ _

VRAI/FAUX

Lucien choisit le nom de sa mère, « de Rubempré », car il pense que « Chardon », celui de son père, peut nuire à ses espoirs de réussite mondaine.

QUI EST QUI ?

Reliez chaque personnage à sa caractéristique.

Coralie	Prêtre
Carlos Herrera	Actrice
David Séchard	Imprimeur
Madame de Bargeton	Poète
Lucien Chardon	Aristocrate

RÉPONSES

Le bon titre

Réponse : 1843 / Rubempré / humaine / Restauration / Paris / écrivain / Hugo

Vrai ou Faux

Réponse : Faux. L'action se déroule bien en 1821 mais dans la ville d'Angoulême puis à Paris.

Le rêve d'une vie

Réponse : C'est la gloire que le héros est venu chercher en quittant Angoulême.

Vrai ou Faux

Réponse : Vrai.

Qui est qui ?

Réponse : Coralie -> Actrice. Carlos Herrera -> Prêtre. David Séchard -> Imprimeur. Mme de Bargeton -> Aristocrate. Lucien Chardon -> Poète.

Chapitre 14

Le Vicomte de Bragelonne

Alexandre Dumas et Auguste Maquet
(1847-1850)

« Raoul aperçut au loin le toit aigu, les deux petites tourelles, le colombier dans les ormes, et les volées de pigeons qui tournoyaient incessamment, sans pouvoir le quitter jamais, autour du cône de briques, pareils aux doux souvenirs qui voltigent autour d'une âme sereine. Lorsqu'il s'approcha, il entendit le bruit des poulies qui grinçaient sous le poids des seaux massifs ; il lui sembla aussi entendre le mélancolique gémissement de l'eau qui retombe dans le puits, bruit triste, funèbre, solennel, qui frappe l'oreille de l'enfant et du poète rêveurs... »

(Chapitre IV, « Le père et le fils », extrait.)

Un vrai roman-fleuve. *Le Vicomte de Bragelonne*, qui clôt le cycle des « Mousquetaires », paraît en feuilleton dans le journal *Le Siècle* d'octobre 1847 à janvier 1850. Plus de deux ans et demi pour que les lecteurs aillent au bout de cette ample fresque historique couvrant les premiers temps du règne de Louis XIV. Athos, Porthos, Aramis, d'Artagnan y font leur ultime apparition. Trente années sont passées depuis que les quatre compagnons d'armes, réinventés par Dumas et Maquet à partir de figures historiques réelles, se sont rencontrés. L'heure n'est plus à l'allégresse, comme dans *Les Trois Mousquetaires*. Les héros sont fatigués. Ils ont gagné en complexité et en humanité ce qu'ils ont perdu en vitalité juvénile. Mais le plus terrible est que leur quatuor, autrefois si fraternel, est désuni par les circonstances.

L'Histoire en toute liberté

Le titre est trompeur. Il nous promet de suivre la carrière d'un homme de noble extraction. Or, le roman emprunte un tout autre trajet, ou plutôt maints trajets, et Raoul de Bragelonne, le fils d'Athos, n'y apparaît que par intermittences. C'est que Dumas et Maquet ont choisi de brosser le tableau d'une époque, et leur fresque se déploie sur un peu plus de treize années, entre mai 1660 et juin 1673, lorsque meurt d'Artagnan. Par comparaison, les deux romans précédents se déroulaient sur des durées plus ramassées, entre 1625 et 1628 pour *Les Trois Mousquetaires*, entre 1648 et 1649 pour *Vingt Ans après*. Là où il y avait resserrement de l'action, autour de l'affaire des ferrets de la reine Anne d'Autriche dans un cas, autour de la Fronde et de la révolution anglaise dans l'autre, il y a maintenant foisonnement avec une multiplicité de personnages, de péripéties, de complots.

Mais le plus terrible est que leur quatuor, autrefois si fraternel, est désuni par les circonstances.

Après avoir travaillé à partir d'un riche matériau historique, notamment les textes des témoins de l'époque, écrivains ou mémorialistes comme La Rochefoucauld, le Cardinal de Retz, Mme de Motteville, Mme de Sévigné ou Mme de La Fayette, les deux romanciers nous font revivre la Restauration de Charles II sur le trône d'Angleterre, la fin de Mazarin et de Gaston d'Orléans (frère de Louis XIII), les débuts du pouvoir personnel de Louis XIV. Ils nous font suivre l'ascension de Colbert aux dépens de Fouquet, surintendant des finances, qui est arrêté à la suite des célèbres fêtes données dans son château de Vaux-le-Vicomte, puis jugé et condamné. Ils mêlent les intrigues politiques (les affaires de la Cour, les affaires d'État) avec les intrigues amoureuses (les affaires de cœur du jeune roi, sa passion impossible pour Marie Mancini, son flirt avec sa belle sœur Henriette d'Angleterre, ses amours avec Louise de la Vallière jusqu'au surgissement d'une future favorite, La Montespan).

MARIE MANCINI

(1639-1715) Cette nièce du cardinal Mazarin fut sans doute le premier amour de Louis XIV. La mère du roi, Anne d'Autriche, et son premier ministre, Mazarin, oncle de Marie, s'opposèrent à leur union, qui aurait été une mésalliance pour le roi. Louis XIV épousa en 1660 l'infante d'Espagne Marie Thérèse et Marie partit vivre en Italie.

Comme à leur habitude, Dumas et Maquet s'inspirent des modèles historiques avec une grande liberté d'invention. Ils ont prolongé la vie d'Athos (le vrai était mort en 1643), ils ont fait ressurgir Porthos qui, dès les années 1640, avait disparu des chroniques historiques. Ils métamorphosent Aramis (marié en 1654) en puissant homme d'Église. C'est pour le seul d'Artagnan qu'ils sont restés près du modèle préexistant, reprenant son implication dans l'arrestation et l'incarcération de Fouquet, s'inspirant de sa carrière militaire plutôt brillante et de sa fin héroïque au cours du siège de Maastricht conduit par Vauban.

Crépuscules

Si le titre est trompeur, le sous-titre est plus parlant : *Dix Ans plus tard*. Ce qui veut dire trois décennies après la constitution du quatuor des mousquetaires. Les amis d'autrefois sont aux portes du grand âge. De fait, si *Les Trois Mousquetaires* était le roman du triomphe de la jeunesse, *Le Vicomte de Bragelonne* est celui du désenchantement et de la fin d'un monde.

> « Sensible au charme féminin, il est foncièrement inconstant ; pour le reste il est ambigu, partagé entre le sens de la justice, l'ingratitude, voire la cruauté. »

La jeunesse est présente, mais les trois personnages qui l'incarnent à travers une histoire d'amour contrariée, ne sont pas des héros positifs comme l'étaient les mousquetaires quand ils avaient vingt ans. Raoul de

Bragelonne est trahi par celle qu'il aime depuis l'enfance, et une pulsion héroïque le fait se précipiter vers une mort de combattant. Louise de la Vallière, la « traîtresse », est en réalité une figure émouvante, sincère, mais promise comme Raoul à l'abandon. Quant à Louis XIV, il n'a rien de glorieux : un jeune homme indécis, timide, impulsif, il se métamorphose au cours du roman sans devenir pour autant un personnage sympathique : sensible au charme féminin, il est foncièrement inconstant ; pour le reste il est ambigu, partagé entre le sens de la justice, l'ingratitude, voire la cruauté.

Si une atmosphère mélancolique imprègne l'ensemble du récit, si les teintes du tableau semblent adoucies, comme automnales, si le tempo s'est alangui par rapport aux chevauchées débridées des *Trois Mousquetaires*, c'est que l'on assiste ici à la fin d'une fraternité jadis enthousiasmante. D'Artagnan, Athos, Porthos, Aramis forment désormais un quatuor désuni : jamais au cours du récit le romancier ne les réunit tous les quatre. Le temps n'est plus au « Tous pour un ! Un pour tous ! » Les aléas de l'Histoire les ont placés dans des camps opposés. Par fidélité pour Nicolas Fouquet, Aramis, évêque de Vannes et général des Jésuites, entraîne Porthos dans un complot avec enlèvement du roi Louis XIV, libération du mystérieux « Masque de fer » emprisonné à la Bastille. Face à eux, d'Artagnan, fidèle à son monarque. Les amis d'hier sont devenus adversaires.

FRONDE

Nom donné aux troubles politiques qui, entre 1648 et 1653, ébranlent la monarchie française, au moment où Anne d'Autriche (veuve de Louis XIII assure la régence, secondée par son premier ministre, Mazarin. Les nobles et les parlementaires tentent, sans succès, de rétablir leurs prérogatives que Richelieu, premier ministre de Louis XIII avaient entamées en renforçant la centralisation du pouvoir monarchique.

Mais s'ils ne sont plus aussi proches qu'autrefois, les mousquetaires, marqués par l'âge, l'expérience et les épreuves, sont pareillement patinés par le temps, et Dumas leur réserve des sorties de scène émouvantes, des funérailles grandioses : ils finissent en beauté. Athos meurt de chagrin après la mort de son fils. Porthos expire en colosse, sous un amoncellement de roches, comme un Titan qui aurait voulu escalader l'Olympe et défier les dieux. D'Artagnan meurt en soldat alors que sa carrière militaire atteint un apogée avec son accession au rang de maréchal de France.

Seul demeure Aramis, le mieux adapté aux circonstances – car là est aussi la leçon désabusée que nous livre roman : les valeurs incarnés par les mousquetaires dans leur jeunesse ont cédé du terrain face aux intrigues et aux manœuvres mondaines. Les temps ne sont plus ceux – romantiques ! – où les hommes d'épée, pleins de bravoure physique, d'entrain et d'esprit chevaleresque, tenaient le devant de la scène et triomphaient d'êtres malfaisants bien identifiables comme Milady ou son fils Mordaunt. Les temps nouveaux appartiennent aux hommes de cour, aux rois ambigus (Louis XIV) et aux ministres retors (Colbert).

JEAN-BAPTISTE COLBERT

(1619-1683) est l'un des principaux ministres de Louis XIV. Il occupe les postes de Contrôleur général des finances (1665-1683) et de secrétaire d'État de la Maison du roi et secrétaire d'État de la Marine (1669-1683). Il pousse Louis XIV à se débarrasser de son rival, Fouquet, et développe une politique économique interventionniste et mercantiliste qu'on désignera plus tard par le terme de « colbertisme ».

Extrait

Nicolas Fouquet a donné en l'honneur du jeune roi Louis XIV de somptueuses fêtes dans son château de Vaux-le-Vicomte. Une manœuvre de Colbert, ministre ambitieux et retors, fait croire au roi que son hôte courtise sa belle maîtresse, Mlle de la Vallière. Furieux, Louis XIV se retire dans la chambre qui lui a été réservée et fait appeler son fidèle d'Artagnan, capitaine des mousquetaires. Alexandre Dumas, plus encore qu'un conteur, est un homme de théâtre (c'est le genre qui l'a imposé) et il sait mener avec brio un dialogue où fusent les répliques pétillantes et les formules mémorables. D'Artagnan est ici à l'image de son créateur, il manie le langage avec la même dextérité qu'une épée : esprit affûté autant que fine lame.

– Combien avez-vous d'hommes ici ? demanda le roi sans répondre autrement à la question qui lui était faite.

– Pour quoi faire, sire ?

– Combien avez-vous d'hommes ? répéta le roi en frappant du pied.

– J'ai les mousquetaires.

– Après ?

– J'ai vingt gardes et treize Suisses.

– Combien faut-il de gens pour...

– Pour ?... dit le mousquetaire avec ses grands yeux calmes.

– Pour arrêter M. Fouquet.

D'Artagnan fit un pas un arrière.

– Arrêter M. Fouquet ! dit-il avec éclat.

– Allez-vous dire aussi que c'est impossible ? s'écria le roi avec une rage froide et haineuse.

– Je ne dis jamais qu'une chose soit impossible, répliqua d'Artagnan blessé au vif.

– Eh bien ! faites !

D'Artagnan tourna sur ses talons sans mesure et se dirigea vers la porte.

L'espace à parcourir était court : il le franchit en six pas. Là, s'arrêtant :

– Pardon, sire, dit-il.

– Quoi ? dit le roi.

– Pour faire cette arrestation, je voudrais un ordre écrit.

– À quel propos ? et depuis quand la parole du roi ne vous suffit-elle pas ?

– Parce qu'une parole de roi, issue d'un sentiment de colère, peut changer quand le sentiment change.

– Pas de phrases, monsieur ! vous avez une autre pensée.

– Oh ! j'ai toujours des pensées, moi, et des pensées que les autres n'ont malheureusement pas, répliqua impertinemment d'Artagnan.

Le roi, dans la fougue de son emportement, plia devant cet homme, comme le cheval plie les jarrets sous la main robuste du dompteur.

– Votre pensée ? s'écria-t-il.

– La voici, sire, répondit d'Artagnan. Vous faites arrêter un homme lorsque vous êtes encore chez lui : c'est de la colère. Quand vous ne serez plus en colère, vous vous repentirez. Alors, je veux pouvoir vous montrer votre signature. Si cela ne répare rien, au moins cela nous montrera-t-il que le roi a tort de se mettre en colère.

– A tort de se mettre en colère ! hurla le roi avec frénésie. Est-ce que le roi mon père, est-ce que mon aïeul ne s'y mettaient pas, corps du Christ ?

– Le roi votre père, le roi votre aïeul ne se mettaient jamais en colère que chez eux.

– Le roi est maître partout comme chez lui.

– C'est une phrase de flatteur, et qui doit venir de M. Colbert, mais ce n'est pas une vérité. Le roi est chez lui dans toute maison, quand il en a chassé le propriétaire.

Louis se mordit les lèvres.

– Comment ! dit d'Artagnan, voilà un homme qui se ruine pour vous plaire, et vous voulez le faire arrêter ? Mordioux ! sire, si je m'appelais Fouquet et que l'on me fît cela, j'avalerais d'un coup dix fusées d'artifice, et j'y mettrais le feu pour me faire sauter, moi et tout le reste. C'est égal, vous le voulez, j'y vais.

– Allez ! fit le roi. Mais avez-vous assez de monde ?

– Croyez-vous, sire, que je vais emmener un anspessade[1] avec moi ? Arrêter M. Fouquet, mais c'est si facile, qu'un enfant le ferait. M. Fouquet à arrêter, c'est un verre d'absinthe à boire. On fait la grimace, et c'est tout.

– S'il se défend ?...

– Lui ? Allons donc ! se défendre, quand une rigueur comme celle-là le fait roi et martyr ! Tenez, s'il lui reste un million, ce dont je doute, je gage qu'il le donnerait pour avoir cette fin-là. Allons, sire, j'y vais.

– Attendez ! dit le roi.

– Ah ! qu'y a-t-il ?

– Ne rendez pas son arrestation publique.

– C'est plus difficile, cela.

– Pourquoi ?

– Parce que rien n'est plus simple que d'aller, au milieu des mille personnes enthousiastes qui l'entourent, dire à M. Fouquet : « Au nom du roi, monsieur, je vous arrête ! » Mais aller à lui, le tourner, le retourner, le coller dans quelque coin de l'échiquier, de façon qu'il ne s'en échappe pas ; le voler à tous ses convives, et vous le garder prisonnier, sans qu'un de ses *hélas* ! ait été entendu, voilà une difficulté réelle, véritable, suprême, et je la donne en cent aux plus habiles.

– Dites encore : « C'est impossible ! » et vous aurez plus vite fait. Ah ! mon Dieu, mon Dieu ! ne serais-je entouré que de gens qui m'empêchent de faire ce que je veux !

– Moi, je ne vous empêche de rien faire. Est-ce dit ?

– Gardez-moi M. Fouquet jusqu'à ce que, demain, j'aie pris une résolution.

– Ce sera fait, sire.

– Et revenez à mon lever pour prendre mes nouveaux ordres.

– Je reviendrai.

– Maintenant, qu'on me laisse seul.

[Notes : [1] *anspessade* = autrefois dans la hiérarchie de l'infanterie militaire, c'était un grade inférieur d'officier, subordonné au caporal.]

(Extrait du Chapitre 222 « Jalousie ».)

Les fruits d'une collaboration

L'histoire a retenu d'Alexandre Dumas père (1802-1870) qu'il fut un écrivain monstrueusement prolifique et que, pour y parvenir, il utilisait ce qu'on appelle des « nègres littéraires » : hommes de plume composant et créant pour un autre, qui signe à leur place. Il serait idiot de parler d'imposture à propos de Dumas, qui était un véritable artiste. Il est plus exact de parler de collaboration. Le principal et le plus talentueux de ces hommes de l'ombre (à vrai dire, leurs noms sont connus) fut Auguste Maquet (1813-1833). Les deux hommes se rencontrèrent au cours des années 1830, dans le cadre d'un groupe parisien fameux, les Jeunes-France, qui rassemble la nouvelle génération littéraire, romantique et libérale, très active lors des créations théâtrales de Hugo (la « bataille » d'*Hernani*) ou de Dumas. Le travail à quatre mains s'étale sur douze années, extrêmement fécondes, de 1839 à 1851.

Maquet a l'idée des sujets, il apporte beaucoup de matériaux documentaires ; Dumas relit, corrige, donne de la vivacité aux dialogues (il ne faut pas oublier qu'il pense toujours « théâtre »), parfois il ne fait que survoler le manuscrit, et modifie un mot par-ci par-là. Difficile dans ces conditions de savoir précisément qui fait quoi. Mais seul importe le résultat, et il est brillant puisque voient alors le jour les grands cycles historiques rassemblant les plus fameux romans de Dumas : *La Reine Margot*, *Les Quarante-Cinq*, *La Dame de Montsoreau* (pour le XVIe siècle), la trilogie des « Mousquetaires » (XVIIe siècle), *Joseph Balsamo*, *Le Collier de la reine*, *Le Chevalier de Maison-Rouge*, *Ange Pitou* (XVIIIe siècle) et *Le Comte de Monte-Cristo* (XIXe siècle). Au moment de la ruine de Dumas (1851) et de sa fuite en Belgique, les deux hommes interrompent leur collaboration. S'ensuit, dans les années 1850, une action en justice lancée par Maquet sur des questions artistiques et financières ; elle scelle la rupture des deux écrivains. Chacun poursuivra de son côté sa carrière, mais sans plus jamais signer de chef-d'œuvre. •

L'âge d'or du roman-feuilleton

Avant de sortir en volumes, les romans historiques d'Alexandre Dumas (et Auguste Maquet) paraissent en épisodes, dans des journaux. C'est l'époque bénie du roman-feuilleton. Elle commence au milieu des années 1830 en France avec la révolution de la presse. En 1836 Emile de

Girardin lance *La Presse*, le premier journal à gros tirage et petit prix, adossé à des recettes publicitaires. C'est lui qui, pour fidéliser l'attention de son lectorat, sollicite les romanciers dont il publie en épisodes des œuvres originales. Cette forme nouvelle de diffusion contribue, en même temps qu'à la démocratisation de l'information, à celle de la littérature. Elle donne à lire les grands noms de l'époque, Balzac, Théophile Gautier, Dumas. Ce dernier, en tandem avec Maquet, excelle dans un genre qui fait évoluer l'art du récit, favorise intrigues à rebondissements et coups de théâtre. Le souci de vivacité a aussi des raisons économiques : le romancier est payé à la ligne, et une ligne ce peut être la réplique brève d'un dialogue ; d'où l'intérêt de mettre en scène des personnages avares de paroles, se contentant d'un mot pour répondre (voir l'extrait). En 1851, au moment même où se disloque le tandem Dumas-Maquet, une loi qui taxe les journaux diffusant une œuvre romanesque met fin à cet âge d'or qui a vu se distinguer Eugène Sue et Paul Féval. Par la suite, les romans feuilletons à la mode seront de moindre ambition, usant et abusant des ficelles du mélodrame et des rebondissements qui se répètent à l'infini. Le maître de ce genre dégradé : Ponson du Terrail, qui publie, après 1853, les interminables aventures du sinistre Rocambole. •

La légende du Masque de fer

Une des intrigues majeures du *Vicomte de Bragelonne* est construite autour d'un prisonnier à l'identité mystérieuse, enfermé à la Bastille : il s'agit du légendaire « Masque de fer ». En réalité, il y eut dans l'histoire de la forteresse parisienne un homme inconnu qui mourut en 1703, après une captivité de trente-quatre ans. Il portait toujours sur le visage un masque de velours noir et un ancien mousquetaire le surveillait, le marquis de Saint-Mars. À partir de là, les imaginations s'échauffèrent sur la question de l'identité de l'inconnu. L'hypothèse de Dumas – je vous laisse la découvrir – reprend celle lancée par Voltaire au XVIIIe siècle. Sous le masque, qui entre temps s'est alourdi, le velours se changeant en acier, d'autres hypothèses, plus ou moins délirantes, ont reconnu un fils bâtard de Louis XIV et de Louise de la Vallière ; un agent double italien qui aurait trahi la France ; Nicolas Fouquet en personne (mort en réalité au fort de Pignerol en 1680) ; Molière enlevé sur la pression des Jésuites après une représentation du *Malade imaginaire*. •

Duos créateurs

En littérature, le couple Dumas-Maquet n'est pas une exception. D'autres tandems se constituèrent qui fonctionnèrent efficacement et – on l'espère – harmonieusement :

- les frères Edmond Goncourt (1822-1896) et Jules Goncourt (1830-1870) écrivirent à quatre mains des romans (*Germinie Lacerteux*), des articles, des essais, du théâtre ainsi qu'un *Journal* (1851-1870) fameux publié en 1887. Après la mort précoce de son cadet, Edmond poursuivit en solo sa carrière littéraire et continua de rédiger le *Journal* (six tomes venant s'ajouter aux trois co-écrits avec Jules).
- Émile Erckmann (1822-1899) et Alexandre Chatrian (1826-1890), deux Lorrains, commencèrent à écrire à quatre mains en 1847 et s'illustrèrent notamment dans des récits historiques mettant en scène leurs compatriotes : *L'Histoire d'un conscrit de 1813* (1864), *Waterloo* (1865).
- Pierre Souvestre (1874-1914) et Marcel Allain (1885-1969) furent coauteurs notamment pour la série des *Fantômas* à partir de février 1911 et jusqu'en septembre 1913 (trente-deux titres, un par mois). Allain poursuivra la série en solo entre 1926 et 1963 (une dizaine de titres).
- Pierre Boileau (1906-1989) et Thomas Narcejac (1908-1998) ont collaboré pendant quarante ans, en particulier pour des romans policiers – certains de leurs récits furent popularisés par le cinéma : *Celle qui n'était plus* (1959) a donné *Les Diaboliques* (1959) d'Henri-Georges Clouzot ; *D'entre les morts* (1954) est devenu *Sueurs froides* (*Vertigo*, 1958) d'Alfred Hitchcock. •

Lire

Profitez d'un temps long (des vacances par exemple) pour vous attaquer à la trilogie des « Mousquetaires » de Dumas-Maquet, *Les Trois Mousquetaires*, *Vingt Ans après* et *Le Vicomte de Bragelonne*. Le dernier volet de la trilogie est disponible en plusieurs éditions de poche :

- collection « Folio », 3 volumes, édition de Jean-Yves Tadié (Gallimard, 1997) ;
- collection « Le Livre de poche classique », 3 volumes, édition de Simone Bertière (Librairie générale française, 2010) ;
- collection « Bouquins » (Robert Laffont ; 1991).

N'oubliez pas que cette aventure au long cours se prête à une lecture fragmentée : les récits étaient conçus pour être livrés en épisodes. Vous pouvez donc prendre tout votre temps comme un lecteur des années 1840 !

Sur les relations entre Alexandre Dumas et Auguste Maquet : Bernard Fillaire, *Alexandre Dumas, Auguste Maquet et associés* (éditions Bartillat, 2010).

Pour ceux que les sources de Dumas et Maquet intéressent : *Mémoires de M. d'Artagnan* (1700), écrites par Gatien de Courtilz de Sandras, collection « Le Temps retrouvé » (Mercure de France, 1987). ●

Voir

Impossible d'être fidèle à la fresque, elle est trop vaste, trop monumentale pour pouvoir être adaptée en images (à moins d'y consacrer des moyens gigantesques). Le cinéma s'est surtout passionné pour l'épisode du *Masque de fer*. Sous ce titre, deux films (l'un français, l'autre américain) :

- réalisation Henri Decoin (1962), avec Jean Marais et Jean Rochefort ;
- réalisation Randall Wallace (1997) avec Léonardo Di Caprio, Jeremy Irons, John Malkovich, Gérard Depardieu.

Une adaptation (fantaisiste) du roman de Dumas/ Maquet : *Le Vicomte de Bragelonne*, film franco-italien de 1954 avec Georges Marchal (Raoul de Bragelonne), Jacques Dumesnil (D'Artagnan), André Falcon (Louis XIV).

Sur Dumas et Maquet : *L'Autre Dumas*, film réalisé par Safy Neblou (2010) avec Gérard Depardieu (Alexandre Dumas) et Benoît Poelvoorde (Auguste Maquet). ●

Éléments de contexte

• **Début en France** (1847) de la « campagne des banquets » (réunions politiques en faveur de réformes) qui conduira à la Révolution de février 1848 et à l'avénement de la Seconde République.

• **Inauguration** (1847) du Théâtre-Historique (bd du Temple), promu par Dumas et le duc de Montpensier (fils du roi Louis-Philippe) ; il démarre avec *La Reine Margot* (pièce en 12 actes) et fonctionne jusqu'à la fin 1850.

• **1847 :** début de la parution de *L'Histoire de la Révolution française* de Jules Michelet ; publication de *Jane Eyre* (Charlotte Brontë) et *des Hauts de Hurlevent* (Emily Brontë).

• **George Sand** fait paraître *François le Champi* (1847) et *La Petite Fadette* (1849).

• **Mouvements révolutionnaires** dans toute l'Europe (« Printemps des peuples », mouvements d'indépendance nationale : Italie, Autriche, Allemagne, Hongrie, Pologne, Roumanie…)

• **En France,** journées insurrectionnelles de juin 1848, durement réprimées ; élection de Louis Napoléon président de la République.

• **Parution** du *Manifeste du parti communiste* de Marx et Engels (1848 ; commande du Congrès de la Ligue des communistes, qui s'est tenu à Londres fin 1847.)

Jouer pour retenir

VRAI OU FAUX

Le roman suit l'ascension sociale du vicomte de Bragelonne.

QUESTION D'ÉPOQUE

Le récit se déroule sous le règne du roi :

- **A.** Louis XIII
- **B.** Louis XIV
- **C.** Louis XVI

MORT D'UN PERSONNAGE

Le récit s'achève en juin 1673 à la mort d'un personnage. Lequel ?
Indice : replacez son nom dans les trous.

_ _ _ _ _ _ _ _ _

CINÉMA

Quel duo d'acteurs interprète Dumas et Maquet dans le film L'Autre Dumas *(2010) de Safy Neblou ?*

- **A.** Gérard Depardieu et Benoît Poelvoorde
- **B.** Thierry Lhermitte et Christian Clavier
- **C.** Jean Gabin et Lino Ventura

VRAI OU FAUX

Avant de sortir en volumes, les romans historiques de Dumas paraissent en épisodes dans des journaux.

RÉPONSES

Vrai ou faux

Réponse : Faux. Le titre de l'ouvrage est trompeur car, en réalité, Dumas et Maquet brossent une fresque de plus de treize années dans laquelle Raoul de Bragelonne n'apparaît que par intermittences.

Question d'époque

Réponse : Le récit se déroule sous le règne de Louis XIV, de mai 1660 à juin 1673.

Mort d'un personnage

Réponse : D'Artagnan

Cinéma

Réponse : Dans *L'Autre Dumas*, Gérard Depardieu interprète Alexandre Dumas et Benoît Poelvoorde incarne Auguste Maquet.

Vrai ou faux

Réponse : Vrai. C'est la grande époque du roman-feuilleton, lancé par Émile de Girardin pour fidéliser ses lecteurs.

Chapitre 15

Madame Bovary

Gustave Flaubert
(1857)

« En passant auprès des portes, la robe d'Emma, par le bas, s'ériflait au pantalon ; leurs jambes entraient l'une dans l'autre ; il baissait ses regards vers elle, elle levait les siens vers lui ; une torpeur la prenait, elle s'arrêta. Ils repartirent ; et, d'un mouvement plus rapide, le vicomte, l'entraînant, disparut avec elle jusqu'au bout de la galerie, où, haletante, elle faillit tomber, et, un instant, s'appuya la tête sur sa poitrine. »

(Première partie, chapitre 8, extrait.)

Attaqué dès sa parution par les pouvoirs publics qui l'accusent de « poétiser l'adultère », le roman *Madame Bovary* marque l'entrée brillante et tapageuse de Gustave Flaubert dans le paysage littéraire français. Ce tapage, il ne l'a pas cherché puisqu'il avait choisi délibérément, comme une discipline imposée à soi-même, un sujet plat, sans grand relief : une jeune provinciale se marie, s'ennuie, trompe son ennui en trompant son mari… une banale histoire de femme adultère, d'amants et d'époux cocufié, dans le cadre réaliste d'une province peuplée d'êtres insipides. Mais le style de l'ouvrage, fruit d'un travail colossal d'écriture et de réécriture, nous sauve de l'ennui qui ronge l'héroïne et magnifie la médiocrité sordide des êtres qui l'entourent.

Une femme à l'esprit empoisonné

Le romancier choisit de construire son récit autour d'un anti-héros : Emma, épouse Bovary, femme désœuvrée, menant une existence sans intérêt au fin fond de la Normandie, dans les années 1830-1840. Son drame : devoir supporter l'écart terrible qui sépare la vie réelle, auprès de son mari Charles, un officier de santé dépourvu d'envergure, de la vie telle qu'elle l'imagine. Les rêves d'Emma, présentée comme une jolie femme, sensible, intelligente, passionnée, rusée quand il le faut, sont les fruits empoisonnés de son éducation. À force d'écouter des histoires pieuses pleines de sentimentalité, de se laisser bercer par les chansons galantes que lui débite la lingère du couvent où elle est élevée, à force de contempler les gravures à la mode, de lire des romans d'amour pour midinettes, de s'enthousiasmer comme tout le public européen pour les fantaisies historiques de Walter Scott, Emma s'est constituée une mythologie personnelle, un idéal à quoi tout son être tend : en réalité un bric-à-brac de clichés romanesques. Elle aspire au luxe des voyages lointains, aux scintillements de la grande ville. Elle rêve de passions éternelles dans la splendeur et la chaleur d'un Orient très vague, mais elle les transpose aussi bien dans les froidures écossaises ou dans la

Elle trompe l'ennui et la déception comme elle peut, par la dépression maladive, par des élans vers Dieu, et surtout en prenant des amants.

France du très grand siècle d'un Louis XIV pris dans un tourbillon de favorites.

Toutes ces chimères, Flaubert nous fait bien sentir qu'elles sont de pacotille et que leur raffinement apparent dissimule à peine ce qu'elles ont de conventionnel. Le malheur est qu'Emma les projette sur son quotidien. Elle agit un peu à la façon du don Quichotte de Cervantès, qui projetait sur le monde réel où il s'aventurait, des images héroïques empruntées aux romans de chevalerie qu'il avait dévorés durant toute sa vie. Mais Emma n'est pas don Quichotte. Elle ne part jamais à l'aventure. Elle vit sous les contraintes du mariage et de la vie provinciale, dans un espace confiné, sans perspectives. Du songe creux qui la possède, semé de bonheurs mondains, de fêtes et de départs exotiques, Emma ne saisit, dans la vie courante, que des reflets très fugaces comme ce bal au château de la Vaubyessard où elle est conviée peu après son mariage ou, plus tard, ces soirées qu'elle passe à Rouen aux spectacles d'opéra. Elle trompe l'ennui et la déception comme elle peut, par la dépression maladive, par des élans vers Dieu, et surtout en prenant des amants.

WALTER SCOTT

Romancier et poète écossais, il est l'auteur d'une œuvre considérable. Il s'illustre surtout dans le genre du roman historique à partir de *Wawerley* (1805) avec des succès comme *Ivanhoé* (1819) et *Quentin Durward* (1823). Son influence sur les romantismes anglais et français est décisive.

L'enfer de la province

Flaubert emprisonne son héroïne non seulement en l'asservissant à des rêveries illusoires, mais en l'enfermant dans un espace d'autant plus étroit qu'il est peuplé d'être médiocres. L'écrivain et universitaire contemporain Michel Butor (1926-2016) ouvre une piste éclairante lorsqu'il décrit cette farandoles d'hommes grotesques comme des incarnations des péchés capitaux ; et c'est vrai que plusieurs d'entre eux sont des tentateurs, et précipitent Emma dans une chute irrémédiable. Rodolphe, gentilhomme campagnard, don juan de village, est la Gourmandise : il convoite la jolie Madame Bovary avec voracité, et se lasse vite de la friandise une fois qu'elle est consommée. Léon, amant platonique puis, après un séjour parisien qui le déniaise et lui apprend le cynisme, amant tout court, incarne la Luxure – c'est à la suite d'une visite à la cathédrale de Rouen qu'il prend possession du corps et de l'âme de la gentille pécheresse, venue lui porter une lettre de rupture : la scène se passe, hors de vue, à l'intérieur d'un fiacre agité par d'autres soubresauts que ceux du galop des chevaux…

Lheureux, le bien nommé, le marchand de nouveautés, lui qui multiplie les tentations matérielles et creuse méthodiquement le gouffre des dettes où Emma va se perdre, est l'Avarice. Homais représente l'Envie : elle le pousse à éliminer ceux, forts de leur science médicale, qui pourraient faire de l'ombre à son ambition de pharmacien et notable local ; pour mieux détruire la réputation de Charles Bovary, il pousse discrètement Emma à ce qu'elle encourage l'opération du jeune pied-bot, qui tournera au désastre.

Mais ces tentateurs qui encerclent Emma, et qu'elle utilise parfois comme remèdes à ses frustrations, sont avant tout des « bourgeois » au sens où Flaubert l'entend. Il n'emploie pas le mot pour identifier une condition sociale ou une situation économique. Il désigne à travers lui des êtres foncièrement bornés, vulgaires, conformistes, ne se souciant que de l'aspect matériel des choses, adhérant à des valeurs conventionnelles, fermés à tout ce qui intéresse la vie de l'esprit : des philistins ; des âmes tristes et mortes. Le pharmacien Homais, création saisissante, est par son intelligence pratique, par son arrivisme vaniteux et par sa profonde bêtise humaine, le modèle accompli du « bourgeois flaubertien ». Un type éternel.

Dans ce cortège infernal et dérisoire, l'un des rares à se distinguer, même modestement, est Charles Bovary : lui, l'homme sans ambition et sans talents, le mari trompé, celui qui entre dans le récit sous les ricanements de ses condisciples, quitte la scène de manière émouvante et discrète. Après qu'il a assisté à l'agonie d'Emma, puis découvert les lettres des amants de sa femme, il continue à lui vouer une adoration sans limites. Il est le seul à ne pas l'oublier, et il en meurt très doucement. Quelques pages plus haut, Emma, au moment où elle va mourir, découvre la profondeur de l'amour de Charles : elle avait, tout près d'elle, un trésor qu'elle n'a pas su reconnaître.

La plume comme un scalpel

Lorsqu'il se lance dans le chantier « Bovary », Flaubert a la volonté d'engager une lutte féroce contre ses illusions romantiques. Il cherche à brider et contenir l'une des composantes de sa personnalité, celle qui fait de lui, selon sa propre analyse, un homme « épris de *gueulades*, de lyrisme, de grands vols d'aigle, de toutes les sonorités de la phrase et des sommets de l'idée. » Il veut favoriser l'autre penchant, qui le définit comme un artiste fouillant, creusant « le vrai tant qu'il peut », voulant « faire sentir presque matériellement les choses qu'il reproduit », aimant à rire et se plaisant « dans les animalités de l'homme. »

Ce point de vue anti-romantique, ironique et lucide jusqu'à la cruauté, il l'adopte dans *Madame Bovary*. À partir d'un thème banal, fondé sur un faits-divers se déroulant dans un milieu où règnent la bêtise ordinaire et le matérialisme le plus vulgaire, il déploie une écriture ayant la précision et la vigueur d'un scalpel – les mêmes qu'un chirurgien appliquerait sur un patient. En cela, le point de vue de Flaubert sur le monde provincial qu'il fait surgir devant nous est comparable au regard du docteur Larivière, sommité médicale, venu au chevet d'Emma agonisante : « plus tranchant que ses bistouris, [il] vous descendait droit dans l'âme et désarticulait tout mensonge à travers les allégations et les pudeurs. »

À partir d'un thème banal, fondé sur un faits-divers se déroulant dans un milieu où règnent la bêtise ordinaire et le matérialisme le plus vulgaire, il déploie une écriture ayant la précision et la vigueur d'un scalpel.

Le culte du style : une esthétique et une morale

La beauté de l'œuvre d'art, telle que Flaubert la conçoit et cherche à la construire, n'est pas dans le « sujet », dans l'histoire qu'il nous raconte. Elle est dans le style, la manière de raconter : « il n'y a ni beaux ni vilains sujets […] le style étant à lui tout seul une manière de voir les choses. » Et pour que les choses soient plus nettes, il dessine, dans une autre lettre de 1852 à Louise Colet, l'idéal d'écriture vers quoi le conduit son travail :

> « *un style qui serait beau, que quelqu'un fera à quelque jour, dans dix ans, ou dans dix siècles, et qui serait rythmé comme le vers, précis comme le langage des sciences, et avec des ondulations, des ronflements de violoncelle, des aigrettes de feux, un style qui vous entrerait dans l'idée*

LOUISE COLLET

Écrivain et poète, louise Collet (1810-1876) s'impose assez jeune dans le paysage littéraire français. Elle fréquente Hugo, Musset, Baudelaire, Vigny. Entre 1846 et 1855, elle entretient avec Flaubert une liaison amoureuse et épistolaire. Dans les lettres qu'il lui adresse dans les années 1850, Flaubert évoque souvent des questions d'écriture.

comme un coup de stylet, et où votre pensée enfin voguerait sur des surfaces lisses, comme lorsqu'on file dans un canot avec bon vent arrière. »

Le culte flaubertien du style n'est pas seulement l'expression d'une démarche esthétique. Il relève d'une morale. Et précisément dans *Madame Bovary*, l'écriture sauve le « sujet », elle ne se laisse pas gagner par la médiocrité des êtres et des situations. Elle est un splendide et magistral démenti infligé à la bêtise, à la vulgarité et au philistinisme qui a tout envahi, les personnages tournant autour d'Emma aussi bien que l'esprit de la jeune femme elle-même. C'est cette beauté salvatrice de l'œuvre d'art qui vaut que l'artiste lui consacre toutes ses forces. •

Extrait

I

La première rencontre entre Charles Bovary et Emma, fille du père Rouault, un fermier aisé qui vient de se casser la jambe. Une conversation s'engage sur des sujets convenus, mais le regard du jeune homme est avide, curieux de cette jolie fille qu'il découvre et qui provoque l'éveil de sa sensualité. Au moment de se quitter, il y a un premier contact physique et le détail fort d'un arrêt sur image, comme une violente bouffée d'érotisme.

On parla d'abord du malade, puis du temps qu'il faisait, des grands froids, des loups qui couraient les champs la nuit. Mlle Rouault ne s'amusait guère à la campagne, maintenant surtout qu'elle était chargée presque à elle seule des soins de la ferme. Comme la salle était fraîche, elle grelottait tout en mangeant, ce qui découvrait un peu ses lèvres charnues, qu'elle avait coutume de mordillonner à ses moments de silence.

Son cou sortait d'un col blanc, rabattu. Ses cheveux, dont les deux bandeaux noirs semblaient chacun d'un seul morceau, tant ils étaient lisses, étaient séparés sur le milieu de la tête par une raie fine, qui s'enfonçait légèrement selon la courbe du crâne ; et, laissant voir à peine le bout de l'oreille, ils allaient se confondre par derrière en un chignon abondant, avec un mouvement ondé vers les tempes, que le médecin de campagne remarqua là pour la première fois de sa vie. Ses pommettes étaient roses. Elle portait, comme un homme, passé entre deux boutons de son corsage, un lorgnon d'écaille.

Quand Charles, après être monté dire adieu au père Rouault, rentra dans la salle avant de partir, il la trouva debout, le front contre la fenêtre, et qui regardait dans le jardin, où les échalas des haricots avaient été renversés par le vent. Elle se retourna.

– Cherchez-vous quelque chose ? demanda-t-elle.

– Ma cravache, s'il vous plaît, répondit-il.

Et il se mit à fureter sur le lit, derrière les portes, sous les chaises ; elle était tombée à terre, entre les sacs et la muraille. Mlle Emma l'aperçut ; elle se pencha sur les sacs de blé. Charles, par galanterie, se précipita, et, comme il allongeait aussi son bras dans le même mouvement, il sentit sa poitrine effleurer le dos de la jeune fille, courbée sous lui. Elle se redressa toute rouge et le regarda par-dessus l'épaule, en lui tendant son nerf de bœuf.

(Extrait de la Première Partie, chapitre II.)

II

Au moment où Emma projette de s'enfuir avec son amant Rodolphe, une rêverie éveillée, très romanesque, l'emporte vers des lointains exotiques. Tout s'enchaîne avec fluidité dans l'esprit de la jeune femme, mais, si vous suivez le texte de près, vous observerez comment le romancier suggère l'irréalité de ces mirages, leur caractère schématique et convenu. Le romancier se fait encore plus cruel lorsqu'il nous entraîne dans le rêve de bonheur à deux, longue promenade paresseuse, apparemment paradisiaque, mais que le vide et l'ennui menacent.

Au galop de quatre chevaux, elle était emportée depuis huit jours vers un pays nouveau, d'où ils ne reviendraient plus. Ils allaient, ils allaient, les bras enlacés, sans parler. Souvent, du haut d'une montagne, ils apercevaient tout à coup quelque cité splendide avec des dômes, des ponts, des navires, des forêts de citronnier et des cathédrales de marbre blanc, dont les clochers aigus portaient des nids de cigognes. On marchait au pas à cause des grandes dalles, et il y avait par terre des bouquets de fleurs que vous offraient des femmes habillées en corset rouge. On entendait sonner des cloches, hennir des mulets, avec le murmure des guitares et le bruit des fontaines, dont la vapeur s'envolant rafraîchissait des tas de fruits, disposés en pyramides au pied des statues pâles, qui souriaient sous les jets d'eau. Et puis ils arrivaient, un soir, dans un village de pêcheurs, où des filets bruns séchaient au vent, le long de la falaise et des cabanes. C'est là qu'ils s'arrêtaient pour vivre : ils habiteraient une maison basse à toit plat, ombragée d'un palmier, au fond d'un golfe, au bord de la mer. Ils se promèneraient en gondole, ils se balanceraient en hamac ; et leur existence serait facile et large comme leurs vêtements de soie, toute chaude et étoilée comme les nuits douces qu'ils contempleraient. Cependant, sur l'immensité de cet avenir qu'elle faisait apparaître, rien de particulier ne surgissait : les jours, tous magnifiques, se ressemblaient comme les flots ; et cela se balançait à l'horizon infini, harmonieux, bleuâtre et couvert de soleil. Mais l'enfant se mettait à tousser dans son berceau, ou bien Bovary ronflait plus fort, et Emma ne s'endormait que le matin, quand l'aube blanchissait les carreaux et que déjà le petit Justin, sur la place, ouvrait les auvents de la pharmacie.

(Extrait de la Deuxième partie, chapitre XII.)

Une entrée en littérature

Madame Bovary est le premier grand texte publié par Flaubert, mais le travail de l'écrivain a commencé bien avant. Dès l'adolescence, qu'il passe à Rouen où son père est un chirurgien éminent, Gustave Flaubert (né en 1821) s'essaye à l'écriture. Ses premiers manuscrits traduisent, par leur style frénétique et leur caractère autobiographique, une sensibilité ultra romantique. À la suite d'une grave crise nerveuse en 1844, le jeune homme interrompt ses études de droit et décide de se consacrer à la littérature : « J'ai dit à la vie pratique un irrévocable adieu » écrit-il à son ami Alfred Le Poittevin. Son père fait l'acquisition d'une belle demeure à Croisset, sur les bords de la Seine, près de Rouen ; c'est là que Flaubert va passer l'essentiel de sa vie (il y mourra en 1880) et se consacrer au développement patient et acharné de son œuvre. La vision, au musée de Gênes, d'un tableau de Breughel, lui inspire le projet d'une *Tentation de saint Antoine*, dont il achève une première version, après une année de travail, en septembre 1849. Ses deux amis Louis Bouilhet et Maxime Du Camp lui conseillent de brûler le manuscrit ! S'ensuit un long voyage en Orient, ce même Orient vers lequel il fera vagabonder l'imagination de son héroïne. Une rupture dans son existence ; une parenthèse de dix-huit mois adonnés à la beauté et à la liberté. Lorsque Flaubert rentre à Croisset, il se lance dans la construction et l'écriture d'un roman, inspiré d'un faits divers local – une entreprise littéraire conçue comme une antidote à la *Tentation* ; elle mobilise toutes les forces de l'artiste de l'automne 1851 au printemps 1856. ●

La Correspondance

Il y a deux façons de pénétrer dans l'atelier de l'écrivain et de percevoir l'immensité du labeur qu'il accomplit sur le « chantier » de *Madame Bovary* : consulter ses brouillons et lire sa correspondance. Celle-ci est un témoignage incomparable sur le travail quotidien, sur ce que le romancier cherche, ce sur quoi il bute. Elle est extrêmement vivante. Les lettres qu'il adresse à sa maîtresse (et collègue) Louise Colet sont les plus passionnantes, celles où il se livre le plus. Elles correspondent à la presque totalité de la période où *Madame Bovary* prend forme, de 1851 à l'automne 1854. À cette date Flaubert rompt définitivement avec celle qui fut sa « chère Muse » entre 1846 et 1848, puis son interlocutrice privilégiée. ●

Le procès de 1857

À la demande de Maxime Du Camp, le roman de Flaubert paraît en feuilleton dans la *Revue de Paris* entre octobre et décembre 1856. Le ministère de l'Intérieur réagit et espère profiter de cette publication pour supprimer un journal hostile au gouvernement, au prétexte qu'il attaque les « Bonnes Mœurs et la Religion ». Le procès s'ouvre le 29 janvier 1857 devant la 6e Chambre correctionnelle de Paris. Comparaissent le directeur du journal Laurent-Pichat, l'imprimeur Pillet, et l'auteur Gustave Flaubert. Dans son réquisitoire l'avocat impérial, Ernest Pinard, reproche au romancier de peindre la « platitude du mariage » et, à l'inverse de « poétiser l'adultère ». Pour illustrer son propos, il multiplie ce qu'il appelle les « détails lascifs », et s'offusque qu'il n'y ait dans le roman personne pour stigmatiser l'adultère et condamner Emma Bovary. Flaubert a su organiser sa défense, il a cherché des appuis et il a notamment fait appel à maître Sénard, grand bourgeois normand, ami de sa famille : la plaidoirie de l'avocat met l'accusation à plat, et le 7 février est prononcé l'acquittement général des trois accusés du délit d'outrage aux bonnes mœurs et à la morale publique. Décidément,

Madame Bovary est, à plus d'un titre, un combat victorieux contre les manifestations de la bêtise et de l'inculture des philistins. •

La lecture d'un poète, contemporain de Flaubert

La même année que Flaubert, Baudelaire est attaqué en justice pour son recueil de poèmes *Les Fleurs du mal*. Lui est condamné. Ce qui ne l'empêche pas d'exprimer son admiration pour son collègue romancier. Il consacre à *Madame Bovary* quelques pages, où il insiste sur la puissance virile du personnage féminin imaginé par Flaubert : « Madame Bovary se donne ; emportée par les sophismes de son imagination, elle se donne magnifiquement, généreusement, d'une manière toute masculine, à des drôles qui ne sont pas ses égaux, exactement comme des poètes se livrent à des drôlesses. » Un texte bref, riche d'intuitions et de remarques éclairantes sur le roman qu'il resitue par rapport à la production romanesque des années 1850 et qu'il place en parallèle avec *La Tentation de saint Antoine* : « Je voulais établir des équations et des correspondances. Il m'eût été facile de retrouver sous le tissu minutieux de *Madame Bovary*, les hautes facultés d'*ironie* et de *lyrisme* qui illuminent à outrance *La Tentation de saint Antoine*. » •

Une suite de grands chantiers littéraires

- **1857-1862** : après le succès de *Madame Bovary*, Flaubert se lance immédiatement un nouveau défi, l'écriture d'un roman portant sur un sujet antique, *Salammbô* ; l'ouvrage est publié avec succès en novembre 1862.
- **1864-1869** : rédaction de *L'Éducation sentimentale*, roman achevé en mai 1869 et publié en novembre ; l'accueil de la presse est très mauvais.
- **1872** : achèvement de la version définitive de *La Tentation de saint Antoine* (publié en avril 1874).

- **1877 :** *Trois Contes* (« La légende de saint Julien l'Hospitalier », « Hérodias », « Un cœur simple »), publiés en avril.
- **1880 :** mort de Flaubert le 8 mai. En décembre, commence la publication en revue du roman inachevé *Bouvard et Pécuchet*, sur lequel l'écrivain travaillait depuis 1872. ●

Lire

Vous disposez d'un large choix d'éditions de poche pour le roman de Flaubert.

- collection « Folio » (Gallimard, 2001) ;
- collection « Le Livre de poche classique », texte édité par Jacques Neef (Librairie générale française, 1999) ;
- collection « Classiques à petit prix » (Pocket, 2006) ;
- collection « GF », présentation par Bernard Ajac (Flammarion, 1986, mise à jour 2006).

Les textes du procès de 1857 y sont généralement inclus. Sinon, le réquisitoire accusateur de l'avocat impérial Ernest Pinard, et celui de la plaidoirie de l'avocat de la défense, Maître Jules Sénard, sont accessibles sur internet.

La Correspondance, très volumineuse, comprend presque 4000 lettres regroupées dans quatre volumes de la collection « Bibliothèque de la Pléiade », édités sous la direction de Jean Bruneau (Gallimard). Il est sans doute plus simple de commencer par lire un choix de lettres, par exemple celui proposé par Bernard Masson, collection « Folio classique » (Gallimard). Pour ce qui concerne *Madame Bovary*, l'essentiel se trouve dans les lettres à Louise Colet entre l'automne 1851 et l'année 1854.

Allez par curiosité jeter un coup d'œil sur l'édition numérisée des manuscrits et brouillons de *Madame Bovary*. Elle est accessible sur le site de l'Université de Rouen : <flaubert.univ-rouen.fr> (à partir de là, vous accédez au Site Bovary ainsi qu'à l'Atelier Bovary). Également consultables sur ce site, des éditions illustrées du roman, un roman-photo très « seventies » paru dans *Nous Deux* en 1973. ●

Plusieurs lectures du roman, inspirées, stimulantes :

- celle « à chaud » d'un confrère, le poète Charles Baudelaire (lui aussi attaqué en justice la même année – et condamné – pour la publication des *Fleurs du mal*) ;
- celle d'Erich Auerbach (*Mimésis*, chapitre 18 ; collection « Tel », Gallimard, 1968) ;
- celle du romancier russo-américain Vladimir Nabokov dans ses cours de littérature donnés aux États-Unis dans les années 1940-1950 : *Austen, Dickens, Flaubert, Stevenson*, collection « La Bibliothèque Cosmopolite » (Stock/Fayard, 1985) ; ou bien *Littératures*, collection « Bouquins » (Robert Laffont, 2010) ;
- enfin celle de Michel Butor dans ses *Improvisations sur Flaubert* (La Différence, 1984).

D'autres héroïnes du XIXe siècle, sœurs d'Emma en adultère, méritent l'attention :

- *Anna Karénine* (1875-1877) du romancier russe Léon Tolstoï (plusieurs traductions disponibles en édition poche) ;
- *Effi Briest* (1895) du romancier allemand Theodor Fontane ; ouvrage disponible avec trois autres romans du même auteur, dans la collection « Bouquins » (Robert Laffont, 1981) ;
- moins connue, Maria da Piedade, héroïne d'*Au Moulin* (1880), nouvelle de l'écrivain portugais Eça de Queiroz, admirateur de Flaubert, in *Contes et Nouvelles* (La Différence, 2008). •

Voir

De nombreuses adaptations à l'écran, aussi bien françaises qu'étrangères. En voici quelques-unes :

- *Madame Bovary* de Jean Renoir (1933) avec Valentine Tessier (Emma) et Pierre Renoir (Charles Bovary) ;

- *Madame Bovary* (1949) de Vincente Minelli. Cette adaptation américaine a pour particularité de mettre en scène le procès intenté à Flaubert en 1857, et c'est au cours de celui-ci que le romancier (incarné par James Mason) raconte l'histoire d'Emma Bovary (Jennifer Jones) ;
- *Madame Bovary* (1991) de Claude Chabrol avec Isabelle Huppert, Jean-François Balmer (Charles Bovary), Christophe Malavoy (Rodolphe), Lucas Belvaux (Léon), Jean Yanne (Homais). Ce film est analysé dans la revue universitaire du cinéma en ligne cadrage.net (« Bovary & Chabrol » par Gilles Visy) : <cadrage.net/dossier/bovary.htm>
- *Val Abraham* (1993) de Manoel de Oliveira. Cette adaptation, qui délaisse la campagne normande pour nous installer dans des paysages du Portugal, s'inspire très librement du roman de Flaubert. Un exemple : Emma ne s'empoisonne pas mais se noie accidentellement. ●

Éléments de contexte

• **Fin de la guerre de Crimée** (1856) qui opposait, depuis 1853, la Russie à une coalition anglo-franco-ottomane.

• **George Sand** fait paraître en 1855 son autobiographie, *Histoire de ma vie.*

• **Gustave Courbet** peint *L'Atelier du peintre* (1855) ; deux ans plus tôt, ses *Baigneuses* ont fait scandale au Salon de peinture.

• **Publication en 1856** du recueil de poèmes de Victor Hugo, *Les Contemplations.*

• **Parution en 1857** des *Fleurs du mal*, suivie d'un procès perdu par Baudelaire et son éditeur.

• **Publication,** la même année, en feuilleton du *Bossu*, roman de Paul Féval.

• **Mérimée** écrit en 1857 sa fameuse dictée pour distraire l'impératrice Eugénie et la cour (l'empereur fait 75 fautes, Alexandre Dumas fils 24, l'ambassadeur d'Autriche 3).

• **Charles Baudelaire** traduit plusieurs œuvres d'Edgar Poe : *Le Corbeau* (1856), *Histoires extraordinaires* (1856), *Nouvelles Histoires extraordinaires* (1857), *Les Aventures d'Arthur Gordon Pym* (1858).

Jouer pour retenir

BONHEUR

La vie d'Emma la rend-elle heureuse ?

A. Oui

A. Non

UNE VIE DE RÊVE

De quelle vie rêve Emma Rouault ?

A. D'une vie mondaine

B. D'une vie centrée sur le travail

C. D'une vie confortable et simple

MORT D'UN PERSONNAGE

Comment Emma meurt-elle ?

A. D'une maladie incurable

B. Assassinée par Charles lorsqu'il découvre son infidélité

C. Elle se suicide

D. Elle meurt d'un accident de la route alors qu'elle s'apprête à changer de vie

DATE DE SORTIE

Quand est publié Madame Bovary *?*

A. 1848

B. 1856

C. 1859

D. 1865

RÉPONSES

Bonheur

Réponse : Non, Emma est déçue de sa vie. Elle souhaitait avoir un garçon mais elle accouche d'une fille. Elle n'aime plus Charles, trouve sa fille laide, et la vie de provinciale l'ennuie à mourir.

Une vie de rêve

Réponse : Emma Rouault rêve d'une vie mondaine. Elle se marie avec Charles Bovary qui est un modeste officier de santé.

Mort d'un personnage

Réponse : Emma se suicide.

Date de sortie

Réponse : Le roman *Madame Bovary* est sortie pour la première fois en 1856 publié dans *La Revue de Paris* sous la forme d'un feuilleton jusqu'au 15 décembre. Et en 1857 le roman connaît un grand succès dans les librairies.

Chapitre 16

Les Misérables

Victor Hugo
(1862)

« L'enfant avait posé sa tête sur une pierre et s'était endormie. Il s'assit auprès d'elle et se mit à la considérer. Peu à peu, à mesure qu'il la regardait, il se calmait, et il reprenait possession de sa liberté d'esprit.

Il apercevait clairement cette vérité, le fond de sa vie désormais, que tant qu'elle serait là, tant qu'il l'aurait près de lui, il n'aurait besoin de rien que pour elle, ni peur de rien qu'à cause d'elle. Il ne sentait même pas qu'il avait froid, ayant quitté sa redingote pour l'en couvrir. »

(Deuxième partie « Cosette » ;
livre cinquième « À chasse noire meute muette » ;
chapitre VIII « L'énigme redouble », extrait)

Voici, parmi les grands romans français du XIXe siècle, le plus universellement connu. L'ouvrage est monumental par ses proportions : des milliers de pages dont le foisonnement s'ordonne suivant un découpage en 5 parties, 48 livres et 362 chapitres – presque autant que de jours dans une année. L'ouvrage est généreux : il rend justice aux plus humbles à travers quelques personnages emblématiques – Jean Valjean, Cosette, Fantine, Gavroche… L'ouvrage est ambitieux : il ne retrace pas seulement l'histoire de destins individuels entre 1815, lorsque Jean Valjean sort du bagne de Toulon, et 1883, lorsqu'il meurt à Paris entre les bras de Cosette et de Marius, il les saisit à l'intérieur du vaste mouvement de l'Histoire, en se tournant à la fois vers le passé (l'Ancien Régime, la Révolution française, le Premier Empire) et vers l'avenir (les progrès et les soubresauts de l'idée républicaine, émancipatrice de l'ensemble de l'humanité). Toutes ces qualités peuvent impressionner lorsqu'on aborde l'œuvre, mais une fois qu'on en a franchi le seuil, on est emporté par l'ampleur de son mouvement et par la voix de Hugo qui s'y s'affirme à la fois conteur populaire, poète visionnaire et orateur à l'éloquence ardente.

Les damnés de la Terre

Le chansonnier communard Eugène Pottier les célèbrera en 1871, dans sa fameuse *Internationale*, comme « les damnés de la Terre » et Céline, au siècle suivant, les appellera « les mignons du Roi Misère » : ils sont rejetés aux marges obscures de la société, là où la lumière ne parvient pas, et font se détourner le regard. Mais grâce à Victor Hugo, ils trouvent une place de choix dans la littérature romanesque. C'est sur eux, comme l'indique le pluriel du titre, que le romancier concentre son attention. Il s'attache à cette part d'humanité souffrante, déclassée, méprisée que le mot « Misérables » désigne. Sa courte préface de 1862 use de termes forts comme *damnation, enfers, asphyxie sociale* pour évoquer ces êtres incarnant les « trois problèmes du siècle » non résolus : « la dégradation de l'homme par le prolétariat, la déchéance de la femme par la prostitution, l'atrophie de l'enfant par la nuit ». Les « Misérables », qui vivent dans une extrême pauvreté et inspirent la pitié, sont surtout des créatures déchues, avilies et écrasées. L'exemple de Fantine, fille-mère, ouvrière privée d'emploi et contrainte de se prostituer pour verser la pension de sa fille Cosette aux Thénardier, est emblématique de leur condition : «Au point où nous sommes arrivés, il ne reste plus rien à Fantine de ce qu'elle a été autrefois. Elle est devenue marbre en devenant boue. [...] Elle est résignée de cette résignation qui ressemble à l'indifférence comme la mort ressemble au sommeil. » Son sort de morte-vivante met en évidence la sinistre loi de l'offre et de la demande qui régit la société :

> « *Qu'est-ce que cette histoire de Fantine ? C'est la société achetant une esclave. À qui ? À la misère. À la faim, au froid, à l'isolement, au dénuement. Marché douloureux. Une âme pour un morceau de pain. La misère offre, la société accepte.* »

Mais il suscite aussi une interrogation angoissée, à laquelle le roman tente de répondre en se mesurant à cet insondable que les hommes peinent à déchiffrer :

> « *Hélas ! qu'est-ce que toutes ces destinées ainsi poussées pêle-mêle ? où vont-elles ? pourquoi sont-elles ainsi ?*
> *Celui qui sait cela voit toute l'ombre. Il est seul. Il s'appelle Dieu.* »

Dans le long cortège inspirant la pitié, le premier des hommes est Jean Valjean, contraint de voler un pain pour nourrir les sept petits neveux dont il a la charge et de subir pour cela près de vingt ans de bagne. Et à la tête du groupe des enfants, Hugo place Cosette, esclavagisée par les Thénardier auxquels sa mère Fantine l'a confiée. Ces figures majeures de la misère sont rejointes par tous ceux qui subissent les privations matérielles, la faim, le froid, l'isolement, l'abandon, la relégation... Certains connaissent une dégringolade dans l'échelle sociale, momentanée pour Marius, coupé de sa famille, définitive pour Mabeuf, le savant botaniste bibliophile qui finit par mourir quasiment de faim. Cette humanité souffrante, Hugo la met au premier plan de sa fresque romanesque. Il s'attache à faire de réprouvés et de marginaux, des figures héroïques capables de grandeur dans le sacrifice, l'insoumission ou la révolte

– une manière de réagir en artiste à une réalité qu'il a découverte avec effroi dans les années 1840, et notamment après la révolution de 1848, comme en témoignent son discours sur la misère (prononcé à l'Assemblée législative en juillet 1849) et celui sur les caves de Lille, écrit en 1851 après une visite dans le Nord.

Itinéraire d'un saint

Dans la mémoire collective, *Les Misérables*, c'est Jean Valjean. Cependant, avant de nous faire suivre le destin du pauvre émondeur de Faverolles condamné à de longues années de bagne à Toulon, Hugo, dresse à l'entrée du roman un portail majestueux, dominé par le personnage de Myriel, l'évêque de Digne, surnommé Monseigneur Bienvenu et auréolé du titre de « Juste ». Un saint homme. Myriel a renoncé aux vanités de sa charge (elles auraient dû logiquement faire de lui un notable local) et aux vanités du monde pour se consacrer à secourir les nécessiteux et à vivre sa foi dans un dénuement choisi – ce qui le distingue des misérables qui, eux, subissent leur sort et leur pauvreté. Myriel est le seul à accueillir Jean Valjean, le paria que tous rejettent. Au contact de cet ange de bonté, la conscience du bagnard libéré, remplie de haine contre la société et contre le genre humain, va se transformer, s'éveiller au bien, comme si une étincelle y avait allumé une lumière jusque-là absente.

Au terme d'un ultime méfait (le seul dont il soit véritablement coupable : le vol des quarante sous de Petit-Gervais), Jean Valjean subit un choc qui prolonge et rend fructueux celui éprouvé au contact de Myriel :

> « *Cette dernière mauvaise action [...] traversa brusquement ce chaos qu'il avait dans l'intelligence et le dissipa, mit d'un côté les épaisseurs obscures et de l'autre la lumière, et agit sur son âme.* »

Il s'engage alors sur le chemin que l'évêque a ouvert et éclairé pour lui : celui de la bienfaisance. Et son itinéraire devient celui d'un saint homme. Il dispense le bien autour de lui, il assure la prospérité de Montreuil-sur-Mer dont il devient le maire, il vole au secours de la famille de Jondrette alias Thénardier… ; il voue son existence à sauver des êtres : Cosette d'abord, conformément à la promesse faite à sa mère Fantine ; Marius, qui va le priver de cette Cosette qui est sa raison de vivre ; d'autres encore comme le père Fauchelevent ou son pire ennemi, l'inspecteur Javert. Un saint presque angélique car, même s'il sort du bagne de Toulon âgé de quarante-six ans, Jean Valjean a la particularité d'être vierge comme un ange, pur de tout désir et de toute affection jusqu'à ce qu'il croise le chemin de Cosette :

> « *Il n'avait jamais rien aimé. Depuis vingt-cinq ans qu'il était seul au monde, il n'avait jamais été père, amant, mari, ami. Au bagne il était mauvais, sombre, chaste, ignorant et farouche. Le cœur de ce vieux forçat était plein de virginités.* »

Le chemin de la sainteté est rude. Il est semé de tentations (se taire et laisser condamner un homme, Champmathieu, à sa place ; laisser mourir l'insurgé Marius...) mais aussi de sacrifices et de renoncements (accepter que Cosette aille vivre heureuse, loin de lui). Il est d'autant plus rude que Jean Valjean, sans cesse traqué, ne jouit que de bonheurs provisoires dans des havres précaires, des édens miniatures comme le couvent de Picpus ou le jardin de la maison de la rue Plumet, où il se réfugie, lui à la fois dieu protecteur et vieil Adam rempli d'amour, aux côtés de sa Cosette, petite Ève qui, devenue femme, prendra son envol. À la fin, volontairement dépouillé de tout, de sa fortune, de sa force physique, de la présence de la fille qu'il a sauvée puis élevée, il semble rejoindre au plan spirituel son mentor Myriel.

La loi et le crime

Jean Valjean est un saint persécuté, poursuivi tout au long du récit. Deux instances le traquent : l'ordre légal, incarné par l'inspecteur Javert, et un ordre criminel structuré autour de Thénardier et de la bande malfaisante avec laquelle il s'est acoquiné.

L'orde légal, sur lequel la société s'appuie, accable les plus démunis ; il illustre l'inverse du principe christique (*Deposuit potentes et exultavit humiles* : « Il a fait chuter les puissants et il a exalté les humbles »). Alors que l'idéal politique, moral et social que Hugo défend à travers l'adhésion à l'idée républicaine (on y reviendra) vise à sauver les humbles et les faibles, à les élever notamment grâce à l'éducation, l'ordre légal tel que l'exerce Javert aux dépens de Jean Valjean suit une logique toute autre. L'inspecteur de police applique la loi de façon dogmatique, inexorable et inhumaine. Il se pose en combattant du crime mais il en est d'abord la mémoire obsessionnelle puisqu'il ne cesse de ramener celui qu'il poursuit à sa faute originelle, sans lui donner le droit ni au rachat ni à l'oubli. Il voit en Valjean un criminel par essence, danger permanent pour la société. À l'inverse de Myriel, il est incapable de distinguer la lueur, aussi faible soit-elle, qui brille à l'intérieur d'un être déchu. Il y a chez lui une obstination à persévérer dans l'erreur qui fait toute la noirceur de son personnage. Lui qui s'imagine brandir le glaive de la justice et le flambeau de la vérité, nous apparaît surgir au hasard du récit comme un mauvais génie, un vrai démon : il a, pour reprendre l'image hugolienne (voir plus loin, le premier extrait proposé), « la bestialité surhumaine d'un archange féroce ». Plongé dans les ténèbres de l'erreur et de l'aveuglement, il n'en sort *in extremis* que pour se suicider, comme si ce qu'il entrevoyait – la grandeur d'un Valjean innocent, bon et charitable – était pour lui une lumière insoutenable.

Les criminels appartiennent à la catégorie des « infâmes » qui, avec les « infortunés », forment la masse terrible des misérables, mais s'adonnent au crime, à l'extorsion d'argent et à la malfaisance. Dans le roman ils sont représentés par les Thénardier et par la bande de Patron-Minette qui réunit un « quatuor de bandits, Claquesous, Gueulemer, Babet et Montparnasse », « [gouvernant] de 1830 à 1835 le troisième dessous de Paris ». Ces hommes s'apparentent à « une sorte de mystérieux voleur à quatre têtes travaillant en grand sur Paris ; [...] polype monstrueux du mal habitant la crypte de la société ». Ce que Hugo nomme « troisième dessous » tient à la fois de la caverne, du repaire et du bouge ; c'est le lieu le plus obscur, le plus retiré, situé sous le « sol social » : « Les villes, comme les forêts, ont leurs antres où se cachent tout ce qu'elles ont de plus méchant et de plus redoutable. » Là, tapis aux marges de la vie urbaine, évoluant dans une obscurité qui est à l'image de la noirceur de leur âme, ces monstres voués au mal trament leurs projets, tendent leurs pièges et guettent leurs proies. Les Thénardier incarnent cette part sinistre de l'humanité ; leur chute sociale (ils perdent leur auberge de Montfermeil et logent dans un bouge d'un des quartiers les plus sordides du Paris d'alors, le faubourg Saint-Marcel) correspond à une chute morale vertigineuse. Hugo, puissant façonneur d'images, retrace de façon saisissante le parcours du couple :

« *Il existe des âmes écrevisses reculant continuellement vers les ténèbres, rétrogradant dans la vie plutôt qu'elles n'y avancent, employant l'expérience à augmenter leur difformité, empirant sans cesse, et s'empreignant de plus en plus d'une noirceur constante. Cet homme et cette femme étaient de ces âmes-là.* »

Au fil de la traque de Jean Valjean par Thénardier et ses comparses, ce n'est pas seulement une chasse au trésor que raconte Hugo (Valjean a fait fortune en tant que M. Madeleine, fabricant de verroteries à Montreuil-sur-Mer) : il met surtout en scène le combat âpre, presque invisible entre des âmes se condamnant aux ténèbres et une âme progressant vers la lumière.

Un démiurge (se) raconte

On est frappé, à la lecture des *Misérables*, par la forte présence de l'auteur. Il intervient par des formules comme « celui qui écrit ces lignes » et il n'hésite pas, à la manière d'un conteur, à impliquer dans le texte son lecteur/auditeur imaginaire. De plus, Hugo inscrit dans la trame du récit un certain nombre de données biographiques, que les spécialistes se sont attachés à repérer (éléments d'intrigue, personnages, choix de noms et de dates, etc.) : le passage où Fantine, faisant le trottoir, est agressée par un bourgeois de Montreuil-sur-Mer reprend, par exemple, une scène réelle parisienne que Hugo a consignée dans son recueil *Choses vues* ; de la même façon, l'écrivain s'inspire de sa propre histoire, en particulier de son évolution politique, pour concevoir le personnage de Marius, vrai alter ego.

À cette présence manifeste ou sous-jacente s'ajoute une manière de raconter qui use fréquemment d'un point de vue omniscient, le point de vue d'un démiurge auquel rien n'échappe. Celui qui raconte l'histoire (le « narrateur ») a le regard perçant et panoramique d'un aigle ou d'un oiseau nocturne capable de se diriger dans l'ombre et de déchiffrer la nuit, comme le suggère le titre du chapitre « Paris à vol de hibou ». À la fois observateur, songeur contemplatif, rêveur visionnaire qui distingue ce que les autres ne peuvent distinguer (« la vision seule éclaire les faits »), il embrasse toutes choses, le dedans et le dehors, le visible et l'invisible, il anticipe les réactions du lecteur, il accède à l'intériorité des personnages, leurs âmes et leurs consciences, ce dont témoigne le fameux chapitre « Tempête sous un crâne » où l'on plonge dans les tourments de Jean Valjean avant qu'il ne se rende au tribunal d'Arras pour sauver Champmathieu, accusé à sa place. Le narrateur omniscient des *Misérables* a le pouvoir de sonder les profondeurs obscures de la ville et en même temps de capter, à la verticale opposée, les lueurs zénithales de l'avenir et de l'idéal. Il assume en cela la fonction émancipatrice du poète telle que Hugo la conçoit : mage, voyant, guidant l'humanité vers la lumière et vers la vérité – ce qui ne l'empêche pas, dans des pages méditatives, de mettre en scène ses interrogations face aux trous noirs, lourds de ténèbres (mal, fatalité, misère, crime...) que révèlent certains êtres et certains événements.

Auteur ou narrateur, Hugo règne souverainement sur la fiction qu'il nous propose. Maître du temps et de l'espace, il s'autorise d'amples digressions (sur Waterloo, sur l'histoire du couvent de Picpus, sur l'origine de l'argot ou celle des égouts et des eaux usées à Paris) qui surprennent et désorientent au premier abord : elles sont délibérément assumées (« Là où le sujet n'est point perdu de vue, il n'y a point de digression ») et manifestent en réalité la volonté de saisir un temps long, d'inscrire les destins singuliers des personnages dans de vastes perspectives que seul le poète-romancier visionnaire est capable de retracer. La toute-puissance de celui qui écrit et raconte est telle qu'il s'autorise à sortir complètement du cadre de la narration, close en 1833 avec la mort de Jean Valjean, pour nous entraîner, par un saut dans le futur, sur les barricades de la révolution de 1848 !

La religion du progrès

« Nous faisons ici de l'histoire », note Hugo au moment d'introduire le groupe des personnages (les amis de l'ABC) qui, plus tard, défendront jusqu'à la mort leurs convictions républicaines sur la barricade de la rue de la Chanvrerie. La remarque vaut pour l'ensemble de l'œuvre, qui n'est pas un roman historique, mais le roman d'une vision de l'Histoire et de l'humanité. Alors que le récit proprement dit se concentre sur les années 1815-1833, Hugo réfléchit sur toute l'Histoire d'un XIXe siècle qu'il fait remonter à la fin de l'Ancien Régime (présent à travers le personnage de Gillenormand, le grand bourgeois, aïeul de Marius). Cette Histoire est conçue comme la marche du progrès, conception quasi religieuse qui procède d'une vision que quelques poèmes fameux ont déjà promue (« Plein ciel » dans *La Légende des siècles*, « Lux » dans *Les Châtiments*). La tâche que le romancier s'assigne est de faire apparaître cette dynamique sur une longue durée :

> « *Le progrès est le mode de l'homme. La vie générale du genre humain s'appelle le Progrès ; le pas collectif du genre humain s'appelle le Progrès.* »

Ici la dynamique prend son essor à partir de la Révolution française, dont l'héritage est défendu et réévalué dès le seuil de l'œuvre à travers le personnage d'un Conventionnel (sans nom) mis au ban de la société, sur le point de mourir et venant planer sur le récit en complément de l'évêque Myriel – deux anges adversaires et complémentaires veillent sur *Les Misérables* ! Ce moment révolutionnaire constitue le premier réveil du peuple souverain et détermine sa vocation à accomplir, tout au long du XIXe siècle, en tant que force agissante, la marche du progrès. Suivant la même perspective, l'Empire qui suit la Révolution est compris à la lumière du désastre de Waterloo, véritable « gond du XIXe siècle » puisque la chute de Napoléon 1er provoque l'effacement du despote et permet, à terme, que redémarre le combat du peuple pour son émancipation (révolution de 1830, soulèvement de 1832, révolution de 1848) : « La disparition du grand homme était nécessaire à l'avènement du grand siècle.»

Cependant, le progrès ne suit pas une évolution linéaire et régulière :

> « *[Il] fait le grand voyage humain et terrestre vers le céleste et le divin ; il a ses haltes où il rallie le troupeau attardé ; il a ses stations où il médite, en présence de quelque Chanaan splendide dévoilant tout à coup son horizon ; il a ses nuits où il dort ; et c'est une des poignantes anxiétés du penseur de voir l'ombre sur l'âme humaine, et de tâter dans les ténèbres, sans pouvoir le réveiller, le progrès endormi.* »

L'Histoire connaît ainsi des temps de régression, des moments où l'utopie humaniste de Hugo semble marquer le pas. De ce point de vue, *Les Misérables* sont, au-delà du brouillage apparent des circonstances historiques (n'oublions pas que l'ouvrage est achevé durant l'exil de Hugo, alors que la France est sous l'autorité de l'empereur Napoléon III, que l'écrivain condamne comme despote illégitime), l'affirmation d'une vision de l'avenir, puissante et agissant sur tous les plans qui définissent la grandeur de l'humanité (politique, social, moral, métaphysique) :

> « *Le livre que le lecteur a sous les yeux en ce moment, c'est, d'un bout à l'autre, dans son ensemble et dans ses détails, quelles que soient les intermittences, les exceptions ou les défaillances, la marche du mal au bien, de l'injuste au juste, du faux au vrai, de la nuit au jour, de l'appétit à la conscience, de la pourriture à la vie, de la bestialité au devoir, de l'enfer au ciel, du néant à Dieu.* »

La vérité mise à nu

Il y a plusieurs dénouements successifs aux *Misérables*. Avec le suicide de Javert disparaît la principale menace qui pesait sur Jean Valjean. Avec le mariage de Cosette et de Marius, l'histoire d'amour s'ouvre sur des perspectives de bonheur (bourgeois ?) qui effacent les débuts de la petite fille – privée de sa mère puis orpheline, enfant martyr, enfant esclave, enfant disgracieuse. Tout pourrait donc s'apaiser. Mais la conscience de Jean Valjean le pousse à dire à Marius ce qu'il est (un ancien bagnard) et ce qu'il n'est pas (le père de Cosette). Cet aveu, prononcé comme si la marque d'infamie était intériorisée pour toujours, distend puis coupe les liens entre Jean Valjean et sa fille adoptive. Nous, lecteurs, savons toute la vérité sur le personnage et Hugo va progressivement la mettre en lumière aux yeux de Marius, le seul républicain ayant survécu à l'épopée de la barricade.

Une ultime tentative de chantage de Thénardier, délateur venu soutirer de l'argent au jeune marié, produit des révélations en cascade. Elle permet à Marius d'ôter tous les masques du maître-chanteur :

> « *Je vous dis que vous êtes Thénardier. [...] Vous êtes aussi l'ouvrier Jondrette, le comédien Fabantou, le poète Genflot, l'espagnol don Alvarès, et la femme Balizard. [...] Et que vous êtes un gueux.* »

En même temps, en confrontant les mensonges et les demi-vérités qui altéraient le visage de Valjean, Marius et son interlocuteur font surgir de leur affrontement l'ancien forçat dans toute sa dimension : « C'est un héros ! C'est un saint ! » s'exclame Marius qui comprend que cet homme lui a sauvé la vie, a vécu en bienfaiteur de l'humanité. Cette reconnaissance – qui n'apprend rien au lecteur – est cruciale parce qu'elle signifie que la société, à travers le jugement de Marius, réhabilite un Jean Valjean qu'elle semblait avoir relégué dans une solitude et un dénuement absolus. La nature divine du misérable est identifiée *in extremis*, tandis qu'il meurt dans les bras de Cosette dont il a retrouvé l'affection.

Valjean était « mort » déjà plusieurs fois. Il s'était d'abord noyé lors de son second séjour au bagne – en réalité, une évasion. Pour sortir du couvent Picpus, il avait séjourné dans le cercueil de la mère Crucifixion, pour revenir dans ce même couvent sous l'identité de M. Fauchelevent. Enfin, dans l'enfer des égouts de Paris, il avait failli périr dans la vase engloutissante d'un fontis. Cette fois, il meurt pour de bon. Mais c'est à nouveau pour disparaître, pour être effacé du paysage : sa tombe, dans un coin reculé du cimetière du Père-Lachaise, « loin du quartier élégant de cette ville des sépulcres », est faite d'une pierre « toute nue » où l'on ne « lit aucun nom » – signe fatal d'appartenance à la catégorie de ceux que l'on jette ordinairement, comme Fantine, dans une fosse commune. Cependant, l'apparent effacement n'a rien de définitif. Le roman s'ouvre sur la promesse, réalisée depuis et constamment renouvelée, que le héros des *Misérables* mérite de rejoindre le Panthéon des grandes figures de la littérature universelle : son nom est inscrit pour toujours dans notre sensibilité et notre imagination, parfois sous les traits des acteurs géniaux qui l'ont incarné à l'écran (Harry Baur, Gabin, Lino Ventura, Belmondo, Depardieu, Liam Neeson...), nom de géant, à la stature morale aussi imposante que son physique de colosse. •

Extraits

I

Le triomphe (momentané) de Javert, l'inspecteur de police, que le romancier fait surgir de façon récurrente dans le récit, quand on ne l'attend pas, tel un diable sortant de sa boîte. Il est tout le contraire du mentor de Jean Valjean, l'évêque Myriel, incarnation de la bonté, du pardon et de l'espérance : parce qu'il représente un ordre social écrasant impitoyablement les plus faibles et parce qu'il refuse de voir en Jean Valjean autre chose qu'un criminel à perpétuité, Javert est un monstre de laideur, d'ignorance et de férocité.

À l'instant où le regard de Madeleine[1] rencontra le regard de Javert, Javert, sans bouger, sans remuer, sans approcher, devint épouvantable. Aucun sentiment humain ne réussit à être effroyable comme la joie.

Ce fut le visage d'un démon qui vient de retrouver son damné.

La certitude de tenir enfin Jean Valjean fit apparaître sur sa physionomie tout ce qu'il avait dans l'âme. Le fond remué remonta à la surface. L'humiliation d'avoir un peu perdu la piste et de s'être mépris quelques minutes sur ce Champmathieu[2], s'effaçait sous l'orgueil d'avoir si bien deviné d'abord et d'avoir eu si longtemps un instinct juste. Le contentement de Javert éclata dans son attitude souveraine. La difformité du triomphe s'épanouit sur ce front étroit. Ce fut tout le déploiement d'horreur que peut donner une figure satisfaite.

Javert en ce moment était au ciel. Sans qu'il s'en rendît nettement compte, mais pourtant avec une intuition confuse de sa nécessité et de son succès, il personnifiait, lui Javert, la justice, la lumière et la vérité dans leur fonctionnement céleste d'écrasement du mal. Il avait derrière lui et autour de lui, à une profondeur infinie, l'autorité, la raison, la chose jugée, la conscience légale, la vindicte publique, toutes les étoiles ; il protégeait l'ordre, il faisait sortir de la loi la foudre, il vengeait la société, il prêtait main-forte à l'absolu ; il se dressait dans une gloire ; il y avait dans sa victoire un reste de défi et de combat ; debout, altier, éclatant, il étalait en plein azur la bestialité surhumaine d'un archange féroce ; l'ombre redoutable de l'action qu'il accomplissait faisait visible à son poing crispé le vague flamboiement de l'épée sociale ; heureux et indigné, il tenait sous son talon le crime, le vice, la rébellion, la perdition, l'enfer, il rayonnait, il exterminait, il souriait, et il y avait une incontestable grandeur dans ce saint Michel monstrueux.

Javert, effroyable, n'avait rien d'ignoble.

La probité, la sincérité, la candeur, la conviction, l'idée du devoir sont des choses qui, en se trompant, peuvent devenir hideuses, mais qui, même hideuses, restent grandes ; leur majesté, propre à la conscience humaine, persiste dans l'horreur. Ce sont des vertus qui ont un vice, l'erreur. L'impitoyable joie honnête d'un fanatique en pleine atrocité conserve on ne sait quel rayonnement lugubrement vénérable. Sans qu'il s'en doutât, Javert, dans son bonheur formidable, était à plaindre comme tout ignorant qui triomphe. Rien n'était poignant et terrible comme cette figure où se montrait ce qu'on pourrait appeler tout le mauvais du bon.

(Première partie « Fantine », livre huitième, fin du chapitre III « Javert content »)

[Notes : 1 *Madeleine* : nom d'emprunt sous lequel Jean Valjean a fait fortune à Montreuil-sur-Mer en y créant une fabrique de verroteries et en y devenant maire. 2 *Champmathieu* : pauvre homme jugé à Arras après qu'on l'a pris pour Jean Valjean, jusqu'à ce que Madeleine/Valjean fasse connaître publiquement sa véritable identité.]

II

Gavroche, le gamin vagabond, débrouillard et gouailleur des rues parisiennes, a rejoint la barricade de la rue de la Chanvrerie (absorbée plus tard dans l'actuelle rue Rambuteau). Il aide les insurgés (Enjolras, Marius, etc.) dans leur lutte inégale contre les gardes nationaux : on le voit ici récupérer les munitions sur les combattants morts au cours des affrontements. Il y a un jeu d'écho voulu par Hugo entre le gamin et son père, Thénardier, détrousseur de cadavres sur le champ de bataille de Waterloo. Mais Gavroche agit pour la bonne cause (le peuple en révolte, l'idéal républicain) et, à la différence de son père (indigne), vautour charognard surgissant après la bataille, il le fait au péril de sa vie. Une page illustre des Misérables, *où la légèreté et la grâce nourrissent le pathétique.*

Au moment où Gavroche débarrassait de ses cartouches un sergent gisant près d'une borne, une balle frappa le cadavre.

– Fichtre ! fit Gavroche. Voilà qu'on tue mes morts.

Une deuxième balle fit étinceler le pavé à côté de lui. Une troisième renversa son panier.

Gavroche regarda, et vit que cela venait de la banlieue[1].

Il se dressa tout droit, debout, les cheveux au vent, les mains sur les hanches, l'œil fixé sur les gardes nationaux qui tiraient, et il chanta :

On est laid à Nanterre
C'est la faute à Voltaire,
Et bête à Palaiseau,
C'est la faute à Rousseau.

Puis il ramassa son panier, y remit, sans en perdre une seule, les cartouches qui en étaient tombées, et, avançant vers la fusillade, alla dépouiller une autre giberne. Là une quatrième balle le manqua encore. Gavroche chanta :

Je ne suis pas notaire
C'est la faute à Voltaire ;
Je suis petit oiseau,
C'est la faute à Rousseau.

Une cinquième balle ne réussit qu'à tirer de lui un troisième couplet :

Joie est mon caractère,
C'est la faute à Voltaire ;
Misère est mon trousseau,
C'est la faute à Rousseau.
Cela continua ainsi quelque temps.

Le spectacle était épouvantable et charmant. Gavroche, fusillé, taquinait la fusillade. Il avait l'air de s'amuser beaucoup. C'était le moineau becquetant les chasseurs. Il répondait à chaque décharge par un couplet. On le visait sans cesse, on le manquait toujours. Les gardes nationaux et les soldats riaient en l'ajustant. Il se couchait, puis se redressait, s'effaçait dans un coin de porte, puis bondissait, disparaissait, reparaissait, se sauvait, revenait, ripostait à la mitraille par des pieds de nez, et cependant pillait les cartouches, vidait les gibernes et remplissait son panier. Les insurgés, haletants d'anxiété, le suivaient des yeux. La barricade tremblait ; lui, il chantait. Ce n'était pas un enfant, ce n'était pas un homme ; c'était un étrange gamin fée. On eût dit le nain invulnérable de la mêlée. Les balles couraient après lui, il était plus leste qu'elles. Il jouait on ne sait quel effrayant jeu de cache-cache avec la mort ; chaque fois que la face camarde du spectre s'approchait, le gamin lui donnait une pichenette.

Une balle pourtant, mieux ajustée ou plus traître que les autres, finit par atteindre l'enfant feu follet. On vit Gavroche chanceler, puis il s'affaissa. Toute la barricade poussa un cri ; mais il y avait de l'Antée[2] dans ce pygmée ; pour le gamin toucher le pavé, c'est comme pour le géant toucher la terre ; Gavroche n'était tombé que pour se redresser ; il resta assis sur son séant, un long filet de sang rayait son visage, il éleva ses deux bras en l'air, regarda du côté d'où était venu le coup, et se mit à chanter :

Je suis tombé par terre,
C'est la faute à Voltaire,
Le nez dans le ruisseau,
C'est la faute à...

Il n'acheva point. Une seconde balle du même tireur l'arrêta court. Cette fois il s'abattit la face contre le pavé, et ne remua plus. Cette petite grande âme venait de s'envoler.

(Cinquième partie «Jean Valjean», livre premier, fin du chapitre XV « Gavroche dehors »)

[Notes : 1 *Banlieue* : quelques pages plus haut, Hugo a évoqué le fait que « la garde nationale de banlieue était vaillante contre les insurrections ». Cette milice de citoyens (plutôt bourgeois) a existé de la Révolution française jusqu'à la Commune de Paris (1871), mobilisable en complément des forces armées. Ici ce sont donc des bourgeois et des propriétaires venus de banlieue (Nanterre, Palaiseau...) qui combattent les révoltés parisiens. 2 *Antée* : monstre mythologique, doué d'une grande force, qui terrassait les voyageurs en puisant son énergie invincible dans la terre ; Hercule réussit à l'étouffer après l'avoir soulevé du sol.]

Un chantier de longue haleine

Le chantier des *Misérables* s'étale sur plus de quinze ans. L'histoire de l'œuvre et de sa genèse suit de très près l'histoire personnelle de l'écrivain. Le travail préparatoire de documentation est difficile à connaître mais on peut trouver, en lisant *Choses vues*, nombre de scènes et d'anecdotes consignées dans les années 1840 qui vont nourrir le roman et certains personnages (Fantine, Gavroche…). En novembre 1845, Hugo se lance dans l'écriture d'un roman qui porte alors le titre *Les Misères* et qui a pour héros Jean Tréjean. Il poursuit son travail jusqu'en février 1848, quand éclate la révolution. Engagé dans l'action politique, il abandonne un roman presque achevé mais qu'il projette de publier désormais sous le titre *Les Misérables* (l'ouvrage est mentionné sous ce titre à partir de 1853). En avril 1860, Hugo reprend son manuscrit, remaniant d'abord ce qu'il a déjà écrit (jusqu'en décembre) puis complétant le texte jusqu'en mai 1861, à partir du point où il s'était arrêté, le chapitre « Buvard, bavard » : où Valjean découvre l'amour de Cosette pour Marius. En juin, après s'être rendu en Belgique, il ajoute le monumental épisode de la bataille de Waterloo ; le 30 juin il écrit : « Ce matin […] j'ai fini *Les Misérables*. […] C'est dans la plaine de Waterloo et dans le mois de Waterloo que j'ai livré ma bataille. J'espère ne l'avoir point perdue. » •

L'art de disparaître

Un des traits communs aux trois grands personnages des *Misérables*, Valjean, Javert et Thénardier, est leur art très romanesque de la métamorphose : ils modifient leur apparence, changent de nom, d'adresse pour mieux se fondre dans le décor. Leurs motivations sont différentes, parfois opposées. Valjean, traqué, cherche à effacer sa véritable identité (il est M. Madeleine, patron, maire et philanthrope ; Ultime Fauchelevent, jardinier au couvent de Picpus ; M. Leblanc, bourgeois parisien). Javert, en bon inspecteur, piste ceux que la société désigne comme « criminels ». Quant à Thénardier, grand comédien, il cherche à apitoyer d'éventuels bienfaiteurs et, le cas échéant, à les détrousser. Cet art du déguisement est un ingrédient du roman populaire (on le trouve chez Eugène Sue dans *Les Mystères de Paris*, plus tard avec des figures comme Rocambole ou Fantômas). Balzac lui-même l'a utilisé pour concevoir son personnage de Vautrin, présent dans *Le Père Goriot*, *Illusions perdues* et *Splendeurs et Misères des courtisanes*. Tous ces romanciers s'inspirent d'une figure historique réelle : Vidocq (1775-1859), voleur et ancien bagnard, devenu indicateur de police et chef de la sûreté, célèbre pour ses travestissements et ses filatures peu orthodoxes. •

Liberté, Égalité, Fraternité

Si Marius est l'alter ego du romancier, le personnage d'Enjolras est le porte-parole de son idéal républicain : ils partagent le même projet émancipateur consistant à élever à la plus haute dignité, par l'enseignement et par l'éducation, tous les êtres anonymes formant la tourbe méprisée des misérables. Dans un discours prophétique lancé « du haut de la barricade » Enjolras, avec flamme et un art oratoire exceptionnel (celui d'Hugo lui-même !), développe les trois termes de ce qui est devenu la devise de la République :

> « *Au point de vue politique, il n'y a qu'un seul principe de souveraineté de l'homme sur lui-même. Cette souveraineté de moi sur moi s'appelle Liberté. [...] Chaque souveraineté concède une certaine quantité d'elle-même pour former le droit commun. Cette quantité est la même pour tous. Cette identité de concession que chacun fait à tous s'appelle l'Égalité. Le droit commun n'est pas autre chose que la protection de tous rayonnant sur le droit de chacun. Cette protection de tous sur chacun s'appelle Fraternité.* » •

Enfance et travail

Cosette esclavagisée par les Thénardier : on pense aux contes de fées, à Cendrillon flanquée de deux demi-sœurs et d'une marâtre odieuses. Mais le motif fait écho à un sujet de l'actualité française et européenne, qui préoccupe Hugo : le travail des enfants. Il en parle en 1847 à la Chambre des pairs, dans un discours où il plaide non pour son interdiction mais pour son humanisation. Il se heurte notamment à son collègue, le chimiste Louis-Jacques Thénard (1777-

1857) qui veut maintenir des durées de travail quotidiennes élevées. Hugo utilisera le patronyme de son adversaire pour forger celui de Thénardier, père indigne et bourreau d'enfants. Mais on trouve aussi le motif dans un poème des *Contemplations* (1857), « Melancholia ». Hugo y dénonce l'exploitation des enfants :

> « *Où vont tous ces enfants dont pas un seul ne rit ?*
> *Ces doux êtres pensifs, que la fièvre maigrit ?*
> *Ces filles de huit ans qu'on voit cheminer seules ?*
> *Ils s'en vont travailler quinze heures sous des meules ;*
> *Ils vont, de l'aube au soir, faire éternellement*
> *Dans la même prison le même mouvement.* »

Dénonciation s'achevant sur une condamnation du « travail mauvais » qui « produit la richesse en créant la misère », alors que le « vrai travail, saint, fécond, généreux » [...] « fait le peuple libre » et « rend l'homme heureux ». •

Un itinéraire politique singulier : du royalisme au républicanisme

Pour concevoir l'évolution politique de son personnage Marius, Victor Hugo s'est beaucoup inspiré de sa propre expérience.

- **1822-1825 :** royaliste ultra. Le jeune Victor Hugo (il est né en 1802) célèbre dans ses *Odes* les monarques d'hier (« Le rétablissement de la statue d'Henri IV »), d'aujourd'hui (« Le Sacre de Charles X ») et de demain (« La naissance du duc de Bordeaux »). Pour lui, le roi est le garant de l'unité et de la stabilité de la nation.
- **1829-1830 :** royaliste libéral. Sa pièce *Hernani* (février 1830) l'impose comme chef de file du romantisme et des « anti-classiques » hostiles à l'ordre ancien (il définit le romantisme comme « le libéralisme en littérature »).
- **Révolution de juillet 1830** (les Trois Glorieuses) : Hugo se tient à l'écart de la révolution parisienne qui chasse les Bourbon ; hanté par le souvenir de la Terreur, il se méfie de la violence populaire (« Je ne suis pas de vos gens coiffés de bonnet rouge et entêtés de guillotine. » *Choses vues*).
- **Entre 1830 et 1848**, Hugo est proche du nouveau pouvoir (Louis-Philippe et la monarchie de Juillet), il est intime du roi et il siège

à la Chambre des pairs, où le roi l'a nommé en 1845. Il découvre la grandeur de Napoléon 1er.

- **Cependant,** dès cette époque, il considère la monarchie comme une étape transitoire, et il est acquis à l'idée républicaine, qu'il fonde sur une soif absolue de liberté, sur une grande confiance dans l'humanité et sur la nécessité que chaque homme puisse accéder à l'instruction : « lorsque enfin l'ombre a disparu de partout, quand toutes les têtes sont dans la lumière, que tous régissent tout, le peuple est mûr à la république. » L'admiration pour la grandeur de Napoléon 1er cède le pas à l'exigence de Liberté.
- **1848-1851 :** Durant la Seconde République, Hugo est représentant à l'Assemblée constituante (juin 48 – mai 49) puis élu de la Seine à l'Assemblée nationale (mai 49 – décembre 51), il appartient au groupe conservateur mais une fois sur deux il vote contre son camp et il multiplie les discours progressistes (contre la misère, contre la peine de mort, contre la loi Falloux qui « cléricalise » l'enseignement au lieu de le « laïciser »).
- **Après le coup d'État du 2 décembre 1851** qui inaugure le Second Empire (1851-1870), Hugo tente de résister avant de choisir l'exil (Bruxelles puis Jersey et Guernesey) ; il se dresse contre Napoléon III et son entourage, qu'il dénonce comme incarnations du mal, du mensonge, de l'oppression et de l'injustice, notamment dans son recueil de poèmes, *Les Châtiments* (1853).
- **1870 :** retour en France ; Hugo est accueilli le 5 septembre à la gare du Nord par une foule considérable. Député de Paris, il appartient à la minorité de gauche.
- **1871 :** pendant la Commune (mars-mai) il est l'une des rares voix à dénoncer la férocité de la répression contre les insurgés. Il est battu aux élections législatives de 1872 mais revient sur la scène politique en 1876 (élu sénateur de la Seine, réélu en 1882).
- **Années 1880 :** l'aura de Hugo en tant que père protecteur de la République est considérable ; 600 000 Parisiens défilent sous ses fenêtres pour son anniversaire en 1881 ; quand il meurt en mai 1885, le gouvernement fait exposer son cercueil sous l'Arc de triomphe et décrète des funérailles nationales qui rassemblent 2 millions de personnes. ●

Lire

En format de poche (version intégrale – vérifiez bien que l'édition que vous avez en main est une intégrale car il existe un certain nombre de versions abrégées et adaptées notamment pour la jeunesse) :

- collection « Les Classiques de poche », préface et annotations Guy Rosa, commentaire Nicole Savy, 2 volumes (Le Livre de Poche, Librairie générale française, 1998).
- collection « Folio », 2 volumes, édition d'Yves Gohin (Gallimard, 1999).
- collection « Classiques », 3 volumes, édition d'Arnaud Laster (Pocket, 2009).

Textes politiques de Victor Hugo : *Le droit et la loi et autres textes citoyens*, choix établi et présenté par Jean-Claude Zylberstein, collection « 10/18 » (Univers Poche, 2002). L'ouvrage présente notamment des discours sur les prisons, le travail des enfants, la peine de mort, la misère, la liberté de la presse, etc.

Études sur le roman :

- Henri Scepi, *Les Misérables* de Victor Hugo, collection « Foliothèque » (Gallimard, 2009).
- Myriam Roman et Marie-Christine Bellosta, *Les Misérables, roman pensif*, collection « Belin Sup Lettres » (Belin, 1995).

Beaucoup d'éléments et de liens utiles sur le site universitaire du Groupe Hugo (Université Paris VII) : http://groupugo.div.jussieu.fr/Default.htm •

Écouter

- Version intégrale en audio-livre (durée 56 h 57 min), lue par Élodie Huber, Michel Vuillermoz, Pierre-François Garel, Louis Arène, Mathurin Voltz (éditions Thélème, 2016).

Attention aux versions audio annonçant l'ouvrage lu sous forme d'extraits : elles mélangent généralement des résumés (qui ne sont pas de Hugo évidemment) avec des extraits originaux.

- Version (abrégée) racontée aux enfants, d'après Hugo, par Guy Tréjan, Claude Giraud et une vingtaine de comédiens, coffret de 2 CD avec un livret de Paul Désalmand (Frémaux et associés, 2001).

Une émission de radio (*France-Culture*), consacrée au roman, diffusée le 20 septembre 2017 : https://www.franceculture.fr/emissions/la-compagnie-des-auteurs/victor hugo-34-les-miserables-lutopie-concrete-de-victor-hugo •

Voir

Le roman a été adapté à de nombreuses reprises au cinéma mais aussi sous forme de bandes dessinées (manga notamment). La plus fameuse adaptation, considérée comme la plus fidèle à l'esprit du roman, est celle réalisée par Raymond Bernard (1934, durée 4 h 24, avec Harry Baur en Jean Valjean, Charles Vanel en Javert). Arnaud Laster a établi une liste très complète des adaptations de l'ouvrage à l'écran dans un numéro de l'*Avant-Scène Cinéma* (janvier 1995). Depuis cette date, la liste s'est étoffée :

- 1998 : réalisation Billie August (avec Liam Neeson, Geoffrey Rush, Uma Thurman, Claire Danes).
- 2000 : série en 4 épisodes pour la télévision, réalisée par Josée Dayan (avec Gérard Depardieu, Christian Clavier, John Malkovich).
- 2012 : réalisation Tom Hooper (avec Hugh Jackman, Russel Crowe, Anne Hathaway ; version filmée de la comédie musicale *Les Misérables* de Claude-Michel Schönberg et Alain Boublil).

Un site présente une chronologie plus restreinte : https://lesmiserables.jimdo.com/2012/04/01/principales-adaptations-des-misérables/ •

Éléments de contexte

- **Débuts** de l'intervention française au Mexique (1861-1867).
- **Percement** de l'isthme de Suez (Ferdinand de Lesseps).
- **Guerre des Sioux** (États-Unis) : des tribus indiennes (Dakotas), qui défendent leurs territoires contre les colons, sont battues par l'armée américaine.
- **Bismarck** devient ministre-président du roi de Prusse.
- **Publication** de *La Sorcière* de Jules Michelet.
- **Création** de *Béatrice et Bénédict* (opéra-comique de Berlioz d'après Shakespeare) et de *La Force du destin* (opéra de Verdi).

Jouer pour retenir

CONTEXTE POLITIQUE

L'histoire des Misérables *se déroule sous quel régime politique ?*

A. La Restauration
B. Le Second Empire
C. La Deuxième République

QUI SUIS-JE ?

Enfant des rues de Paris, mes parents, les Thénardier, ne m'aiment pas. Je suis certainement inspiré du tableau La Liberté guidant le peuple *(1831) de Delacroix. Je meurs sur les barricades en chantant une chanson qui restera célèbre. Je suis ?*

VOUS CONNAISSEZ LA CHANSON

Complétez les paroles du dernier texte de la chanson chantée par Gavroche sur les barricades, et inachevée au moment où il tombe sous les tirs des soldats.

Je suis tombé par _ _ _ _ _,
C'est la faute à V _ _ _ _ _ _ _,
Le _ _ _ dans le ruisseau,
C'est la faute à R _ _ _ _ _ _ _.

LE PAIN VOLÉ

Pourquoi Jean Valjean vole-t-il un pain ?

A. Pour se nourrir
B. Pour nourrir ses enfants
C. Pour nourrir les enfants de sa sœur

LE BON ORDRE

Remettez ces lettres dans l'ordre pour trouver le nom du policier à la recherche de Jean Valjean.

T A J V R E

_ _ _ _ _ _

FILIATION

Qui est Cosette pour Fantine ?

A. Sa mère
B. Sa sœur
C. Sa fille

RÉPONSES

Contexte politique
Réponse : La Restauration (1815-1830).

Qui suis-je ?
Réponse : Gavroche.

Vous connaissez la chanson
Réponse : « Je suis tombé par terre, c'est la faute à Voltaire, le nez dans le ruisseau, c'est la faute à Rousseau. »

Le pain volé
Réponse : Jean Valjean vole un pain pour nourrir les enfants de sa sœur.

Le bon ordre
Réponse : Javert.

Filiation
Réponse : Cosette est la fille de Fantine. Cette dernière la aux Thénardier car elle ne peut pas s'occuper d'elle.

Chapitre 17

Spirite

Théophile Gautier
(1866)

«Au centre d'une effervescence de lumière qui semblait partir du fond de l'infini, deux points d'une intensité de splendeur plus grande encore, pareils à des diamants dans la flamme, scintillaient, palpitaient et s'approchaient, prenant l'apparence de Malivert et de Spirite. Ils volaient l'un près de l'autre, dans une joie céleste et radieuse, se caressant du bout de leurs ailes, se lutinant avec de divines agaceries.»

(Chapitre 16, extrait.)

Connu pour des ouvrages de fiction faisant une large place à l'histoire et à la fantaisie, notamment *Le Capitaine Fracasse* ou *Le Roman de la Momie*, Théophile Gautier (1811-1872), tout au long de sa carrière d'écrivain, s'adonne au genre fantastique en composant beaucoup de récits brefs, frappants, d'une belle étrangeté mêlée de volupté. Paru d'abord en feuilleton (1865), *Spirite* est un roman court où l'artiste aborde pour la dernière fois le thème fantastique, à travers l'histoire de Guy de Malivert. Dans ce personnage épris de beauté et d'idéal, Gautier a mis beaucoup de lui-même, de ses désirs et de ses inquiétudes, ce qui invite à lire *Spirite* comme un testament artistique.

L'accomplissement d'un amour impossible

Spirite raconte une histoire d'amour incroyable, apparemment impossible, qui finit par se réaliser. Elle met en scène un jeune aristocrate, vivant à Paris dans les années 1860, et une jeune fille morte dans la fleur de l'âge, à dix-huit ans, alors qu'elle avait choisi de se retirer dans un couvent. Deux créatures que tout sépare : l'un, Guy, appartient au monde parisien ; l'autre, Spirite, évolue dans un monde céleste, surnaturel ; l'un fait partie du monde des vivants ; l'autre a rejoint le monde des esprits. C'est la femme – ou plutôt l'esprit de la jeune fille – qui prend l'initiative de la rencontre. Quand elle vivait sur Terre, elle a aimé Guy de Malivert d'un amour intense, silencieux, que les circonstances ne lui ont pas permis d'exprimer. Désormais libérée de son enveloppe charnelle et de sa réserve de jeune fille de bonne famille, elle agit en femme amoureuse, résolue à faire connaître et triompher ses sentiments, transgressant les oppositions vie-mort, chair-esprit, terre-ciel. Elle entreprend la conquête de celui qu'au-delà de sa propre disparition elle continue d'aimer intensément : Guy est plus que l'homme de sa vie, il est l'élu, l'âme sœur, l'autre moitié d'elle-même.

« Guy est plus que l'homme de sa vie, il est l'élu, l'âme sœur, l'autre moitié d'elle-même. »

Un motif renouvelé

Gautier reprend un motif classique de la littérature fantastique : une créature féminine surgie de l'au-delà jette son dévolu sur un homme qu'elle veut entraîner dans son propre monde – le royaume des morts, voire l'Enfer. Il a déjà exploré le thème dans un récit portant un titre explicite, *La Morte amoureuse* : Romuald, un jeune prêtre, y est tourmenté par Clarimonde, courtisane dans sa carrière terrestre et désormais incarnation du diable. D'autres écrivains avant lui ont brodé sur le motif : Cazotte, un des précurseurs du fantastique en France, dans son *Diable amoureux* (le démon y prend l'apparence d'une séduisante jeune fille) ou Mérimée dans *La Vénus d'Ille* (une statue de Vénus exerce sa jalousie vengeresse contre un couple de jeunes mariés). Tous ces récits mettent en scène une redoutable créature d'outre-tombe qui cherche à vampiriser ou détruire celui qu'elle convoite.

Spirite inverse le motif. La morte amoureuse y est celle qui sauve. Elle entraîne le héros dans une dynamique ascensionnelle, jusqu'à une forme d'apothéose. Constamment présente, patiente et tenace, elle fait la conquête – mais toujours avec grâce et légèreté – de celui qui finit par répondre à son amour. Elle manifeste invisiblement sa présence en installant une atmosphère de bien-être autour de Guy de Malivert, puis avec une insistance subtilement graduée, à travers un soupir, un murmure, avant d'en venir à la déclaration explicite, à l'aveu. Elle se livre donc progressivement, et s'offre – dans la mesure où sa nature désincarnée le lui permet – à la vision du jeune homme, par une main, un profil de visage, une silhouette… jusqu'à la fusion parfaite qui consacre l'accord de deux âmes au même diapason céleste. Gautier est le premier à camper ainsi un personnage de revenant aimant et bienveillant. D'autres auteurs, jusqu'à des jours récents, ont repris le flambeau, en partant de situations tout aussi impossibles et en inventant des solutions qui les rendent acceptables (ange gardien, coma prolongé permettant la séparation du corps et de l'âme, etc.), mais aucun n'a égalé le modèle original.

Le quotidien et le fantastique

L'art de Gautier touche à la perfection pour ce qui est d'installer le fantastique et le surnaturel dans un cadre réaliste, et nous le faire admettre comme une belle évidence. Cela se fait imperceptiblement mais inexorablement. Le héros Guy de Malivert n'a rien d'un illuminé ou d'un déséquilibré. Comme n'importe lequel d'entre nous, il est rationnel, cartésien, français (parisien !), adepte d'une ironie et d'un scepticisme qui trahissent la peur d'être la dupe d'une émotion ou d'une sensation trompeuse. Mais en même temps, il y a chez lui une vacance de l'esprit et du cœur, liée sans doute à une certaine lassitude du monde qu'il connaît, une insatisfaction, un vague spleen qui rendent possible la révélation d'un autre monde, présent en marge ou à l'intérieur même du monde physique, connu et familier.

Gautier procède par touches successives. Au début, nous sommes, avec le héros, confrontés à une suite d'événements que le raisonnement et la logique ne peuvent expliquer. Guy constate, il s'interroge, il essaye de comprendre, il doute. Progressivement il reconnaît la présence du surnaturel : il en vient à plus « s'étonner des choses étranges » et, par exemple au cours d'une promenade au Bois de Boulogne, à ne pas trouver « absolument extraordinaire qu'un traîneau passât à travers une voiture. » Pour accueillir la révélation qu'un autre monde existe, Guy est guidé par un personnage mystérieux : le baron de Féroë, qu'il croise dans les salons de la bonne société parisienne. Ce disciple de Swedenborg (1688-1772) le familiarise avec les idées mystiques du savant et théologien suédois, et notamment le fait qu'il nous est possible de communiquer avec les esprits. Il lance un avertissement prémonitoire : « Restez libre pour l'amour qui, peut-être, va vous visiter. Les esprits ont l'œil sur vous ».

Monde et extra-monde

Dès lors, l'existence de Guy de Malivert s'accomplit sur deux plans parallèles, dans deux mondes conjoints. À la faveur des variations de sa vigilance et des états de sa conscience, il entrevoit ce que Gautier et

Féroë nomment « l'extra-monde ». Les visions du sommeil en donnent des aperçus fugaces, des avant-goûts – mais par-là même elles ouvrent un appétit pour atteindre plus pleinement et plus durablement cette région invisible au commun des mortels :

> « *L'âme, dénouée pendant le sommeil des liens du corps, se prêtait à cette vision, et Guy put voir quelques minutes avec l'œil intérieur, non pas l'extra-monde lui-même, dont la contemplation n'est permise qu'à des âmes tout à fait dégagées, mais un rayon filtrant sous la porte mal fermée de l'inconnu, comme d'une rue sombre on voit sous la porte d'un palais illuminée en dedans une raie de vive lumière qui fait présumer la splendeur de la fête.* »

Passage merveilleux : il nous montre qu'une métamorphose complète s'est opérée dans l'être du héros. Son système de valeurs est bouleversé. Le monde réel, celui des salons à la mode, des salles d'opéra où tout Paris se rend et s'observe, dans lequel le corps de Guy évolue est un monde terne, pareil à une « rue sombre ». À l'inverse, l'extra-monde, qui se laisse deviner, à travers un mince rayon lumineux, comme un trait doré de pinceau appliqué sur un ensemble gris ou noir, est le vrai monde, celui où la fête bat son plein. Plus extraordinaire encore – mais logique chez un artiste comme Gautier que les beautés du monde matériel passionnent – cette révélation ne disqualifie par l'environnement quotidien ; elle lui donne au contraire un relief extraordinaire car les perceptions sont plus intenses, les sens aiguisés, comme en état d'alerte permanente :

> « *désormais le battant de tout buffet, de toute armoire, pouvait ouvrir une porte sur l'infini. Les moindres bruits, [que Guy] prenait pour des avertissements, le faisaient tressaillir.* »

L'exacerbation des sensations rend la vie plus ardente.

Le blanc, l'aérien, le lumineux

À travers une histoire d'amour réalisée au-delà du contact charnel, Gautier dessine un idéal de beauté qu'il n'a cessé d'approcher par les mots et par l'écriture dans ses récits, ses poèmes ou ses arguments de ballet. Dans les dernières pages du roman, le héros masculin voyage en Grèce, et c'est l'étape ultime dans sa quête de l'extra-monde : il s'est détaché des plaisirs mondains, il s'attache un moment aux beautés de l'art antique avant d'accéder à celles, pures et désincarnées, de l'idéal

Cet idéal possède au moins trois qualités qui rendent sa description possible. Trois qualités qui accompagnent les apparitions de *Spirite*. C'est d'abord la blancheur, image de la pureté virginale. Elle est une constante de la sensibilité esthétique de Gautier qui, dans un poème du recueil *Émaux et Camées* (1852), « Symphonie en blanc majeur », a célébré les grâces d'une femme-cygne jamais nommée mais toute en pâleurs, teintes laiteuses, reflets de givre et d'argent. Le décor naturel de *Spirite* est en accord avec cet idéal progressivement dévoilé. Paris est recouvert d'un manteau de neige, mais une neige immaculée, épargnée comme par miracle :

> « *Chose rare à Paris, la blanche nappe ne s'était pas fondue, sous l'influence d'un vent tiède, en cette froide bouillie plus horrible encore que la boue noire du vieux pavé et que la fange jaune du nouveau macadam ; un froid vif l'avait cristallisée.* »

Une autre qualité de *Spirite* en tant que symbole de l'idéal est sa nature aérienne. La mort l'a délivrée de tout ce qui pesait. Entre la vie terrestre et l'au-delà, il se produit exactement le même phénomène que pour la métamorphose de la chenille en papillon. L'enveloppe charnelle est un cocon qui, à l'instant où l'être bascule dans l'autre vie, libère l'âme de sa « prison corporelle » et la fait s'élancer dans un azur immense, sans obstacles, où *temps* et *espace* ne sont plus que des mots creux. Enfin, si Spirite est une figure désincarnée, si elle n'est pas une matière que l'on peut étreindre, il n'empêche que Gautier lui donne la force d'une lumière très ardente, aussi intense que plusieurs soleils, impossible à regarder longtemps si l'on est un simple mortel. Cette intensité, conjuguée à la blancheur, contraste cruellement avec la véritable froideur, lourde, insistante, parfois masquée sous les épines du caprice, de Mme d'Ymbercourt – l'autre femme, la femme sans âme, dont Spirite, quand elle vivait sur terre, fut jalouse à en mourir. •

Il s'est détaché des plaisirs mondains, il s'attache un moment aux beautés de l'art antique avant accéder à celles, pures et désincarnées, de l'idéal.

Extrait

Guy de Malivert, séduisant aristocrate, mène la vie plaisante d'un rentier parisien, riche, courtisé par les femmes qui voient en lui un « beau parti ». Mais le jeune homme est plus profond qu'il n'y paraît : sincère avec lui-même, il n'est pas dupe des jeux mondains et il refuse la comédie de l'amour. Sans doute attend-il celle qui saura éveiller son cœur et ses sens. L'hiver est sur Paris : dehors la neige, à l'intérieur les bûches flambent dans la cheminée. Notre héros hésite à se rendre chez Mme d'Ymbercourt, celle qui croit être aimée de lui. Il ne le sait pas encore mais l'autre femme, Spirite, est déjà là, invisible et protectrice.

Il plaça devant lui une feuille de papier cream-laid[1] frappé au timbre sec d'un G et d'un M capricieusement enlacés, trempa dans l'encre une fine plume d'acier emmanchée d'un dard de porc-épic, et écrivit, assez bas dans la page pour diminuer la place de la littérature, ce mot triomphant :

« Madame. » Là, il fit une pause et appuya sa joue sur la paume de sa main, sa faconde ne lui fournissant rien de plus. Pendant quelques minutes il resta ainsi le poignet en position, les doigts allongés sur la plume et la cervelle involontairement occupée d'idées contraires au sujet de sa lettre. Comme si, en attendant la phrase qui ne venait pas, le corps de Malivert se fût ennuyé, sa main, prise de fourmillements et d'impatiences, semblait vouloir se passer d'ordre pour accomplir sa tâche. Les phalanges se détendaient et se repliaient comme pour tracer des caractères, et enfin Guy fut très étonné d'abord écrit absolument sans conscience neuf ou dix lignes qu'il lut et dont le sens était à peu près celui-ci :

« Vous êtes assez belle et entourée d'assez d'adorateurs pour qu'on puisse vous dire sans vous offenser qu'on ne vous aime pas. C'est une mauvaise note pour le goût de celui qui fait un tel aveu... voilà tout. À quoi bon continuer des relations qui finiraient par engager deux âmes si peu faites l'une pour l'autre et les lier dans un malheur éternel ? Excusez-moi, je pars, vous n'aurez pas de peine à m'oublier ! »

« Ah çà ! dit Malivert en frappant la table du poing lorsqu'il eut relu sa lettre, est-ce que je suis fou ou somnambule ? L'étrange billet que voilà ! Cela ressemble à ces lithographies de Gavarni[2] où l'on voit en même temps dans la légende la phrase écrite et la phrase pensée, le faux et le vrai. Seulement, ici le mot ne trompe pas. Ma main, que je voulais forcer à un joli petit mensonge social, ne s'y est pas prêtée, et contrairement à l'usage, l'idée sincère est dans la lettre. »

Guy regarda attentivement le billet et il lui sembla que le caractère de l'écriture n'était pas tout à fait le même qu'il employait d'habitude. « Voilà, dit-il, un autographe qui serait contesté par les experts si ma littérature épistolaire en valait la peine. Comment diable cette bizarre transformation a-t-elle pu se faire ? Je n'ai cependant ni fumé d'opium, ni mangé de haschich, et ce ne sont pas les deux ou trois verres de vin de Bordeaux que j'ai bus qui peuvent m'avoir porté à la tête. J'ai la cervelle plus solide que cela. Que vais-je devenir si la vérité me coule ainsi de la plume sans que je le sente ? Par bonheur j'ai relu mon épître, n'étant jamais bien sûr de mon orthographe du soir. Quel effet auraient produit ces aimables lignes par trop véridiques, et quelle mine indignée et stupéfaite aurait eue Mme d'Ymbercourt en les lisant ! Peut-être eût-il mieux valu que la lettre partît telle quelle : j'aurais passé pour un monstre, pour un sauvage tatoué, indigne de mettre une cravate blanche, mais du moins cette liaison qui m'ennuie eût été brisée net comme verre ; et le verre ne se raccommode pas, même en y collant du papier. Si j'étais un peu superstitieux, il ne tiendrait qu'à moi de voir là-dedans un avertissement du ciel au lieu d'une distraction inqualifiable. »

Après une pause, Guy prit un parti violent : « Allons chez Mme d'Ymbercourt, car je suis incapable de récrire cette lettre. » Il s'habilla rageusement, et, comme il allait sortir de sa chambre, il crut entendre un soupir, mais si faible, si léger, si aérien qu'il fallait le profond silence de la nuit pour que l'oreille pût le saisir.

Ce soupir arrêta Malivert sur le seuil de son cabinet, et lui causa cette impression que le surnaturel fait éprouver aux plus braves. Il n'y avait rien de bien effrayant dans cette note vague, inarticulée et plaintive, et cependant Guy en fut plus troublé qu'il n'osait se l'avouer à lui-même.

« Bah, c'est mon angora qui aura poussé une plainte en dormant », dit Malivert ; et, prenant des mains de son valet de chambre une pelisse de fourrure dans laquelle il s'enveloppa avec une correction qui prouvait de longs voyages en Russie, il descendit d'assez mauvaise humeur sur le perron au bas duquel l'attendait la voiture.

(Fin du chapitre I.)

[Notes : [1] *cream-laid* = abréviation de *cream-laid paper*, anglicisme,= papier vergé – il s'agit d'un papier qui laisse voir par transparence, dans l'épaisseur, de fines lignes parallèles horizontales ; celles-ci sont les marques des fils de laiton attachés sur la forme où l'on coule le papier et qu'en papeterie on appelle *vergeures*. [2] *Paul Gavarni* (1804-1866) est un célèbre dessinateur et illustrateur contemporain de Gautier. La lithographie est une procédé d'impression par lequel un dessin original tracé sur une pierre calcaire est reproduit sur papier, en multiples exemplaires ; on appelle aussi lithographie le dessin qui résulte de cette technique.]

La veine fantastique chez Gautier

Tout au long de sa carrière de poète, d'écrivain et de journaliste, Théophile Gautier a publié des récits fantastiques, qui montrent à la fois l'influence des fantaisies du conteur allemand Ernst-Amadeus Hoffmann (1776-1822), et un goût pour l'Orient et l'Antiquité. En voici quelques-uns :

- *La Cafetière* (1831) ;
- *Omphale ou la Tapisserie amoureuse* (1834) ;
- *La Morte amoureuse* (1836) ;
- *Le Chevalier double* (1840) ;
- *Le Pied de momie* (1840) ;
- *La Mille et deuxième Nuit* (1842) ;
- *Arria Marcella* (1852) ;
- *Avatar* (1856). ●

La dame blanche : pointes et tulles

La figure de Spirite est l'expression d'un idéal féminin que Gautier n'a cessé d'esquissé et d'approcher. On le retrouve présent dans la conception du livret de *Giselle*, ballet romantique créé en juin 1841 à l'Opéra de Paris. L'histoire est celle d'une jeune paysanne amoureuse de Loys, qui est en réalité un prince déguisé, prénommé Albert. Lorsque Giselle apprend que le jeune homme doit épouser une autre qu'elle, elle perd la raison et meurt. Elle rejoint alors la troupe des Willis, fantômes des jeunes filles mortes la veille de leurs noces – redoutables créatures qui, à la nuit tombée, égarent les voyageurs et les entraînent dans une ronde mortelle. L'héroïne réussira à sauver Albert… L'acte II de *Giselle* met en scène le royaume nocturne des Willis qui sont des modèles de féminité romantique : blanches, vaporeuses (elles portent des jupons de tulle blanc – ce qu'on appelle aujourd'hui le « tutu romantique »), juchées sur des pointes qui les maintiennent dans une apesanteur virtuose et leur donnent une silhouette fragile, tourbillonnante, presque désincarnée. On est tout près de Spirite, esprit aérien, angélique et d'une éclatante blancheur. Le rôle de Giselle fut imaginé pour Carlotta Grisi (1819-1899), danseuse d'origine italienne, que Gautier aima passionnément et dont il épousa la sœur, Ernesta, une cantatrice. ●

Le fantastique dans la littérature française au XIXe siècle

Le terme *fantastique*, appliqué à un genre littéraire, est utilisé à partir de la première moitié du XIXe siècle. Il concerne des récits où le surnaturel joue un rôle décisif. La naissance du genre coïncide avec l'essor du mouvement romantique qui, dans l'Europe intellectuelle et artistique, s'affirme en réaction contre l'esprit des Lumières : l'imagination romantique est fascinée par les puissances de l'ombre, les forces occultes de la Nature, toutes les manifestations de l'irrationnel dans le monde ou à l'intérieur de l'être humain. À la différence du conte merveilleux, qui transporte dans un univers féerique, le récit fantastique déploie ses surprises et ses terreurs dans un monde ordinaire, réaliste. Quand il surgit dans ce cadre quotidien et bien ordonné, l'événement surnaturel n'en a que plus de relief. Il vient fragiliser, voire détruire, les certitudes de la pensée logique et ses catégories, effaçant par exemple les oppositions entre vivant et mort, animé et inanimé, matériel et spirituel, réalité et rêve : un fantôme surgit de l'au-delà, une statue se met à bouger, une femme sort d'un tableau ou d'une tapisserie, le miroir fait apparaître un double grimaçant. Les données habituelles de la pensée et de la perception sont bouleversées chez les héros du récit et chez le lecteur.

Deux écrivains français du XVIIIe siècle sont considérés comme des précurseurs du genre : Cazotte (1720-1792), auteur du *Diable amoureux* (1772) et Jan Potocki (1761-1815), d'origine polonaise, auteur du *Manuscrit trouvé à Saragosse*. La première génération des auteurs français intéressés par le fantastique (Charles Nodier, Honoré de Balzac, Prosper Mérimée) est influencée par les rêveries et les contes fantastiques de l'écrivain allemand E.T.A. Hofmann (1776-1822). La seconde génération (Villiers de l'Isle-Adam, Jules Verne, Guy de Maupassant) est plutôt marquée par les constructions analytiques très élaborées et très angoissantes du poète américain Edgar Allan Poe (1809-1849) dont les *Histoires extraordinaires* ont été traduites en français par Charles Baudelaire dans les années 1850. Chez Poe, que Gautier cite à plusieurs reprises dans *Spirite*, la source du fantastique se trouve toujours dans l'esprit humain : saisi par l'angoisse, par l'obsession du détail, de l'explication, il peut être conduit dans des états paroxystiques de peur, d'hallucination, voire de folie.

Il est frappant que le genre fantastique se soit développé en France au XIXe siècle alors que triomphent la science, la technique et l'idéologie du progrès. Il y a là l'affirmation, sur un plan esthétique, qu'il existe des domaines échappant à la toute puissance de la raison, notamment dans l'être humain où s'abrite une part irréductible de ténèbres et de terreurs. ●

Quelques chefs-d'œuvre de la littérature fantastique européenne

- Jacques Cazotte, *Le Diable amoureux* (1772) ;
- Jan Potocki, *Le Manuscrit trouvé à Saragosse* (1804) ;
- E. T. A. Hoffmann, *Les Élixirs du Diable* (1816) ;
- Mary Shelley, *Frankenstein ou le Prométhée moderne* (1818) ;
- Robert Maturin, *Melmoth* (1820) ;
- Charles Nodier, *Smarra ou les Démons de la nuit* (1821) ;
- Honoré de Balzac, *La Peau de chagrin* (1831) ;
- Théophile Gautier, *La Morte amoureuse* (1836) ;
- Prosper Mérimée, *La Vénus d'Ille* (1837) ;
- Edgar Allan Poe, *Histoires extraordinaires* (1856) ;
- Robert-Louis Stevenson, *L'Étrange cas du Dr. Jekyll et Mr. Hyde* (1885) ;
- Auguste Villiers de l'Isle-Adam, *L'Ève future* (1886) ;
- Guy de Maupassant, *Le Horla* (1886). ●

Lire

Spirite est accessible soit en édition séparée, soit dans des recueils proposant un choix de récits de Gautier. Faites attention, si vous choisissez une des nombreuses anthologies disponibles en poche, elles comprennent souvent tous les textes fantastiques de Gautier sauf *Spirite*.

- l'édition la plus accessible aujourd'hui rassemble *Fortunio, Partie Carrée et Spirite* : collection « Folio Classique », éd. de Martine Lavaud (Gallimard, 2013) ;
- il existait naguère une séduisante version séparée, dans la collection « Petite Bibliothèque Ombres » (éditions Ombres, 1992) ; on peut la trouver d'occasion sur internet ;
- plusieurs anthologies des récits fantastiques de Gautier, par exemple dans la collection « 10-18 » (Union Générale d'Édition) ; dans la collection « Néomnibus » (Néo, 1990) ;
- l'édition la plus complète des romans, contes et nouvelles de Gautier est celle, en deux volumes, parue dans la collection « Bibliothèque de la Pléiade », sous la direction de Pierre Laubriet (Gallimard, 2002) ; *Spirite* se trouve dans le volume II ;
- entre le volume de poche et l'édition savante : *Spirite* se trouve dans le choix de 20 romans et contes proposé par Paolo Tortonese, *Œuvres* de Théophile Gautier, collection « Bouquins » (Robert Laffont, 1995.)

Pour se familiariser avec le genre fantastique en France (de la fin du XVIIIe siècle au début du XXe siècle) : *Anthologie du conte fantastique français*, proposée par Pierre-Georges Castex (Librairie José Corti, réédition 1987) et, du même auteur, un essai sur le sujet : *Le Conte fantastique de Nodier à Maupassant* (Librairie José Corti, réédition 1987.) •

Après la lecture

Un site consacré à Théophile Gautier, celui de la Société Théophile Gautier, qui réunit universitaires du monde entier, spécialistes de l'auteur, étudiants ainsi que lecteurs passionnés par l'œuvre de Gautier. Publication d'un bulletin annuel depuis 1979. Adresse : <theophilegautier.fr>

Pour ceux qui se sentent un peu détectives : il existe un exemplaire unique de la première édition de *Spirite*, qui a été tiré pour Carlotta Grisi, la ballerine bien-aimée, près de laquelle *Spirite* a été rédigée durant l'été et l'automne 1865. Exemplaire unique par la dédicace imprimée qu'il contient : « À Carlotta Grisi, en témoignage de sympathie éternelle et profonde, ce livre est dédié par Théophile Gautier ». D'après ce que l'on sait, cet exemplaire relié en veau bleu a été perdu ou volé, soit à Genève, soit en Espagne durant le séjour qu'y fit Carlotta en 1870-1871. On peut rêver de retrouver un jour ce volume fantôme, aussi insaisissable qu'un ange aérien et papillonnant. •

Éléments de contexte

- **Après une première période autoritaire**, évolution libérale du Second Empire (1852 – 1870) au cours des années 1860.
- **Guerre de Sécession** (1861-1865) aux États-Unis, entre les États de l'Union (nord) et ceux de la Confédération (sud).
- **Guerre entre la Prusse et l'Autriche** (1866), victoire prussienne de Sadowa (la Prusse s'agrandit considérablement.)
- **Création** (octobre 1866) de *La Vie parisienne*, opéra bouffe de Jacques Offenbach (livret Meilhac et Halévy).
- **Edgar Degas** peint *Le Défilé* (1866) et *L'Orchestre de l'Opéra* (1868-1869) ; Edouard Manet peint *Le Déjeuner sur l'herbe* et *Olympia* (1863), *Le Joueur de fifre* (1866), *Le Balcon* (1868-1869).

Jouer pour retenir

C'ÉTAIT QUAND ?

Quand est-ce que le terme « fantastique » est appliqué à un genre littéraire pour la première fois ?

A. XVIIIe siècle
B. XIXe siècle
C. XXe siècle

QUIZ

Comment s'appelle le héros du roman **Spirite *?***

A. Guy de Malivert
B. Lord Evandale
C. Le baron de Sigognac

HISTOIRE DE DATES

Associez chaque récit fantastique de Gautier à sa date de publication.

La Cafetière	1856
Omphale ou la Tapisserie amoureuse	1840
La Morte amoureuse	1842
Le Chevalier double	1840
Le Pied de momie	1834
La Mille et deuxième Nuit	1836
Arria Marcella	1852
Avatar	1831

RÉPONSES

C'était quand ?

Réponse : C'est à partir de la première moitié du XIXe siècle qu'on parle de littérature fantastique.

Quiz

Réponse : Le héros de *Spirite* est Guy de Malivert, un jeune aristocrate vivant à Paris dans les années 1860. Lord Evandale est le héros du *Roman de la momie* (1858) et le baron de Sigognac est le héros du *Capitaine Fracasse* (1863), deux autres romans de Théophile Gautier.

Histoire de dates

Réponse : *La Cafetière* (1831) ; *Omphale ou la Tapisserie amoureuse* (1834) ; *La Morte amoureuse* (1836) ; *Le Chevalier double* (1840) ; *Le Pied de momie* (1840) ; *La Mille et deuxième Nuit* (1842) ; *Arria Marcella* (1852) ; *Avatar* (1856).

Chapitre 18

Vingt mille lieues sous les mers

Jules Verne
(1870)

« Soudain, un bruit de ferrures violemment poussées se produisit à l'intérieur du bateau. Une plaque se souleva, un homme parut, jeta un cri bizarre et disparut aussitôt.

Quelques instants après, huit solides gaillards, le visage voilé, apparaissaient silencieusement, et nous entraînaient dans leur formidable machine. »

(Première partie, fin du chapitre VII.)

Quelle erreur d'enfermer les romans de Jules Verne dans la catégorie « littérature jeunesse » ! Car, dès le premier des 64 volumes composant la série des *Voyages extraordinaires* publiés entre 1862 et le début du XXe siècle, ce sont les lecteurs adultes qui s'enthousiasment, et parmi eux nombre d'écrivains. Après avoir dévoré *Cinq semaines en ballon* (roman aérien, 1862) et *Voyage au centre de la Terre* (roman souterrain, 1864), George Sand, auteur bien installée dans le paysage littéraire, adresse à son confrère une lettre pleine d'admiration et de gratitude. Elle y formule un espoir, qui va produire l'étincelle dans l'imagination du jeune romancier : « J'espère que vous nous conduirez bientôt dans les profondeurs de la mer. » On est en juillet 1865. L'idée mettra quelques années à devenir cette longue plongée romanesque dans les abysses de l'océan.

Monstre archaïque, merveille technologique

L'aventure démarre en 1866 lorsqu'est signalée, sur les routes maritimes, la présence d'un monstre marin redoutable. Une expédition s'organise pour traquer la bête qui perturbe la circulation des navires et alarme l'opinion publique mondiale. La frégate *Abraham-Lincoln* quitte donc le port de New York. Elle a pour passagers le savant français Pierre Aronnax, professeur au Muséum d'histoire naturelle de Paris, son fidèle assistant et domestique Conseil, et l'impressionnant harponneur québécois Ned Land.

Il est placé sous l'autorité absolue d'un savant génial, qui l'a conçu et créé, un homme aussi étrange qu'hospitalier, le capitaine Nemo.

La confrontation avec le « monstre » provoque de terribles remous qui précipitent à la mer nos trois héros. Par chance, ils sont non pas avalés par ce qui pourrait être une baleine géante, mais recueillis à bord d'un sous-marin, le *Nautilus*. L'animal traqué était donc un engin en acier robuste, ultra-perfectionné, fonctionnant à l'électricité, en avance sur toutes les technologies de son temps. Il est placé sous l'autorité absolue d'un savant génial, qui l'a conçu et créé, un homme aussi étrange qu'hospitalier, le capitaine Nemo. Ce marin est aussi un homme de goût et d'une culture immense : les appartements où il conduit ses trois « invités » sont aménagés avec des raffinements dignes d'un esthète.

Une fabuleuse odyssée sous-marine

À bord de leur luxueuse prison mobile, Aronnax, Conseil et Ned Land vivent une année d'Odyssée, plus brève dans la durée que les errances d'Ulysse (dix mois au lieu de dix ans) mais plus ample dans son parcours : le *Nautilus* accomplit un vaste tour de la Terre par la mer, depuis le large des côtes japonaises jusqu'aux parages des îles Féroé, après une traversée du Pacifique, de l'océan Indien, de la Méditerranée, le franchissement du détroit de Gibraltar, la descente vers l'Antarctique et la remontée de l'Atlantique vers l'estuaire de l'Amazone puis la mer des Antilles. Dix mois de vagabondages aquatiques où nous découvrons, à travers le regard émerveillé des personnages, les splendeurs d'un monde secret, quasi vierge. Aux côtés des trois touristes captifs, nous allons chasser en scaphandre dans les forêts sous-marines de l'île Crespo, nous suivons le beau convoi funéraire d'un homme de l'équipage enterré dans un cimetière de corail, nous assistons à une éruption volcanique au fond des eaux. Le récit vernien nous propose de multiples rendez-vous avec la légende et l'histoire ; il nous conduit près des ruines englouties de la mythique Atlantide, continent disparu ; à Vanikoro, sur les lieux du naufrage (fin XVIIIe siècle) de l'expédition La Pérouse ; parmi les épaves de galions chargés de trésors et de lingots, au fond de la baie de Vigo…

Parfois ce sont des combats épiques auxquels nous assistons, comme lorsque le sous-marin attaque une troupe de cachalots qui menaçaient de paisibles baleines ; ou lorsqu'un calmar géant saisit dans ses tentacules le *Nautilus*. D'autres épisodes sont des propositions géographiques et touristiques extravagantes : ainsi nous franchissons un tunnel marin, connu du seul Nemo, reliant mer Rouge et Méditerranée, quelques mois avant que le canal de Suez ne soit définitivement percé ; de la même façon, nous disparaissons sous les glaces bordant le continent antarctique pour refaire surface près du pôle sud, alors jamais atteint par l'homme ; là, Nemo plante un drapeau noir avec son initiale en broderie d'or.

L'ATLANTIDE

Continent légendaire (île immense) que le philosophe Platon évoque dans deux de ses *Dialogues*. Il la situe à l'ouest des Colonnes d'Hercule (détroit de Gibraltar). L'île aurait abrité une civilisation brillante de marins conquérants (les Atlantes), adorateurs du dieu des mers Poséidon. Elle aurait disparu, lors d'une catastrophe naturelle.

Nemo, génie de la mer

Lorsqu'il découvrit le premier état du manuscrit de *Vingt mille Lieues sous les mers*, Jules Hetzel, l'éditeur de Jules Verne, fut effrayé par le capitaine Nemo. Il fit pression sur le romancier pour qu'il adoucisse cette figure de justicier implacable et désespéré. Mais Verne résista. Ses lettres montrent la conviction et la persuasion qu'il sut déployer pour imposer le personnage, invention magistrale. Il le défend d'autant plus ardemment qu'il en fait, par certains goûts, certaines qualités, un être proche de lui-même, proche aussi du professeur Pierre Aronnax. Tous trois ont la même passion pour la connaissance, les savoirs encyclopédiques, les sciences, les lettres, la philosophie. Symbole de cette passion : la gigantesque bibliothèque de 12 000 volumes que le *Nautilus* abrite en ses flancs. Verne y place des ouvrages qu'il admire et dont il se sert sans doute lui-même pour écrire (au passage il glisse un hommage à George Sand – on a vu pourquoi – qu'il associe à des « monstres » littéraires comme Homère, Rabelais ou Victor Hugo.) Comme Verne, Nemo aime les arts : les tableaux de maîtres qu'il possède le prouvent ; et surtout il consacre du temps à la musique. Il la pratique, jouant d'un orgue prodigieux, un peu comme le romancier qui voulut, jeune homme, se lancer dans une carrière lyrique en tant qu'auteur de livrets, et qui, vers la fin de sa carrière, accorda à la musique une place de choix dans ses romans.

Comme Verne, Nemo aime les arts : les tableaux de maîtres qu'il possède le prouvent ; et surtout il consacre du temps à la musique.

Mais la principale passion commune à l'écrivain et à sa créature, c'est la mer et le voyage. Verne pourrait reprendre à son compte la devise latine de Nemo, *mobilis in mobile* : « être mobile dans ce qui est mobile » (c'est-à-dire dans l'élément marin). Il a montré toute sa vie un amour de l'escapade maritime. Très jeune, vivant à Nantes, il a fugué vers le port de Saint-Nazaire pour tenter (vainement) de partir à l'aventure. Plus tard, en 1867-1868, quelques mois avant l'écriture du roman, il traverse l'Atlantique sur le *Great Eastern*, le plus grand paquebot de l'époque. Et, plus significatif encore, à partir de 1866 il fait l'acquisition successive de bateaux (tous nommés *Saint-Michel*), qu'il utilise pour la plaisance pendant presque vingt ans ; il aime y faire des croisières, il aime y écrire, se laisser inspirer par ce qui est un espace de liberté pour le corps et l'esprit. La profession de foi qu'il prête à Nemo est aussi, en grande partie, la sienne :

> « *La mer n'appartient pas aux despotes ; à sa surface, ils peuvent encore exercer leurs droits iniques, s'y battre, s'y dévorer, y transporter toutes les horreurs terrestres. Mais à trente pieds au-dessous de son niveau, leur pouvoir cesse... au sein des mers, là seulement est l'indépendance ! là, je ne reconnais pas de maître ! je suis libre !* »

Liberté totale du capitaine, mais soumission complète (et volontaire) des hommes d'équipage.

Nemo, vengeur inflexible

Si Nemo est un double possible, il n'est pas un décalque du romancier. C'est un double négatif, funèbre. Sa radicalité dans le rejet des sociétés humaines, son intransigeance à assouvir une haine dont les motifs sont à peine indiqués, l'éloignent de Jules Verne, qui, lui, est ouvert au progrès mais adversaire de la violence. Marginal, enfermé dans son rêve misanthrope et dans son désir de vengeance, Nemo est un justicier à la fois terrifiant et touchant – sa propre cruauté finit par le faire sangloter. La volonté titanesque qu'il met en œuvre lui donne un relief immense. Elle l'apparente à d'autres figures romantiques prométhéennes – le *Frankenstein* de Mary Shelley par exemple – êtres hors du commun, monstrueux de démesure, dans leur générosité même, exerçant la puissance de leur esprit pour soumettre la matière et rivaliser avec les dieux. Nemo est comme une divinité de l'océan, à la fois sombre et lumineuse – un peu Neptune (maître des fonds marins), un peu Jupiter (maître de la foudre.)

La force du personnage tient au fait que le romancier est avare d'explications – de celles que réclamait l'éditeur Hetzel. Verne sème des indices mais il maintient l'incertitude. Nemo conserve une certaine opacité. Son nom n'est en pas un. En latin *nemo* signifie « personne » (le romancier reprend ici le nom qu'Ulysse s'était donné pour échapper au cyclope géant et anthropophage Polyphème, dans un épisode célèbre de *l'Odyssée*.) Son passé nous reste largement inconnu. Et le récit s'achève sur une interrogation : au moment où les trois prisonniers sont sur le point de s'enfuir, le *Nautilus* est aspiré par un gouffre marin, le maelström ; Aronnax, Conseil et Ned Land sont sauvés, mais Nemo ? Nous en apprendrons davantage au dénouement de *L'Île mystérieuse*, mais en 1870 ce roman-là n'est pas encore écrit. ●

Extrait

Les merveilles naturelles des fonds marins, les surprises technologiques qui permettent d'y accéder font l'objet, dans le roman, d'une approche scientifique. On retrouve là le souci constant de Jules Verne de vulgariser les connaissances et, en les incluant de manière plaisante dans le flux romanesque, de nous les rendre encore plus accessibles. Mais dans ces développements, explications, nomenclatures, relevés méticuleux, il y a parfois une autre dimension : la science se hisse à un niveau de raffinement, de précision dans les détails tel que cela colore ce qui pourrait n'être qu'une simple liste d'une teinte étrange, presque fantastique. Tous les mots livrés dans cet extrait, qui nous dit qu'ils ne sont pas inventés ? Hypothèse invraisemblable ? Sans doute mais elle autorise à lire cette page comme une page de poésie. Verne devient alors frère d'écriture de Lautréamont ; et l'on imagine Nemo métamorphosé en narrateur vénéneux des Chants de Maldoror, *où le « Vieil Océan » est l'objet de salutations répétées.*

Il était alors dix heures du matin. Les rayons du soleil frappaient la surface des flots sous un angle assez oblique, et au contact de leur lumière décomposée par la réfraction comme à travers un prisme, fleurs, rochers, plantules, coquillages, polypes, se nuançaient sur leurs bords des sept couleurs du spectre solaire. C'était une merveille, une fête des yeux, que cet enchevêtrement de tons colorés, une véritable kaléidoscopie de vert, de jaune, d'orange, de violet, d'indigo, de bleu, en un mot, toute la palette d'un coloriste enragé ! Que ne pouvais-je communiquer avec Conseil les vives sensations qui me montaient au cerveau, et rivaliser avec lui d'interjections admiratives ! Que ne savais-je, comme le capitaine Nemo et son compagnon, échanger mes pensées au moyen de signes convenus ! Aussi, faute de mieux, je me parlais à moi-même, je criais dans la boîte de cuivre qui coiffait ma tête, dépensant peut-être en vaines paroles plus d'air qu'il ne convenait.

Devant ce splendide spectacle, Conseil s'était arrêté comme moi. Évidemment, le digne garçon, en présence de ces échantillons de zoophytes et de mollusques, classait, classait toujours. Polypes et échinodermes abondaient sur le sol. Les isis variées, les cornulaires qui vivent isolément, des touffes d'oculines vierges, désignées autrefois sous le nom de « corail blanc », les fongies hérissées en forme de champignons, les anémones adhérant par leur disque musculaire, figuraient un parterre de fleurs, émaillé de porpites parées de leur collerette de tentacules azurés, d'étoiles de mer qui constellaient le sable, et d'astérophytons verruqueux, fines dentelles brodées par la main des naïades, dont les festons se balançaient aux faibles ondulations provoquées par notre marche. C'était un véritable chagrin pour moi d'écraser sous mes pas les brillants spécimens de mollusques qui jonchaient le sol par milliers, les peignes concentriques, les marteaux, les donaces, véritables coquilles bondissantes, les troques, les casques rouges, les strombes aile d'ange, les aphysies, et tant d'autres produits de cet inépuisable Océan. Mais il fallait marcher, et nous allions en avant, pendant que voguaient au-dessus de nos têtes des troupes de physalies, laissant leurs tentacules d'outremer flotter à la traîne, des méduses dont l'ombrelle opaline ou rose tendre, festonnée d'un liston d'azur, nous abritait des rayons solaires, et des pélagies panopyres, qui, dans l'obscurité, eussent semé notre chemin de lueurs phosphorescentes !

(Première partie.
Extrait du chapitre XVI « Promenade en plaine »)

Jules Verne en quelques dates

- **1828 :** naissance à Nantes.
- **1848 :** études (droit) à Paris.
- **1853/1861 :** premiers essais littéraires (pièces de théâtre, nouvelles, livrets d'opérette).
- **1862 :** rencontre de l'éditeur Jules Hetzel (1814-1886), qui accepte le manuscrit de ce qui sera le premier des « Voyages Extraordinaires » : *Cinq Semaines en ballon*.
- **1865 :** débuts des séjours au Crotoy (port dans la Baie de Somme) et achat l'année suivante d'un premier bateau, le *Saint-Michel I*.
- **1870 :** installation définitive à Amiens.
- **1877 :** achat d'un yacht à vapeur, qui est rebaptisé le *Saint-Michel III* et sur lequel le romancier accomplit de longues croisières (Méditerranée en 1878, Écosse en 1879, mer du Nord et Baltique en 1881.)
- **1888 :** élection comme conseiller municipal d'Amiens (sur une liste républicaine) ; Verne sera réélu deux fois par la suite.
- **1905 :** mort de Jules Verne.
- **1906/1914 :** publications posthumes de sept romans (parmi lesquels une histoire d'homme invisible, *Le Secret de Wilhelm Storitz*) sur lesquels le fils du romancier, Michel, est plus ou moins intervenu. •

Romans maritimes

L'humeur vagabonde, le goût du départ et du mouvement, Jules Verne les exprime dans les romans d'aventures qu'il conçoit en multipliant à plaisir les possibilités d'arpenter le globe terrestre et de se projeter dans les éléments et dans l'espace. Ses héros emploient les moyens de locomotion les plus variés : montures classiques (le cheval) ou exotiques (l'éléphant, l'autruche), bicyclette, train, traîneau, automobile, capsule spatiale, aéronef. Parfois les déplacements relèvent du miracle (très euphorisant pour le lecteur) ; ainsi, dans *Les Enfants du Capitaine Grant* où un séisme fait glisser les héros sur un gigantesque toboggan, qui est en fait un morceau de montagne détaché de la Cordillère des Andes ! Mais le moyen de transport que le romancier privilégie, ce sont les bateaux. Ils font sillonner les immensités maritimes, plus ou moins vierges, propices à l'aventure, au désir de conquête qui est surtout désir de connaissance. Ils fournissent le prétexte à des propositions romanesques très stimulantes : courir les mers en suivant un parallèle unique ; rechercher à atteindre un point mythique, le pôle Nord, jusqu'à la folie et la mort (*Voyages et aventures du Capitaine Hatteras*) ; vivre sur un paquebot comme dans une immense cité (*Une ville flottante*) ; survivre sur les débris d'une embarcation à la dérive (*Le Chancellor*) ; réinventer le monde civilisé et la société humaine dans une île perdue, déserte, où l'on s'est échoué (*L'Île mystérieuse, Deux ans de vacances*). La mer, le bateau, l'île sont des espaces de liberté autant que d'enfermement : ils obligent à rassembler et à mobiliser toutes les capacités physiques, intellectuelles et morales, les plus brillantes comme les plus sombres – et font donc des héros les frères de l'écrivain, emprisonné dans son labeur créateur. ●

Hetzel, éditeur pour tous

Connu pour être l'éditeur des beaux ouvrages signés Jules Verne et recherchés aujourd'hui par les bibliophiles, Pierre-Jules Hetzel est une personnalité centrale dans le paysage littéraire de la France du XIXe siècle. Indépendant à partir de 1843, il aime la littérature, la faire partager, et il aime le livre en tant qu'objet. Aussi soigne-t-il les ouvrages qu'il publie (présentation, typographie, illustrations). Et il travaille avec les plus grands artistes de son temps, écrivains (Balzac, Musset, George Sand) et dessinateurs (Granville, Gavarni). Politiquement engagé à gauche, il participe aux côtés du poète Lamartine à la fondation de la Seconde République, en 1848. Le coup d'État de Louis-Napoléon en 1851 lui vaut d'être exilé quelque temps en Belgique, comme Victor Hugo dont il publie plusieurs recueils poétiques majeurs (*Les Châtiments*, *Les Contemplations*, *La Légende des siècles*). Sa passion pour la vulgarisation des arts et des sciences est inséparable de son engagement du côté des forces de progrès. La volonté de toucher le lectorat des jeunes et celui des gens modestes lui fait concevoir diverses publications et des formats d'ouvrages bon marché. Hetzel est aussi, sous le pseudonyme de P.J. Stahl, un auteur prolifique qui adapte des succès anglo-saxons – il a signé notamment beaucoup des romans pour enfants et adolescents, comme *Les Nouvelles et Seules Véritables Aventures de Tom Pouce*, *Maroussia* ou *Les Quatre Filles du docteur March*. ●

Lire

Pourquoi ne pas vous plonger dans la volumineuse trilogie dont *Vingt mille lieues sous les mers* constitue le cœur ? Vous commencez par *Les Enfants du Capitaine Grant*, histoire extraordinaire de deux enfants partis à la recherche de leurs père disparu, et n'ayant pour seul indice que de suivre le 37e parallèle, hémisphère sud. Et, au dénouement de *L'Île mystérieuse*, vous apprenez qui se cache vraiment sous le masque de Nemo, et comment Jules Verne fait disparaître ce sombre génie des mers.

Les éditions de Jules Verne en livre de poche sont nombreuses. Choisissez-les en fonction de la qualité des illustrations (reproduction des gravures originales en noir et blanc – pour *Vingt mille lieues sous les mers*, elles sont signées du peintre et dessinateur Alphonse de Neuville.)

Une étude parue en 2013 dans la revue *Annales de Géographie*, accessible sur le site cairn.info (<cairn.info/revue-annales-de-geographie-2013-2-page-131.htm>) : « *Les Voyages extraordinaires* de Jules Verne ou le roman géographique du XIXe siècle » par Lionel Dupuy. ●

Voir

Le site du musée Jules Verne de Nantes : <julesverne.nantesmetropole.fr>

Internet (mots-clés : Jules Verne/ Illustrateurs) donne accès à plusieurs sites proposant des reproductions des couvertures et des gravures qui ornaient les éditions originales de Jules Verne – une quinzaine d'artistes ont travaillé pour ces livres, parmi lesquels Léon Benett, Edouard Riou, Georges Roux. Un site très complet (64 romans avec leurs illustrations) : <renepaul.net>.

Vingt mille lieues sous les mers, adaptation (très libre) au cinéma, produite par Walt Disney et réalisée par le cinéaste américain Richard Fleischer (1954) avec plusieurs stars masculines de l'époque, James Mason (Nemo), Kirk Douglas (Ned Land), Peter Lorre (Conseil) et Paul Lukas (Pierre Aronnax). Le film a reçu deux oscars en 1955 ; le *Nautilus* n'y a pas le design sobre et moderniste imaginé par Jules Verne, mais une allure baroque, presque néo-gothique. Deux projets américains concurrents d'adaptation contemporaine du roman : celle de Bryan Singer (qui a participé en tant que réalisateur et producteur à l'aventure de la série des *X-men*) et celle confiée par les studios Disney à James Mangold – on prie pour que ces deux films ne soient pas saturés d'effets qui, s'ils sont spéciaux, ne sont pas toujours d'une grande densité poétique. •

Éléments de contexte

- **Exposition universelle de Paris** (avril-novembre 1867), plus de 50 000 exposants et plus de dix millions de visiteurs.

- **Inauguration du Canal de Suez** (novembre 1869) par l'impératrice Eugénie.

- **Guerre franco-prussienne** (été 1870), défaite française de Sedan (2 septembre) ; chute du Second Empire et proclamation de la République par Gambetta.

- **Siège de Paris** par les armées prussiennes jusqu'à l'armistice de janvier 1871 (signé à Versailles), proclamation de l'Empire allemand (suivi de l'annexion de l'Alsace-Moselle).

- **Insurrection** de la Commune de Paris (mars 1871) réprimée brutalement (« Semaine sanglante », mai) par les troupes régulières et le gouvernement Thiers (les « Versaillais »).

- **Courbet,** président de la commission des Beaux-Arts de la Commune, fait protéger le Louvre (blindage des ouvertures) ainsi que de nombreux monuments de plein air (Arc de Triomphe, Fontaine des Innocents) mais il exécute l'ordre d'abattre la Colonne Vendôme.

- **Expédition du *Challenger*** (1872-1876), première grande campagne océanographique autour du monde, organisée par la Royal Society de Londres et l'Université d'Edimbourg.

Jouer pour retenir

LA TROUVAILLE

Les trois héros de* Vingt mille lieues sous les mers *sont précipités à la mer et recueillis à bord du* Nautilus *par le capitaine Nemo. Qu'y découvrent-ils ?

A. Une baleine
B. Un jacuzzi
C. Une bibliothèque de douze mille livres

LES EXTRAITS

Retrouvez à quel chef d'oeuvre de la littérature appartient chacun de ces extraits.

A. « Pas de bête comme la mer pour dépecer une proie. L'eau est pleine de griffes. Le vent mord, le flot dévore ; la vague est une mâchoire. C'est à la fois de l'arrachement et de l'écrasement. L'océan a le même coup de patte que le lion. »

B. « Je me hissai rapidement au sommet de l'être ou de l'objet à demi immergé qui nous servait de refuge. Je l'éprouvai du pied. C'était évidemment un corps dur, impénétrable, et non pas cette substance molle qui forme la masse des grands mammifères marins. […] Le doute n'était pas possible ! L'animal, le monstre, le phénomène naturel qui avait intrigué le monde savant tout entier, bouleversé et fourvoyé l'imagination des marins des deux hémisphères, il fallait bien le reconnaître, c'était un phénomène plus étonnant encore, un phénomène de main d'homme. »

C. « Il appelait l'océan *la mar*, qui est le nom que les gens lui donnent en espagnol quand ils l'aiment. On le couvre aussi d'injures parfois, mais cela est toujours mis au féminin, comme s'il s'agissait d'une femme. Quelques pêcheurs, parmi les plus jeunes, ceux qui emploient des bouées en guise de flotteurs pour leurs lignes et qui ont des bateaux à moteur, achetés à l'époque où les foies de requins se vendaient très cher, parlent de l'océan en disant *el mar*, qui est masculin. Ils en font un adversaire, un lieu, même un ennemi. Mais pour le vieux, l'océan c'était toujours *la mar*, quelque chose qui dispense ou refuse de grandes faveurs ; et si *la mar* se conduit comme une folle, ou comme une mégère, c'est parce qu'elle ne peut pas faire autrement : la lune la tourneboule comme une femme. »

D. « Sais-tu que toute réflexion profonde et sérieuse n'est que l'effort intrépide de l'âme pour garder la pleine liberté de la mer, quand les vents les plus sauvages du ciel et de la terre conspirent pour te rejeter sur la côte traîtresse et esclave ? Mais puisque, seule, dans le détachement de la terre réside la vérité la plus haute, la plus illimitée - aussi illimitée que Dieu - il vaut donc mieux périr dans cet infini hurlant que d'être ignominieusement rejeté aux terres sous le vent, même si elles sont sûres ! Oh ! qui voudrait ramper lâchement sur la terre comme un ver ? »

1. *Les travailleurs de la mer*, de Victor Hugo.
2. *Le Vieil homme et la mer*, de Ernest Hemingway.
3. *Moby Dick*, d'Herman Melville.
4. *Vingt mille lieues sous les mers*, de Jules Verne.

RÉPONSES

La trouvaille

Réponse : Le *Nautilus* contient une immense bibliothèque, dans laquelle Jules Verne place des livres qu'il admire.

Les extraits

Réponse : **A.** *Les Travailleurs de la mer*, de Victor Hugo ; **B.** *Vingt mille lieues sous les mers*, de Jules Verne ; **C.** *Le Vieil homme et la mer*, d'Ernest Hemingway ; **D.** *Moby Dick*, d'Herman Melville

Chapitre 19

Germinal

Émile Zola
(1885)

« Et l'on vit alors une effrayante chose, on vit la machine, disloquée sur son massif, les membres écartelés, lutter contre la mort : elle marcha, elle détendit sa bielle, son genou de géante, comme pour se lever ; mais elle expirait, broyée, engloutie. Seule, la haute cheminée de trente mètres restait debout, secouée, pareille à un mât dans l'ouragan. On croyait qu'elle allait s'émietter et voler en poudre, lorsque, tout d'un coup, elle s'enfonça d'un bloc, bue par la terre, fondue ainsi qu'un cierge colossal… »

(Septième partie, chapitre 3, extrait.)

Roman politique d'une grande vigueur, sans doute l'un des plus virulents composés par Zola, *Germinal* décrit la révolte d'un homme, Étienne Lantier, contre l'esclavage de la mine et contre la résignation de ses camarades travailleurs. Deux puissances s'opposent à lui : la bourgeoisie détentrice de l'argent (le capital), maîtresse de l'ordre et du pouvoir, et – puissance bien plus ténébreuse – la Terre qui dévore les mineurs, broient leurs destins quand elle ne les engloutit pas dans ses profondeurs.

Témoin et acteur

Le récit s'ouvre sur Étienne arrivant dans le Nord de la France, à Montsou, dans une région où l'on extrait le charbon. Le jeune homme se fait embaucher à la mine du Voreux comme herscheur – ouvrier qui, au fond des galeries souterraines, pousse les wagonnets où sont regroupés les morceaux de houille. Le novice qui débarque, à travers le regard duquel nous découvrons l'univers de la mine et toute la vie humaine organisée autour de cette activité industrielle, c'est un peu le reflet du romancier : l'un comme l'autre entrent dans un milieu qu'ils ne connaissent pas, l'observent et l'analysent.

Rapidement Étienne prend une part décisive à l'action. Après avoir partagé le labeur et la souffrance de ses camarades, il réagit contre la résignation qui pèse sur eux et les paralyse – sans doute parce qu'il est plus instruit et que sa conscience est mieux aiguisée. Autour de lui s'organise la grève lorsque les mineurs apprennent que la Compagnie des Mines a décidé de baisser leurs salaires. Il est l'âme de la révolte et de la lutte.

Familles et classes sociales

Face à l'individu témoin, Zola brosse des portraits de groupes, de classes sociales. Il joue notamment sur l'opposition entre familles populaires et familles bourgeoises. D'un côté, il y a les Maheu, emblématiques de la condition ouvrière : plusieurs générations esclaves de la mine, sacrifiant leur vie et leur santé sans parvenir ne serait-ce qu'à bien se nourrir. La Maheude, figure maternelle généreuse, intransigeante et tragique, domine ce groupe où les hommes sont cruellement marqués, errant au bord de la folie et de l'animalité car privés de conscience morale : Bonnemort, vieillard précoce (quarante cinq ans au fond de la mine), malade et paralysé, saisi d'un accès de démence meurtrière, a l'âme pareillement ravagée que son petit-fils Jeanlin, monstrueux enfant de douze ans, qui par instinct, comme ferait une bête sauvage, assassine un gamin soldat à peine plus âgé que lui, Jules, avec qui Étienne venait de sympathiser.

Sur l'autre rive, là où il fait bon vivre, campent les Hennebeau (la famille du directeur général des mines de Montsou) et les Grégoire (rentiers, actionnaires des mines). Ils sont partagés entre le mépris, la dureté, l'indolence et une pratique mondaine de la charité – dans ce groupe, l'ingénieur Négrel occupe une place singulière car il est à la fois cynique (il est l'amant de Mme Hennebeau qui a décidé de le marier à la jeune Cécile Grégoire) et très dévoué quand il s'agit de sauver « ses hommes » après que la mine du Voreux s'est effondrée : bourgeois éclairé, progressiste, républicain capable dans l'adversité de fraterniser avec Lantier le socialiste.

Peuple en lutte

Et il y a bien sûr la grande famille des mineurs avec sa fraternité, ses affrontements, ses défaillances. Zola y dessine deux figures, plutôt sombres : Chaval, l'ouvrier brutal, égoïste, qui espère s'en sortir seul et refuse de s'engager dans les luttes collectives ; et Souvarine, nihiliste d'origine russe, jusqu'au-boutiste, devenu ouvrier par conviction et amour du peuple, mais capable par entêtement idéologique de se faire bourreau de ses propres frères puisqu'il sabote le Voreux et provoque l'ensevelissement de ses camarades.

« Enfin il y a la foule, force terrible, effrayante et fascinante. »

Enfin il y a la foule, force terrible, effrayante et fascinante. Zola la traite comme un phénomène naturel. Il lui attribue une férocité qui menace d'envahir chaque individu, submergeant la conscience, levant interdits et tabous, réveillant le goût du meurtre ou de la destruction. Il la fait surgir dans des pages d'un grand souffle (les grévistes galopant à travers la plaine) ou bien pleine d'une rage sordide (la foule des femmes lynchant et châtrant l'épicier Maigrat).

Qu'il soit isolé ou noyé dans un groupe le privant de son individualité, l'être soumis à l'esclavage du labeur, écrasé pas sa misère matérielle est dans tous les cas constamment menacé par la bestialité (les accouplements) ou par le surgissement de pulsions archaïques (les meurtres) – qui sont comme les manifestations d'un instinct de survie. Prisonnier au fond de la mine, Étienne en fait lui-même l'expérience puisqu'il doit lutter à mort contre son collègue Chaval, le mineur brutal et traître à ses camarades (le « jaune »), pour conquérir très fugacement celle qu'il aime, Catherine Maheu.

La mine réelle : carreaux et corons

ÉMILE BASLY

(1854-1928) est un homme politique français, l'une des grandes figures du syndicalisme dans le Nord-Pas-de-Calais. Mineur à la Compagnie des mines d'Anzin jusqu'en 1880 (il est alors renvoyé), il devient secrétaire du syndicat des mineurs en 1882. Après son implication active dans la grande grève de 1884, il se lance dans une carrière politique. Il sera député du Pas-de-Calais de 1891 à sa mort, et maire de Lens à partir de 1900.

Dès qu'il lance le projet de son *Germinal*, Zola a l'ambition d'analyser l'existence des mineurs dans ce qu'elle a de plus âpre, et pour ce qu'elle révèle de la classe ouvrière en général, en un temps de bouleversements techniques et industriels. Il veut mettre en évidence la brutalité de conditions de vie imposée par des hommes, les possédants, actionnaires et donneurs d'ordres, à d'autres hommes n'ayant pour seule force que leur capacité à travailler et à lutter.

Pour préparer son roman, l'étayer sur une information solide, le romancier utilise sa méthode habituelle. Il lit des ouvrages scientifiques, économiques, historiques, il se documente sur la géologie et la géographie, prend des notes, constitue des dossiers préparatoires sur la vie industrielle sous le second Empire, l'essor des organisations syndicales et les mouvements sociaux qui animent les régions minières du Nord et du Centre de la France dans les années 1860. En février 1884, grâce au député socialiste de Valenciennes Alfred Giard, il a l'opportunité de séjourner une semaine dans le bassin houiller d'Anzin et de Denain, au nord de la France. Le hasard fait qu'une grève y éclate deux jours avant son arrivée (elle durera presque deux mois). La visite est extrêmement fructueuse – tout ce que l'écrivain observe, ressent, imagine à partir de ce qu'il voit, il le consigne dans ses *Notes sur Anzin*. Le contact avec les lieux et les hommes est très fort. Zola parcourt les corons, fréquente les cafés, visite les maisons, rencontre les mineurs et leurs femmes, assiste à des réunions syndicales, discute avec un des meneurs de la grève, Émile Basly. La visite réserve aussi des surprises : l'écrivain s'attendait à être confronté à une atmosphère de révolte et de violences, et il est au contraire frappé par le calme des grévistes. Toute cette expérience, brève mais intense, apporte du matériau à l'œuvre future, l'enrichit de détails réalistes (vocabulaire technique, rituels quotidiens, sensations concrètes) dont le romancier est friand.

Le Voreux fantasmé comme monstre

Lorsque Zola est autorisé à visiter la fosse Renard à Denain, et qu'il accomplit le parcours d'un mineur de fond, descendant à plus de 600 mètres sous la terre, c'est un choc Il découvre, dans un labyrinthe oppressant d'obscurité, étouffant de chaleur, saturé d'émanations gazeuses (le « grisou » qu'une lampe défectueuse peut à tout moment faire exploser), la réalité du labeur des ouvriers : rouleurs et herscheurs qui rassemblent le minerai et poussent les wagonnets ; piqueurs qui, au fond de boyaux à peine accessibles, attaquent la roche pour accéder aux veines dont le charbon est extrait. Cette excursion dans ce qui offre un aperçu de l'Enfer et de ses fournaises, est, pour l'écrivain, une aventure physique et psychique. Elle réveille des cauchemars personnels (la peur panique d'être enterré vivant) et ouvre à l'imagination des perspectives immenses.

Rouleurs et herscheurs qui rassemblent le minerai et poussent les wagonnets ; piqueurs qui, au fond de boyaux à peine accessibles, attaquent la roche pour accéder aux veines dont le charbon est extrait.

La fosse, dans le roman, prend une dimension inattendue. Elle devient un monstre archaïque absorbant sans relâche les êtres dans ses entrailles. Son nom même le Voreux, où l'on capte l'écho du verbe *dévorer,* trahit sa nature ogresque. Contemporain de Zola, l'illustrateur Alfred Robida (1848-1926) a saisi la dimension mythologique de cette mine-personnage :

« *Ramassé, accroupi dans sa force et sa puissance, le monstre tient l'immense plaine triste sous sa patte et la remplit de son souffle de flamme, du bâillement de son éternelle fringale. Ses yeux féroces guettent les corons, enfermant ses provisions de chair humaine ; deux fois par vingt-quatre heures, il avale tout une population qu'il triture, mange et remange. Tel le Voreux apparaît, la mine dévorante, le minotaure, l'hydre moderne.* »

Ce motif récurent de la Terre non plus nourricière mais mangeuse d'hommes, culmine dans l'épisode de l'effondrement de la mine : certains protagonistes du roman, et notamment le porte-parole de Zola, Étienne Lantier, sont ensevelis vivants sous des dizaines de mètres de terre.

La dimension épique et visionnaire de *Germinal* incite à le lire non seulement comme un roman politique, mais comme un récit élémentaire, puissant et raffiné qui, autour d'un gouffre infernal, met un scène un tourbillon de désirs, d'affects, de frustrations, de peurs, d'élans mobilisés dans une lutte féroce pour la survie – ce qu'ailleurs le romancier définit comme une « meute d'appétits lâchés dans un flamboiement d'or et de sang ».

Les promesses du titre

Étienne sort de l'aventure vaincu (la grève échoue) mais il n'est pas abattu. Il s'est extrait des profondeurs du sous-sol après y avoir été enfermé ; le gouffre ne l'a pas absorbé. De la même façon, il a tenté de s'extraire par la lutte, avec ses camarades, de ce qui les détruit et les dévore (la mine, la misère, la faim), et finalement il s'arrache à la noirceur du monde après l'avoir traversée. Lui qui était arrivé par une nuit de mars, où tout était noir, glacé, vide, désolé, treize mois plus tard lorsqu'il reprend la route, dans le petit matin d'avril, il perçoit le paysage, à l'approche du jour et des promesses de l'aube, comme si tous les signes y avaient été inversés : le ciel est limpide, les étoiles finissent d'y scintiller, la végétation est prête à éclore de la terre, tout semble renaître à la vie. Les sensations printanières conduisent au pressentiment d'une utopie révolutionnaire :

« *Aux rayons enflammés de l'astre, par cette matinée de jeunesse, c'était de cette rumeur que la campagne était grosse. Des hommes poussaient, une armée noire, vengeresse, qui germait lentement dans les sillons, grandissant pour les révoltes du siècle futur, et dont la germination allait faire bientôt éclater la terre.* »

À propos du titre Zola a reconnu après coup ne l'avoir adopté qu'après bien des hésitations :

« *Je cherchais un titre exprimant la poussée d'hommes nouveaux, l'effort que les travailleurs font, même inconsciemment, pour se dégager des ténèbres si durement laborieuses où ils s'agitent encore. Et c'est un jour, par hasard, que le mot* Germinal *m'est venu aux lèvres. Je n'en voulais pas d'abord, le trouvant trop mystique, trop symbolique ; mais il représentait ce que je cherchais, un avril révolutionnaire, une envolée de la société caduque dans le printemps. [...] il est devenu pour moi comme un coup de soleil qui éclaire toute l'œuvre.* »

Le roman s'achève ainsi sur un des pôles structurant la vision du monde de Zola : une confiance dans la vie, dans la capacité des hommes à s'affranchir de ce qui les opprime, les brime ou les détermine – fatalités de toutes sortes, sociales, économiques ou plus intérieures. •

Extrait

Deux mondes face à face, les bourgeois et les ouvriers. Les premiers – en fait un groupe de femmes, rentrant d'une partie de campagne, sous la protection de l'ingénieur Négrel – observent, cachés, la masse indistincte des mineurs en grève et de leurs familles. L'esprit progressiste et républicain de l'ingénieur Négrel, ironique, voltairien, semble céder sous la puissance terrible de la foule en marche. C'est plus qu'une foule révolutionnaire que Zola peint à traits vigoureux : c'est une horde barbare, effrayante pour ceux qui la contemplent, aussi violente qu'un cataclysme. Au-delà de la portée politique du tableau, on retrouve ici la fascination de Zola pour la Nature perçue comme un vivier gigantesque, parcouru d'élans, de secousses et de pulsions.

– Non, non, je ne veux pas regarder, dit Cécile en allant se blottir dans le foin.

Mme Hennebeau, très pâle, prise d'une colère contre ces gens qui gâtaient un de ses plaisirs, se tenait en arrière, avec un regard oblique et répugné ; tandis que Lucie et Jeanne, malgré leur tremblement, avaient mis un œil à une fente, désireuses de ne rien perdre du spectacle.

Le roulement de tonnerre approchait, la terre fut ébranlée, et Jeanlin galopa le premier, soufflant dans sa corne.

– Prenez vos flacons, la sueur du peuple qui passe ! murmura Négrel, qui, malgré ses convictions républicaines, aimait à plaisanter la canaille avec les dames.

Mais son mot spirituel fut emporté dans l'ouragan des gestes et des cris. Les femmes avaient paru, près d'un millier de femmes, aux cheveux épars, dépeignés par la course, aux guenilles montrant la peau nue, des nudités de femelles lasses d'enfanter des meurt-de-faim. Quelques-unes tenaient leur petit entre les bras, le soulevaient, l'agitaient, ainsi qu'un drapeau de deuil et de vengeance. D'autres, plus jeunes, avec des gorges gonflées de guerrières, brandissaient des bâtons ; tandis que les vieilles, affreuses, hurlaient si fort, que les cordes de leurs cous décharnés semblaient se rompre. Et les hommes déboulèrent ensuite, deux mille furieux, des galibots, des haveurs, des raccommodeurs, une masse compacte qui roulait d'un seul bloc, serrée, confondue, au point qu'on ne distinguait ni les culottes déteintes, ni les tricots de laine en loques, effacés dans la même uniformité terreuse. Les yeux brûlaient, on voyait seulement les trous des bouches noires, chantant la *Marseillaise*, dont les strophes se perdaient en un mugissement confus, accompagné par le claquement des sabots sur la terre dure. Au-dessus des têtes, parmi le hérissement des barres de fer, une hache passa, portée toute droite ; et cette hache unique, qui était comme l'étendard de la bande, avait, dans le ciel clair, le profil aigu d'un couperet de guillotine.

– Quels visages atroces ! balbutia Mme Hennebeau.

Négrel dit entre ses dents :

– Le diable m'emporte si j'en reconnais un seul ! D'où sortent-ils donc, ces bandits-là ?

Et, en effet, la colère, la faim, ces deux mois de souffrance et cette débandade enragée au travers des fosses, avaient allongé en mâchoires de bêtes fauves les faces placides des houilleurs de Montsou. À ce moment, le soleil se couchait, les derniers rayons, d'un pourpre sombre, ensanglantaient la plaine. Alors, la route sembla charrier du sang, les femmes, les hommes continuaient à galoper, saignants comme des bouchers en pleine tuerie.

– Oh ! superbe ! dirent à demi-voix Lucie et Jeanne, remuées dans leur goût d'artistes par cette belle horreur.

Elles s'effrayaient pourtant, elles reculèrent près de Mme Hennebeau, qui s'était appuyée sur une auge. L'idée qu'il suffisait d'un regard, entre les planches de cette porte disjointe, pour qu'on les massacrât, la glaçait. Négrel se sentait blêmir, lui aussi, très brave d'ordinaire, saisi là d'une épouvante supérieure à sa volonté, une de ces épouvantes qui soufflent de l'inconnu. Dans le foin, Cécile ne bougeait plus. Et les autres, malgré leur désir de détourner les yeux, ne le pouvaient pas, regardaient quand même.

C'était la vision rouge de la révolution qui les emporterait tous, fatalement, par une soirée sanglante de cette fin de siècle. Oui, un soir, le peuple lâché, débridé, galoperait ainsi sur les chemins ; et il ruissellerait du sang des bourgeois, il promènerait des têtes, il sèmerait l'or des coffres éventrés. Les femmes hurleraient, les hommes auraient ces mâchoires de loups, ouvertes pour mordre. Oui, ce seraient les mêmes guenilles, le même tonnerre de gros sabots, la même cohue effroyable, de peau sale, d'haleine empestée, balayant le vieux monde, sous leur poussée débordante de barbares. Des incendies flamberaient, on ne laisserait pas debout une pierre des villes, on retournerait à la vie sauvage dans les bois, après le grand rut, la grande ripaille, où les pauvres, en une nuit, efflanqueraient les femmes et videraient les caves des riches. Il n'y aurait plus rien, plus un sou des fortunes, plus un titre des situations acquises, jusqu'au jour où une nouvelle terre repousserait peut-être. Oui, c'étaient ces choses qui passaient sur la route, comme une force de la nature, et ils en recevaient le vent terrible au visage.

Un grand cri s'éleva, domina la *Marseillaise* :

– Du pain ! du pain ! du pain !

Lucie et Jeanne se serrèrent contre Mme Hennebeau, défaillante ; tandis que Négrel se mettait devant elles, comme pour les protéger de son corps. Était-ce donc ce soir même que l'antique société craquait ?

(Cinquième partie, extrait du chapitre 4.)

La passion d'écrire et de décrire

Émile Zola (1840-1902) est le fils d'un ingénieur italien venu à Aix-en-Provence en 1843 pour construire un barrage et un canal fournissant la ville en eau potable. La mort du père en 1847, qui laisse derrière lui des dettes et des travaux inachevés, oblige la mère et l'enfant à vivre dans une certaine précarité matérielle. En 1859, s'ouvre pour le jeune homme monté à Paris une période intense où il se forme, lit énormément, fréquente les cercles intellectuels et artistiques, fait des rencontres décisives avec des peintres (Manet, Monet...), des journalistes, des écrivains (les frères Goncourt, Sainte-Beuve, Flaubert, Michelet), et sa vocation d'écrivain s'affirme. Il déploie une énergie colossale : « Je travaille beaucoup – écrit-il dans une des ses lettres – tâchant de faire mon trou à grands coups de pioche. » Il fait ses débuts dans le journalisme comme critique (arts et littérature) puis devient chroniqueur politique. Jusqu'en 1882, ses collaborations dans journaux et revues sont régulières, et il lui arrive de publier plus de 300 articles par an – presque un chaque jour – en même temps qu'il poursuit son œuvre littéraire. Dans ce domaine, la puissance créatrice de Zola s'exprime par la volonté d'aborder des genres divers : théâtre, contes, romans, écrits théoriques. C'est avec le roman qu'il obtient le succès, grâce aux vingt ouvrages composant la fresque d'une famille (les *Rougon-Macquart*) et d'une époque (le second Empire) dont il est l'observateur passionné, parfois au risque de choquer.

La consécration vient dans les années 1880-1890 : Légion d'honneur, présidence du Comité de la Société des gens de lettres. Ses principaux romans sont adaptés pour le théâtre et obtiennent des triomphes à Paris et en province. Mais son engagement pour la cause du capitaine Dreyfus, injustement condamné pour trahison, ses attaques contre les responsables de la hiérarchie militaire pour que triomphent la vérité et la justice, mettent fin à cette ascension : une condamnation pour diffamation, un bref exil en Angleterre, la radiation de l'ordre de la Légion d'honneur lui ôte tout espoir d'entrer à l'Académie française. Jusqu'à sa mort, la lutte politique se poursuit car si Dreyfus est gracié en 1899, il n'obtiendra qu'en 1906 – quatre ans après la mort de Zola – la révision de son procès et sa réintégration dans l'armée. En 1902, Zola meurt dans des conditions obscures, asphyxié par le poêle de sa chambre. Accident ? Malveillance criminelle ? On ne le saura jamais.

Anatole France, qui prononce son éloge funèbre, résume ainsi le destin de l'homme et de l'artiste : « Il a honoré le monde par une œuvre immense et par un grand acte. Envions-le, sa destinée et son cœur lui firent le sort le plus grand : il fut un moment de la conscience humaine. » •

Les *Rougon-Macquart* : une fresque scientifique et poétique

Le projet des *Rougon-Macquart* est ébauché en 1868. Il faudra vingt-cinq années pour le mener à son terme. Son ambition est de raconter « l'histoire naturelle et sociale d'une famille sous le second Empire » en vingt épisodes distincts. Zola entend procéder avec une rigueur scientifique. Influencé par Claude Bernard et son *Introduction à l'étude de la médecine expérimentale* (1865), il soumet les individus ainsi que le corps social à un examen quasi clinique (ou chirurgical), et s'attache à faire surgir les lois ou bien les forces obscures qui régissent les comportements individuels et collectifs. À partir d'une conception déterministe de l'hérédité, Zola veut montrer comment d'une génération à l'autre se transmettent des traits de comportement, mais aussi comment le milieu social influence, modifie ces phénomènes. Les quatre générations de *Rougon-Macquart* sont marquées par leurs origines : l'aïeule, Adélaïde Fouque, est atteinte de crises nerveuses et son père est mort fou ; les membres de la lignée légitime sont issus du mariage d'Adélaïde avec un paysan des Alpes nommé Rougon ; les autres sont des bâtards, issus de la liaison de cette femme avec un contrebandier alcoolique nommé Macquart. Et Zola, par exemple, nous fait suivre d'un roman à l'autre les ravages de l'alcool qui, dans la branche Macquart, semble circuler à la place du sang : le père Antoine, imbibé, s'enflamme et meurt brûlé ; Gervaise, la fille, est détruite par l'absinthe (*L'Assommoir*) ; les petits enfants, Jacques Lantier et Nana, sombrent, l'un dans la folie homicide (*La Bête humaine*), l'autre dans la perversion et la maladie (*Nana*).

La méthode de travail est rigoureuse. Le romancier s'appuie sur une documentation fournie, multiplie les lectures d'ouvrages scientifiques, médicaux, économiques, et il se rend sur le terrain (voir *Germinal*). Le résultat de cette « méthode expérimentale » est une chronique passionnée de la seconde moitié du XIXe siècle en France, qui donne à voir des mutations décisives comme l'industrialisation du pays, les progrès du machinisme, l'exode rural, le développement de Paris, l'essor du grand commerce, les appétits spéculatifs d'une bourgeoisie triomphante, affairiste ainsi que l'apparition d'un prolétariat peu à peu politisé. Mais Zola est un artiste. La beauté de sa fresque tient aussi à sa force poétique et la puissance visionnaire de l'écriture. Les événements y sont chargés d'une dimension mythique, et le récit est souvent gagné par le souffle de l'épopée. Des images reviennent comme autant de motifs obsédants. Des titres comme *La Bête humaine*, *La Débâcle* ou *La Curée* expriment clairement la volonté de mettre à nu les forces obscures animant la Nature comme l'homme : catastrophes, férocité de la foule, déchaînement des pulsions et des passions individuelles... Zola a également de l'ambition et le goût d'asseoir son succès, et pour éviter de lasser le public il prend soin dans sa fresque de se renouveler constamment et, par exemple, après *L'Assommoir*, drame social racontant le naufrage d'un famille ouvrière à cause de l'alcoolisme, il publie *Une page d'amour*, roman sentimental et idyllique. •

La mine, thème artistique et politique au XIXe siècle

Les Mines de Falun (1819) de l'allemand E. A. T. Hoffman aborde la mine suivant la tradition fantastique : le récit nous raconte le destin d'un jeune marin qui, par désespoir, quitte le métier pour devenir mineur ; mais en même temps qu'il découvre l'univers souterrain et l'amour d'une belle jeune fille, il est conduit dans des profondeurs surnaturelles où règne une fascinante créature qui finit par l'entraîner dans son royaume. Dans la seconde moitié du XIXe siècle le thème est traité de façon plus réaliste, pour sa valeur documentaire. Jules Verne s'y intéresse dans *Les Indes noires* (1877). Son récit « scientifique » est en réalité plein d'éléments fantastiques qui font écho au romantisme de Walter Scott et aux fantaisies d'Hoffmann ; il y a notamment le personnage de Nell, jeune héroïne élevée entièrement sous terre et qu'il faut réacclimater à la lumière naturelle. Hector Malot avec *Sans famille* (1878) entraîne Rémi, son jeune héros, dans les mines de charbon de la Truyère (Cévennes), et c'est l'occasion de nous familiariser avec le travail minier et ses périls (l'envahissement des galeries par les eaux), en quelques chapitres qui annoncent le roman de Zola sans en égaler la puissance. ●

Lire

En format de poche, les principales collections proposent *Germinal* ainsi que l'intégralité du cycle des *Rougon-Macquart* :

- collection « Folio », préface d'André Wurmser (Gallimard, 1978.)
- collection « Les Classiques de poche », préface, notes par Colette Becker (Le Livre de Poche, Librairie générale française, 2000).
- collection « GF », éd. par Adeline Wrona (Flammarion, 2008).

Autres éditions :

- dans la collection « Bibliothèque de la Pléiade », (Gallimard, 1960-1967), l'édition des *Rougon-Macquart*, dirigée par Armand Lanoux, propose un grand nombre de variantes, de notes, d'éléments empruntés aux dossiers préparatoires de Zola, et des analyses signés par un spécialiste de l'écrivain, Henri Mitterand ;
- dans la collection « Bouquins » (Robert Laffont, 1991-1993), l'édition assurée par Colette Becker, richement documentée, est complétée par un *Dictionnaire Zola*. ●

Voir

Germinal à l'écran

Roman de Zola le plus connu et le plus lu, *Germinal* a été, avec *L'Assommoir* et *Nana*, l'un des plus adaptés sous forme de film.

Au moment de la naissance du cinéma muet, entre 1900 et 1914, il a suscité des transpositions, rudimentaires si on les rapporte à l'ampleur du roman d'origine : *La Grève* de Ferdinand Zucca, *Au pays noir* de Lucien Nonguet, et *Au pays des ténèbres* de Victorien Jasset.

La première adaptation affichant ouvertement son origine est *Germinal* d'Albert Capellani (1913), suivie en 1920 d'une autre adaptation (auteur anonyme).

Les deux principaux films tirés du roman sont le *Germinal* d'Yves Allégret (1963) dans lequel Jean Sorel interprète Étienne Lantier, entouré de Claude Brasseur (Chaval), Bertrand Blier (Hennebeau), Simone Valère (Mme Hennebeau) ; et le *Germinal* de Claude Berri (1993) avec Renaud (Étienne), Miou-Miou (La Maheude), Gérard Depardieu (le père Maheu), Jean Carmet (Bonnemort), Laurent Terzieff (Souvarine).

La mine, sujet de cinéma

D'autres films ont pris pour motif et cadre principal la mine et ses dangers.

- *La Tragédie de la mine* (1932) de Georg Wilhelm Pabst s'inspire de la catastrophe de Courrières (Pas-de-Calais), qui en 1906 avait tué plus d'un millier de mineurs, et transpose le drame en Allemagne au lendemain de la Première Guerre mondiale, ce qui est l'occasion de mettre en scène une fraternité ouvrière franco-allemande capable de transcender les frontières et les égoïsmes nationaux.
- *Grisou* (1938) de Maurice de Canonge, adaptation d'une pièce écrite par Pierre Brasseur et Marcel Dalio, entrecroise l'histoire d'une amitié entre mineurs malmenée par l'inconstance des femmes.
- *Le Point du jour* (1949) de Louis Daquin, très engagé dans le combat communiste, exalte le travail des mineurs de fond.

Le Brasier d'Eric Barbier (1991) s'intéresse aux luttes sociales dans la France des années 1930, racontées à travers l'histoire d'amour entre un mineur d'origine polonaise (Jean-Marc Barr) et une jeune française (Maruschka Detmers).

Enfin, un documentaire militant, inscrit dans la filiation du *Germinal* très engagé de Zola : *Misère au Borinage* (1932) de Joris Ivens et Henri Storck, explore les souffrances des mineurs dans une région houillère de Belgique. ●

Éléments de contexte

- **Lois Jules Ferry** (1881-1882) sur l'enseignement primaire public (gratuit, obligatoire et laïc).
- **Loi Waldeck-Rousseau** (1884) instaure la liberté syndicale.
- **Partage de l'Afrique** (1884-1885) entre pays européens à la Conférence de Berlin.
- **Pasteur** découvre le vaccin contre la rage (1885).
- **Mort de Victor Hugo** le 22 mai 1885, funérailles nationales.
- **Création en 1887** de l'Indochine française, colonie regroupant le Tonkin, le Laos, le Cambodge, l'Annam et la Cochinchine (actuel Vietnam).
- **Exposition universelle** de Paris en 1889, inauguration de la Tour Eiffel.

Jouer pour retenir

AVANT D'ÉCRIRE

Complétez ce texte à trou sur l'expérience que Zola a fait des mines avant d'écrire son roman.

En février 18_ _, Alfred _ _ _ _ _, député socialiste de Valenciennes, permet à Zola de séjourner une semaine dans le bassin houiller d'A_ _ _ _ et de D _ _ _ _ _, au nord de la France. Deux jours avant son arrivée, une g_ _ _ _ éclate et le romancier peut discuter avec le meneur de la grève, Emile B _ _ _ _.

EXPRESSION FAMILIÈRE

Comment appelle-t-on une explosion accidentelle de gaz dans une mine ?

A. Un coup de collier
B. Un coup de tonnerre
C. Un coup de grisou

QUI SUIS-JE ?

Ouvrier brutal et égoïste, je ne compte que sur moi-même pour m'en sortir et ne souhaite pas m'engager dans les luttes collectives. Ma maîtresse est une fille Maheu, Catherine. Je suis bloqué dans la mine avec Étienne et Catherine après l'effondrement des galeries. Je suis ?

LA BONNE MINE

Le récit s'ouvre sur l'arrivée d'Étienne à Montsou, dans le Nord de la France, région où l'on extrait du charbon. Complétez les trous pour indiquer le nom de la mine dans laquelle il est embauché.

V _ _ _ _ X

VRAI/FAUX

Germinal *est le roman le plus lu et le plus connu de Zola.*

TÊTES D'AFFICHE

Citez au moins deux acteurs qui ont joué dans l'adaptation de Germinal *par Claude Berri en 1993.*

RÉPONSES

Avant d'écrire
Réponse : En février 1884, Alfred Girard, député socialiste de Valenciennes, permet à Zola de séjourner une semaine dans le bassin houiller d'Anzin et de Denain, au nord de la France. Deux jours avant son arrivée, une grève éclate et le romancier peut discuter avec le meneur de la grève, Emile Basly.

Expression familière
Réponse : Un coup de grisou. Le grisou est le nom d'un gaz inflammable qui se dégage des mines de houille et explose au contact de l'air.

Qui-suis-je ?
Réponse : Chaval

La bonne mine
Réponse : La mine du Voreux.

Vrai/Faux
Réponse : Vrai. C'est d'ailleurs l'ouvrage qui a été le plus adapté à l'écran.

Têtes d'affiche
Réponse : Renaud (Étienne), Miou-Miou (La Maheude), Gérard Depardieu (le père Maheu), Jean Carmet (Bonnemort), Laurent Terzieff (Souvarine).

Chapitre 20

À la recherche du temps perdu

Marcel Proust
(1913-1927)

« J'éprouvais un sentiment de fatigue et d'effroi à sentir que tout ce temps si long non seulement avait, sans une interruption, été vécu, pensé, sécrété par moi, qu'il était ma vie, qu'il était moi-même, mais encore que j'avais à toute minute à le maintenir attaché à moi, qu'il me supportait, moi, juché à son sommet vertigineux, que je ne pouvais me mouvoir sans le déplacer. »

(*Le Temps retrouvé,* avant-dernier paragraphe, extrait.)

Un sommet de la littérature romanesque française – ou plutôt une chaîne himalayenne, alignement de sept sommets, depuis *Du côté de chez Swann*, le premier, jusqu'à l'opus final, *Le Temps retrouvé*. Forcément, avant de s'y attaquer, on éprouve un mélange de crainte et d'excitation comme pour toute aventure physique et spirituelle mobilisant l'endurance extrême. Le mieux est de partir léger. Voici donc quelques armes à placer dans les bagages avant de prendre la route et de s'engager à l'intérieur des immensités proustiennes. Des armes je l'espère aisément maniables, comme les cailloux du Petit Poucet que la grande forêt impressionne mais qui est bien résolu à ne pas se laisser désorienter.

Un long chemin en forme de boucle

Dans un épisode célèbre (*Du côté de chez Swann*), le narrateur prénommé Marcel nous raconte l'expérience puissante qui naît d'une sensation simple en apparence. Le goût et le parfum d'une petite madeleine trempée dans une tasse de thé font surgir de manière involontaire des souvenirs passés. Arrachés à l'oubli et à l'indifférence, ils semblent animés d'une vie intense, source d'enchantement pour celui qui les retrouve. Par la suite, des expériences analogues – perceptions visuelles, émotions musicales... – faisant brusquement se dresser des pans entiers du passé dans le présent, se produiront au cours de la vie du narrateur. Mais il ne saura pas les interpréter, en apprécier la portée : ce sont des signes forts, incomplètement déchiffrés, qui s'accumulent sans qu'une vérité s'en dégage.

Le goût et le parfum d'une petite madeleine trempée dans une tasse de thé font surgir de manière involontaire des souvenirs passés.

À l'autre bout de la fresque romanesque, dans *Le Temps retrouvé*, Marcel revient à Paris après quinze années d'absence et s'abandonne au « plaisir purement frivole » d'aller dans une réception mondaine, une matinée chez la princesse de Guermantes. Mais alors qu'il a renoncé à son ambition d'être un écrivain, c'est au moment où tout semble perdu que se produit une succession de chocs sensoriels miraculeux, salvateurs, à peine séparés de quelques minutes. Marcel commence par buter contre des pavés inégaux :

« tout mon découragement s'évanouit devant la même félicité qu'à diverses époques de ma vie m'avaient donné la vue d'arbres que j'avais cru reconnaître dans une promenade en voiture autour de Balbec, la vue des clochers de Martinville, la saveur d'une madeleine trempée dans une infusion. »

Puis c'est le bruit d'une cuiller contre une assiette qui ressuscite d'autres images, et enfin le contact sur les lèvres d'une serviette empesée. Bouquets de signes bienfaisants, exaltants qui conduisent à une prise de conscience, une révélation : les éblouissements sensuels, les bonheurs fugaces provoqués par la mémoire involontaire, l'œuvre d'art est la seule qui puisse les saisir ; elle donne ainsi au monde réalité et consistance, et à la vie un sens et une vérité.

« L'œuvre d'art est la seule qui puisse les saisir ; elle donne ainsi au monde réalité et consistance, et à la vie un sens et une vérité. »

L'ensemble des sept romans composant *À la recherche du temps perdu* est donc un long cheminement du narrateur jusqu'à la décision d'écrire. Mais la forme est aussi celle d'une boucle puisque cette fin, où le narrateur énonce la grandeur de son entreprise artistique, nous renvoie au commencement de l'œuvre dont nous achevons la lecture. Au terme de la « recherche », le temps que l'on croyait « perdu », relégué dans un quasi oubli ou la futilité d'une existence mondaine, est finalement retrouvé, reconquis, « gagné » : l'art a pu (et peut) reconstruire le passé, racheter la vie.

L'écriture, instrument de vérité

Dans l'ordre des perceptions il y a chez Proust une douloureuse épreuve de leur discontinuité. Cependant l'écrivain cherche à dégager des lois générales, à arracher les êtres, les sentiments et les sensations aux flux et reflux du hasard et de la mémoire. D'où une tension entre l'effort d'éclairer par l'analyse, par l'intelligence et, d'autre part, la réalité du monde, menacée d'incohérence parce que soumise au temps, se dérobant à la compréhension à cause de son épaisseur, de sa volatilité et de sa diversité.

Une des armes de lutte dont dispose Proust est l'image – et c'est l'une des caractéristiques fondamentales de son écriture. Qu'elle soit métaphore ou comparaison, l'image rapproche deux réalités différentes, elle contribue à tisser un réseau de correspondances. Elle n'a rien d'un ornement superflu : Proust condamne l'image-cliché, qui ne relève ni d'une sensation authentique ni d'un travail d'invention. Il recherche l'image juste, celle qui a le pouvoir de dégager ce qu'il appelle « l'essence commune » de deux impressions. Cette discipline a deux vertus : elle met à jour la beauté cachée des choses, et elle soustrait celles-ci aux dangers que le temps leur fait courir – inconsistance, fugacité, fragilité, oubli. Elle permet de « jouir de l'essence des choses hors du temps ».

Cette stratégie réfléchie de l'écriture proustienne est mise en scène dès les premières pages de la *Recherche*, lorsque le narrateur, au cours d'une promenade, est confronté au jeu mouvant que dessinent les lignes des clochers de Martinville. Le spectacle singulier qu'offre la nature engage le jeune homme sur « la voie de l'art » : l'impression que quelque chose est caché derrière les impressions visuelles fait naître le désir immédiat de le fixer dans des phrases, et, « malgré les cahots de la voiture », Marcel, « pour soulager [sa] conscience » et « obéir à [son] enthousiasme », compose son premier morceau de littérature.

L'image proustienne, fruit d'une intelligence et d'une sensualité imaginatives, procède d'un immense et patient travail qui évoque l'effort du détective, du chasseur de papillons, du savant, de l'orfèvre, du magicien et de l'alchimiste – ce dernier, je vous le rappelle, a pour mission de transmuer n'importe quel vil métal en or.

« *Ce que nous appelons la réalité* – note Proust – *est un certain rapport entre ces sensations et ces souvenirs qui nous entourent simultanément, rapport unique que l'écrivain doit retrouver pour en enchaîner à jamais dans sa phrase les deux termes différents. On peut faire se succéder indéfiniment dans une description les objets qui figuraient dans un lieu décrit, la vérité ne commencera qu'au moment où l'écrivain prendra deux objets différents, posera leur rapport, analogue dans le monde de l'art à celui qu'est le rapport unique de la loi causale dans le monde de la science, et les enfermera dans les anneaux nécessaires d'un beau style, ou même, ainsi que la vie, quand, en rapprochant une qualité commune aux deux sensations, il dégagera leur essence en les réunissant l'un et l'autre, pour les soustraire aux*

contingences du temps, dans une métaphore, et les enchaînera par le lien indescriptible d'une alliance de mots. »

Transfigurées par l'écriture, la réalité du monde sensible, sa matérialité, la pression qu'il exerce, acquièrent la consistance d'une belle trame, d'un tissu à fois riche, souple, cohérent. Tout ce qui, dans la vie réelle, était source de souffrance ou de déception parce que trop aléatoire, non conforme aux anticipations de l'esprit, discontinu, menacé d'anéantissement, est, grâce au travail poétique, unifié, harmonisé, renforcé, fixé dans une forme de pérennité et de beauté : « La vraie vie, la vie enfin découverte et éclaircie, la seule vie par conséquent pleinement vécue, c'est la littérature. » (*Le Temps retrouvé.*)

Qu'elle soit métaphore ou comparaison, l'image rapproche deux réalités différentes, elle contribue à tisser un réseau de correspondances.

Une nouvelle quête du Graal ?

Racheter la vie, révélation finale… Les termes évoquent explicitement une quête. *À la recherche du temps perdu* est le roman d'une initiation longue, laborieuse, volontaire, ponctuée par des moments de découragement ou, au contraire, d'enthousiasme. Pourquoi ne pas la lire comme une variation moderne sur un vieux motif que nous connaissons (voir chapitre 2), celui du Graal ? Cette piste de lecture, déjà ouverte par des lecteurs érudits ou perspicaces, se fonde sur un certain nombre d'indices concordants, que l'écrivain sème dans son ouvrage, ou qu'il efface. L'écoute d'un morceau de musique de chambre, le *Septuor* de Vinteuil, joue un rôle crucial dans le parcours initiatique du narrateur. Or, dans une ébauche du manuscrit, ce *Septuor* était en réalité un extrait orchestral de l'opéra de Wagner, *Parsifal* (1882).

Comme le Perceval de Chrétien de Troyes (un des modèles de Wagner), qui rêve de devenir chevalier, Marcel rêve d'être un artiste. Il reçoit un certain nombre d'avertissements, de signes déchiffrés seulement après des années d'« errance », au cours d'un épisode d'éblouissement, accompli dans le mouvement de la marche – rencontre d'un cortège de pénitents chez Chrétien de Troyes, Marche de « L'Enchantement du Vendredi saint » chez Wagner, arrivée dans la cour de l'hôtel de Guermantes chez Proust.

Sur cette longue route se dressent nombre d'obstacles, des tentations mondaines, frivoles ou érotiques – comme celles qui font s'égarer le Gauvain de Chrétien de Troyes. Chez Proust, les obstacles prennent l'apparence des « Jeunes filles en fleurs », observées passionnément sur la corniche de Balbec ou croisées plus fugitivement lors d'un dîner chez les Guermantes ; pour les unes comme les autres, la référence au *Parsifal* de Wagner, aux créatures délicieuses du jardin magique de Klingsor, est explicite ; elle indique aussi le passage du narrateur de l'état de petit garçon à celui d'homme désirable :

« *je m'aperçus que venait de se produire autour de moi, de moi qui jusqu'à ce jour – sauf le stage dans le salon de Mme Swann – avais été habitué chez ma mère, à Combray et à Paris, aux façons ou protectrices ou sur la défensive de bourgeoises rechignées qui me traitaient en enfant, un changement de décor comparable à celui qui introduit tout à coup* Parsifal *au milieu des filles fleurs. Celles qui m'entouraient, entièrement décolletées (leur chair apparaissait de deux côtés d'une sinueuse branche de mimosa ou sous les larges pétales d'une rose), ne me dirent bonjour qu'en coulant vers moi de longs regards caressants comme si la timidité seule les eût empêchées de m'embrasser.* »

Les tentatrices, les esthètes, les artistes

L'impression que quelque chose est caché derrière les impressions visuelles fait naître le désir immédiat de le fixer dans des phrases.

Comme les filles fleurs de l'opéra wagnérien, les jeunes filles proustiennes sont des tentatrices. Et parmi le bouquet qu'elles forment, se détache une silhouette mouvante : Albertine. Avec elle Marcel fait l'expérience intense, approfondie du désir et de la jalousie. Il aime Albertine, mais ne parvient pas à cette fusion absolue, cette compréhension souveraine qu'il recherche entre deux âmes. Albertine reste inconnue, mystérieuse, insaisissable alors même que Marcel la contraint à vivre près de lui, « prisonnière ». L'aventure amoureuse est donc celle où s'exprime de la façon la plus vive et la plus dramatique, la tension entre une volonté d'atteindre la vérité des êtres et des choses (leur essence) et l'échec decette entreprise. Source de souffrances intérieures infinies, l'amour selon Proust est dépourvu de réalité objective – et en cela il est décevant par rapport à l'œuvre d'art.

Par bonheur, d'autres figures sont là, agissant comme des mentors pour seconder, pour faire progresser par l'exemple qu'ils donnent, à suivre ou à éviter.

Il y a les esthètes, épris d'art et de beauté, mais qui se sont fourvoyés : Charles Swann, comme l'Amfortas de Wagner, est un souverain déchu, blessé, qui s'est laissé piéger par l'amour des femmes ; le baron de Charlus, lui, n'est pas parvenu à dépasser le statut de dilettante :

« *Quel malheur* – note le narrateur – *que M. de Charlus ne soit pas romancier ou poète ! Non pas pour décrire ce qu'il verrait, mais le point où se trouve un Charlus par rapport au désir fait naître autour de lui les scandales, le force à prendre la vie sérieusement, à mettre des émotions dans le plaisir, l'empêche de s'arrêter, de s'immobiliser dans une vue ironique et extérieure des choses.* »

« Avec elle Marcel fait l'expérience intense, approfondie du désir et de la jalousie. »

Swann et Charlus signalent, à travers leurs destins brisés, les dangers d'une vie qui se contente de contempler, qui s'arrête au seuil de l'œuvre d'art sans prendre le risque de se consacrer entièrement à la création et à la beauté.

Il y a enfin les artistes, un trio, une académie particulière. Leur mission est d'indiquer, discrètement, de leur vivant ou après leur mort, quel chemin emprunter : l'écrivain Bergotte, qui pressent les dons de Marcel ; le peintre Elstir dont l'atelier est le « laboratoire d'une sorte de nouvelle création du monde » ; le musicien Vinteuil dont les œuvres musicales se déploient à travers l'ouvrage en vagues de plus en plus puissantes – à l'instar de sa notoriété croissante – depuis la « petite phrase » de la Sonate jusqu'au Septuor, son chef-d'œuvre posthume. Ces (bons) génies ont tous les trois le pouvoir de métamorphoser, de réinventer et de multiplier le monde grâce à leurs œuvres : « Le seul véritable voyage, le seul bain de Jouvence, ce ne serait pas d'aller vers de nouveaux paysages, mais d'avoir d'autres yeux, de voir l'univers avec les yeux d'un autre, de cent autres, de voir les cent univers que chacun d'eux voit, que chacun d'eux est ; et cela nous le pouvons avec un Elstir, avec un Vinteuil, avec leurs pareils, nous volons vraiment d'étoiles en étoiles. »

L'aventure amoureuse est donc celle où s'exprime de la façon la plus vive et la plus dramatique, la tension entre une volonté d'atteindre la vérité des êtres et des choses (leur essence) et l'échec de cette entreprise.

Générosité verbale

Proust a la réputation d'écrire des phrases démesurées ; c'est vrai pour certaines d'entre elles où l'écrivain développe des analyses fouillées ou des moments d'intense lyrisme. Mais il use en réalité d'une grande variété de phrases, et un de ses lecteurs les plus attentifs, Jean-Yves Tadié, rappelle combien il est aussi un « virtuose de la phrase nominale, qui, dans sa concision et sa brutalité, contraste avec le reste du récit ».

Le goût des développements amples singularise l'écrivain par rapport à ses collègues : « Alors que la phrase française tend, depuis la fin du XVIIIe siècle, à raccourcir, celle de Proust est deux fois plus longue que la moyenne » (J.Y. Tadié). Un goût pleinement assumé : « J'aime par-dessus tout – note l'écrivain en 1910 – le style pourvu d'amples ailes et adouci de moelleuses plumes. »

La longue période proustienne, d'une syntaxe très architecturée, construite sur des étagements et des enchâssements de propositions subordonnées ou coordonnées, est le fruit d'un travail précis, alliant l'ampleur et l'équilibre. Quand elle atteint des proportions hors du commun, on peut la regarder comme un immense filet étalé, qui saisit dans ses mailles les reflets du monde, matière, êtres et sensations, perçus avec leur complexité, leurs multiples miroitements. Elle produit sur le lecteur un effet organique, créant une sensation d'exaltation qui ne peut se calmer qu'avec le terme indéfiniment retardé de la phrase ; parfois elle est déclenche l'éclat de rire, notamment dans les scènes de mondanité où la fin de la phrase coïncide avec ce que les acteurs comiques appellent une « chute », burlesque, inattendue.

Des commentateurs ont voulu interpréter cette particularité du style proustien en la rattachant à des données physiologiques : Proust, souffrant de violentes angoisses liées à ses crises d'asthme, se serait efforcé de retarder au maximum la prise d'air – donc le point clôturant la phrase – parce qu'il redoutait le moment où il lui faudrait reprendre sa respiration. Personnellement, je trouve réducteur de considérer le style proustien comme le résultat d'une fatalité physique – il est plus stimulant de suivre les remarques précises d'André Ferré, premier éditeur de Proust dans la « Bibliothèque de la Pléiade » qui note que le romancier ponctuait peu ses manuscrits parce qu'en lisant oralement ses textes il en établissait de façon naturelle la ponctuation, donc la respiration – exactement comme un musicien réalise l'interprétation d'un morceau où toutes les indications ne figurent pas.

J'ai encore mieux pour le proustien débutant : l'approche décomplexée, festive, du romancier américain Vladimir Nabokov. Après avoir relevé la tendance de Proust « à charger et à étirer la phrase jusqu'à la limite de sa longueur et de sa largeur, à bourrer le petit soulier qu'est la phrase, d'un nombre miraculeux d'incidentes, de parenthèses, de subordonnées et de sub-subordornnées », il conclut de l'artiste : « En matière de générosité verbale, c'est un véritable père Noël » !

Mille et un plaisirs de lecture

Lorsqu'en 1913, Proust cherche un éditeur pour publier *Du côté de chez Swann*, il se heurte au refus du comité de lecture de la *Nouvelle Revue française* (Gallimard) : « C'est plein de duchesses, c'est pas pour nous ». Ce préjugé anti-aristocratique a la vie dure. J'ai croisé récemment deux lecteurs qui avouaient avoir écarté la *Recherche* de leur programme exactement comme ils refuseraient par principe de lire le Bottin mondain ou la collection complète du journal *Gala*. Le meilleur conseil que je peux leur donner – vous donner – c'est d'éviter d'avoir de la fresque proustienne une approche « mondaine ». Penser : « c'est plein de duchesses, donc je m'y précipite », histoire « d'en être », ou bien : « l'abondance de duchesses hérisse mon atavisme sans-culottes », sont deux attitudes relevant du même snobisme.

L'ouvrage de Proust a peu à voir avec un document historique ou sociologique. Il vaut mieux l'aborder avec l'excitation et la curiosité d'un enfant à qui, avant qu'il ne s'endorme, on vient lire ou raconter des histoires. On s'imagine soi-même petit sultan oriental, en rébellion contre la vie réelle : chaque soir l'imagination est réenchantée par la voix d'un conteur ou d'une conteuse, avatars de Shéhérazade. Alors *La Recherche* prend toute sa dimension de rêverie merveilleuse, ironique et bouleversante. La fresque romanesque fait se dresser des palais, des forêts magiques qui ressemblent comme deux gouttes d'eau à des salons, des théâtres, des promenades du Paris des années 1890-1910 que Proust fréquenta assidûment. Elle fait apparaître des filles surgissant d'un bosquet ou d'un buisson d'aubépine, s'enfuyant au grand galop dans des lointains inaccessibles, des grottes marines, prenant l'apparence de végétaux, de coquillages, de princesses hautaines, de néréides qui aiment prendre entre elles du plaisir. Elle montre des hommes qui se désirent et se livrent à des danses plutôt gauches mais irrépressibles, comme des insectes que la vue d'une fleur, la promesse du pollen hypnotisent. Elle fait surprendre des scènes interdites, qui sont des aperçus sur les feux très fascinants d'un enfer érotique. Elle produit des métamorphoses qui rendent chaque fois les « personnages » (méritent-ils le terme d'*êtres* ?) méconnaissables, insaisissables mais fascinants, beaux ou grotesques, et constamment singuliers dans le nouveau costume qu'ils viennent d'enfiler. Elle fait entendre des musiques qui emportent l'âme dans les abysses du temps, absorber des infusions-philtres qui redonnent goût à la vie et semblent rendre immortel.●

Extrait

I

Le passage le plus célèbre d'À la recherche du temps perdu : l'épisode dit de « la madeleine » – qui est devenue une expression proverbiale pour désigner un souvenir d'enfance particulièrement choyé. Marcel, le narrateur, boit du thé dans lequel il trempe un biscuit (une madeleine). La saveur du breuvage a l'effet d'une potion magique : les prestiges du passé remontent à la mémoire, ils prennent consistance, un peu comme les vapeurs sortant de la lampe qu'Aladin vient de frotter, d'un seul coup, se métamorphosent et prennent la forme d'un bon Génie.

Il y avait bien des années que, de Combray, tout ce qui n'était pas le théâtre et le drame de mon coucher, n'existait plus pour moi, quand un jour d'hiver, comme je rentrais à la maison, ma mère, voyant que j'avais froid, me proposa de me faire prendre, contre mon habitude, un peu de thé. Je refusai d'abord et, je ne sais pourquoi, me ravisai. Elle envoya chercher un de ces gâteaux courts et dodus appelés Petites Madeleines qui semblent avoir été moulés dans la valve rainurée d'une coquille Saint-Jacques. Et bientôt, machinalement, accablé par la morne journée et la perspective d'un triste lendemain, je portai à mes lèvres une cuillerée du thé où j'avais laissé s'amollir un morceau de madeleine. Mais à l'instant même où la gorgée mêlée des miettes du gâteau toucha mon palais, je tressaillis, attentif à ce qui se passait d'extraordinaire en moi. Un plaisir délicieux m'avait envahi, isolé, sans la notion de sa cause. Il m'avait aussitôt rendu les vicissitudes de la vie indifférentes, ses désastres inoffensifs, sa brièveté illusoire, de la même façon qu'opère l'amour, en me remplissant d'une essence précieuse : ou plutôt cette essence n'était pas en moi, elle était moi. J'avais cessé de me sentir médiocre, contingent, mortel. D'où avait pu me venir cette puissante joie ? Je sentais qu'elle était liée au goût du thé et du gâteau, mais qu'elle le dépassait infiniment, ne devait pas être de la même nature. D'où venait-elle ? Que signifiait-elle ? Où l'appréhender ? Je bois une seconde gorgée où je ne trouve rien de plus que dans la première, une troisième qui m'apporte un peu moins que la seconde. Il est temps que je m'arrête, la vertu du breuvage semble diminuer. Il est clair que la vérité que je cherche n'est pas en lui, mais en moi. Il l'y a éveillée, mais ne la connaît pas, et ne peut que répéter indéfiniment, avec de moins en moins de force, ce même témoignage que je ne sais pas interpréter et que je veux au moins pouvoir lui redemander et retrouver intact, à ma disposition, tout à l'heure, pour un éclaircissement décisif. Je pose la tasse et me tourne vers mon esprit. C'est à lui de trouver la vérité. Mais comment ? Grave incertitude, toutes les fois que l'esprit se sent dépassé par lui-même ; quand lui, le chercheur, est tout ensemble le pays obscur où il doit chercher et où tout son bagage ne lui sera de rien. Chercher ? pas seulement : créer. Il est en face de quelque chose qui n'est pas encore et que seul il peut réaliser, puis faire entrer dans sa lumière.

[...]

Et tout d'un coup le souvenir m'est apparu. Ce goût, c'était celui du petit morceau de madeleine que le dimanche matin à Combray (parce que ce jour-là je ne sortais pas avant l'heure de la messe), quand j'allais lui dire bonjour dans sa chambre, ma tante Léonie m'offrait après l'avoir trempé dans son infusion de thé ou de tilleul. La vue de la petite madeleine ne m'avait rien rappelé avant que j'y eusse goûté ; peut-être parce que, en ayant souvent aperçu depuis, sans en manger, sur les tablettes des pâtissiers, leur image avait quitté ces jours de Combray pour se lier à d'autres plus récents ; peut-être parce que, de ces souvenirs abandonnés si longtemps hors de la mémoire, rien ne survivait, tout s'était désagrégé ; les formes – et celles aussi du petit coquillage de pâtisserie, si grassement sensuel sous son plissage sévère et dévot – s'étaient abolies, ou, ensommeillées, avaient perdu la force d'expansion qui leur eût permis de rejoindre la conscience. Mais, quand d'un passé ancien rien ne subsiste, après la mort des êtres, après la destructions des choses, seules, plus frêles mais plus vivaces, plus immatérielles, plus persistantes, plus fidèles, l'odeur et la saveur restent encore longtemps, comme des âmes, à se rappeler, à attendre, à espérer, sur la ruine de tout le reste, à porter sans fléchir, sur leur gouttelette presque impalpable, l'édifice immense du souvenir.

Et dès que j'eus reconnu le goût du morceau de madeleine trempé dans le tilleul que me donnait ma tante (quoique je ne susse pas encore et dusse remettre à bien plus tard de découvrir pourquoi ce souvenir me rendait si heureux), aussitôt la vieille maison grise sur la rue, où était sa chambre, vint comme un décor de théâtre s'appliquer au petit pavillon donnant sur le jardin, qu'on avait construit pour mes parents sur ses derrières (ce pan tronqué que seul j'avais revu jusque-là) ; et avec la maison, la ville, depuis le matin jusqu'au soir et par tous les temps, la Place où on m'envoyait avait déjeuner, les rues où j'allais faire des courses, les chemins de fer qu'on prenait si le temps était beau. Et comme dans ce jeu où les Japonais s'amusent à tremper dans un bol de porcelaine rempli d'eau, de petits morceaux de papier jusque-là indistincts qui, à peine y sont-ils plongés, s'étirent, se contournent, se colorent, se différencient, deviennent des fleurs, des maisons, des personnages consistants et reconnaissables, de même maintenant toutes les fleurs de notre jardin et celle du par de M. Swann, et les nymphéas de la Vivonne, et les bonnes gens du village et leurs petits logis et l'église et tout Combray et ses environs, tout cela qui prend forme et solidité, est sorti, ville et jardins de ma tasse de thé.

(*Du côté de chez Swann*, Première partie « Combray », I.)

II

La lecture d'un chef d'œuvre – ici un tableau de Vermeer – est inépuisable. L'écrivain Bergotte, une des trois figures artistiques majeures de la Recherche, *en fait l'expérience au point d'en mourir. La vie, l'art, ce qu'ils font naître comme séductions ou déceptions, sont ici en balance. Bergotte hésite : lui qui a passé toute son existence à chercher la beauté à travers son art va-t-il renoncer, reconnaître les prestiges insurpassables de la vie réelle (l'air, le soleil de Venise, un bord de mer) ? Non, sa marche vers la mort s'accompagne d'une ultime jouissance produite par la contemplation d'un tout petit morceau de peinture. Une telle jouissance esthétique est ce qui donne son prix à la vie. Elle vaut qu'on la lui sacrifie.*

Une crise d'urémie assez légère était cause qu'on lui avait prescrit le repos. Mais un critique ayant écrit que dans la *Vue de Delft* de Ver Meer (prêté par le musée de La Haye pour une exposition hollandaise), tableau qu'il adorait et croyait connaître très bien, un petit pan de mur jaune (qu'il ne se rappelait pas) était si bien peint qu'il était, si on le regardait seul, comme une précieuse œuvre d'art chinoise, d'une beauté qui se suffirait à elle-même, Bergotte mangea quelques pommes de terre, sortit et entra à l'exposition. Dès les premières marches qu'il eut à gravir, il fut pris d'étourdissements. Il passa devant plusieurs tableaux et eut l'impression de la sécheresse et de l'inutilité d'un art si factice, et qui ne valait pas les courants d'air et de soleil d'un palazzo[1] de Venise ou d'une simple maison au bord de la mer. Enfin il fut devant le Ver Meer, qu'il se rappelait plus éclatant, plus différent de tout ce qu'il connaissait, mais où, grâce à l'article du critique, il remarqua pour la première fois des petits personnages en bleu, que le sable était rose, et enfin la précieuse matière du tout petit pan de mur jaune. Ses étourdissements augmentaient ; il attachait son regard, comme un enfant à un papillon jaune qu'il veut saisir, au précieux petit pan de mur. « C'est ainsi que j'aurais dû écrire, disait-il. Mes derniers livres sont trop secs, il aurait fallu passer plusieurs couches de couleur, rendre ma phrase en elle-même précieuse, comme ce petit pan de mur jaune. » Cependant la gravité de ses étourdissements ne lui échappait pas. Dans une céleste balance lui apparaissait, chargeant l'un des plateaux, sa propre vie, tandis que l'autre contenait le petit pan de mur si bien peint en jaune. Il sentait qu'il avait imprudemment donné la première pour le second. « Je ne voudrais pourtant pas, se dit-il, être pour les journaux du soir le fait divers de cette exposition. »

Il se répétait : « Petit pan de mur jaune avec un auvent, petit pan de mur jaune. » Cependant il s'abattit sur un canapé circulaire ; aussi brusquement il cessa de penser que sa vie était en jeu et, revenant à l'optimisme, se dit : « C'est une simple indigestion que m'ont donnée ces pommes de terre pas assez cuites, ce n'est rien. » Un nouveau coup l'abattit, il roula du canapé par terre, où accoururent tous les visiteurs et gardiens. Il était mort. Cependant il s'abattit sur un canapé circulaire ; aussi brusquement il cessa de penser que sa vie était en jeu et, revenant à l'optimisme, se dit : « C'est une simple indigestion que m'ont donnée ces pommes de terre pas assez cuites, ce n'est rien. » Un nouveau coup l'abattit, il roula du canapé par terre, où accoururent tous les visiteurs et gardiens. Il était mort. Mort à jamais ? Qui peut le dire ? Certes, les expériences spirites pas plus que les dogmes religieux n'apportent de preuve que l'âme subsiste. Ce qu'on peut dire, c'est que tout se passe dans notre vie comme si nous y entrions avec le faix[2] d'obligations contractées dans une vie antérieure ; il n'y a aucune raison dans nos conditions de vie sur cette terre pour que nous nous croyions obligés à faire le bien, à être délicats, même à être polis, ni pour l'artiste athée à ce qu'il se croie obligé de recommencer vingt fois un morceau dont l'admiration qu'il excitera importera peu à son corps mangé par les vers, comme le pan de mur jaune que peignit avec tant de science et de raffinement un artiste à jamais inconnu, à peine identifié sous le nom de Ver Meer. Toutes ces obligations, qui n'ont pas leur sanction dans la vie présente, semblent appartenir à un monde différent, fondé sur la bonté, le scrupule, le sacrifice, un monde entièrement différent de celui-ci, et dont nous sortons pour naître à cette terre, avant peut-être d'y retourner revivre sous l'empire de ces lois inconnues auxquelles nous avons obéi parce que nous en portions l'enseignement en nous, sans savoir qui les y avait tracées — ces lois dont tout le travail profond de l'intelligence nous rapproche et qui sont invisibles seulement — et encore ! — pour les sots. De sorte que l'idée de Bergotte n'était pas mort à jamais est sans invraisemblance.

On l'enterra, mais toute la nuit funèbre, aux vitrines éclairées, ses livres, disposés trois par trois, veillaient comme des anges aux ailes éployées et semblaient, pour celui qui n'était plus, le symbole de sa résurrection.

[Notes : 1 *Palazzo* (italianisme) = palais. 2 *fai* = fardeau.]

(Extrait de *La Prisonnière*.)

Proust en quelques dates

Comme le rappelle Vladimir Nabokov à ses étudiants américains, lors d'un cours sur *Du côté de chez Swann* : « le narrateur [Marcel] n'est pas Proust en tant qu'individu, et les personnages n'ont jamais existé ailleurs que dans l'esprit de l'auteur. Inutile, par conséquent, de nous attarder sur la vie de l'auteur. Cela est sans importance, dans le cas présent et ne ferait qu'embrouiller la question, d'autant que le narrateur et l'auteur ont plus d'un point en commun et évoluent dans des milieux très semblables. » Après cette mise en garde, quelques informations biographiques tout de même :

- **1871 :** naissance de Marcel Proust dans une famille de la haute bourgeoise parisienne.
- **Vers 1881 :** premières crises d'asthmes, qui altéreront la santé de Proust toute sa vie.
- **Dès 1889**, collaboration à des revues littéraires lycéennes ; plus tard, articles et chroniques dans des revues (*Le Banquet*, *La Revue blanche*) et des journaux. Proust commence à fréquenter les salons de la haute société parisienne (Madeleine Lemaire, Mme Arman de Caillavet, Mme Straus veuve de Georges Bizet).
- **1895 :** ébauche (jusqu'en 1900) d'un premier roman qui sera publié en 1952 sous le titre *Jean Santeuil*.

- **1896** ; publication d'un recueil de textes courts, *Les Plaisirs et les Jours* (avec des aquarelles de Madeleine Lemaire).
- **1900** : mort du critique d'art anglais John Ruskin. Proust va traduire certains de ses ouvrages et lui consacrer plusieurs études.
- **1905** : mort de sa mère (son père est mort deux ans plus tôt).
- **1906** : installation 102 boulevard Haussmann.
- **1908-1909** : parution dans *Le Figaro* de plusieurs pastiches d'écrivains admirés (Balzac, Flaubert, Saint-Simon, les Goncourt, Michelet…) ; repris dans *Pastiches et Mélanges* (1919).
- **1908-1910** : tout en précisant ses conceptions littéraires dans un essai qui deviendra le *Contre Sainte-Beuve* (publié en 1954), Proust se lance dans un nouveau projet romanesque qui deviendra *À la recherche du temps perdu*, il écrit les premiers états du texte.
- **1913** : achèvement de la première version en trois parties de la *Recherche*.
- **Fin novembre**, *Du côté de chez Swann* paraît chez Bernard Grasset. À partir de la Première Guerre mondiale, Proust signe avec Gallimard, qui publiera l'ensemble de la *Recherche*.
- **1919** : prix Goncourt pour *À l'ombre des jeunes filles en fleurs*.
- **1922** : mort de Proust (le 18 novembre). ●

Portrait d'un génie en herbe

Dans ses *Souvenirs littéraires*, Léon Daudet évoque un restaurant parisien, rue Royale, où se retrouvent au tout début du XXe siècle un certain nombre d'hommes de lettres et d'artistes, reconnus ou débutants. Parmi eux, Marcel Proust, homme d'une trentaine d'années, qui a encore peu produit dans le domaine littéraire :

> « *Vers sept heures et demie arrivait chez Weber un jeune homme pâle, aux yeux de biche, suçant ou tripotant une moitié de sa moustache brune et tombante, entouré de lainages comme un bibelot chinois. Il demandait une grappe de raisin, un verre d'eau et déclarait qu'il venait de se lever, qu'il avait la grippe, qu'il allait se recoucher, que le bruit lui faisait mal, jetait autour de lui*

des regards inquiets, puis moqueurs, en fin de compte éclatait d'un rire enchanté et restait. Bientôt sortaient de ses lèvres, proférées sur un ton hésitant et hâtif, des remarques d'une extraordinaire nouveauté et des aperçus d'une finesse diabolique. Ses images imprévues voletaient à la cime des choses et des gens ainsi qu'une musique supérieure, comme on raconte qu'il arrivait à la taverne du Globe, entre les compagnons du divin Shakespeare. Il tenait de Mercutio et de Puck, suivant plusieurs pensées à la fois, agile à s'excuser d'être aimable, rongé de scrupules ironiques, naturellement complexe, frémissant et soyeux. » •

Une fresque en sept romans

Fin 1908 s'ouvre le chantier romanesque qui va devenir la *Recherche* (c'est ainsi qu'on a pris l'habitude, pour aller plus vite, de nommer *À la recherche du temps perdu*). À mesure que Proust avance son travail et qu'il envisage la publication, il conçoit un ouvrage en deux parties (« Le temps perdu », « Le temps retrouvé ») sous le titre *Les Intermittences du cœur*. Puis, il passe à un découpage en trois parties – les actuels volumes I, III et VII. Progressivement le roman prend des proportions immenses. L'écrivain multiplie en marge de ses cahiers des « ajoutages » qui viennent accroître la beauté du texte initial. Il les enrichit de papiers collés, pliés en accordéon qu'il appelle des « paperolles ». Il réécrit sur ses manuscrits dactylographiés puis modifie encore sur les épreuves d'imprimeurs. À partir d'une conception et d'une construction d'ensemble précises, puissantes et concertées, le texte romanesque prolifère donc de manière incessante comme une végétation exubérante. Seule la mort en 1922 arrête le processus. À cette date, l'œuvre n'est pas complètement achevée : les quatre premières parties sont déjà parues et les trois dernières vont paraître entre 1923 et 1927.

- *Du côté de chez Swann* (1913)
- *À l'ombre des jeunes filles en fleurs* (1919)
- *Le Côté de Guermantes* (1920-1921)
- *Sodome et Gomorrhe* (1921-1922)
- *La Prisonnière* (1923)
- *La Fugitive* (ou *Albertine disparue*, 1925)
- *Le Temps retrouvé* (1927) •

Éditer Proust

Proust avait rencontré Gaston Gallimard en Normandie sans doute pendant l'été 1907. Quelques années plus tard, il s'adresse à l'éditeur débutant, fondateur de la NRF (*Nouvelle Revue française*) et lui remet un gros manuscrit, *Du côté de chez Swann*. Le comité de lecture refuse le texte – comme d'autres éditeurs – ce qui oblige Proust à publier à compte d'auteur chez Bernard Grasset. En 1913, sur l'insistance d'un membre de la NRF, Jacques Rivière, Gallimard contacte Proust et Grasset pour récupérer les droits (et les stocks) du premier volet de la *Recherche* et signer pour les volumes suivants. Proust devient dès lors l'écrivain phare de la maison. Éditer la *Recherche* pose un problème à cause de l'inachèvement de la fresque romanesque, ce que Jean-Yves Tadié résume ainsi : « L'histoire de l'édition (qui reste à écrire) connaît deux sortes d'œuvres : la première est publiée d'après un manuscrit (une dactylographie) net et clair, dans une version définitive à laquelle on accorde le luxe de quelques variantes ; l'établissement du texte de la seconde famille est sans cesse remis en cause, qu'il s'agisse du déchiffrement de l'écriture, de la leçon retenue, de l'ordonnance générale : ce fut le cas de Pascal ; c'est celui de Proust. Ce dernier est mort avant d'avoir achevé la correction et le montage de la *Recherche*, si bien que son œuvre est à la fois inachevée et posthume. » •

Lire

L'édition de référence est celle de la « Bibliothèque de la Pléiade », 4 volumes, sous la direction de Jean-Yves Tadié (Gallimard, 1987-1989) ; elle a pris la suite d'une édition en 3 volumes (même collection), établie par Pierre Clarac et André Ferré. Cette édition de référence est reprise en poche : collection « Folio classique », 7 volumes (Gallimard, 1988-1990).

Autres éditions de poche (en sachant que, depuis que Proust est passé dans le domaine public, les éditions se sont multipliées et proposent des versions un peu différentes pour les trois dernières parties, posthumes.) Attention au fait que les éditeurs ont pris l'habitude de publier *Un amour de Swann* en volume séparé – il s'agit de la partie centrale de *Du côté de chez Swann* :

- collection « Classique de poche », éd. de Bernard Brun, 7 volumes (Le Livre de poche, Librairie générale française, 1992-1993).

- collection « GF », éd. de Jean Milly et autres, 10 volumes (Flammarion, 1984-1987).
- collection « Bouquins » , éd. de Bernard Raffalli et autres, 3 volumes (Robert Laffont, 1987).

Sur Proust et son œuvre (quelques titres parmi une multiplicité d'ouvrages) :

- Jean-Yves Tadié, *Proust, le dossier*, Pocket, collection « Agora » (Pierre Belfond, 1983).
- Jean-Yves Tadié, *Marcel Proust, biographie*, collection « Folio », 2 volumes (Gallimard, 1999).
- Jean-Yves Tadié, *Proust et le roman*, collection « Tel » (Gallimard, 1986).
- Léo Spitzer, « Le style de Marcel Proust » in *Études de style* (Gallimard, 1970).
- Jean Milly, *La Phrase de Proust*, collection « L » (Larousse, 1975.)
- Gilles Deleuze, *Proust et les signes* (PUF, 1970).
- Georges Poulet, *L'Espace proustien*, collection « Tel » (Gallimard, 1963).
- Céleste Albaret, *Monsieur Proust* (témoignage de celle qui fut la gouvernante de Proust), souvenirs recueillis par Georges Belmont (Robert Laffont, 1973). ●

Voir

Quelques sites méritent le détour

- L'exposition proposée par la BNF, « Marcel Proust, l'écriture et les arts » (5 salles virtuelles : la culture familiale ; la culture artistique ; la culture du temps ; les figures de créateurs ; au coeur de la Recherche.) Adresse : http://exposition.bnf.fr/proust.
- Autre ressource de la BNF : sur Gallica, le Fonds Marcel Proust permet d'accéder aux manuscrits autographes. Adresse : http://gallica.bnf.fr/ Puis taper «Proust» dans l'espace de recherche.
- La Société des Amis de Marcel Proust. Adresse : http://pagesper-soorange.fr/marcelproust.
- Le Centre de Recherche Kolb-Proust crée en 1993, par l'Université d'Illinois où enseignait Philip Kolb, qui fit un immense travail

d'édition de la Correspondance de Proust, rassemble des documents ou des informations accessibles aux chercheurs, aux étudiants. Adresse : http://www.library.illinois.edu/kolbp.fr

Proust au cinéma

Adapter Proust sur grand écran a tenté de prestigieux réalisateurs comme Luchino Visconti ou Joseph Losey. Le premier avait écrit, avec la collaboration de Suso Cecchi d'Amico, un scénario (publié en 1984, éditions Persona) découpant le récit en 98 scènes qui auraient constitué une vaste fresque de 4 heures. Mais alors que la préparation du film était bouclée (financement, script, casting, contrats), le réalisateur se tourna vers un autre projet, qui lui aboutit : *Ludwig*. Nous resterons donc à jamais privés d'admirer Alain Delon en Narrateur, Marlon Brando en baron de Charlus, Edwige Feuillère en madame Verdurin, Simone Signoret en Françoise, Silvana Mangano en duchesse de Guermantes. Losey a sollicité l'écrivain anglais Harold Pinter (*Le Scénario Proust*, Gallimard, 2003), mais là aussi le passage à la réalisation ne se fit pas.

Trois adaptations récentes, non pas de la totalité mais d'épisodes de la *Recherche* :

- *Un amour de Swann* (1984), film franco-allemand de Volker Schlöndorff avec Jérémy Irons (Swann), Ornella Muti (Odette de Crécy), Alain Delon (le baron de Charlus), Fanny Ardant (la duchesse de Guermantes), Marie-Christine Barrault (Mme Verdurin).
- *Le Temps retrouvé* (1999), film franco-italo-portugais de Raoul Ruiz avec Marcello Mazzarella (Marcel), Emmanuelle Béart (Gilberte), Pascal Greggory (Saint-Loup), John Malkovitch (Charlus), Catherine Deneuve (Odette Swann), Chiara Mastroianni (Albertine).
- *La Captive* (2000), film français de Chantal Akerman d'après *La Prisonnière*, avec Sylvie Testud (Ariane), Stanislas Mehrar (Simon), Olivia Bonamy (Aimée).

Proust dansé

Le chorégraphe français Roland Petit a imaginé à partir de la fresque romanesque proustienne un ballet en deux actes : *Proust ou* les *Intermittences du cœur* (d'après le titre initial d'*À la recherche du temps perdu*). Les musiques servant de support aux treize tableaux sont de compositeurs que le romancier aimait spécialement (Wagner, Debussy, Beethoven, Fauré, Franck, Saint-Saëns, Reynaldo Hahn). Créé en 1974 à Monaco par les Ballets de Marseille, le ballet est entré récemment (2007) au répertoire de l'Opéra de Paris et une captation du spectacle est disponible en DVD (Bel Air Classique, 2008, durée 102 min) ; il existe une autre version filmée (1982) avec Dominique Khalfouni, Patrick Dupond, Maïa Plissetskaïa, Denys Ganio.

Proust sur scène

Le comédien Jacques Sereys a conçu une lecture-spectacle à partir de larges extraits de *Du côté de chez Swann*, mise en scène Jean-Luc Tardieu : *Du côté de chez Proust* (un DVD édité par Copat/ Grands Auteurs Grands Comédiens, 2006). •

Écouter

En audio-livre, deux possibilités :

- Le site Litterature audio.com propose l'écoute gratuite de plusieurs pages de Proust, et notamment l'intégrale des deux premiers volumes (*Du côté de chez Swann, À l'ombre des jeunes filles en fleurs*). L'entreprise est généreuse, mais pour ma part j'ai du mal à reconnaître la phrase proustienne passée à la moulinette d'une diction qui pratique systématiquement les élisions du langage parlé (par exemple : « Longtemps, je me suis couché de bonne heure » devient « Longtemps, ch'me suis couché d'bonne heure », etc.) Une version qui a le mérite d'exister.
- Autre solution (payante, à moins d'emprunter dans une médiathèque), le monument réalisé par les éditions Thélème, 111 CD, l'intégrale de la *Recherche*, lue par différents comédiens (André Dussolier, Lambert Wilson, Denis Podalydès, Guillaume Gallienne, Michael Lonsdale, Robin Renucci.) •

Éléments de contexte

- **Entre 1911 et 1929,** tournées des Ballets russes à travers le monde (Diaghilev, Nijinsky, Fokine, Massine, Balanchine…) ; création en 1913 du *Sacre du printemps,* à Paris.
- **Sigmund Freud** publie *Totem et Tabou* (1913) et *Introduction à la psychanalyse* (1917).
- **Première Guerre mondiale** (1914-1918) ; bataille de Verdun (1916).
- **Révolution russe** (février puis octobre 1917), chute du régime tsariste.
- **Scission du Parti Socialiste** (SFIO) au Congrès de Tours (1920) et création du futur Parti communiste français.
- **Publication** d'*Ulysse*, roman de James Joyce (1922).
- **André Breton** fait paraître en 1924 le *Manifeste du surréalisme.*

Jouer pour retenir

QUESTION APÉRO

Combien de tomes constituent À la Recherche du Temps Perdu ?

A. *Trois*
B. *Cinq*
C. *Six*
D. *Sept*

QUESTION D'IDENTITÉ

Le prénom du narrateur n'est évoqué qu'une fois au cours du roman. Quel est-il ?

A. *Albert*
B. *Adolphe*
C. *Marcel*
D. *Julien*

TEXTE À TROU

Retrouvez la suite de cette phrase qui marque le début de la Recherche.

« Longtemps, je me suis couché... »
... à Combray.
... de bonne heure.
... seul.
... du côté de chez Swann.

VRAI/FAUX

Les deux derniers tomes ont été publiés à titre posthume.

LE BON ORDRE

Retrouvez le nom de cette pâtisserie évocatrice de souvenirs.

EDILENAME

RÉPONSES

Question apéro

Réponse : Sept. La Recherche se divise en sept tomes : *Du côté de chez Swann* (1913), *À l'ombre des jeunes filles en fleurs* (1919), *Le Côté de Guermantes* (1920-1921), *Sodome et Gomorrhe I et II* (1921-1922), *La Prisonnière* (1923), *Albertine disparue* (1925), *Le Temps retrouvé* (1927).

Texte à trous

Réponse : « *Longtemps, je me suis couché de bonne heure.*» Avec cet incipit devenu célèbre, le narrateur commence à se remémorer les différentes chambres à coucher qu'il a connues.

Vrai ou Faux

Réponse : FAUX. Ou plutôt inexact : ce sont les trois derniers tomes qui sont parus après la mort de Proust.

Le bon ordre

Réponse : Madeleine. Dans *Du côté de chez Swann*, les souvenirs d'enfances du narrateur lui reviennent subitement après qu'il a goûté au thé et aux madeleines que sa mère lui propose. La « madeleine de Proust » est devenue une expression désignant un phénomène déclencheur d'une impression de réminiscence.

Question d'identité

Réponse : Marcel. Il n'y a que dans *La Prisonnière* que le nom de Marcel échappe à la plume de Proust, lorsqu'Albertine écrit une lettre destinée à « Mon chéri et cher Marcel ».

Chapitre 21

Voyage au bout de la nuit

Louis-Ferdinand Céline
(1932)

« C'était froid et silencieux chez moi. Comme une petite nuit dans un coin de la grande, exprès pour moi tout seul.

De temps en temps montaient des bruits de pas et l'écho entrait de plus en plus fort dans ma chambre, bourdonnait, s'estompait... Silence. Je regardais encore s'il se passait quelque chose dehors, en face. Rien qu'en moi que ça se passait, à me poser toujours la même question.

J'ai fini par m'endormir sur la question, dans ma nuit à moi, ce cercueil, tellement j'étais fatigué de marcher et de ne trouver rien. »

« Ça a débuté comme ça. Moi j'avais jamais rien dit. » Une prise de parole pour lancer le *Voyage au bout de la nuit* : la prise de pouvoir d'un narrateur qui va se révéler plein de bagou, de dérision et finalement de désespoir. L'homme qui va raconter, s'arrache au silence pour ne plus nous lâcher. Il a pour nom Ferdinand Bardamu, et promet – si l'on se fie au titre du roman – de nous entraîner vers une noirceur qui n'est pas seulement la sienne, mais celle de l'univers entier.

Errances

Aux côtés du Candide de Voltaire on pouvait croire avoir atteint un sommet dans la peinture d'un monde abominable et désespérant. Le Bardamu de Céline fait mieux, ou pire. Avec lui les voyages ne mènent pas à la possibilité d'un jardin – modeste mais fructueuse consolation. Ils s'achèvent sur un cadavre, un fait-divers entre mélodrame et parodie, une aube toute pâle, le sentiment d'impuissance du narrateur, et le coup de sifflet d'un bateau sur la Seine – histoire de marquer arbitrairement, abruptement la fin d'une partie qui, sinon, se poursuivrait sans trêve, toujours plus accablante et désolée.

Le roman dont l'action couvre une durée de plusieurs années, est construit sur deux grandes parties symétriques. La première a des allures de Grand Tour infernal et moqueur. Comme le conte de Voltaire, elle nous fait traverser les horreurs et les bassesses de l'humanité entière, sans nous accorder de répit. Elle établit une sorte d'inventaire-liquidation des illusions et diverses possibilités d'héroïsme offertes à l'homme occidental dans les années 1914-1930. L'épisode de la guerre de 14-18, règle son compte à l'héroïsme combattant, d'abord à l'avant, sur le front (théâtre d'une sinistre hécatombe conduite par des bouchers sadiques et gloutons) puis à l'arrière. L'épisode africain met à nu les rouages d'une exploitation sordide que dissimule mal l'expression « aventure coloniale ». L'épisode américain confronte l'émigrant et son rêve de faire fortune dans « l'Autre Monde » avec la réalité du capitalisme

Elle établit une sorte d'inventaire-liquidation des illusions et diverses possibilités d'héroïsme offertes à l'homme occidental dans les années 1914-1930.

yankee, la foule des pauvres, le cortège des ouvriers soumis à la production taylorisée des usines Ford, qui les réduit à l'état de « chimpanzés » ou de créatures déshumanisées :

> « *On en devenait machine aussi soi-même à force et de toute sa viande encore tremblotante dans ce bruit de rage énorme qui vous prenait le dedans et le tour de la tête et plus bas vous agitant les tripes et remontait aux yeux par petits coups précipités, infinis, inlassables.* »

Les grands espaces auxquels Bardamu se frottent ne sont en rien libérateurs. Ils n'apportent aucune respiration, aucune perspective. Qu'ils soient naturels (l'Afrique, sa végétation étouffante, sa faune agressive ; la campagne française, adjonction de bourbiers, de maisons désertées et de chemins vers nulle part) ou citadins (les rues étroites de New York coincées entre les gratte-ciels), ils sont écrasants, et font constamment peser sur l'être humain l'imminence de son anéantissement.

Immobilité, inutilité

Après une ellipse temporelle (les années d'études de Bardamu à la faculté), la seconde partie du roman marque l'enfermement du héros dans un espace plus restreint, mais guère plus protecteur : la banlieue parisienne, de Rancy à Vigny-sur-Seine, une escapade à Toulouse entre les deux. En vivant du côté des petites gens, les « mignons du Roi Misère », Bardamu semble vouloir leur apporter son soutien, son secours – sa profession de médecin. Mais il s'installe en réalité dans l'immobilité et dans un sentiment d'impuissance (son incapacité à sauver le jeune Bébert atteint de thyphoïde) ; c'est comme s'il adoptait la posture d'un spectateur face à l'humanité souffrante et condamnée ; et l'on pourrait croire qu'il cherche un coin relativement abrité, une sorte de niche où attendre la fin.

Pourtant il garde la conscience aiguë qu'entre la niche et le cercueil il n'y a qu'un tout petit pas. Rester sur place, c'est végéter, entamer un processus de dépérissement :

> « *Dès qu'une porte se referme sur un homme, il commence à sentir tout de suite et tout ce qu'il emporte sent aussi. Il se démode sur place, corps et âme. Il pourrit. S'ils puent les hommes, c'est bien fait pour nous. Fallait*

qu'on s'en occupe ! Fallait qu'on s'en occupe ! Fallait les sortir, les expulser, les exposer. Tous les trucs qui puent sont dans la chambre et à se pomponner et puent quand même. »

Rester sur place comme spectateur de la vie accroît le sentiment d'inutilité et de nullité personnelle. À l'impuissance douloureuse face à la maladie mortelle du jeune Bébert, fait écho la scène de tabassage sadique d'une gamine par ses parents. Bardamu y assiste, englué dans une fascination horrifiée, paralysante :

« *Je n'étais bon à rien. Je ne pouvais rien faire. Je restais à écouter, seulement comme toujours, partout.* »

En même temps, s'accroît en lui la capacité à endurer les cruautés des hommes, comme s'il cherchait à devenir le réceptacle de toutes les douleurs du monde :

« *je crois qu'il me venait des forces à écouter ces choses-là, des forces d'aller plus loin, des drôles de force et la prochaine fois, alors je pourrais descendre encore plus bas la prochaine fois, écouter d'autres plaintes que je n'avais pas entendues, ou que j'avais du mal à comprendre avant, parce qu'on dirait qu'il y en a encore toujours au bout des autres des plaintes encore qu'on n'a pas encore entendues ni comprises.* »

Un roman d'apprentissage désastreux

Où qu'il se rende, où qu'il séjourne, Bardamu patine et jamais ne progresse. *Le Voyage au bout de la nuit* n'épouse pas la courbe d'un cheminement intérieur. Il ne décrit pas le progrès d'une conscience. Il peint la permanence d'un désespoir qui fait du sur-place et ne cesse de se creuser. Au début du récit, nous suivons l'errance affolée du soldat Bardamu, perdu dans la nuit, incapable de rejoindre son régiment, craignant de se faire tirer comme un petit lapin. Au terme de son parcours pour rien, nous l'écoutons déplorer son absence de solidité intérieure et de courage à affronter la mort :

« *J'avais pas réussi en définitive. J'en avais pas acquis moi une seule idée bien solide comme celle [que Robinson] avait eue pour se faire dérouiller. Plus grosse encore une idée que ma grosse tête, plus grosse que toute la peur qui était dedans, une belle idée, magnifique et bien commode pour mourir...* »

Au lieu d'être un homme bien planté sur une conviction, prêt à mourir pour elle, Bardamu est encombré de mille incertitudes plus frêles les unes que les autres : « comme des petites bougies pas fières et clignoteuses à trembler toute la vie au milieu d'un abominable univers bien horrible... » Le vrai « héros » finalement, même dérisoire avec ses airs de crapule un peu louche et minable, c'est Robinson, qui surgit toujours là où se trouve Bardamu, alter ego, inséparable comme une ombre. Lui est un « héros juteux », plus fort que la mort, capable de plaisir, d'insouciance, de courage. Il est celui qui ose, celui qui s'affirme. Il a la détermination et la consistance de l'assassin potentiel : « La vocation de meurtre qui avait soudain possédé Robinson me semblait plutôt comme une espèce de progrès sur ce que j'avais observé jusqu'alors parmi les autres gens, toujours mi-haineux, mi-bienveillants, toujours ennuyeux dans leur imprécision de tendances. » Et, plus tard, il a la force de faire face à Madelon, de lui répondre, d'injurier celle qui va l'assassiner.

Lueurs ?

Le texte célinien est envahi par la nuit – le motif, le mot – et par les angoisses que l'obscurité enfante : « ...la nuit avec tous ses monstres entrait alors dans la danse parmi ses mille et mille bruits de gueules de crapauds. » La lumière, elle-même, semble absorbée par cette malédiction universelle : elle est lourde de maléfices, potentiellement meurtrière. Qu'elle prenne par exemple la forme des feux de la guerre (« La première lumière qu'on verrait, ce serait celle du coup de fusil de la fin ») ou celle du soleil africain faisant du jour « une chaudière », elle accompagne un processus de destruction incessant.

> « Ces rares petites lueurs sont à chercher du côté de la femme »

Peu de place est donc laissée, dans *Voyage au bout de la nuit*, à des ingrédients qui viendraient éclairer la route de Bardamu, l'arracher à sa marche inexorable vers le néant. Ces rares petites lueurs sont à chercher du côté de la femme. Non pas en tant que personnage – les figures féminines du roman de Céline, qui est d'une misogynie provocatrice, sont presque toutes distribuées dans des rôles de joueuses de comédie, égocentriques, déplaisantes, faussement dévouées, faussement passionnées… Mais la femme en tant qu'objet érotique, chair désirable. Loin des mensonges sociaux, la chair est porteuse de vérité : « C'est quelque chose de toujours vrai un corps ». Une vérité qui campe du côté de l'animalité, de l'instinct, de la jouissance sans arrière-pensées.

Le corps féminin – spécialement quand il danse – sauve Bardamu du désastre général. Il est un appel à l'aventure. Il est – en pastichant Baudelaire – une « invitation au voyage ». Il fait échapper à tous les enfermements géographiques, sociaux, historiques. Il suscite des rêveries libératrices. Cela se perçoit, par exemple, lorsque le héros se retrouve embarqué dans une revue de music-hall un peu kitsch, un peu vulgaire, au cinéma Tarapout :

> « *vingt bayadères londoniennes se démenaient en mélodies et bacchanales impétueuses […] cinq fois par jour, répéter cette performance c'était beaucoup pour des femmes, et sans faiblir encore, jamais, d'une fois à l'autre, tortillant impeccablement des fesses avec cette énergie de race un peu ennuyeuse, cette continuité intransigeante qu'ont les bateaux en route, les étraves, dans leur labeur infini au long des Océans…* »

L'union charnelle est la seule communication authentique entre deux êtres, et Bardamu aspire à cet accord harmonieux, passager avec un corps de femme. Un idéal que parfois il approche, touche du doigt pour ne plus l'oublier. Il quitte alors sa carapace – « l'amour c'est l'infini à la portée des caniches et j'ai ma dignité moi ! », affirmait-il, cynique et péremptoire, au début du récit. Plus tard il s'avoue bouleversé :

> « *Bonne, admirable Molly, je veux si elle peut encore me lire, d'un endroit que je ne connais pas, qu'elle sache bien que je n'ai pas changé pour elle, que je l'aime encore et toujours, à ma manière, qu'elle peut venir ici quand elle voudra partager mon pain et ma furtive destinée. […] si la mort, demain, venait me prendre, je ne serais, j'en suis certain, jamais tout à fait aussi froid, vilain, aussi lourd que les autres, tant de gentillesse et de rêve Molly m'a fait cadeau…* »

Le souvenir de Molly, l'Américaine, la pute au grand cœur, brille comme une lueur minuscule mais intense dans l'immense noirceur du *Voyage*.

Une langue neuve

Comme pour *Candide* de Voltaire, c'est l'écriture qui, dans *Voyage au bout de la nuit*, nous sauve de l'accablement. Elle agit comme un exorcisme. Elle oppose à la nullité des êtres, à la présence écrasante du monde, une inventivité pleine de rage. Elle oppose à « l'énorme babillage » qui « s'étend gris et monotone au-dessus de la vie comme un mirage énormément décourageant », les formulations originales d'un langage agressif, coloré, chargé de hargne et d'énergie moqueuse.

Quand le roman est paru, la plupart des lecteurs ont admiré – ou déploré – la singularité de l'écriture de Céline : ils entendaient là une langue inédite, inouïe, choquante. La « petite musique » que le *Voyage* fait retentir pour la première fois et que la suite des œuvres fera éclater de façon plus tonitruante, c'est le héros-narrateur qui tout entier la porte : Bardamu. Il illustre et défend le verbe neuf et provocant de Céline. Sa verve est conforme aux choix du personnage et de son inventeur : être du côté des petits, des modestes, de ceux que la vie écrase.

D'où le refus de ce qui relève de la tradition, de l'institution, de l'académique. Céline prétend rejeter tout cela, tout ce qui campe bien installé sur les hauteurs. Et il introduit massivement dans le français des éléments du langage populaire : vocabulaire argotique ; tournures volontairement « fautives » ou typiques de la langue orale familière, comme par exemples l'usage du « que » (« qu'il me dit », « qu'il me fait » au lieu de « dit-il », « fait-il ») ou le redoublement systématique du sujet (« pendant ce temps, elle se débrouillait la mère Henrouille »), etc.

Pour définir le style du romancier, les commentaires convenus reprennent en boucle les formules de « parler brut », « langue crue », « coups de gueule ». Ce sont là des stéréotypes réducteurs. Céline n'écrit pas comme on parle. Il n'écrit pas comme parlerait un titi parisien des années 1930. Son style, qui emprunte certains procédés du parler populaire, est extrêmement travaillé. Il n'est pas l'expression spontanée d'une vocifération. Il le fruit d'une élaboration volontaire et calculée. L'art et son travail ne produisent pas

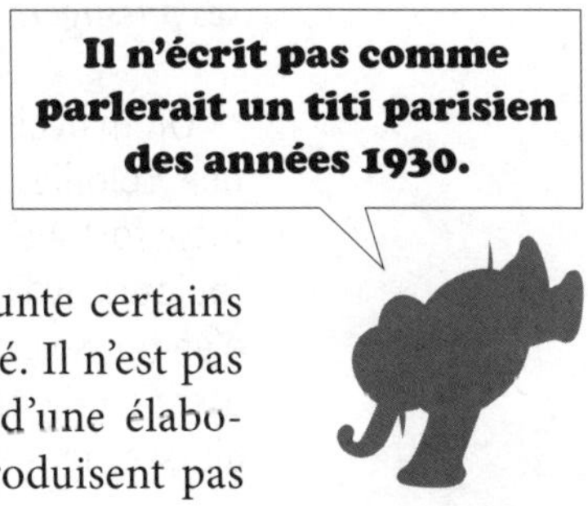

fatalement quelque chose d'artificiel et d'inauthentique. La preuve avec Céline, qui dans le *Voyage* réussit un extraordinaire mélange entre le vulgaire et le précieux, entre l'oralité avec son énergie spécifique, et une forme d'écriture « artiste » mobilisant les techniques traditionnelles du récit (emploi du passé simple par exemple).

Je vous donne quelques exemples en guise d'amuse-gueule, mais au cours de votre lecture essayez de goûter au maximum ce mélange constant, assez roboratif et très vivant, des registres. Un premier exemple où le haut (les temps – passé simple, imparfait du subjonctif) et le bas (scatologie) sont réunis dans le même bouquet : « Il me fit sans que je l'en priasse, de Grappa, un portrait express au caca fumant. » Un second exemple, un de ces moments où le bagou de Bardamu se drape dans de riches atours, laissant évidemment percer des intentions parodiques : « Tout familiers et finalement agréables que me fussent devenus ces lieux, il me fallut cependant songer à quitter enfin Topo pour la boutique qui m'était promise au terme de quelques jours de navigation fluviale et de pérégrinations forestières. » Termes choisis, syntaxe ronflante, usage aristocratique des temps verbaux : si c'est pas du « beau langage », ce petit paragraphe narratif ! •

Extrait

Après s'être produit sur le théâtre des opérations guerrières européennes, et avoir réussi à sauver sa peau (il dirait plutôt « viande »), Bardamu gagne un autre théâtre : l'Afrique. Après la comédie héroïque, la comédie coloniale. Bardamu a pris le bateau pour la rejoindre. L'intermède maritime n'est pas de tout repos. Le bâtiment flotte mais ses passagers sombrent dans l'alcool, le désœuvrement, la désespérance.

On m'avait donc embarqué là-dessus, pour que j'essaye de me refaire aux Colonies. Ils y tenaient ceux qui me voulaient du bien, à ce que je fasse fortune. Je n'avais envie moi que de m'en aller, mais comme on doit toujours avoir l'air utile quand on est pas riche et comme d'autre part je n'en finissais pas avec mes études, ça ne pouvait pas durer. Je n'avais pas assez d'argent pour aller en Amérique. « Va pour l'Afrique ! » que j'ai dit alors et je me suis laissé pousser vers les Tropiques, où, m'assurait-on, il suffisait de quelque tempérance et d'une bonne conduite pour se faire tout de suite une situation.

Ces pronostics me laissaient rêveur. Je n'avais pas beaucoup de choses pour moi, mais j'avais certes de la tenue, on pouvait le dire, le maintien modeste, la déférence facile et la peur toujours de n'être pas à l'heure et encore le souci de ne jamais passer avant une autre personne dans la vie, de la délicatesse enfin...

Quand on a pu s'échapper vivant d'un abattoir international en folie, c'est tout de même une référence sous le rapport du tact et de la discrétion. Mais revenons à ce voyage. Tant que nous restâmes dans les eaux d'Europe, ça ne s'annonçait pas mal. Les passagers croupissaient, répartis dans l'ombre des entreponts, dans les w.-c., au fumoir, par petits groupes soupçonneux et nasillards. Tout ça, bien imbibé de picons[1] et cancans, du matin au soir. On en rotait, sommeillait et vociférait tour à tour et semblait-il sans jamais regretter rien de l'Europe.

Notre navire avait nom : l'*Amiral-Bragueton*. Il ne devait tenir sur ces eaux tièdes que grâce à sa peinture. Tant de couches accumulées par pelures avaient fini par lui constituer une sorte de seconde coque à l'*Amiral-Bragueton* à la manière d'un oignon. Nous voguions vers l'Afrique, la vraie, la grande ; celles des insondables forêts, des miasmes délétères, des solitudes inviolées, vers les grands tyrans nègres vautrés aux croisements de fleuves qui n'en finissent plus. Pour un paquet de lames « Pilett » j'allais trafiquer avec eux des ivoires longs comme ça, des oiseaux flamboyants, des esclaves mineures. C'était promis. La vie quoi ! Rien de commun avec cette Afrique décortiquée des agences et des monuments, des chemins de fer et des nougats. Ah non ! Nous allions nous la voir dans son jus, la vraie Afrique ! Nous les passagers boissonnants[2] de l'*Amiral-Bragueton* !

Mais, dès après les côtes du Portugal, les choses se mirent à se gâter. Irrésistiblement, certain maint au réveil, nous fûmes comme dominés par une ambiance d'étuve infiniment tiède, inquiétante. L'eau dans les verres, la mer, l'air, les draps, notre sueur, tout, tiède, chaud. Désormais impossible la nuit, le jour, d'avoir plus rien de frais sous la main, sous le derrière, dans la gorge, sauf la glace du bar avec le whisky. Alors un vil désespoir s'est abattu sur les passagers de l'*Amiral-Bragueton* condamnés à ne plus s'éloigner du bar, envoûtés, rivés aux ventilateurs, soudés aux petits morceaux de glace, échangeant menaces après cartes et regrets en cadences incohérentes.

Ça n'a pas traîné. Dans cette stabilité désespérante de chaleur tout le contenu humain du navire s'est coagulé dans une massive ivrognerie. On se mouvait mollement entre les ponts, comme des poulpes au fond d'une baignoire d'eau fadasse. C'est depuis ce moment que nous vîmes à fleur de peau venir s'étaler l'angoissante nature des Blancs, provoquée, libérée, bien débraillée enfin, leur vraie nature, tout comme à la guerre. Étuve tropicale pour instincts tels crapauds et vipères qui viennent enfin s'épanouir au mois d'août, sur les flancs fissurés des prisons. Dans le froid d'Europe, sous les grisailles pudiques du Nord, on ne fait, hors les carnages, que soupçonner la grouillante cruauté de nos frères, mais leur pourriture envahit la surface dès que les émoustille la fièvre ignoble des Tropiques. C'est alors qu'on se déboutonne éperdument et que la saloperie triomphe et nous recouvre entiers. C'est l'aveu biologique. Dès que le travail et le froid ne nous astreignent plus, relâchent un moment leur étau, on peut apercevoir des Blancs, ce qu'on découvre du gai rivage, une fois que la mer s'en retire : la vérité, mares lourdement puantes, les crabes, la charogne et l'étron.

[Notes : [1] *picons* = boissons apéritives ; passé dans l'usage comme nom commun (sans majuscule), d'après le nom d'une marque déposée en 1884, Picon ; il s'agit d'une boisson fabriquée avec des racines de gentiane, du quinquina, des zestes d'orange, le tout mis à macérer dans une solution d'alcool puis distillé, avec adjonction de sirop de sucre et du caramel. Existe sous plusieurs formes : Amer-Picon, Picon-bière..., consommé surtout dans le nord et l'est de la France, et en Belgique. [2] *boissonnants* = du verbe *boissonner*, forme populaire, peu utilisée, signifiant « boire avec excès ».]

De la naissance de Destouches à celle de Céline :

- **1894** : naissance de Louis-Ferdinand-Auguste Destouches, le 27 mai à Courbevoie.
- **1910-1912** : apprentissage dans divers commerces parisiens.
- **1912** : engagement pour trois ans dans un régiment de cuirassiers (basé à Rambouillet).
- **1914** : début de la Première Guerre mondiale, le régiment de Louis Destouches gagne le front (la Lorraine puis la Flandre). Destouches est blessé au bras le 27 octobre, près d'Ypres.
- **1915** : après des mois de convalescence, il est affecté au consulat de France à Londres.
- **1916-1917** : séjour au Cameroun (contrat sur les plantations d'une compagnie française).

- **1918-1920 :** engagé par la Fondation Rockefeller pour promouvoir la lutte contre la tuberculose en France. À Rennes il fait la connaissance d'une famille de médecin, les Follet, épouse la fille Edith, et reprend ses études (baccalauréat, faculté des sciences puis École de médecine.)
- **1924-1927 :** contrat avec la Société des Nations (ancêtre de l'ONU) à Genève pour diverses missions de médecine sanitaire à travers le monde.
- **1926 :** premières tentatives littéraires (dans le domaine du théâtre).
- **1927 :** ouverture d'un cabinet médical à Clichy.
- **1929 :** pour la première fois dans la biographie, une lettre atteste en septembre un projet d'écriture romanesque.
- **1932 :** dépôt (avril) du manuscrit du *Voyage au bout de la nuit* chez Gallimard (NRF). Au même moment, un jeune éditeur d'origine belge, Robert Denoël, s'enthousiasme pour le texte et le publie en octobre.

On notera que les activités et les pérégrinations de Ferdinand Bardamu ressemblent parfois à celles de Destouches. •

Céline couronné

Un mois après la parution de *Voyage au bout de la nuit* (octobre 1932), le jury du prix Goncourt, au cours d'une réunion préparatoire, s'accorde sur le roman de Céline. Mais une semaine plus tard, deux membres du jury, les frères Rosny, se ravisent et finalement, par six voix contre quatre pour Céline, le prix est décerné à Guy Mazeline pour son roman *Les Loups*. Les défenseurs du *Voyage* sont furieux (Lucien Descaves, Léon Daudet – plus heureux en 1919 quand il avait soutenu Proust). Céline se « consolera » en recevant le prix Renaudot. •

Le « beau style »

Dans une lettre passionnante et passionnée à André Rousseaux du 24 mai 1936 (qui suit la parution de son deuxième roman, *Mort à Crédit*), Céline s'explique sur son rejet de ce qu'il appelle le « beau style » et, par la même occasion, sur son rejet de (presque) toute la littérature romanesque qui n'est pas la sienne. Extraits :

« *Je me donne du mal pour rendre le « parlé » en « écrit », parce que le papier retient mal la parole, mais c'est tout. Point de tic ! Point de genre en cela ! De la condensation, c'est tout. J'ai trouvé quant à moi en ceci le seul mode d'expression possible pour l'émotion. Je ne veux pas narrer, je veux faire RESSENTIR. Il est impossible de le faire avec le langage académique, usuel – le beau style. C'est l'instrument des rapports, de la discussion, de la lettre à la cousine, mais c'est toujours de la grimace et du figé. Je ne peux pas lire un roman en langage classique. Ce sont là des* PROJETS de romans, ce ne sont jamais des romans. Tout le travail reste à faire. Le rendu émotif n'y est pas. *[...] Pourquoi je fais tant d'emprunts à la langue, au « jargon », à la syntaxe argotique, pourquoi je la forme moi-même si tel est mon besoin de l'instant ? Parce que vous l'avez dit elle meurt vite cette langue. Donc elle a vécu, elle vit tant que je l'employe. Capitale supériorité sur la langue dite pure, bien française, raffinée, elle TOUJOURS MORTE, morte dès le début, morte depuis Voltaire, cadavre,* dead as a door nail *[... comme un clou sur la porte]. Tout le monde le sent, personne ne le dit, n'ose le dire. Une langue c'est comme le reste, ÇA MEURT TOUT LE TEMPS, ÇA DOIT MOURIR.* »

Il y a toujours chez Céline une part de cabotinage quand il parle de lui, surtout après la Seconde Guerre mondiale. La question du « style » n'échappe pas à cette mise en scène de soi outrée. Elle ne relève pas seulement de la profession de foi artistique. Elle est aussi une posture pour masquer, derrière le refus des « idées » et du raffinement, l'omniprésence de quelques obsessions délirantes, voire criminelles (l'humanité comme dépotoir, le juif comme bête à abattre.) Un examen précis du parcours de Céline dans les années 1930-1940 montre qu'il ne fut pas seulement un styliste retranché (ou assiégé) dans sa tour d'ivoire. Il fut un antisémite actif et redoutable. •

Poésie des noms propres

Il y a chez Céline beaucoup de sûreté expressive et de sens comique dans l'invention des noms propres. À côté de termes empruntés à la géographie réelle (Place Clichy, Issy-les-Moulineaux New York, Detroit), il introduit des vocables savoureux, riches en suggestions, parfois chargés de sous-entendus obscènes : noms de lieux (Noirceursur-la-Lys, Fort Gono, Bambola-Bragamance, San Tapeta...), noms de bateaux (L'*Amiral-Bragueton*, L'*Infanta Combitta*), patronymes (Céladon des Entrayes, la famille Henrouille, Jean Voireuse, l'Abbé Prostite, Brandelore, Mandamour, Parapine...) Il y a là, un art et un plaisir de nommer qui, dans un registre très différent, égale Marcel Proust – autre fabuleux inventeur de noms propres. •

Céline en Bardamu

Une lettre de Céline, en costume de Bardamu – un Bardamu qui, au début, sait se tenir mais finit par se lâcher. Elle est adressée à François Mauriac le 14 janvier 1933 :

Monsieur,

Vous venez de si loin pour me tendre la main qu'il faudrait être bien sauvage pour ne pas être ému par votre lettre. Que je vous exprime d'abord toute ma gratitude un peu émerveillée par un tel témoignage de bienveillance et de spirituelle sympathie. Rien cependant ne nous rapproche, rien ne peut nous rapprocher ; vous appartenez à une autre espèce, vous voyez d'autres gens, vous entendez d'autres voix. Pour moi, simplet, Dieu c'est un truc pour penser mieux à soi-même et pour ne pas penser aux hommes, pour déserter en somme superbement. Vous voyez combien je suis argileux et vulgaire ! Je suis écrasé par la vie, je veux qu'on le sache avant d'en crever, le reste je m'en fous, je n'ai que l'ambition d'une mort peu douloureuse mais bien lucide et tout le reste c'est du yoyo.

Bien sincèrement je vous prie,

Destouches Céline

(Lettre publiée par Henri Godard
dans le numéro d'octobre 2009 de *La Nouvelle Revue Française*) •

Un homme et un écrivain du scandale

Dès la parution du *Voyage au bout de la nuit* en 1932, Céline fait scandale. Depuis, le scandale n'a pas cessé, autour de son nom, autour de son œuvre. Scandale lié principalement aux pamphlets antisémites et racistes que Céline publia à la fin des années 1930 (*Bagatelles pour un massacre* en 1937, *L'École des cadavres* en 1938, etc.) et à la lumière desquels certains lecteurs lisent, jugent et disqualifient l'ensemble de l'œuvre. Il est toujours terrible et consternant de voir les qualités d'un écrivain s'engager, s'infléchir dans des textes indéfendables ; Julien Gracq avance l'hypothèse que Céline fut poussé par la nature même de son talent artistique vers des thèmes extrémistes, chargés d'appels au meurtre auxquels l'Histoire réelle s'empressa de répondre, thèmes où pouvaient se donner libre cours sa violence paranoïaque, son désespoir, son goût du saccage et du cri :

> « *Il y a dans Céline un homme qui s'est mis en marche derrière son clairon. J'ai le sentiment –* écrit-il dans *En lisant en écrivant – que ses dons exceptionnels de vociférateur, auxquels il était incapable de résister, l'entraînaient inflexiblement vers les thèmes à haute teneur de risque, les thèmes paniques, obsidionaux, frénétiques, parmi lesquels l'antisémitisme, électivement, était fait pour l'aspirer. Le drame que peuvent faire naître chez un artiste les exigences de l'instrument qu'il a reçu en don, exigences qui sont – parfois à demi monstrueuses – avant tout celle de son plein emploi, a dû se jouer ici dans toute son ampleur.* » •

Céline après *Voyage au bout de la nuit*, en quelques dates

- **1936** : publication de *Mort à crédit.*
- **1944** : départ pour le Danemark via l'Allemagne (Céline retrouve à Sigmaringen une bonne partie du gouvernement de Vichy qui a collaboré avec l'occupant nazi). Publication de *Guignol's Band I.*
- **1945** : arrestation et incarcération au Danemark (en décembre ; libération sur parole en juin 1947).
- **1950** : Céline condamné en France (en février) par la cour de justice de la Seine.
- **1951** : amnistie en avril (au titre d'ancien combattant blessé de guerre en 14-18) et retour en France en juillet avec sa femme Lucette, installation à Meudon en octobre.
- **1952** : publication de *Féerie pour une autre fois.*
- **1954** : *Normance (Féerie pour une autre fois II).*
- **1957** : *D'un château l'autre.*

- **1960 :** *Nord.*
- **1961 :** mort de Céline le 1er juillet, le lendemain de l'achèvement de *Rigodon* (qui sera publié en 1969).
- **1964 :** publication posthume du *Pont de Londres* (*Guignol's Band II*).

Lire

L'édition de référence du *Voyage au bout de la nuit* est celle d'Henri Godard, collection « Bibliothèque de la Pléiade » in *Romans I* (Gallimard, 1981), où l'on trouve le roman suivant, *Mort à crédit* (1936), mettant à nouveau en scène Bardamu. Cette édition est reprise en poche, chez le même éditeur dans la collection « Folio ».

Céline-Tardi, *Voyage au bout de la nuit* ; une édition du roman avec illustrations (de Jacques Tardi) publiée en 1988 pour le lancement de la collection « Futuropolis-Gallimard », associant des grands textes à des dessinateurs de BD. Réédition en 2006.

À propos du verbe de Céline :

- Louis-Ferdinand Céline, *Le Style contre les idées.* Rabelais, Zola, Sartre et les autres ; préfacée par Lucien Combelle, une anthologie de textes, d'extraits d'entretiens… où Céline évoque son esthétique, parle d'auteurs qu'il aime ou qu'il déteste ; collection « Le Regard Littéraire » (éditions Complexe, 1987).

À propos de *Voyage au bout de la nuit* et, plus largement, de l'œuvre de Céline :

- Marie-Christine Bellosta, *Céline ou l'art de la contradiction. Lecture de Voyage au bout de la nuit* (PUF, 1990).
- Henri Godard, « Voyage au bout de la nuit » de Céline, collection « Foliothèque » (Gallimard, 1991).
- Henri Godard, *Poétique de Céline*, collection « Bibliothèque des Idées » (Gallimard, 1985).

À propos de la biographie : Frédéric Vitoux, *La Vie de Céline* (Grasset, 1988).

Sur le débat autour de l'œuvre dans son ensemble, sa valeur, les aléas de sa réception, vous pouvez confronter deux points de vue opposés mais également documentés :

- celui favorable d'Henri Godard : *Céline scandale*, Folio (Gallimard, 1994) ;
- celui défavorable de Jean-Pierre Martin : *Contre Céline* ou *D'une gêne persistante à l'égard de la fascination exercée par Louis Destouches sur papier bible*, essai-pamphlet sous-titré par provocation « roman » (éditions José Corti, 1997). •

Écouter

Céline à l'oral, c'est incontournable. Trois propositions :

- Un document historique (1955) où l'on entend la voix de Céline, de certains de ses amis et admirateurs, avec des extraits du *Voyage* lus par Michel Simon : Louis Ferdinand Céline. Anthologie 1894-1961 (avec Céline, Michel Simon, Arletty, Pierre Brasseur, Albert Zbinden, Louis Pauwels) ; direction artistique Paul Chambrillon, 2 CD (2h30) et un livret (textes de Paul Chambrillon, Jean d'Ormesson, Albert Zbinden). Réédité sous le label Frémeaux & Associés.
- *Voyage au bout de la nuit*, texte intégral lu par Denis Podalydès ; 16 CD (16h40). Direction artistique Claude Colombini. Label Frémeaux & Associés (en accord avec Gallimard et la Succession Céline et avec le soutien de l'Historial de la Grande Guerre de Péronne.)
- *Voyage au bout de la nuit*, extraits dits par Fabrice Lucchini (2 CD / 1h30 min), label Virgin (1994). Un reflet sonore des spectacles que donnent Lucchini depuis des années (ses premières lectures publiques du *Voyage* remontent à 1983.) •

Voir

Textes joués et documents :

- Fabrice Lucchini lisant Céline (des extraits de *Voyage au bout de la nuit*), un film (45 min) de Benoît Jacquot (INA/ La Sept) ; accessible

sur le net (Daily Motion, 3 séquences) avec le lien suivant :
http://www.dailymotion.com/video/x43n50_luchini-nous-recite-celine

Céline vivant. Trois heures de documents sur Céline (entretiens, témoignages – avec Pierre Dumayet, André Parinaud, Louis Pauwels, Michel Polac), sous la direction éditoriale d'Émile Brami, un coffret de 2 DVD avec un livre (éditions Montparnasse, 2007).

Un site belge, renvoyant à un mensuel imprimé, entièrement consacré à l'œuvre de Céline : *le Bulletin célinien* (fondé en 1981). *Adresse : http://louisferdinandceline.free.fr/bulletin/bulletin.htm* •

Voyage au bout de la nuit au cinéma ?

Jusqu'à présent aucun projet n'a abouti. Dès la parution du roman, le cinéaste Abel Gance achète les droits d'adaptation mais sans rien réaliser. Puis Céline tente, par l'intermédiaire d'un ami, Jacques Deval, de vendre à Hollywood, les droits sur son ouvrage. Mais cela n'aboutit pas davantage. Un autre projet sera mené par le dialoguiste et scénariste Michel Audiard, apparemment assez avancé (avec Jean-Paul Belmondo pressenti pour incarner Bardamu) – projet avorté lui aussi. Le dernier cinéaste a avoir voulu s'attaquer à la transposition du roman à l'écran était François Dupeyron. •

Éléments de contexte

• **Albert Lebrun** est élu en 1932 (par l'Assemblée nationale) Président de la République ; il occupera cette fonction jusqu'en 1940.

• **La même année,** Franklin-Roosevelt devient Président des États-Unis (il bat Herbert Hoover.)

• **Grandes famines** en Union Soviétique (1931-1933), notamment en Ukraine et au Kazakhstan, plusieurs millions de morts.

• **En Allemagne,** aux élections législatives de 1932, le parti national-socialiste d'Adolf Hitler recueille le plus de suffrages (37%).

• **En 1932,** création de la revue *Esprit* (philosophie) par Emmanuel Mounier.

• **La même année** que *Voyage au bout de la nuit* paraissent *Le Château des brouillards* (Dorgelès), *Nœud de vipères* (Mauriac), *L'Affaire Saint-Fiacre* (Simenon) et *Le Meilleur des mondes* d'Aldous Huxley.

• **Sorties des films** *Boudu sauvé des eaux* de Jean Renoir (avec Michel Simon) ; *M. le Maudit* de Fritz Lang ; *Scarface* d'Howard Hawks et du premier *Tarzan* avec Johnny Weissmuller.

Jouer pour retenir

LE BON ORDRE

Replacez les lettres suivantes dans l'ordre pour trouver le nom du héros de l'ouvrage de Céline.

R D I A N N F E D U M A B R D A

_ _ _ _ _ _ _ _ _ _ _ _ _ _ _ _

VRAI/FAUX

Voyage au bout de la nuit *de Céline a été adapté au cinéma dans les années 1990.*

TEXTE À TROU

Complétez la première phrase du roman de Céline :

« Ça a débuté comme ça. Moi j'avais _ _ _ _ _ _ _ _ _ _ _ _ _ _. »

VRAI/FAUX

Voyage au bout de la nuit *a été publié en 1932.*

LE BON ORDRE

Replacez dans l'ordre ces lieux visités où se rend le héros de Voyage au bout de la nuit.

A. *Banlieue parisienne*
B. *Amérique*
C. *Tranchées*
D. *Afrique*

RÉPONSES

Le bon ordre

Réponse : Ferdinand Bardamu.

Vrai ou Faux

Réponse : Faux. L'ouvrage de Céline n'a encore jamais été adapté au cinéma. Lors de sa parution, le cinéaste Abel Gance achète les droits sans jamais rien réaliser. D'autres projets ont suivi mais n'ont jamais abouti.

Texte à trou

Réponse : « Ça a débuté comme ça. Moi j'avais jamais rien dit. »

Vrai ou Faux

Réponse : Vrai.

En temps et en heure

Réponse : C. – D. – B. – A. Bardamu fait face aux horreurs de la Première Guerre mondiale dans les tranchées en France avant de partir en Afrique où il est dégoûté par le colonialisme. Il va ensuite aux États-Unis, enfer du capitalisme, qu'il quitte pour rentrer en France et exercer le métier de médecin auprès des pauvres en banlieue parisienne.

Chapitre 22

L'Étranger

Albert Camus
(1942)

« Alors, je ne sais pas pourquoi, il y a quelque chose qui a crevé en moi. Je me suis mis à crier à plein gosier et je l'ai insulté et je lui ai dit de ne pas prier. Je l'avais pris par le collet de sa soutane. Je déversais sur lui tout le fond de mon cœur avec des bondissements mêlés de joie et de colère. Il avait l'air si certain, n'est-ce pas ? Pourtant, aucune de ses certitudes ne valait un cheveu de femme. Il n'était même pas sûr d'être en vie puisqu'il vivait comme un mort. Moi, j'avais l'air d'avoir les mains vides. Mais j'étais sûr de moi, sûr de tout, plus sûr que lui, sûr de ma vie et de cette mort qui allait venir. Oui, je n'avais que cela. Mais du moins, je tenais cette vérité autant qu'elle me tenait. »

(Deuxième partie, extrait.)

Un récit frappant, simple, très construit ; un héros, Meursault, à la fois ordinaire et hors du commun, sur lesquels on a beaucoup écrit et que l'on croit bien connaître... Depuis Camus lui-même, l'habitude est prise d'inscrire *L'Étranger* dans un cadre large, le « cycle de l'absurde », et de relier le roman à trois autres œuvres contemporaines, *Le Mythe de Sisyphe* (un essai publié en octobre 1942), *Caligula* et *Le Malentendu* (pièces de théâtre publiées en 1944, créées peu après). En quelques mots, voici comment Camus conçoit cette notion phare : l'absurde est un sentiment éprouvé dans la confrontation – un vrai choc – entre l'homme et le « silence déraisonnable du monde » ; il fait prendre conscience du tragique de la condition humaine (notre destin mortel face à l'éternité du monde et face à l'absence de Dieu) ; et il stimule la volonté – presque une rage – de vivre le présent en refusant la promesse mensongère qu'existe un au-delà du monde terrestre. Une fois redessiné cet arrière-plan du roman, je donnerai ici quelques clés de lecture. Elles voudraient affûter le regard, saisir la singularité de *L'Étranger* en tant qu'objet d'art, capter l'éclat particulier que celui-ci dégage.

L'absurde est un sentiment éprouvé dans la confrontation – un vrai choc – entre l'homme et le « silence déraisonnable du monde. »

Des jugements expéditifs

Dans la seconde partie de l'œuvre, Meursault voit sa vie scrutée par ceux qui sont chargés de le juger pour assassinat. Tous les personnages croisés précédemment sont convoqués pour témoigner, tous les événements vécus, les gestes accomplis, les paroles prononcées sont examinés, évalués, organisés : il s'agit pour le tribunal de comprendre les raisons, les mobiles éventuels, qui ont poussé l'accusé à tuer. Dans cette entreprise de lecture globale des faits et de la personnalité du meurtrier, le procureur montre une persévérance hargneuse. Sa plaidoirie se déroule aussi implacable qu'une mécanique. Ne laissant aucune place au hasard, à l'inexplicable, elle est construite suivant une logique à laquelle rien n'échappe, et elle agence mots et formules comme un piège rhétorique immobilisant Meursault – insecte que l'on épingle et que l'on étiquette.

Selon le procureur, tout est clair si l'on remonte « à la source » du drame – précisément l'amorce du récit de Camus : l'enterrement de la mère. L'absence de larmes, l'indifférence apparente, la désinvolture avec laquelle le fils a, dès le lendemain, noué une liaison avec une jeune femme, sont les signes révélateurs d'une vérité plus large et terrible : l'accusé s'est débarrassé de sa mère en la plaçant dans un asile ; il s'est désintéressé de son sort. Cette insensibilité signale une âme noire, un cœur vide, un homme sans principes. Le meurtre de l'Arabe est l'expression d'un énorme potentiel criminel antérieur, jusque-là contenu : Meursault est un assassin qui prémédite ses forfaits, agit « en pleine connaissance de cause », il est coupable du meurtre moral de sa mère et, en cela, il ouvre à la possibilité de tous les autres crimes :

Cette insensibilité signale une âme noire, un cœur vide, un homme sans principes.

> « *un homme* – affirme le procureur – *qui [tue] moralement sa mère se [retranche] de la société des hommes au même titre que celui qui [porte] une main meurtrière sur l'auteur de ses jours. Dans tous les cas, le premier [prépare] les actes du second, il les [annonce] en quelque sorte et il les [légitime].* »

Un monstre absolu, menaçant la société entière.

Pour une lecture empathique

Les jurés qui condamnent, l'auditoire qui se révulse quand le concierge de l'asile raconte l'enterrement (« Il a dit que j'avais fumé, que j'avais dormi et que j'avais pris du café au lait. J'ai senti alors quelque chose qui soulevait toute la salle et, pour la première fois, j'ai compris que j'étais coupable. »), tous font bloc derrière le procureur. Tous adhèrent à sa puissance démonstrative, à sa virtuosité d'expert dans le maniement des formules et dans la manipulation des affects les plus convenus. Rares sont les voix qui défendent Meursault.

Il y a bien Céleste et Marie. Mais ce sont des voix sans éloquence, étranglées par l'émotion, impuissantes à se faire entendre, à trouver les mots justes ; elles sont vite rejetées dans le silence.

Souvent les commentaires sont aussi expéditifs que la démonstration du procureur. Ils participent de la même lecture hâtive et réductrice : le personnage inventé par Camus est perçu froid, insensible, étranger sur la terre (Meursault-Martien !), étranger à lui-même (Meursault schizo !), comme absent du monde, indifférent à tout parce que, pour lui, tout équivaudrait à rien ; un homme sans qualités, ne pouvant se définir que négativement… autant d'étiquettes collées comme des marques d'insuffisance ou d'infamie sur cet être distant, opaque, qui semble vivre une existence sans relief particulier. Or si l'on prête attention à la fin du récit, par exemple, où il est question de joie, de colère, de certitude, de conviction, de vérité, de bonheur, si l'on prête attention au mouvement lyrique des phrases portant ces mots, alors disparaît l'étiquetage sommaire qui nous empêchait d'éprouver la moindre empathie pour Meursault. Camus nous incite à nous désolidariser du procureur, à être des lecteurs scrupuleux, à ne pas nous rallier aux « cris de haine » qui accompagneront la marche du condamné vers l'échafaud.

Un corps sensible – trop sensible ?

Le héros livré à notre curiosité est le contraire d'un insensible. C'est un employé de bureau menant une vie routinière dans l'Alger des années 1930. Il se raconte comme s'il consignait le moindre de ses faits et gestes dans un journal personnel. La dimension rétrospective du récit crée l'impression que celui qui dit « je » maintient ce qu'il a vécu à une certaine distance, comme pour ne pas se laisser envahir par ce flux de sensations, d'images et de pensées qui ne cesse de le traverser.

Car Meursault est un corps extrêmement sensible. Il est réceptif aux multiples stimulations que le monde extérieur éveille en lui, plaisantes ou déplaisantes. Il les relève, aussi infimes, aussi fugaces soient-elles, en leur accordant de l'importance parce qu'à l'instant où il les a éprouvées elles l'ont absorbé au point de lui faire perdre le fil de ses pensées. Voyez comment – c'est un exemple parmi cent autres – en attendant d'être reçu par le directeur de l'asile où sa mère est morte, il est présent en corps et en esprit, accaparé par une pensée ou par une sensation physique :

> « *Je respirais l'odeur de la terre fraîche et je n'avais plus sommeil. J'ai pensé aux collègues du bureau. À cette heure, ils se levaient pour aller au travail : pour moi c'était toujours l'heure la plus difficile. J'ai encore réfléchi un peu à ces choses, mais j'ai été distrait par une cloche qui sonnait à l'intérieur des bâtiments. Il y a eu du remue-ménage derrière les fenêtres, puis tout s'est calmé. Le soleil était monté un peu plus dans le ciel : il commençait à chauffer mes pieds.* »

Comme l'indique ce passage, c'est souvent la sensation qui l'emporte sur la pensée, l'extérieur sur la vie intérieure. Mais la présence au monde ne se maintient jamais à un niveau d'intensité constant, et Meursault note avec le même soin ce qu'il a retenu et ce qu'il n'a pas mémorisé. Il se ménage des espaces et des temps de refuge – la chambre, le sommeil – comme pour échapper à cette succession inlassable, répétitive de sollicitations sensorielles. Parfois la sensualité s'exprime en toute liberté : ce sont les moments volés à la routine du quotidien, les instants érotiques partagés avec Marie, l'étreinte de cette chair désirable, les excursions vers le port, vers la plage pour se plonger dans l'eau de mer... moments d'abandon et de plaisir. Mais d'autres fois le monde extérieur est d'une puissance surhumaine, il envahit l'être qui se sent broyé. Régulièrement Meursault fait l'expérience de forces élémentaires pesant sur lui de façon oppressante ; d'abord au cours du cortège funèbre, quand l'air saturé de lumière déverse la même chaleur que le goudron fondu de la route montant de la terre comme une lave noire au milieu des vapeurs d'encens ; ensuite sur la plage, où son geste meurtrier suggère un réflexe de défense contre une agression massive du soleil.

Une conscience éprise de vérité

Le Meursault de Camus « ne joue pas le jeu » – pour reprendre une formule du romancier lui-même. Ce jeu refusé est celui du conformisme réglant de manière artificielle les gestes et les propos des individus dans la société. Cette attitude singulière n'est pas le fruit d'une posture nihiliste ou anarchiste. Elle vient des qualités propres au personnage : un goût de la vérité, une honnêteté instinctive avec soi-même et avec les autres. Meursault est foncièrement étranger aux convenances sociales. Il ne sait pas se projeter dans l'avenir, au plan intime comme au plan professionnel. Accablé de fatigue plus que de tristesse, il se montre incapable d'afficher la peine qui devrait être celle d'un fils ayant perdu sa mère. Mais cela ne signifie pas que son cœur est sec : au cours de son procès, il est saisi d'élans qui révèlent son émotivité, par exemple lorsque Céleste témoigne en sa faveur (« c'est la première fois de ma vie que j'ai eu envie d'embrasser un homme ») ou lorsque l'avocat général lui lance un regard de mépris triomphal : « pour la première fois depuis bien des années, j'ai eu une envie stupide de pleurer parce que j'ai senti combien j'étais détesté par tous ces gens-là. »

Cette attitude singulière n'est pas le fruit d'une posture nihiliste ou anarchiste. Elle vient des qualités propres au personnage : un goût de la vérité, une honnêteté instinctive avec soi-même et avec les autres.

Les scrupules de Meursault le font douter des certitudes sur lesquelles campent les autres hommes. Dès le début du récit, à l'ouverture du télégramme que conclut une formule de courtoisie (« Sentiments distingués »), Meursault réagit à sa manière : « Cela ne veut rien dire » – phrase rituelle chez lui, sorte de pôle négatif structurant sa pensée. Il ignore les approximations convenues, les formules toutes faites. Le plaisir qu'il prend avec Marie est une jouissance physique intense, il refuse donc de plaquer dessus le mot *amour* : « Quand elle a ri, j'ai eu encore envie d'elle. Un moment après, elle m'a demandé si je l'aimais. Je lui ai répondu que cela ne voulait rien dire. » Il reste dans la vérité du corps et de l'instant, et fuit ce vers quoi Marie semble vouloir l'entraîner : clichés sentimentaux, projets matrimoniaux. Il cherche les mots justes sans toujours les trouver, préférant parfois garder le silence. Il cherche les mots exprimant avec exactitude ce qu'il ressent, ce qui habite son corps et son esprit, et il court ainsi le risque de choquer, de causer de la peine ou d'être incompris ; par exemple lorsque le juge lui demande s'il regrette son acte criminel :

> « *J'ai réfléchi et j'ai dit que, plutôt que du regret véritable, j'éprouvais un certain ennui. J'ai eu l'impression qu'il ne me comprenait pas.* »

Il y a dans la conscience de Meursault une certaine intransigeance instinctive, hautaine, qui finit par s'épanouir dans la solitude. Car la perte de liberté est l'occasion d'une extraordinaire mouvement d'introspection et de réflexion sur soi :

> « *J'ai fini par ne plus m'ennuyer du tout à partir de l'instant où j'ai appris à me souvenir. [...] J'ai compris alors qu'un homme qui n'aurait vécu qu'un seul jour pourrait sans peine vivre cent ans dans une prison.* »

C'est comme si l'esprit du personnage, dans l'espace de la prison, se rassemblait, concentrait ses forces à l'abri du monde et de la société, et accédait à une forme supérieure de lucidité, désespérée, stable, définitive.

La mort comme horizon

L'annonce toute simple, abrupte : « Aujourd'hui maman est morte » ouvre le récit. Celle de l'exécution imminente du fils le clôt. Entre ces deux termes, à l'exact mi chemin (cinq chapitres de part et d'autre), le chapitre du meurtre de l'Arabe provoque un basculement de l'histoire : la présence de la mort rythme donc le roman. Elle lui donne sa forme. Car ces trois morts sont, dans la construction de l'œuvre, des pivots déterminant la position de Meursault, orientant sa progression.

Le premier chapitre sur l'enterrement de la mère est une donnée fondatrice. À partir d'une lecture partiale de ce qui s'y déroule, le héros sera condamné à mort. Accablé par la fatigue, par la chaleur, par « l'éclat de la lumière des murs blancs », il s'échappe dans la somnolence. Une chose est frappante : il se soustrait à la vision du cadavre de celle qui lui a donné la vie. Il ne veut pas voir la mort en face. Il semble partager le même effarement un peu vide que les vieillards de l'asile : « J'avais l'impression que cette morte, couchée au milieu d'eux, ne signifiait rien à leurs yeux. »

À la fin de la première partie, sur la plage, Meursault est aveuglé par « le même soleil que le jour où [il avait] enterré maman ». Il tire sur un homme dont le corps réel existe à peine – un corps se confondant avec la présence agressive de l'astre qui brûle, fouille les yeux, provoque une pluie de larmes masquant encore davantage la vision : le cadavre de la victime en devient presque abstrait, « un corps inerte où les balles s'enfonçaient sans qu'il y parût. » L'assassinat, dans l'économie du récit, n'a pas de sens sinon qu'il fait écho, d'un côté, à la mort de la mère et que, de l'autre, il précipite Meursault vers sa propre mort.

Avec l'emprisonnement, la condamnation, Meursault s'approche du terme de son existence. C'est – pour pasticher l'écrivain et philosophe Descartes, que Camus admire – l'occasion d'un « *cogito* funèbre » venant illuminer la conscience : le héros pense à sa propre mort, il la regarde en face. Il rejette violemment ce que l'aumônier lui propose, ce voile consolateur de la foi religieuse, de la croyance en un au-delà, en une autre vie que la vie terrestre. Il rejoint la morte du début, sa mère, par une empathie valant plus que toutes les larmes convenues qu'il aurait pu verser le jour de l'enterrement ; le soir est en train de tomber, et le fils ressent au plus profond de lui-même ce qu'elle a pu éprouver :

> « *... le soir était comme une trêve mélancolique. Si près de la mort, maman devait s'y sentir libérée et prête à tout revivre. Personne, personne n'avait le droit de pleurer sur elle. Et moi aussi, je me suis senti prêt à tout revivre.* »

Il a la certitude de partager la même condition mortelle, de vivre la même expérience à l'approche de l'échéance ultime – une façon universelle et solitaire d'accepter la mort et d'affirmer face à elle sa liberté intérieure. Cette certitude tragique, purifiée des mensonges consolateurs autour desquels les autres hommes se rassemblent et se rassurent, coïncide avec une explosion de vitalité : d'abord un éclat de colère ; ensuite, dans la perfection heureuse du calme et de la solitude, un « oui » à la vie, lyrique et serein, une ouverture à ce que Meursault et Camus nomment, à l'unisson, la « tendre indifférence du monde ».●

Extrait

Sans doute la page la plus célèbre du roman : la scène du meurtre de l'Arabe. Elle est à lire en écho avec la « marche au supplice » du dernier chapitre. Ici, dans un plein air méditerranéen que Camus restitue avec lyrisme, Meursault est enfermé entre le ciel et la terre, accablé par la chaleur, agressé par les éclats de la lumière ; plus tard, le même homme, au bout d'une nuit bienfaisante, s'éveillera pour ses dernières heures « avec des étoiles sur le visage », accueillant les « odeurs de nuit, de terre et de sel » qui lui rafraîchissent les tempes... Ici l'impression d'entrer dans l'espace du malheur ; là le sentiment d'accéder à une forme fragile mais intense de bonheur. Le contraste fait apparaître l'invisible cheminement intérieur de Meursault, sa métamorphose : en même temps qu'il accepte sa condition mortelle, il ne subit plus le monde mais pactise avec lui.

C'était le même éclatement rouge. Sur le sable, la mer haletait de toute la respiration rapide et étouffée de ses petites vagues. Je marchais lentement vers les rochers et je sentais mon front se gonfler sous le soleil. Toute cette chaleur s'appuyait sur moi et s'opposait à mon avance. Et chaque fois que je sentais son grand souffle chaud sur mon visage, je serrais les dents, je fermais les poings dans les poches de mon pantalon, je me tendais tout entier pour triompher du soleil et de cette ivresse opaque qu'il me déversait. À chaque épée de lumière jaillie du sable, d'un coquillage blanchi ou d'un débris de verre, mes mâchoires se crispaient. J'ai marché longtemps.

Je voyais de loin la petite masse sombre du rocher entourée d'un halo aveuglant par la lumière et la poussière de la mer. Je pensais à la source fraîche derrière le rocher. J'avais envie de retrouver le murmure de son eau, envie de fuir le soleil, l'effort et les pleurs de femme, envie de retrouver l'ombre et son repos. Mais quand j'ai été plus près, j'ai vu que le type de Raymond était revenu.

Il était seul. Il reposait sur le dos, les mains sous la nuque, le front dans les ombres du rocher, tout le corps au soleil. Son bleu de chauffe fumait dans la chaleur. J'ai été un peu surpris. Pour moi, c'était une histoire finie et j'étais venu là sans y penser.

Dès qu'il m'a vu, il s'est soulevé un peu et a mis la main dans sa poche. Moi, naturellement, j'ai serré le revolver de Raymond dans mon veston. Alors de nouveau, il s'est laissé aller en arrière, mais sans retirer la main de sa poche. J'étais assez loin de lui, à une dizaine de mètres. Je devinais son regard par instants, entre ses paupières mi-closes. Mais le plus souvent, son image dansait devant mes yeux, dans l'air enflammé. Le bruit des vagues était encore plus paresseux, plus étale qu'à midi. C'était le même soleil, la même lumière sur le même sable qui se prolongeait ici. Il y avait déjà deux heures que la journée n'avançait plus, deux heures qu'elle avait jeté l'ancre dans un océan de métal bouillant. À l'horizon, un petit vapeur est passé et j'en ai deviné la tache noire au bord de mon regard, parce que je n'avais pas cessé de regarder l'Arabe.

J'ai pensé que je n'avais qu'un demi-tour à faire et ce serait fini. Mais toute une plage vibrante de soleil se pressait derrière moi. J'ai fait quelques pas vers la source. L'Arabe n'a pas bougé. Malgré tout, il était encore assez loin. Peut-être à cause des ombres sur son visage, il avait l'air de rire. J'ai attendu. La brûlure du soleil gagnait mes joues et j'ai senti des gouttes de sueur s'amasser dans mes sourcils. C'était le même soleil que le jour où j'avais enterré maman et, comme alors, le front surtout me faisait mal et toutes ses veines battaient ensemble sous la peau. À cause de cette brûlure que je ne pouvais plus supporter, j'ai fait un mouvement en avant. Je savais que c'était stupide, que je ne me débarrasserais pas du soleil en me déplaçant d'un pas. Mais j'ai fait un pas, un seul pas en avant. Et cette fois, sans se soulever, l'Arabe a tiré son couteau qu'il m'a présenté dans le soleil. La lumière a giclé sur l'acier et c'était comme une longue lame étincelante qui m'atteignait au front. Au même instant, la sueur amassée dans mes sourcils a coulé d'un coup sur les paupières et les a recouvertes d'un voile tiède et épais. Mes yeux étaient aveuglés derrière ce rideau de larmes et de sel. Je ne sentais plus que les cymbales du soleil sur mon front et, indistinctement, le glaive éclatant jailli du couteau toujours en face de moi. Cette épée brûlante rongeait mes cils et fouillait mes yeux douloureux. C'est alors que tout a vacillé. La mer a charrié un souffle épais et ardent. Il m'a semblé que le ciel s'ouvrait de toute son étendue pour laisser pleuvoir du feu. Tout mon être s'est tendu et j'ai crispé ma main sur le revolver. La gâchette a cédé, j'ai touché le ventre poli de la crosse et c'est là, dans le bruit à la fois sec et assourdissant, que tout a commencé. J'ai secoué la sueur et le soleil. J'ai compris que j'avais détruit l'équilibre du jour, le silence exceptionnel d'une plage où j'avais été heureux. Alors, j'ai tiré encore quatre fois sur un corps inerte où les balles s'enfonçaient sans qu'il y parût. Et c'était comme quatre coups brefs que je frappais sur la porte du malheur.

(Fin de la Première partie.)

Les débuts d'un écrivain d'Algérie

Issu de familles arrivées en Algérie durant les premières années de la colonisation française (1834-1847), Albert Camus naît en novembre 1913. La mort du père, tué dans les premières semaines de la Première Guerre mondiale, au cours de la Bataille de la Marne, installe la famille dans la pauvreté. Albert passe son enfance à Alger, dans le quartier populaire de Belcourt. Soutenu par son instituteur, Louis Germain à qui il rendra hommage en 1957 quand il recevra le prix Nobel de littérature, il obtient le concours des bourses qui lui donne accès au Grand Lycée algérois de Bab El-Oued. En 1930, il a comme professeur de philosophie Jean Grenier, qui exercera sur lui une influence profonde et lui fera découvrir philosophes (Schopenhauer, Nietzsche) et écrivains (Dostoïevski, Joyce, Gide, Proust).

C'est l'époque où Albert Camus déclare les premiers symptômes de la tuberculose. Il est accueilli par son oncle, Gustave

Acault, boucher prospère et esprit éclairé, dont la bibliothèque fait le régal du jeune homme. Avant même l'obtention de son baccalauréat (juin 1932), il commence à publier des articles dans la revue *Sud*. Puis il entreprend des études de lettres (hypokhâgne) mais renonce en 1933 pour des raisons de santé à présenter le concours d'entrée à l'École normale supérieure. Tout en poursuivant des études de philosophie à la faculté d'Alger, il met en chantier ses premiers écrits personnels à partir de 1935 (*L'Envers et l'Endroit*, essai publié en 1937), commence à tenir ses *Carnets* qui sont plutôt un journal de création qu'un journal intime. Il s'engage politiquement (adhésion au Parti communiste, jusqu'en 1937) et crée le « Théâtre du Travail » qui amorce sa carrière théâtrale comme auteur, adaptateur et acteur. En 1936 il entame son premier chantier romanesque *La Mort heureuse*, qui va l'occuper par intermittences jusqu'à la fin 1938, mais il renonce à faire publier.

Dans le même temps, il compose les quatre essais qui formeront le recueil *Noces* (publié en 1939) tandis que les activités théâtrales se poursuivent dans le cadre du « Théâtre de l'Équipe ». Des trois ouvrages composant le cycle de l'absurde, *Caligula* (pièce de théâtre) et le *Mythe de Sisyphe* (essai) sont les premiers mis en chantier (1937, 1938). Après avoir achevé *Caligula* (juillet 1939), Camus commence *L'Étranger* dont il termine la rédaction au printemps 1940, à Paris où il travaille comme journaliste jusqu'au mois de décembre. Installé à Oran avec sa femme Francine, Camus achève *Sisyphe* en février 1941 et note, à la date du 21, que les « trois Absurdes » sont achevés. Pascal Pia, Malraux et Jean Paulhan, premiers lecteurs de *L'Étranger* font parvenir le manuscrit au comité de lecture de Gallimard, qui l'accepte en novembre. Le roman sort en mai 1942. L'été suivant, Camus quitte l'Algérie pour la France métropolitaine. Il y vivra jusqu'à sa mort accidentelle en 1960. •

D'étranges patronymes

Le héros a son seul patronyme pour l'identifier. Camus ne donne pas son prénom, pas plus qu'il ne donne le prénom de la mère, que Meursault nomme toujours « maman ». Le nom Meursault fait écho au héros du roman écrit précédemment par Camus, mais publié en

1971, bien après sa disparition : *La Mort heureuse.* C'est l'histoire de Patrice Mersault, un homme pauvre qui fait la connaissance de Zagreus, homme infirme et riche, avant de l'assassiner, de maquiller le crime en suicide et de détourner la fortune de la victime. Après avoir voyagé, il s'installe dans une maison face à la mer où, malade, il meurt avec un sentiment de joie, « les yeux ouverts sur la mort. »

Pour les patronymes des deux personnages secondaires les plus importants, Marie et Raymond, Camus a puisé dans l'arbre généalogique familial côté maternel : Marie a pour nom de famille celui de la grand-mère maternelle de Camus, Catherine Marie Cardona ; et Raymond, l'ami aux mauvaises fréquentations, a presque le même nom – à un accent grave près – que celui du grand-père maternel, Étienne Sintes. De ces remarques, il faut déduire que la créativité d'un artiste fait feu de tout bois, et mobilise les ressources du corps et de l'esprit : mémoire, imagination, sensibilité, goût du jeu. ●

Le roman commenté par l'auteur lui-même

Dans la préface à l'édition universitaire américaine du roman, Camus en propose une lecture synthétique, et nous donne au passage le sens du titre :

« *J'ai résumé* L'Étranger, *il y a longtemps, par une phrase dont je reconnais qu'elle est très paradoxale : "Dans notre société, tout homme qui ne pleure pas à l'enterrement de sa mère risque d'être condamné à mort." Je voulais dire seulement que le héros du livre est condamné parce qu'il ne joue pas le jeu. En ce sens, il est étranger à la société où il vit, il erre, en marge, dans les faubourgs de la vie privée, solitaire, sensuelle. Et c'est pourquoi des lecteurs ont été tentés de le considérer comme une épave. On aura cependant une idée plus exacte du personnage, plus conforme en tout cas aux intentions de son auteur, si l'on se demande en quoi Meursault ne joue pas le jeu. La réponse est simple : il refuse de mentir. Mentir, ce n'est pas seulement dire ce qui n'est pas. C'est aussi, c'est surtout dire plus que ce qui est et, en ce qui concerne le cœur humain, dire plus qu'on ne sent. C'est ce que nous faisons tous, tous les jours, pour simplifier la vie.*

Meursault, contrairement aux apparences, ne veut pas simplifier la vie. Il dit ce qu'il est, il refuse de masquer ses sentiments et aussitôt la société se sent menacée. On lui demande par exemple de dire qu'il regrette son crime, selon la formule consacrée. Il répond qu'il éprouve à cet égard plus d'ennui que de regret véritable. Et cette nuance le condamne. Meursault pour moi n'est donc pas une épave, mais un homme pauvre et nu, amoureux du soleil qui ne laisse pas d'ombres. Loin qu'il soit privé de toute sensibilité, une passion profonde, parce que tenace, l'anime, la passion de l'absolu et de la vérité. Il s'agit d'une vérité encore négative, la vérité d'être et de sentir, mais sans laquelle nulle conquête sur soi et sur le monde ne sera jamais possible. On ne se tromperait donc pas beaucoup en lisant dans L'Étranger *l'histoire d'un homme qui, sans aucune attitude héroïque, accepte de mourir pour la vérité.* » •

Sartre, lecteur de Camus

Dans un article de février 1943, repris dans *Situations I* (« Explication de *L'Étranger* »), Sartre commente l'écriture du roman avec une science professorale où la finesse d'analyse se colore souvent d'ironie. Il y fait référence au philosophe classique Descartes (1596-1650) que Camus admirait pour sa recherche d'une certitude inébranlable passant par l'hypothèse (négative) d'un mauvais génie ayant le pouvoir de créer autour du « moi » un monde entièrement falsifié, puis par l'exercice (positif) d'un doute méthodique conduisant à la découverte du *cogito* (« je pense, donc je suis »). Sartre repère notamment l'effet produit par l'usage du passé (« parfait ») composé qui empêche de donner une continuité au récit :

« *La phrase est nette,* – écrit Sartre – *sans bavures, fermée sur soi ; elle est séparée de la phrase suivante par un néant, comme l'instant de Descartes est séparé de l'instant qui le suit. Entre chaque phrase et la suivante le monde s'anéantit et renaît : la parole, dès qu'elle s'élève, est une création ex nihilo ; une phrase de* L'Étranger *c'est une île. Et nous cascadons de phrase en phrase, de néant en néant. C'est pour accentuer la solitude de chaque unité phrastique que M. Camus a choisi de faire son récit au parfait composé. [...] le romancier préfère à un récit organisé ce scintillement de petits éclats sans lendemain dont chacun est une volupté.* » •

Le paysage méditerranéen

La sensibilité de Meursault à la nature est inséparable du paysage méditerranéen, algérien plus particulièrement. Pour apprécier cette dimension fondamentale de l'œuvre de Camus, je vous recommande la lecture de *Noces* (1939), un recueil rassemblant quatre essais brefs. L'écrivain y dégage, avec beaucoup de puissance méditative et de sens lyrique, les liens qui l'unissent par la chair, le cœur et l'esprit à quelques lieux de l'Algérie natale (et à l'Italie des peintres toscans pour le texte ultime « Désert »). Le deuxième texte plus particulièrement, « Le Vent à Djémila », fait écho à certaines pages de *L'Étranger* puisqu'il associe dans la même expérience le sentiment de la beauté foudroyante de la nature et la prise de conscience par l'écrivain de sa condition mortelle :

« *Et jamais* – écrit –il – *je n'ai senti, si avant, mon détachement de moi-même et ma présence au monde. [...] Si je refuse obstinément tous les « plus tard » du monde, c'est qu'il s'agit aussi bien de ne pas renoncer à ma richesse présente. [...] Tout ce qu'on me propose s'efforce de décharger l'homme du poids de sa propre vie. Et devant le vol lourd des grands oiseaux de Djémila, c'est justement un certain poids de vie que je réclame et que j'obtiens.* » •

Lire

En collection de poche : le roman est disponible dans la collection « Folio » (éditions Gallimard).

L'édition de référence : Albert Camus, *Œuvres complètes*, I 1931-1944, collection « Bibliothèque de la Pléiade », sous la direction de

Jacqueline Lévi-Valensi (Gallimard, 2006). Le volume rassemble tous les premiers écrits, essais (*L'Envers et l'Endroit* ; *Noces* ; *Le Mythe de Sisyphe*), romans (*La Mort heureuse* ; *L'Étranger*), théâtre (*Caligula*, Le *Malentendu*).

Commentaires et documents :

- Jean-Paul Sartre, «Explication de *L'Étranger*» in *Situations I* (Paris, Gallimard, 1947).
- Françoise Bagot, *Albert Camus ; « L'Étranger »*, collection « Études littéraires » (PUF, 1993).
- une bibliographie assez fournie proposée par la BNF en 2013 pour le centenaire de la naissance d'Albert Camus (1913-1960) ; bibliographie sélective» : *http://www.bnf.fr/documents/biblio_albert_camus.pdf* •

Écouter

Deux versions complètes en audio-livre :

- une version exceptionnelle, *L'Étranger* lu par Albert Camus (rares sont les occasions d'entendre un auteur lire l'intégralité d'un de ses ouvrages) ; un enregistrement de l'ORTF des 7-8 et 9 avril 1954, disponible en 3 CD avec un livret réalisé par Roger Grenier, édité par Frémeaux & Associés ;
- une version plus récente avec la voix de Michael Lonsdale (3 CD), dans la collection « Écoutez Lire » (Gallimard, 2008).

Une curiosité musicale : la scène du meurtre de Meursault a inspiré à Robert Smith, le leader et chanteur du groupe anglais *The Cure*, une chanson intitulée *Killing an Arab* (parue en 1980 dans l'album *Boys don't cry*) ; le titre a été modifié (*Kissing an Arab* puis *Killing Another*) pour éviter sa récupération par des mouvements politiques racistes (et pour éviter aussi que ne soient choqués les esprits ignorant Camus et son œuvre). •

Voir

De son vivant, Albert Camus a refusé l'adaptation à l'écran de son roman. Après sa disparition, c'est Luchino Visconti qui réalise *L'Étranger* à partir d'un scénario qu'il écrit avec la collaboration d'Emmanuel Roblès et de Georges Conchon. Le film sort en 1967. Meursault est interprété par Marcello Mastroianni avec à ses côtés Anna Karina (Marie), Bruno Cremer (l'aumônier), Bertrand Blier, Georges Wilson.

Certains critiques de cinéma ont insisté sur la parenté entre le personnage de Meursault et le héros du film des frères Coen, *The Barber* (*The Mans who wasn't there/ L'homme qui n'était pas là*), sorti en 2001. ●

Éléments de contexte

• **Conférence de Wannsee,** à Berlin, en janvier 1942 (planification par le 3e Reich de « la solution finale de la question juive », à savoir l'extermination des Juifs d'Europe).

• **Bataille de Midway,** en juin : victoire américaine décisive dans la zone Pacifique contre le Japon.

• **Rafle du Vel'dHiv** les 16 et 17 juillet 1942 : 13 000 juifs (4000 enfants) arrêtés par la police française à Paris et en banlieue (avant leur déportation.)

• **Début de la bataille** de Stalingrad, en août 1942.

• **Débarquement** américain en Afrique du nord (8 novembre 1942). La zone libre (sud de la France sous l'autorité du gouvernement de Vichy) est envahie par les Allemands le 11 novembre 1942 ; tout le territoire national est désormais occupé.

• **Publication en 1942** des *Yeux d'Elsa* (Aragon) et du *Parti pris des choses* (Ponge) ; Jean Anouilh achève d'écrire *Antigone* (pièce créée deux ans plus tard.)

Jouer pour retenir

TOUTE PREMIÈRE PHRASE, TOUTE TOUTE PREMIÈRE PHRASE

Complétez la première phrase de **L'Étranger** ***de Camus***

« Aujourd'hui, maman est morte….
- Ou peut-être papa je ne sais pas »
- Ou peut-être hier, je ne sais pas. »
- Ou peut-être la semaine dernière, je ne sais pas »

DES EXTRAITS QUI COMPTENT

Voici trois extraits de grands textes de Camus. Retrouvez l'ouvrage dont ils sont issus !

1. « Il arrive que les décors s'écroulent. Lever, tramway, quatre heures de bureau ou d'usine, repas, sommeil et lundi mardi mercredi jeudi vendredi et samedi sur le même rythme, cette route se suit aisément la plupart du temps. Un jour seulement, le "pourquoi" s'élève et tout commence dans cette lassitude teintée d'étonnement. "Commence", ceci est important. La lassitude est à la fin des actes d'une vie machinale, mais elle inaugure en même temps le mouvement de la conscience. Elle l'éveille et elle provoque la suite. La suite, c'est le retour inconscient dans la chaîne, ou c'est l'éveil définitif. Au bout de l'éveil vient, avec le temps, la conséquence : suicide ou rétablissement. »

2. « Après tout... reprit le docteur, et il hésita encore, regardant Tarrou avec attention, c'est une chose qu'un homme comme vous peut comprendre, n'est-ce pas, mais puisque l'ordre du monde est réglé par la mort, peut-être vaut-il mieux pour Dieu qu'on ne croie pas en lui et qu'on lutte de toutes ses forces contre la mort, sans lever les yeux vers le ciel où il se tait.
- Oui, approuva Tarrou, je peux comprendre. Mais vos victoires seront toujours provisoires, voilà tout.
Rieux parut s'assombrir.
- Toujours, je le sais. Ce n'est pas une raison pour cesser de lutter. »

3. « Croyez-moi, les religions se trompent dès l'instant qu'elles font de la morale et qu'elles fulminent des commandements. Dieu n'est pas nécessaire pour créer la culpabilité, ni pour punir. Nos semblables y suffisent, aidés par nous-mêmes. Vous parliez du jugement dernier. Permettez-moi d'en rire respectueusement. Je l'attends de pied ferme : j'ai connu ce qu'il y a de pire, qui est le jugement des hommes. »

A. La Peste

B. La Chute

C. Le Mythe de Sisyphe

RÉPONSES

Toute première phrase, toute toute première phrase

Réponse : La bonne fin de la première phrase du roman de Camus est « Aujourd'hui, maman est morte….Ou peut-être hier, je ne sais pas. »

Des extraits qui comptent

Réponse : 1/C ; 2/A ; 3/B.

Chapitre 23

Mort d'un personnage

Jean Giono
(1949)

«" Comment t'appelles-tu, petit garçon ? dit-elle quand j'arrivai à sa hauteur.
– Angelo Pardi, répondis-je
– Mensonge ! " dit-elle violemment.
C'était ma grand-mère.»

(Fin du chapitre 1, extrait.)

Le livre du triomphe de l'amour métamorphosé par l'agonie. Lorsqu'il publie en 1949 *Mort d'un personnage,* Jean Giono présente pour la première fois à ses lecteurs une héroïne appelée à traverser plusieurs de ses romans : Pauline de Théus. Mais étrangement, avant que nous découvrions la jeune femme prise dans les remous des années 1840, et l'épidémie de choléra qui ravage le sud-est de la France (*Le Hussard sur le toit*), c'est sous les traits d'une vieille femme qu'elle surgit. Un personnage, dans tous les sens du terme ! Une figure romanesque riche d'histoires et de mystère, mais aussi un être au caractère bien trempé. Pauline est saisie par le regard constamment attentif de son petit-fils Angelo Pardi, d'abord enfant, puis marin retrouvant Marseille et sa grand-mère chaque fois qu'il pose son sac à terre. À mesure que la mort s'approche, le jeune homme touche à la vérité de cette femme, belle, altière, privée de celui qu'elle aime, obstinée dans son désespoir, bouleversante comme pourrait l'être une reine déchue.

Les pleins et les vides

Une des beautés du récit est sa construction sur une suite de pleins et de vides. Répartis en cinq chapitres, les épisodes majeurs sont cernés par des lacunes, des ellipses concernant aussi bien le temps que les êtres et ce qu'ils vivent. À partir d'un point fixe, Marseille, son port, ses rues, ses perspectives, le récit se focalise sur quelques temps forts, entre lesquels il bondit très libre. Ces temps forts correspondent à trois âges de la vie d'Angelo, le narrateur : son enfance, vers 1890 ; la fin de son adolescence, quand il revient d'un premier voyage maritime vers 1900 ; enfin, l'âge adulte, quand il rentre d'un autre voyage lointain, en 1910.

Si, à chaque période, des femmes entrent en scène près d'Angelo pour le guider ou le seconder, l'une d'entre elles, chaque fois, brille par son absence ou bien glisse hors du cadre, de façon discrète, presque fantomatique. Au début c'est la mère – on apprendra qu'elle est morte quand Angelo avait cinq ans – gauchement remplacée par une gouvernante sans nom, « Pov' fille », femme burlesque et pathétique, ravagée par l'alcool, qui a pour mission de conduire le garçon à l'école. Assez vite « Pov'fille » est effacée du récit et cède la place à Caille, une jeune aveugle recueillie par le père d'Angelo, mère de substitution, chargée dans la vie domestique de « tout un travail de tendresse ». Enfin, avec la fin de l'enfance, Caille disparaît.

Pauline, la grand-mère, a quelque chose d'âpre et d'ardent, qui tranche avec les autres femmes. C'est d'abord une silhouette sortant de l'ombre, impérieuse, venue sonner « avec beaucoup d'autorité » à la porte de son fils pour s'installer chez lui. Puis sa présence est de plus en plus intense, comme un pôle toujours plus visible – même s'il conserve sa part d'obscurité. Et cette présence, alors même que le déclin vers la mort s'accomplit inexorablement, est renforcée par une ultime apparition féminine : Catherine, « une énorme petite femme encore jeune au beau visage de madone grasse », enveloppante, presque un archétype de mère nourricière, venue là non pour Angelo mais pour Pauline qui, aux portes de la mort, est devenue un être aussi dépendant et fragile qu'un nouveau-né.

Un homme absent, une femme dévastée

Par son origine piémontaise, Catherine ramène Pauline à la terre natale de celui qui fut l'amour de sa vie et demeure sa raison d'être, Angelo I, l'aïeul du narrateur. Il est le grand absent, mais son fantôme s'insinue partout dans le récit autant que dans l'âme de l'héroïne. Il est l'homme jamais nommé, sinon allusivement ou indirectement à travers son petit-fils, Angelo III, puisque nom et prénom se transmettent d'une génération à l'autre. Sa présence est suggérée par des « pointillés » plus ou moins marqués : une ressemblance traquée sur un visage, les yeux, le front ; une ombre vainement poursuivie dans les rues de Marseille ou à travers les silhouettes assemblées chez de vieux amis ; un appel qui s'adresse à celui qui ne sera plus jamais là :

> « *Elle va appeler* – confie Caille à Angelo III. *Vous allez croire que c'est vous, mais ne répondez pas. Vous lui feriez trop de peine quand elle verrait que ce n'est que vous. Ne répondez pas, petit garçon, ajouta-t-elle dans un souffle presque imperceptible ; ceci ne vous concerne pas.* »

ORPHÉE

Héros de la mythologie grecque, poète et musicien incomparable, capable de charmer par ses chants les animaux les plus féroces, Orphée descend aux Enfers pour ramener à la vie sa femme Eurydice qui a succombé à une morsure de serpent. Il endort Cerbère, le chien à trois têtes gardien de l'entrée des Enfers, grâce au pouvoir irrésistible de son chant et parvient à convaincre Hadès de le laisser repartir avec sa bien-aimée. Une condition lui est imposée : ne pas regarder Eurydice tant que le couple n'aura pas regagné le monde des vivants. Orphée se retourne, regarde sa femme et la perd pour toujours.

La perte de celui que Pauline de Théus aime pour toujours et qu'elle ne cesse de traquer sans jamais pouvoir l'atteindre a rendu le monde extérieur inconsistant. La ville, les rues qu'elle arpente « avec une obstination d'insecte » ne peuvent pas lui apporter une sensation de socle. Le sol se dérobe sous ses pieds. À chaque pas, elle trébuche « comme s'il n'y avait pas eu de terre pour la soutenir, ou plus exactement comme si elle savait qu'il n'y avait plus de terre. » Sa défaillance n'est pas physique mais intérieure. Elle n'est combattue que par une détermination folle, tragique, presque féroce, qui pousse à aller toujours plus avant, à se détourner du présent pour s'en remettre aux promesses du lendemain et de l'au-delà :

> « *... elle cherchait quelque chose. Elle avait dû d'abord le chercher longtemps en elle-même, puis autour d'elle, dans ce château de Rians, les terres, les collines et les forêts qu'elle avait vendues en un jour avant de venir chez nous, chercher plus loin. De plus en plus loin, et de plus en plus avidement, à mesure que le temps passait : depuis qu'elle était certaine qu'aujourd'hui était toujours vide, que demain était son seul espoir.* »

Pauline vit retranchée dans un monde plein de l'ombre de celui qu'elle a aimé. Elle est comme perdue dans ces ténèbres ; à la différence de Caille, vraie aveugle, tournée vers les autres et le monde extérieur, elle est « toujours occupée d'autre chose que ce sur quoi l'œil [pose] son regard ». Elle est comme Orphée privé d'Eurydice, descendu au labyrinthe des Enfers pour ramener son épouse auprès de lui, dans le monde des vivants ; mais, à la différence d'Orphée, elle ne parvient jamais à rejoindre son bien-aimé, et elle campe égarée, dans ce monde souterrain, inaccessible aux autres.

Ouverture et dépouillement

La ligne tendue entre les deux extrêmes de la vie humaine donne au roman sa force : tension entre jeunesse, ouverture de l'être sur de vastes horizons, et grand âge, amenuisement du corps, concentration des désirs.

Le roman démarre sur le lever du jour, sur le trajet d'Angelo enfant dans Marseille :

« quand nous sortions de la maison, c'était le matin sur la mer, par-delà des rochers blêmes et trois cyprès. Le vent du nord frappait ma plume de canard sauvage. Elle frémissait jusque dans les racines qu'elle avait plantées dans ma tête. Par-dessus les collines de l'Estaque fumaient les poussières de la Crau. Un des cyprès, le plus long, s'en allait, à travers la mer, jusqu'à Planier. Mais, à partir de là, sous les premier rayons de soleil glissant à travers les falaises de Cassis, le large était d'une eau entièrement nue. »

On dirait que l'enfant est comme un oiseau prêt à prendre son envol, et à parcourir les lointains, du côté de la mer et de ses paysages vierges. L'imagination vagabonde est stimulée autant par les images que par les perceptions olfactives ou tactiles : l'essor des odeurs et des parfums, les rafales du vent qui gonflent les vêtements comme des voiles de navire approfondissent et poétisent l'espace. Aussi, lorsque Angelo reprend le cours de son récit, alors qu'il est un jeune marin, on n'est pas surpris de voir qu'il a cédé à cet appel du large que depuis toujours il a « entendu ». Ses retours à Marseille, la ville natale, sont comme des pauses entre des équipées maritimes conduisant au bout du monde, Melbourne ou Valparaiso.

« On dirait que plus la fin approche, plus tout se simplifie. »

À l'opposé, tout se réduit, se resserre autour de Pauline, qui s'achemine vers la mort : l'espace, les cercles sociaux, la richesse matérielle, le volume du corps et ses ressources. La vieille femme se défait de ses biens matériels, les terres, l'or, de manière expéditive : « Puisse tout s'en aller en fumée ! » Il ne s'agit pas d'un renoncement, car elle persiste à vouloir retrouver celui qu'elle aime et son obstination ne faiblit jamais. Il s'agit plutôt d'une concentration de la vie autour de l'essentiel et autour du peu de forces qui demeurent, car Pauline perd la vue, son corps se décharne, s'allège : « Il reste vraiment très peu de chose d'elle », se dit Angelo chaque fois qu'il la prend dans ses bras pour la porter de son fauteuil à son lit. Et la vitalité finit par se résumer à une forme de gloutonnerie. On dirait que plus la fin approche, plus tout se simplifie : Pauline a juste besoin de douceurs – les caresses tendres de Catherine, des cuillerées d'huile d'olive, des aliments sucrés. Au début, la ville grouillait d'une foule à travers laquelle la grand-mère se glissait avec son petit-fils. À la fin, il n'y a presque plus personne : quelques proches, puis Catherine et Angelo, enfin Angelo, seul présent au moment de la mort.

L'amour filial et ses gestes

Le narrateur occupe une position magnifique : à la fois témoin et acteur, de plus en plus prévenant alors même qu'il comprend que celle qu'il regarde ne peut le voir, qu'elle ne capte en lui que des reflets d'Angelo I, le disparu. Cette présence aux côtés de celle qui est « ailleurs » est signifiée dès que Pauline surgit dans Marseille, s'y installe, y marche sans discontinuer. Son petit-fils est comme un animal qui tient compagnie à une guerrière chassant une ombre insaisissable :

> « *Elle tenait son bras plié raide et tendait son petit poing très ferme. Je posais ma main sur ce poing. Et nous partions. En réalité, elle me tenait tout entier posé sur ce poing comme un faucon de chasse.* »

Plus tard, l'enfant mi-page mi-oiseau devient un jeune homme plus ouvertement chevaleresque, quand il vole au secours de Pauline, victime d'un charlatan qui l'exposait aux rires de la foule marseillaise.

Ce qui enlève au récit de l'agonie toute amertume et toute sentimentalité déprimante, et le charge au contraire d'une émotion pleine de vigueur, est que, « chemin faisant », le petit-fils retrouve, à travers son dévouement absolu, les gestes amoureux du grand-père. Il y a notamment ces scènes où il lave sa grand-mère. Giono prend un soin particulier à les faire jouer en écho avec la grande scène du *Hussard sur le toit*, quand Angelo I déshabille Pauline saisie d'une attaque de choléra. Les mêmes gestes, sur le même corps, à soixante ans de distance, sont accomplis comme un rituel amoureux. Ils ont toujours le même but : sauver. Hier les gestes d'amour ressuscitaient une jeune mourante ; aujourd'hui ils accompagnent tendrement le départ d'une vieille femme vers la mort. Ils créent des moments d'intimité très forts où le lien d'humanité a quelque chose de sacré : face à nous et à Pauline, le petit-fils du hussard piémontais prend soudain une dimension héroïque. Il incarne les vertus dont le romancier a paré son grand-

Ils créent des moments d'intimité très forts où le lien d'humanité a quelque chose de sacré.

père, la pureté, la hardiesse, l'esprit chevaleresque de sa lignée. Il fait rayonner la gloire de son patronyme, et peut répondre à l'appel ultime de Pauline :

> « Angelo ! "
> " Oui, dis-je, je suis là. "
> Je me dressai et me penchai sur elle.
> " Donne-moi, dit-elle, donne-moi, donne-moi... » •

Extrait

On est en 1910. Angelo rentre de Valparaiso. Il retrouve sa grand-mère Pauline de Théus dans l'appartement marseillais où elle vit avec son fils. Pour elle, c'est le bout de la route. Pour Angelo, c'est le moment d'être au plus près de son humanité, non d'aimer cette femme pour ce qu'elle donne, la beauté de visage, son mystère, sa façon d'être absente au monde, mais simplement pour « faire exactement les choses indispensables à son bonheur ». Angelo, sans le savoir, va reproduire les gestes et les attentions de son grand-père. En écho à cette transmission inconsciente, Pauline reprend les paroles d'autrefois (« J'aime mieux mourir »), comme si elle rejouait la scène capitale, scène d'amour absolu où le Hussard s'était emparé de son corps de jeune femme pour lutter de toutes ses forces contre la mort qui menaçait de gagner la partie.

Ce qui m'aida aussi, ce fut ce squelette sous parchemin : ces deux cotylédons d'os iliaques, ces cavités pelviennes dans lesquelles la peau s'enfonçait et dont il fallait que je nettoie le fond avec de petites houppes de coton, ce pubis rocheux, ce sexe ruiné sous des herbes blanches. Même quand mon nouvel amour fut devenu radieux, glacial et plus étincelant que le givre, il m'arrivait de me dire quand je rencontrais dans la rue quelque très vieille commère encore grasse et ronde : « Il me serait impossible de laver grand-mère si elle avait cet embonpoint. » Car il ne s'agissait pas d'abnégation, ou de compassion, ou de quoi que ce soit qu'on a l'habitude, par exemple, de considérer comme chrétien. Je n'aurais pas pu laver les excréments de tout le monde et faire partie d'un « ordre soigneur » ; tout était très particulier. Je continuais paisiblement à aimer ma grand-mère comme un petit-fils, comme un petit-fils lord écossais et comme une grand-mère du coin des carafes, car ce squelette était une preuve de sa qualité et une transfiguration de son mystère. Sa ruée vers la matière, ce grondement rageur avec lequel sa bouche rosâtre poursuivait les cuillerées de soupe, de lait, de café, de crème, de confiture et jusqu'à du sucre en poudre, ne s'efforçait pas de constituer ridiculement au seuil de la mort des réserves de graisse ; elle ne s'obstinait pas bêtement, elle achoppait contre un obstacle. Une fois que je la lavais, elle parla avec une voix étrange, presque jeune.

« Laissez-moi, dit-elle, j'aime mieux mourir. »

Quoique le tour fût insolite, car d'ordinaire elle me tutoyait, je crus que, cette fois, elle trouvait mes soins indécents et insupportables.

« Cela n'a pas d'importance, ma belle, lui dis-je, il faut que tu sois propre. »

Mais je compris que cette phrase venait de très loin et même qu'elle ne s'adressait vraisemblablement pas plus à moi que le prénom – le mien pourtant – qu'elle avait chuchoté au seuil de ma chambre, le soir où Caille m'avait soufflé à l'oreille :

« Ne répondez pas, petit garçon, ceci ne vous concerne pas. »

Et, faisant moi-même alors un aparté à haute voix qui ne pouvait pas l'inquiéter puisqu'elle était sourde, je me souviens que je dis : « Mais non, ma belle, tu n'aimes pas mieux mourir. C'est des blagues. (Je lavais à ce moment-là l'intérieur de ses cuisses et tout le parchemin craquelé et craquant de ce ventre qui fasseyait sur les os du bassin.) Tu n'as pas du tout envie de mourir. C'est de la banderole. Tu vas voir que tu as envie au contraire d'un bel éclair à la Chantilly. »

Et, naturellement, ça, c'était vrai. Quand elle fut propre, saupoudrée de talc, changée de linge, je l'installai de nouveau dans son fauteuil. Elle y reprit peu à peu ses aises à petits gestes d'oiseau. Puis, malgré sa surdité, elle essaya de se rendre compte si je pensais maintenant à lui donner son gâteau.

L'extraordinaire simplicité à laquelle était réduite l'expression de son corps, l'obstination sans faiblesse avec laquelle pendant de longues années elle avait exprimé les désirs de son cœur faisaient jouer à nu, devant moi, son mécanisme. Je songeais aussi qu'il s'agissait d'un être d'une très grande qualité et qu'il n'y avait jamais eu de mensonge en elle. Sa longue ruée patiente vers celui qu'elle avait perdu était aussi naturelle et aussi inéluctable que sa violente ruée précipitée vers les matières de la terre au dernier moment. Sa passion se mettait en place dans la condition humaine.

J'avais parlé d'éclair à la Chantilly. Cela n'avait pas grande importance, car elle ne m'avait pas entendu. Elle n'attendait rien de précis ; elle attendait « quelque chose de bon ». Je fus cependant assez dépité de voir que l'assiette à gâteaux était vide. Je demandai à mon père s'il n'avait pas quelque chose pour la grand-mère.

« Hé ! non, dit-il, interrompant son interminable contemplation de la rue à travers la fenêtre du rez-de-chaussée. Je me suis laissé prendre. Depuis que tu es ici, je... J'y vais », dit-il.

Il prit son chapeau :

« ... Donne-lui un bonbon en attendant » dit-il, montrant du doigt le tiroir du buffet. »

(Chapitre V, extrait.)

Le « voyageur immobile »

Jean Giono (1895-1970) est, avec Proust et Céline, l'un des trois plus grands romanciers français du XXe siècle. Abusivement confiné par les lecteurs négligents ou trop parisiens dans la catégorie « écrivain régionaliste », identifié à un terroir (la Provence), une ville (Manosque, où il a passé toute sa vie), un style (la célébration lyrique de la nature), Giono est un conteur immense, d'une grande fécondité, constamment à la recherche de manières nouvelles pour captiver l'attention de son lecteur : « celui qui écrit un livre – note-t-il dans une postface à *Angelo* – raconte une histoire, un point c'est tout. Il doit être, ne disons pas Homère, c'est un peu trop gros, mais le conteur arabe, oriental, assis au carrefour, autour duquel on fait cercle et qui raconte. Cette comparaison n'est déjà pas mal d'ailleurs et j'ai souvent dit à mes amis, que ce pourrait être une épreuve qu'il ne serait pas mauvais de faire subir aux gens de lettres. Ne mangeraient que ceux qui auraient récolté assez de sous dans leur chapeau pour aller se payer le litre de vin et le saucisson au bistrot du coin ». Une bonne partie des inventions romanesques de Giono est fondée sur la création d'une géographie personnelle, un « Sud imaginaire ». Ce Sud ressemble à la Provence réelle, mais il est en vérité à la fois plus singulier et plus universel : il réunit toutes les forces élémentaires d'une Nature avec laquelle l'homme lutte ou pactise ; et il est nourri des légendes familiales (les origines piémontaises), des lectures qui ont toujours passionné l'écrivain, de l'Antiquité gréco-latine (Homère, Virgile) aux classiques français (Stendhal), européens (Shakespeare, l'Arioste, Cervantès…) ou américains (Whitman, Melville,

Faulkner...). Après avoir exploré ce paysage imaginaire dans ses premiers romans (1929-1937), Giono s'attache à lui donner une « charpente de faits-divers », à travers des romans qu'il intitule *chroniques*, tous publiés après 1945. Ces « faits-divers », même s'ils ont l'apparence d'événements historiques, sont tout aussi imaginaires que la géographie du romancier ; ils mettent en scène une humanité où le mal, la violence, le goût du sang exercent leur emprise sur les êtres, parmi lesquels se distinguent quelques âmes d'exception, tel Angelo le Hussard, créature noble, pure, généreuse et naïve, selon la définition de Giono lui-même. •

L'œuvre romanesque

On a coutume de diviser l'œuvre de Giono en deux périodes. Schématiquement la première période, parce qu'elle met en avant la Nature, est placée sous l'égide du poète latin Virgile et de ses *Bucoliques*. Elle comprend notamment *Colline* (1929), *Un de Baumugnes* (1929), *Le Grand Troupeau* (1931), *Jean le Bleu* (1932), *Le Chant du monde* (1934), *Batailles dans la montagne* (1937). En 1941, *Pour saluer Melville*, biographie fictive et complètement fantaisiste du romancier américain, auteur de *Moby Dick* que Giono vient de traduire, ouvre une seconde période créatrice. Celle-ci s'inscrirait plutôt dans le sillage du Stendhal de *La Chartreuse de Parme*. Outre les quatre romans du cycle du *Hussard* (1949-1958), elle comprend entre autres ouvrages *Un roi sans divertissement* (1947), *Noé* (1948), *Les Âmes fortes* (1950), *Le Moulin de Pologne* (1951), *Deux cavaliers de l'orage* (1965), *L'Iris de Suze* (1970). Cependant le véritable amateur abordera ce vaste ensemble romanesque en sachant qu'il procède d'un besoin de renouvellement perpétuel. Giono, homme d'une fantaisie créatrice hors du commun, est un romancier qui toujours se métamorphose. •

Le « Hussard » : un cycle romanesque en toute liberté

À Marseille, au début de 1945, Giono a la vision d'un nouveau personnage, « un type épatant », un cavalier qui semble « un épi d'or sur un cheval noir ». Il s'agit d'Angelo, Piémontais, hussard, fils naturel d'une comtesse italienne, Ezzia Pardi, femme engagée dans des complots contre l'occupant autrichien. Autour de cette figure solaire, l'écrivain imagine une vaste fresque de dix romans (une « décalogie ») et brosse le destin d'Angelo Pardi, de sa famille, de ses descendants, sur un siècle entier, avec un principe d'alternance : cinq romans (les chiffres impairs, de 1 à 9) se déroulant au XIXe siècle, les cinq autres (de 2 à 10) se déroulant au XXe siècle. Giono se lance en avril 1945 dans la rédaction du premier volume (*Angelo*) qu'il termine durant l'été. Il enchaîne en septembre avec *Mort d'un personnage*, qu'il achève en mars 1946. Puis il commence à rédiger le volume 3 (retour au XIXe siècle), futur *Hussard sur le toit*, mais s'arrête, embarrassé par le personnage de Pauline qu'il voudrait faire apparaître pour la première fois, alors qu'il l'a déjà introduit dans *Angelo*. En novembre 1947, il renonce à sa « décalogie » et reprend le *Hussard*. *Mort d'un personnage* paraît en mars 1949, amputé du chapitre initial qui démarrait le récit en 1944 avec une scène de combats dans le maquis. *Le Hussard sur le toit* est achevé début 1951. *Le Bonheur fou*, rédigé à partir de 1953 et qui à la particularité d'être un « roman militaire » signé par un pacifiste, paraît en avril 1957. *Angelo* est publié en mai 1958. À cette série du « Hussard » se rattache un recueil de nouvelles, *Les Récits de la demi brigade* (rassemblés en 1972) où apparaissent les personnages de Pauline et de son époux Laurent de Théus. Le cycle, tel qu'il existe aujourd'hui, est donc si l'on suit l'ordre de parution :

- I (4) *Mort d'un personnage* (publié en mars 1949 ; action située entre 1890 et 1910) ;
- II (2) *Le Hussard sur le toit* (publié en novembre 1951 ; action située au milieu des années 1840, s'enchaînant avec celle d'*Angelo*) ;
- III (3) *Le Bonheur fou* (publié en avril 1957 ; action située en Italie au cours des événements révolutionnaires de 1848 – un an et demi ou deux ans après *Le Hussard sur le toit* ; le personnage de Pauline est absent de ce roman) ;
- IV (1) *Angelo* (publié en mai 1958 ; action située au début ou au milieu des années 1840).

(NB : le chiffre arabe entre parenthèses indique la position du roman dans la chronologie « historique », nécessairement approximative car Giono traite l'Histoire avec une fantaisie très « artiste »). ●

Composer avec les circonstances

Lorsque Giono se lance dans l'écriture de *Mort d'un personnage*, en septembre 1945, à l'extrême voisinage de l'invention littéraire un drame personnel se joue : sa propre mère, Pauline Giono, alors âgée de quatre-vingt huit ans, diminuée, aveugle et qui vit depuis dix ans près de lui, décline ; sa disparition est imminente (elle meurt en janvier 1946, deux mois avant que le roman soit achevé). Un des commentateurs importants de Giono, Pierre Citron, insiste sur cette dimension émouvante de l'œuvre :

> « *il est clair que si* Mort d'un personnage *doit être, à un certain niveau, lu comme un tombeau de la mère de l'écrivain, c'est un admirable tombeau, d'une piété et d'une tendresse telles que nul n'en pourrait, pour soi, souhaiter de plus profond et de plus beau.* »

Le romancier a donc nourri son récit d'éléments empruntés à son existence réelle – comme il l'a toujours fait. Mais, en même temps, il est le premier à nous mettre en garde contre une lecture strictement biographique de son œuvre. Dans un de ses carnets personnels de l'année 1949, il note avec malice et une certaine fierté : « Malentendu qui me ravit pour *Mort d'un personnage*. On s'imagine que c'est autobiographique, alors que c'est invention pure. Mon invention est donc arrivée à reproduire la réalité. » Être romancier s'apparente à l'illusionnisme, et dans ce métier-là Giono fait partie des plus doués.●

Pauline de Théus, entre ombre et lumière

Après *Le Bonheur fou* Giono avait prévu d'écrire *Pauline*, une suite où l'héroïne se lancerait à la recherche d'Angelo. Mais le texte demeura à l'état de projet. Pauline-Angelo : l'histoire d'une passion exceptionnelle, maintenue « hors champ » et que nous avons mission, nous lecteurs, d'imaginer à partir des quelques fragments que Giono nous livre. Ce « roman d'amour », impossible à écrire complètement, a reçu un éclairage singulier avec la révélation récente de l'existence de Blanche Meyer (1908-1988), que Giono aima à partir de 1939 et qui fut sans doute un modèle d'inspiration pour nombre de ses personnages féminins à partir de *Pour saluer Melville* (Adelina White). Elle était la femme d'un notaire de Manosque, férue de littérature, amie avant de devenir amante.

Pendant leur liaison et plus tard quand la passion et la distance entre eux eurent fait place à l'amitié, Blanche et Giono ont échangé une correspondance de plus d'un millier de lettres. Les lettres de Giono à Blanche sont aujourd'hui conservées à l'Université de Yale aux Etats-Unis. Mais les ayant-droits du romancier imposent des restrictions sur leur divulgation. Il est donc difficile – provisoirement – de savoir quel rôle joua dans l'évolution de Giono, et précisément dans l'invention de Pauline de Théus, cette liaison amoureuse et intellectuelle. On attend avec impatience que ces documents soient publiés ; ils feront se dessiner sans doute le cheminement artistique de Giono avec plus de complexité et de richesse que ne le font les actuelles biographies autorisées. (Sur le sujet vous pouvez lire : Annick Stevenson, *Blanche Meyer* et *Jean Giono*, éditions Actes Sud, collection « Un endroit où aller », 2007.) •

Lire

En édition séparée, *Mort d'un personnage*, collection « Les Cahiers rouges » (Grasset 1949, rééd. 2003).

L'édition de référence se trouve dans le volume IV des *Œuvres romanesques complètes*, collection « Bibliothèque de la Pléiade » (Gallimard, 1977). Elle est établie par Robert Ricatte, Pierre Citron et Henri Godard, et rassemble les quatre romans composant le cycle du « Hussard ». Les trois autres romans du cycle sont disponibles par ailleurs en édition de poche, collection « Folio » (Gallimard).

Sur Jean Giono :

- Pierre Citron, *Giono*, collection « Écrivains de toujours » (Seuil, 1995.)
- Henri Godard, *Giono – le roman, un divertissement de roi*, collection « Découvertes Gallimard » (Gallimard, 2004.) •

Écouter

Une série d'entretiens avec Jean Carrière : *Jean Giono : Du côté de Manosque* (2 CD, édités par Ina Radio France/Harmonia Mundi, février 2004).

Une adaptation radiophonique (document Ina) du *Hussard sur le toit* par André Bourdil avec Gérard Philippe, Jeanne Moreau, Jean Topart. ●

Voir

Parmi les documents mis en ligne par l'Institut National de l'Audiovisuel (ina.fr), figurent un certain nombre d'entretiens de Giono pour la télévision (mais aucun ne concerne spécifiquement *Mort d'un personnage*) :

- Entretien avec Louis Pauwels du 27 septembre 1959.
- Entretien avec Pierre Dumayet, à propos du roman *Angelo* (« Lectures pour tous », 3 décembre 1958).
- Entretien avec Pierre Dumayet, à propos du récit historique *Le Désastre de Pavie* (« Lectures pour tous, 28 août 1963).

Giono au cinéma

Giono s'est toujours intéressé au cinéma. Dans les années 1930, c'est son collègue Marcel Pagnol qui adapte à l'écran trois ouvrages : *Angèle* en 1934 (d'après *Un de Baumugnes* avec Orane Demazis et Fernandel) ; *Regain* en 1937 (avec les mêmes) ; *La Femme du boulanger* en 1938 (d'après un passage de *Jean le Bleu*, avec Raimu).

Giono s'est impliqué davantage en tant que scénariste et dialoguiste pour des ouvrages réalisés par François Villiers : *L'Eau vive* (1958), *Le Foulard de Smyrne* (court-métrage, 1959) et *La Duchesse* (court-métrage, 1959). Il a lui-même écrit et réalisé *Crésus* (1960) avec Fernandel pour acteur principal.

Plus récemment, de grands romans de Giono ont été adaptés à l'écran : *Les Cavaliers de l'orage* (réalisé par Gérard Vergez en 1983, avec Marlène Jobert, Gérard Klein, Vittorio Mezzogiorno) ; *Le Hussard sur le toit* (réalisé par Jean-Paul Rappeneau en 1995, avec Juliette Binoche et Olivier Martinez) ; *Les Âmes fortes* (réalisé par Raoul Ruiz en 2001, avec Laetitia Casta, Arielle Dombasle, John Malkovitch, Charles Berling.)

Toutefois, le film le plus accompli, le plus « gionien » par sa facture et son esprit, est *Un roi sans divertissement* (1963) pour lequel l'artiste a écrit scénario et dialogues d'après son propre roman ; la réalisation est signée François Leterrier, les interprètes sont Claude Giraud (Langlois), Colette Renard (Clara), Charles Vanel (le procureur du roi). •

Éléments de contexte

• **Proclamation** de la République populaire de Chine par Mao Zedong.

• **Signature** du *Pacte Atlantique* (OTAN), alliance militaire entre les Etats-Unis, le Canada et neuf pays de l'Europe de l'ouest.

• **Fondation** par l'abbé Pierre de la première Communauté Emmaüs à Neuilly-Plaisance.

• **Parution des romans** *1984* (Orwell) et *La Peau* (Malaparte) et des essais de Simone de Beauvoir (*Le Deuxième Sexe*) et de l'historien Fernand Braudel (*La Méditerranée et le monde méditerranéen à l'époque de Philippe II.*)

• **Sorties des films** *Orphée* (Jean Cocteau), *Jour de fête* (Jacques Tati) et *Le Silence de la mer* (Melville).

• **Création mondiale,** à Boston, de la *Turangalîla Symphonie* d'Olivier Messiaen.

• **Vote** (France) d'une loi sur les publications (livres, presse) destinées à la jeunesse (modifiée en 2011.)

Jouer pour retenir

REPÉREZ L'INTRUS

Tous, sauf un, ont nourri l'inspiration de Giono. Lequel, et pourquoi ?

A. Stendhal
B. Cervantès
C. Shakespeare
D. Homère
E. Faulkner
F. Virgile
G. Foenkinos

QUI SUIS-JE ?

Personnage récurrent de Giono, j'apparais pour la première fois dans **Mort d'un personnage** ***sous les traits d'une vieille femme. Dans*** **Le Hussard sur le toit,** ***je suis une jeune femme des années 1840 durant l'épidémie de choléra qui ravage le sud-est de la France. Je suis ?***

LE BON ORDRE

Replacez les lettres dans le bon ordre pour trouver le nom de l'écrivain et cinéaste qui a adapté trois des œuvres de Giono à l'écran.

E R L C M A G O L A P N

_ _ _ _ _ _ _ _ _ _ _ _

HISTOIRE DE DATES

Reliez chaque date de publication au roman de Giono auquel elle est associée.

Mort d'un personnage	*1951*
Un roi sans divertissement	*1947*
Colline	*1930*
Regain	*1949*
Le Hussard sur le toit	*1929*

RÉPONSES

Repérez l'intrus

Réponse : L'intrus est David Foenkinos. En effet, il est né en 1974, quatre ansaprès la mort de Giono.

Qui suis-je ?

Réponse : Pauline de Théus.

Le bon ordre

Réponse : Marcel Pagnol. Il adapte à l'écran trois ouvrages : *Angèle* en 1934 (d'après *Un de Baumugnes* avec Orane Demazis et Fernandel) ; *Regain* en 1937 (avec les mêmes) ; *La Femme du boulanger* en 1938 (d'après un passage de *Jean le Bleu*, avec Raimu).

Histoire de dates

Réponse : *Mort d'un personnage* (1949), *Un roi sans divertissement* (1947), *Colline* (1929), *Regain* (1930), *Le Hussard sur le toit* (1951).

Chapitre 24

Un balcon en forêt

Juien Gracq
(1958)

« Grange prolongea longtemps le demi-sommeil qui le retournait sur son lit de camp, dans l'aube déjà claire à toutes les vitres ; depuis son enfance, il n'avait éprouvé de sensation aussi purement agréable : il était libre, seul maître à bord dans cette maisonnette de Mère Grand perdue au fond de la forêt. »

Le charme d'*Un balcon en forêt* est puissant. Il s'impose avec la discrétion et la persistance d'un parfum. Le sujet aurait pu appeler des péripéties éclatantes : une histoire de guerre, un groupe de soldats prenant position sur un des avant-postes du front, l'imminence de l'invasion ennemie. Au lieu de cela, une plongée, presque un enfouissement, dans un espace et dans un temps où la contemplation, la rêverie sensuelle et la poésie prennent le pouvoir.

L'Histoire entre parenthèses

Le récit imaginé par Julien Gracq se déroule dans un cadre historique précis, de l'automne 1939 au milieu du mois de mai 1940 : une période qui a reçu le nom de « drôle de guerre » parce qu'elle fut un moment d'attente, une longue « veillée d'armes », phase d'observation entre le début de la Seconde Guerre mondiale et l'offensive des forces hitlériennes lancée le 10 mai 1940 (la « Bataille de France »). Le récit s'inscrit dans ce moment de suspens, où tout semble ralenti, presque à l'arrêt. Mieux encore : alors que l'action se déroule dans les Ardennes, un des points géographiques du front où se fera la percée allemande, la guerre est ici tenue à distance, rejetée dans un lointain qui la fait presque oublier jusqu'à ce qu'elle ressurgisse dans les dernières pages. Dès le début, Gracq insiste sur cette atmosphère étrange de guerre qui tourne « à petit bruit, au point mort », et paraît terminée avant même d'avoir commencé :

> « *Devant soi, on avait les bois, jusqu'à l'horizon, et au-delà ce coin de Belgique protecteur qui retombait en pan de rideau, on avait cette guerre qui s'assoupissait peu à peu, cette armée qui bâillait et s'ébrouait comme une classe qui a remis sa copie, attendant le coup de clairon de la fin de la manœuvre.* »

Une demeure perdue sur le toit du monde

Le héros, l'aspirant Grange, et les trois compagnons vivant sous ses ordres se retrouvent dans un lieu qui tient à la fois du bunker inscrit dans une stratégie militaire générale, de la cabane des contes pour enfants (une « maisonnette de fées ») et du château mystérieux qui, dans les romans médiévaux, surgit au hasard d'une chevauchée. Il porte le beau nom de « maison forte des Hautes Falizes ». Les mots emportent l'imagination. Ils disent l'élévation d'un « balcon » en pleine forêt (« Falizes » appelle « falaises »). La maison forestière est isolée du reste du monde, comme suspendue : « on se sentait dans ce désert d'arbres haut juché au-dessus de la Meuse comme sur un toit dont on eût retiré l'échelle. »

Mais en même temps, par son délabrement, par certains de ses aménagements intérieurs, la maison-bunker est un lieu oppressant comme une prison ou un « coffre-fort ». L'envie vient vite de la quitter parce que son aspect déglingué, « mesquin », « frêle » comme celui de tous les autres blockhaus du voisinage, ne procure pas une sensation de sécurité : la maison forte fait surgir l'image d'un monde et d'une humanité entrés en déliquescence, menacés, en sursis.

L'appel de la forêt

Dans *Un balcon en forêt*, la géographie prend le pas sur l'Histoire. L'espace naturel occupe l'essentiel du récit, puisque les péripéties d'une guerre qui tarde à se déclencher sont rares, longtemps absentes. La forêt est un lieu de retranchement, un vaste refuge où Grange, libéré des circonstances, prend ses aises, se sent comme protégé à l'intérieur d'un immense cocon :

> « *Dès que les premiers lacets pénétraient dans les bois, il se sentait respirer plus à l'aise ; à chaque détour on voyait Moriarmé rapetisser dans la vallée. Grange avançait dans le silence mouillé qui se refermait sur lui ; il se sentait léger, rajeuni : de s'enfoncer seulement dans cette forêt autour de lui à perte de vue ravivait un bien-être qui lui diluait les poumons.* »

Vivre là, c'est épouser le rythme des saisons, goûter les transformations du paysage au fil des mois, retrouver des sensations élémentaires que la Nature éveille – et que l'écriture de Gracq restitue avec beaucoup de raffinement. La forêt que Grange explore en solitaire, comme un enfant qui jouerait à Robinson sur son île déserte, le fait renouer avec les plaisirs de la vie immédiate ; le voilà rêvant de nuits à la belle étoile qui le font songer « confusément à d'étroites routes blanches sous la lune, entre les flaques noires des pommiers ronds, aux campements dans les bois pleins de bêtes et de surprises. »

La forêt ouvre à des expériences secrètes : des rêveries, des contemplations et des formes d'extase qui ont à voir avec la mémoire du lieu et toutes les présences invisibles qu'elle contient. Elle remue doucement tout un fonds de souvenirs mythologiques (la forêt des contes de fées, la Brocéliande des romans médiévaux) ou de souvenirs littéraires (la forêt romantique allemande où le promeneur avance solitaire, sensible aux murmures que la Nature lui adresse).

Les espaces naturels que Grange arpente et découvre sont « chargés », remplis de signes, de présages, d'apparitions. Ils initient aux enchantements et aux mystères du paysage nocturne, aux splendeurs de la nuit étoilée. Ils donnent l'accès à un « autre monde », qui est à la fois le monde intérieur que l'on porte en soi, et un monde plus inquiétant, semblable à l'Autre monde des légendes celtes, exaltant et inquiétant, magique et dangereux. C'est de la présence de ce monde là que le héros, dès le début, a le pressentiment lorsqu'il pointe la lunette des Hautes Falizes vers l'extérieur :

La forêt est un lieu de retranchement, un vaste refuge où Grange, libéré des circonstances, prend ses aises, se sent comme protégé à l'intérieur d'un immense cocon.

« *Dans le cercle de la lunette qui les rapprochait, le ciel blanc et vague, le vide de la route ensommeillée, l'immobilité des menues branchettes devenaient fascinantes : le gros œil rond avec les deux fins traits de rasoir de son œillère semblait s'ouvrir sur un autre monde, un monde silencieux et intimidant, baigné d'une lumière blanche, d'une évidence calme.* »

La petite fée des bois

Mona, la seule femme du roman, est une émanation de la forêt. C'est une femme-lutin, une femme libre, sauvage, mi-fée mi-sorcière. Elle semble naître de l'allégresse que les « grosses bulles grises » de l'averse éveillent dans le cœur de Grange :

« *il aperçut à quelque distance devant lui, encore à demi-fondue dans le rideau de pluie, une silhouette qui trébuchait sur les cailloux entre les flaques. La silhouette était celle d'une petite fille enfouie dans une longue pèlerine à capuchon et chaussée de bottes de caoutchouc ; à la voirainsi patauger avec hésitation entre les flaques, le dos un peu cassé comme si elle avait calé contre ses reins sous la pèlerine un sac de cuir, on pensait d'abord à une écolière en chemin vers sa maison* » ...

Ell est une femme-enfant, petit Chaperon rouge séducteur, mais aussi fille des bois, vagabonde, un peu bohémienne, qui disparaîtra, aussi rapide qu'un esprit follet dès les premiers fracas de la bataille. Mona, princesse flanquée d'une suivante aussi surprenante qu'elle, fait songer à ces pucelles vives, effrontées, si peu farouches qui croisent soudain le chemin des chevaliers dans les romans arthuriens de Chrétien de Troyes, viennent le divertir, l'éclairer ou le séduire. Elle est proche de la Nature, fantasque, insaisissable, et joue un rôle décisif dans l'initiation de Grange, en consacrant sa rupture avec le monde – avec « la laideur du monde », celle des temps ordinaires et de la guerre. Mona incarne à sa façon les épousailles du jeune homme avec l'esprit de la forêt.

L'aventure de l'attente

L'aventure amoureuse n'est qu'une péripétie à l'intérieur d'une aventure plus large, plus profonde, étrange mais essentielle en tant qu'expérience individuelle : l'attente. Une attente prolongée, qui semble vouloir s'étirer à l'infini et ne jamais devoir cesser. Elle est un temps de vacance où l'esprit libre, disponible, rompt les amarres – car la forêt est parfois, au détour d'une image, décrite à la manière d'un espace maritime. Comme la mer, elle est un lieu de partance, ouvert sur la possibilité de l'aventure, et sur *l'idée* de l'aventure plus que sur sa réalisation.

« Comme la mer, elle est un lieu de partance, ouvert sur la possibilité de l'aventure, et sur *l'idée* de l'aventure plus que sur sa réalisation. »

Il y a dans *Un balcon en forêt* et dans d'autres récits de Julien Gracq une jouissance et une vérité de l'attente. Celle-ci ne cesse de différer sa fin, qui lorsqu'elle advient – mort, guerre ou, moins dramatique, terme d'une saison – précipite la destruction du monde et de son équilibre. L'attente repousse sans cesse l'échéance fatale, et en même temps elle s'épanouit dans le pressentiment de la « catastrophe ».

L'aventure de l'attente est un voyage intérieur, un approfondissement de la jouissance face à la splendeur, pleine de mélancolie, des choses qui s'achèvent.

La petite société d'hommes en armes (Hervouët, Gourcuff, Olivon, noms bretons !) rassemblés autour de Grange – Table ronde dérisoire, aussi dégradée que la forteresse où elle a trouvé refuge – ressemble à un groupe d'enfants : ils sont allés campés dans le Château perdu, ils se sont aventurés dans la grande forêt, y ont cherché des trésors, ils ont voulu jouer à la guerre, défier des ennemis imaginaires. Mais l'Histoire soudain se remet en marche, elle siffle la fin de la récréation, la fin des vacances. Un char d'assaut surgit au détour d'un chemin. En quelques secondes, le Château est détruit, et avec lui les rêves des gamins qui s'éparpillent et disparaissent.

Échappée belle

À l'heure où le Réel au sens le plus étroit du terme, réduit à la mécanique guerrière moderne, à son obsession productiviste (objectifs à atteindre, cibles à neutraliser), s'empare de ce coin du monde qui semblait vivre en marge, oublié pour toujours, où Grange trouve-t-il refuge ? Blessé par des éclats d'obus, isolé de ses camarades – morts ou enfuis – il se rend dans la maison abandonnée de Mona, sa petite fée des bois :

> « *il comprenait que la porte claquée sur lui avait tiré un trait, s'était refermée sur un épilogue : sa courte aventure de guerre avait pris fin. Ce qui le frappait, c'était le vide qui s'était fait autour de lui ; un vide fantomatique, béant, fade, qui l'aspirait.* »

Mais progressivement il se réinstalle dans quelque chose de plus sécurisant, d'élémentaire et de fondamental ; il retrouve les sensations d'avant, qui rejettent l'histoire des hommes et de leur petit guerre circonstancielle dans un entre parenthèses les rendant dérisoires :

> « *Allongé sur le lit, dans le noir, au creux de la maison vide, il redevenait le rôdeur aveugle qu'il avait été tout l'hiver ; il continuait à glisser sur une lisière crépusculaire, indécise, comme on marche au bord d'une plage, la nuit.* »

L'aspirant Grange imaginé par Julien Gracq n'est pas de la trempe d'un comte Mosca (voir Stendhal) ou d'un Carlos Herrera (voir Balzac), eux qui composent avec les circonstances pour en tirer le meilleur parti et les soumettre à leur volonté. Comme les purs, comme le Galaad de la Quête du Graal ou comme le Fabrice de *La Chartreuse de Parme*, après avoir accédé à une forme de révélation qui plonge dans le bonheur et l'extase, il s'échappe vers un au-delà qui est aussi bien celui du sommeil et des rêves que celui de la mort. Un espace identifié depuis les origines de la littérature : celui où parfois les chevaliers du roi Arthur s'aventurent. Espace identifié mais flottant, entre présent et passé, entre monde des vivants et monde des morts, qui maintient l'attention du lecteur dans un suspens définitif. •

Extrait

Le mois de mai est arrivé. Le temps de l'Histoire a repris ses droits, la chronologie se remet en place : ce ne sont plus les saisons qui dictent leurs rythmes, ni la forêt qui impose sa respiration. C'est le déroulement inexorable d'un plan de campagne, avec des dates précises, des objectifs à atteindre, des places à enlever, des ennemis à abattre. Le merveilleux tissu que Grange avait fabriqué, entremêlant l'espace de la forêt et les fils de ses rêveries, va être déchiré, irrémédiablement saccagé.

Qu'y a-t-il entre la guerre et moi ? songeait-il, et il se sentit sombrer un instant dans une distraction étrange. « Ce n'est pas de cela qu'il est question. » Il se faisait dans sa tête une rumeur matinale et fraîche que rien n'arrêtait plus : c'était comme si tout à coup un *bruit de fond*, un grincement indiscernable tant il était habituel, avant cessé d'embrouiller sa vie. « C'est hier soir que cela m'est venu, songeait-il encore, quand je me suis mis à marcher au milieu du chemin, les mains dans les poches. Les Allemands vont venir, mais réellement je n'y suis pour personne. Qui aurait pensé qu'il fallait si peu de chose pour qu'un homme reprenne la mer ? » Il rajusta le col de sa capote contre le froid piquant : des gouttelettes qui pleuvaient des branches commençaient à lui ruisseler dans le cou. « La situation est pourtant en somme nettement préoccupante », murmura-t-il avec une moue qui lui pinça un peu les lèvres. Il comprenait bien que la fin de son aventure mûrissait rapidement derrière le rideau de brouillard, que le silence de la forêt, de minute en minute, devenait plus improbable. Il n'avait pas cessé d'avoir peur. Seulement, si une troupe fût apparue remontant le chemin, si quelque renfort fût arrivé à la rescousse, il se fût senti volé.

Il sortit de la sape, et, courbant le dos pour éviter le fouet des branchettes, il fit quelques pas jusqu'au bord du chemin. La nuit du sous-bois perdait peu à peu sa couleur de brou ; l'enfilade de la laie devant lui allongeait une voie lactée molle qui n'éclairait pas la chaussée et paraissait flotter entre les cimes des arbres. Quand on se tenait debout au milieu du chemin, le silence devenait plus obsédant que celui-ci du sous-bois, suspendu, on eût dit, sur une absence sans fond, presque solennelle. Grange commençait à comprendre pourquoi une troupe égarée, d'instinct, marche au canon : le vide de ce champ de bataille déséquilibrait comme un trouble de l'oreille ; le monde sans nouvelles perdait son attache, s'abîmait, sourd et aveugle, à travers des épaisseurs de sargasses molles.

La Meuse ! pensa-t-il tout à coup. Qu'est-ce qui se passe sur la Meuse ? Sûrement les Allemands sont maintenant plus loin que Moriarmé ! La guerre, dans son imagination, continuait sur sa lancée, au train enragé de la cavalerie en déroute. On doit être ici dans une espèce d'île... Peut-être que la guerre est finie ? se dit-il encore. Tous les possibles se bousculaient à la fois, mais paisiblement ; il se sentait à peine concerné ; il suivait de l'œil le fil de fumée jaunâtre de sa cigarette qui commençait à se séparer de l'ouate très pure du brouillard. « Ce doit être le jour », pensa-t-il avec une petite nuance de plaisir : il se souvenait que le jour des militaires commence quand on distingue un fil blanc d'un fil noir. La terre baignait encore à hauteur d'homme dans une mare verdâtre d'huile lourde, mais la pointe des arbres se dessinait déjà sur le ciel plus clair ; à quelques pas de lui, il discernait une tache d'obscurité plus dense, plus ramassée, qui était le contour de la maisonnette. Le calme était absolu – le silence et le *froid au cœur* pénétrant du petit jour donnaient à l'aube qui se levait une teinte bizarre de solennité : ce n'était pas le jour qui pénétrait la terre, mais plutôt une attente pure qui n'était pas de ce monde, le regard d'un œil entr'ouvert, où flottait vaguement une signification intelligible. « Une maison », songeait-il, comme s'il la voyait pour la première fois – « une fenêtre toute seule en face d'une route par où quelque chose doit arriver. »

L'étincelle créatrice

Julien Gracq s'est souvent expliqué sur les circonstances qui ont fait naître *Un balcon en forêt*. L'une d'elles est une lecture : le passage d'un roman de Louis Aragon, *Les Communistes* (1949). Il contient en germe l'idée que l'imagination de Julien Gracq, nourrie aussi par les souvenirs personnels (la campagne dans les Flandres en 1940, une excursion dans la forêt ardennaise au cours de l'automne 1955) va faire fructifier. Voici les quelques lignes sources, extraites du roman d'Aragon :

« *Un peu au-dessous d'un carrefour où une longue ligne droite rejoint cette route venant de Sugny au nord comme un coup de boutoir de sanglier, Sugny déjà occupé par les Allemands, il y a une de ces ingénieuses inventions de l'état-major, qui ont fait l'objet de débats dans les commissions parlementaires de l'Armée. C'est un chalet comme un jouet d'enfants, où peut vivre un petit ménage bien gentil qui a trouvé ça tout plein mignon de venir faire sa lessive, et mettre ses enfants à s'ébattre en plein no man's land de la frontière, à un croisement de routes stratégiques dans la forêt. Sauf que le rez-de-chaussée fait resserré, avec le premier étage qui le déborde tout autour, si on ne remarque pas tout de suite qu'il est en béton armé gris sous la maisonnette pimpante pour conte de fées, et qu'il a de drôles de fenêtres du genre embrasure, créneau, pourquoi voulez-vous que le conducteur de panzer qui arrive dessus s'en méfie ? On appelle ça une maison forte et ça en a fait couler de l'encre ! Trois hommes et un aspirant sont là-dedans avec leurs armes automatiques, seuls, après le repli des postes. Il n'y avait qu'une chose à quoi on n'avait pas pensé : que les éléments avaient pu s'infiltrer en arrière par une sente, et tandis que les quatre hommes surveillaient en avant par les fentes du blockhaus, un Allemand a jeté par une des embrasures arrière une grenade à l'intérieur de la maison forte. Tout a sauté, les hommes sont morts, ils n'auront pas à utiliser l'ingénieux boyau creusé sur quelques mètres pour assurer leur retraite sous les couverts des bois.* » •

Un siècle de littérature

- **1910** : naissance de Louis Poirier (le 27 juillet) à Saint-Florent-le-Vieil (Maine-et-Loire)
- **1939** : publication en janvier aux éditions José Corti d'un premier roman : *Au château d'Argol*, pour lequel l'auteur choisit de Julien

Un siècle de littérature

- **1910 :** naissance de Louis Poirier (le 27 juillet) à Saint-Florent-le-Vieil (Maine-et-Loire)
- **1939 :** publication en janvier aux éditions José Corti d'un premier roman : *Au château d'Argol*, pour lequel l'auteur choisit de Julien Gracq. L'année précédente la NRF (Gallimard) avait refusé le manuscrit.
- **1945 :** *Un beau ténébreux*, roman.
- **1946 :** *Liberté grande*, poèmes en prose.
- **1948 :** *André Breton. Quelques aspects de l'écrivain*, essai. *Le Roi pêcheur*, théâtre (la pièce est créée en avril-mai 1949).
- **1950 :** *La Littérature à l'estomac*, pamphlet.
- **1951 :** *Le Rivage des Syrtes*, roman. L'ouvrage reçoit le prix Goncourt, que Gracq avait refusé par avance.
- **1954 :** *Penthésilée* (traduction de la pièce de *Kleist*, pour Jean-Louis Barrault).
- **1958 :** *Un balcon en forêt*, récit (ou roman).
- **1961 :** *Préférences*, essai.
- **1967 :** *Lettrines*, critique (complété par un second tome *Lettrines 2* en 1974).
- **1970 :** *La Presqu'île*, nouvelles (« La Route », « La Presqu'île », « Le Roi Cophetua »).
- **1976 :** *Les Eaux étroites*, récit.
- **1980 :** *En lisant en écrivant*, critique (lectures).
- **1985 :** *La Forme d'une ville*, récit.
- **1988 :** *Autour des sept collines*, récit.
- **1992 :** *Carnets du grand chemin*, cahiers écrits entre 1974 et 1990.
- **2007 :** mort de Julien Gracq, le 22 décembre. ●

Le choix d'un prénom

En choisissant pour son pseudonyme le prénom Julien, Gracq rend hommage à Julien Sorel, le héros du roman de Stendhal *Le Rouge et le Noir.* Mais, plus intimement, il rend hommage à un livre qui, lorsqu'il était adolescent, a marqué sa découverte du plaisir de la littérature.

– c'était la première fois que pareille chose m'arrivait – d'acheter un livre ; ils n'en avaient jamais entendu parler et ne firent pas de difficulté, quelques jours après je l'eus en mains […] à peine le livre ouvert, je ne sais quelle bouffée d'insolence allègre et enragée ma sauta à la tête et m'enivra ; en quelques pages, je cédai à une complète fascination. […] Le Rouge et le Noir *a été, beaucoup plus que le surréalisme, ma grande percée à travers le convenu, un convenu qui m'avait trouvé jusque-là parfaitement docile. Chaque soir, en rouvrant la couverture verte, je m'établissais dans une paisible, une tranquille insurrection intellectuelle et affective contre tout ce qui s'était donné à moi pour recommandé, et que je n'avais nulle difficulté d'accepter comme tel. Je lisais contre tout ce qui m'entourait, contre tout ce qu'on m'inculquait, tout comme Julien Sorel avait lu le* Mémorial *contre la société et contre le credo de Verrières.* » •

Roman poème

Je vous fais une proposition de lecture, en partant d'une hypothèse : plus qu'aucun autre romancier, Julien Gracq cherche à effacer les frontières entre les genres. Pourquoi ne pas lire *Un balcon en forêt* comment une sorte de roman-poème, un immense « poème en prose » (forme que Julien Gracq a pratiquée dans un recueil de 1946 *Liberté grande*) ? Ce serait une manière d'hommage aux origines de la littérature, aux romans-poèmes de Chrétien de Troyes où le vers donnait au récit son rythme et soutenait la parole du romancier-récitant lisant à voix haute. •

Lire

Tous les ouvrages de Julien Gracq ont été publiés aux éditions José Corti. *Un balcon en forêt* (1958) n'échappe pas à la règle. Un des plaisirs qu'ils offrent : ils ne sont pas massicotés (il faut séparer les cahiers avec un coupe papier), ce qui donne l'impression, quand on lit, que l'on ouvre les pages comme un ouvrirait un paquet cadeau.

Les éditions Gallimard ont entrepris à la fin du XXe siècle l'édition des *Œuvres complètes* en deux tomes (1989 et 1995) dans la « Bibliothèque de la Pléiade ». Les deux tomes sont parus sous la direction de Bernhil Boie (avec la collaboration de Claude Dourguin). *Un balcon en forêt* se trouve au début du tome II (notices et notes pp. 1275-1330).

Dourguin). *Un balcon en forêt* se trouve au début du tome II (notices et notes pp. 1275-1330).

Sur Julien Gracq : Ariel Denis, *Julien Gracq, présentation et anthologie*, collection « Poètes d'aujourd'hui » (Seghers 2003). •

Écouter

Julien Gracq lisant des extraits de ses textes : *Un beau ténébreux, Le Rivage des Syrtes, Lettrines 2, En lisant en écrivant et La Forme d'une ville.* (2 cassettes, *Des Femmes*, 1985).

Accessibles sur YouTube, les Archives Julien Gracq proposent de substantiels entretiens et émissions radiophoniques :

- « Une matinée avec Julien Gracq » par José Pivin (1959) ;
- entretien avec Jean Paget (1969), six épisodes (le surréalisme ; *Au Château d'Argol* ; *Liberté Grande* ; *Un beau ténébreux* ; *Le Rivage des Syrtes* ; situations imaginaires) ;
- entretien avec Jean Daive (1977), dix épisodes (paysages ; fiction et essai ; le thème du voyage ; images-forces de ses romans ; le thème de la mort ; situation des lettres contemporaines ; le voyageur ; mémoire-imagination ; confidence d'André-Pieyre de Mandiargues) ;
- « Une vie, une œuvre », émission de France-Culture par Matthieu Garrigou-Lagrange, réalisation Nathalie Battus (2012). •

Voir

Cinéma et télévision

- *Un balcon en forêt* (1978), film réalisé par Michel Mitrani avec Humbert Balsan, Yves Afonso, Jacques Villeret. Vous pouvez voir le début de cette adaptation sur le site de l'Ina (ina.fr) ;

- un documentaire télévisé dans la série « Un siècle d'écrivains » : Julien Gracq. *La Chanson du guetteur.* Portrait de 50 minutes réalisé par Michel Mitrani (1995).

Sur le web

Plusieurs sites rassemblent beaucoup d'informations :

- celui de la Maison Julien Gracq (lieu de résidence artistique, à Saint-Florent-le-Vieil) : http://maisonjuliengracq.fr
- celui de l'éditeur historique de Gracq, José Corti : http://www.jose-corti.fr/auteurs/gracq.html
- celui de la revue en ligne remue.net (pages d'hommage de François Bon) : https://remue.net/cont/gracq.html

Pour finir « en beauté », un document (involontairement) désopilant : le reportage de france3 sur la vente aux enchères en novembre 2008 d'objets personnels ayant appartenu à l'écrivain. Pour le plaisir d'entendre le commissaire priseur annoncer, sérieux comme un Pape (!) : « Nous avons vendu des objets mais surtout l'âme de Julien Gracq » - il ne précise pas si le Diable en personne s'est déplacé pour faire cette acquisition capitale. Je suis sûr qu'au paradis des écrivains, la phrase a déclenché une belle et franche hilarité. •

Éléments de contexte

• **Putsch d'Alger** le 13 mai 1958 ; de Gaulle rappelé au pouvoir ; nouvelle constitution massivement approuvée par référendum (septembre) et avénement de la Ve République.

• ***La Question*** d'Henri Alleg, livre qui dénonce la torture en Algérie, est interdit et saisi.

• **Parutions** du *Lion* (Joseph Kessel), de *Moderato Cantabile* (Marguerite Duras), de *Mémoires d'une jeune fille rangée* (Simone de Beauvoir) ; parution posthume du *Guépard* de Guiseppe Tomasi di Lampedusa.

• **L'écrivain russe** Boris Pasternak (*Docteur Jivago*) reçoit le prix Nobel de littérature.

• **Sorties au cinéma** de *Mon Oncle* (Jacques Tati) et d'*Ascenseur pour l'échafaud* (Louis Malle).

• **Début (mai)** du « Grand Bond en avant » en Chine (il va provoquer plusieurs années de famines intenses et la mort de plus de 30 millions de Chinois, peut-être 55).

• **Élection** du pape Jean XXIII.

• **Ouverture (avril)** de l'Exposition universelle de Bruxelles.

• **Hergé** sort un nouvel album Tintin : *Coke en stock*.

• **Première collection** (triomphale) d'Yves Saint Laurent pour la maison de couture Christian Dior.

Jouer pour retenir

LE BON ORDRE

Replacez les lettres dans le bon ordre pour retrouver le département français dans lequel se déroule l'action du récit.

S N A E E R D N

_ _ _ _ _ _ _ _

LE NOM DU HÉROS

Comment s'appelle le héros de l'ouvrage ?

A. Olivon

B. Grange

C. Hervouët

VRAI OU FAUX

L'aspirant Grange et ses trois compagnons se réfugient dans un lieu appelé la « maisonnette des Haute Balizes ».

TROUVEZ LE MENSONGE

Parmi ces affirmations sur l'auteur d'* Un balcon en forêt, *laquelle est fausse ?

A. *Gracq a voulu rendre hommage à Julien Sorel, le héros du roman de Stendhal* Le Rouge et le Noir *en choisissant Julien comme pseudo*

B. *Il est né en 1930*

C. *En 1939, un de ses manuscrits est refusé par la NRF*

D. *Il s'est inspiré d'un extrait du roman de Louis Aragon,* Les Communistes *(1949) pour écrire* Un balcon en forêt

E. *Il publie* Un beau ténébreux *en 1945*

F. *Il meurt en 2007*

RÉPONSES

Le bon ordre

Réponse : Le récit se déroule dans les Ardennes, un des points du front où se fera la percée allemande.

Le nom du héros

Réponse : Le héros du récit est l'aspirant Grange. Olivon et Hervouët, sont ses compagnons d'armes.

Vrai ou Faux

Réponse : Faux. À la fois bunker, cabane et château mystérieux, ce lieux est appelé la « maison forte des Hautes Falizes »

Trouvez le mensonge

Réponse : La deuxième est fausse. Julien Gracq est né en 1910 et avait ainsi une trentaine d'années pendant la Seconde Guerre mondiale, cadre historique de son ouvrage *Un balcon en forêt*.

TABLE DES MATIÈRES

Index

Sont ici regroupés par ordre alphabétique :

- les noms des personnes réelles, auteurs, artistes, figures historiques : ex. Aliénor d'Aquitaine ;
- les noms de personnages fictifs (présentés en gras) : ex. **Acante** ;
- Les titres d'œuvres (présentés en italiques) ; ils sont suivis du genre littéraire (parfois musical) et de la date de publication (ou de représentation) quand elle est connue : ex. *Adonis* (poème, 1658).
  les romans auxquels un chapitre est consacré sont indiqués en gras et italiques : ex. ***À la recherche du temps perdu***.
- Les chiffres renvoient aux pages du livre, où noms et titres apparaissent.

A

C

D

E

F

G

H

M

Q

R

S

V

Du même auteur :

Librairie-éditions Tituli
Appétit d'espaces, poèmes, mars 2017.

Éditions de Corlevour, collection « Laurence Teper »
La Mise en pièces (35 récits), avril 2004.
Questions à don Quichotte, avec des reproductions d'œuvres d'Hernando Viñes, bilingue (français, espagnol), mai 2005.

Éditions Belin
Les Mots de la musique, collection « Le français retrouvé », mai 2007.
Les Mots de la mer, collection « Le français retrouvé », ouvrage distingué par l'Académie de marine, mai 2002.

Éditions Fayard/Mirare
Franz Liszt, avec la collaboration de Pierre-Antoine Huré, novembre 2003.

La Poste/Phil@poste
Mozart À travers chants (autour des six grands opéras), collection « Le timbre voyage avec… », juin 2006.
Le Cirque, collection « Le timbre voyage avec… », juin 2008.

Dans la même collection :

l'éléphant
la revue de culture générale

8, rue Saint-Marc, 75002 Paris

Diffusion : Volumen

Couverture et mise en page réalisée
par Clara Dupré

ISBN : 978-2-3674-0571-1

Dépôt légal : mars 2018

Les bagages culture de l'éléphant,
une collection des éditions Scrineo

www.scrineo.fr / www.lelephant-larevue.fr

Imprimé en France par France Quercy